Katja Kipping
Ausverkauf der Politik

Katja Kipping

Ausverkauf der Politik

Für einen
demokratischen Aufbruch

Econ

Econ ist ein Verlag
der Ullstein Buchverlage GmbH

ISBN 978-3-430-20079-0
© Ullstein Buchverlage GmbH, Berlin 2009
Alle Rechte vorbehalten
Gesetzt aus der Sabon
Satz: Pinkuin Satz und Datentechnik, Berlin
Druck und Bindearbeiten: CPI – Clausen & Bosse, Leck
Printed in Germany

Dank an Kolja
und den Rest der »prager frühling«-Redaktion
für die Anregungen, die Kritik,
kurz: für die vielen gemeinsamen Gespräche

Inhaltsverzeichnis

—

Einleitung

Auf der Abiturfeier meines Bruders trat ein Zauberer auf. Sachen verschwanden und kamen an ungeahnten Stellen wieder zum Vorschein. Knoten lösten sich plötzlich, und gezogene Karten wurden auf wundersame Weise erraten. Das Repertoire an Zaubertricks war recht unterhaltsam, wenngleich auch keiner dabei war, über dessen Auflösung man hinterher noch lange grübelte. Eine Sache beschäftigte mich jedoch im Nachhinein länger: Wann immer der Zauberer das Publikum ablenken wollte, um etwas Neues vorzubereiten, machte er Witze auf Kosten von Politikern. Das hörte sich so an: »Frage: Was ist der Unterschied zwischen einem Politiker und einem Telefonhörer? Antwort: Den Telefonhörer kann man aufhängen, wenn man sich verwählt hat.« Oder: »Was ist der Unterschied zwischen einem Theater und dem Bundestag? Antwort: Im Theater werden gute Schauspieler schlecht bezahlt.« Der Erfolg war ihm stets gewiss. Er hatte die Lacher auf seiner Seite. Offenbar waren sich die Menschen im Saal in nichts so einig wie in ihrer Missachtung gegenüber denen da in Berlin, die sowieso machen, was sie wollen.

Auch ich lachte oft mit. Einige Witze waren gar nicht schlecht. Im Nachhinein jedoch stimmte mich dieser Vorgang nachdenklich. Nicht etwa weil ich seit der letzten Bundestagswahl auch zu denen dort in Berlin gehöre, über die sich bei allen Gelegenheiten Witze machen lassen. Das kann ich gut vertragen. Und jene, die sich in exponierte Positionen begeben, sollten Kritik auch in Form von Witzen einstecken können. Dennoch kam ich nicht umhin, mich zu fragen: Was, wenn diese Mischung aus Ablehnung und Nichternstnehmen womöglich nicht nur auf das politische

Personal im Parlament und den Ministerien gerichtet ist? Was, wenn die Abneigung nicht nur auf die handelnden Personen, sondern auf das gesamte politische System zielt? Ist das Ansehen der Demokratie tatsächlich so im Keller?

In der Folge stieß ich immer wieder auf dieses Phänomen – sei es bei zufällig mitgehörten Gesprächen in der Straßenbahn, sei es bei Unterhaltungen am Rande von Familienfeiern oder bei Treffen mit Erwerbslosen. Wann immer die Rede auf politische Entscheidungen, ja auf die Demokratie kam, schlugen die Menschen einen eigenartig distanzierten Ton an. Ich habe den Eindruck, dass selbst die banalsten Ereignisse am anderen Ende der Welt für eine wachsende Zahl von Deutschen mehr mit ihrem Leben zu tun haben als Parlamentsdebatten in Berlin. Politische Entscheidungsprozesse, so scheint es, sind für die meisten Menschen irrelevant und finden weit entfernt von ihrem realen Leben statt. Aber ist dies so verwunderlich? Wo gibt es in unserem Alltag denn noch Orte, an denen mit Begeisterung, mit Herz und Verstand über politische Fragen diskutiert wird? Wo gibt es noch Gespräche, die von der Überzeugung getragen sind, sich einmischen, seine demokratischen Rechte nutzen zu wollen? Wo ist heute, anders gesprochen, der öffentliche Raum, in dem Demokratie überhaupt stattfinden kann?

Doch die Abkopplung der Alltagsgespräche von den politischen Debatten ist bei weitem nicht der einzige Ausdruck eines sich abzeichnenden Desasters. Bei politischen Veranstaltungen habe ich wiederholt erlebt, dass die einfache Aussage »Wir leben ja in einer Demokratie« zu großer Heiterkeit im Publikum führte. Diese Art des Vergnügens zeugt leider nicht von Glück und Zufriedenheit. Sie zeigt vor allem eines: Die Demokratie in diesem Lande ist in Gefahr. Dieser Entwicklung dürfen wir nicht tatenlos zusehen. Begeben wir uns also auf die Suche nach den Ursachen der Gefährdung der Demokratie und halten wir nach möglichen Wegen aus dieser Gefahr Ausschau.

I. Ausverkauf der Politik

Viele der aktiven Politiker sind zu strom-
linienförmig und zu wenig als Menschen
mit Überzeugung erkennbar. Wir sollten
stärker als bisher zeigen, in welche Richtung unser Kompass zeigt, und dieser
Kompassnadel folgen. Viel zu oft werden
gebrochene Wahlversprechen mit Sachzwängen begründet. Wenn wir Kompromisse eingehen, dann müssen wir sie gut
begründen.[1]

*(Cornelius Weiss, Alterspräsident des
sächsischen Landtages)*

Selbstentmachtung durch Outsourcing

Mittlerweile sind es »nicht nur die notorischen Nörgler,
Verdrossenen und Frustrierten am Rand, die das System
hinterfragen«, stellt der Göttinger Politologe und Parteienforscher Franz Walter fest.[2] »Auch kluge, nachdenkliche
und partizipationsorientierte Menschen in der Mitte der
Republik« fragten sich, »welche Rolle das Parlament in
der demokratischen Auseinandersetzung und Handlungs-
findung« überhaupt noch einnehme. Seit Jahren werde die
Substanz der »demokratischen Räume und Umgangswei-
sen systematisch unterminiert«, warnt Walter, »ohne dass
das neue Demokratiedefizit ein bemerkenswertes Thema in
der öffentlichen Debatte dieser Republik wäre.«

Zu verantworten hat diese Entwicklung die politische
Klasse selbst. Sie hat sich freiwillig zur Magd des Marktes
degradiert. Sie hat ihre eigene Glaubwürdigkeit untergra-

ben. Und sie hat systematisch zur Entmachtung der Orte der Demokratie beigetragen. Mit Orten der Demokratie sind hier sowohl die Parlamente – vom Bund bis zur kommunalen Ebene – als auch Gremien der Interessensvertretung wie Schülerräte oder Studierendenparlamente gemeint. Wer tagaus, tagein darüber lamentiert, wie unfähig der Staat und wie vermeintlich omnipotent die Kräfte des Marktes sind, der unterstellt damit eben auch, dass der demokratische Staat eine Fehlkonstruktion und die in der Politik Handelnden »strukturell inkompetent«[3] sind. Der Begriff »strukturell inkompetent« wurde von dem französischen Philosophen Jacques Derrida in seinem Werk »Marx' Gespenster« geprägt. Derrida beschreibt mit ihm das Phänomen, dass ein Politiker bzw. eine Politikerin immer weniger real zu entscheiden hat. Selbst wenn er fachlich befähigt ist, verfügt er kaum noch über Entscheidungskompetenzen. Diese Entwicklung ist eine Facette der Selbstabwertung des Parlaments.

Zu dieser Selbstabwertung trägt ferner bei, dass zentrale Entscheidungen nicht mehr vorrangig unter den Abgeordneten diskutiert und ausgearbeitet werden, sondern sogenannte Expertengremien darüber befinden. Diese Expertengremien sind von oben – meist von der Regierung – eingesetzte Kungelrunden, die nicht gewählt wurden und zudem unkontrolliert agieren. »Die Absprachen der politischen Klassen«, so beklagt Walter zu Recht, »vollziehen sich zunehmend in undurchsichtigen Beziehungsgeflechten jenseits des Parlaments und seiner Kontrollmöglichkeiten.« Das Bequeme an dieser Form der politischen Entscheidungen: Die gewählten Verantwortlichen können sich hervorragend hinter den von ihnen eingesetzten Gremien verstecken. Mit dieser Art Expertokratie degradiert sich das Parlament zur reinen Abstimmungsmaschine.

Zu den bekanntesten Ergebnissen sogenannter Expertenrunden gehören die Hartz-Gesetze. Gerade einmal zwei

Politiker – der damalige Leipziger Oberbürgermeister Wolfgang Tiefensee sowie der damalige NRW-Arbeitsminister Harald Schartau – saßen in der illustren Runde. Tiefensee war übrigens auch der einzige Ostdeutsche im Club, einzige Frau neben vierzehn Männern war die Gewerkschafterin Isolde Kunkel-Weber. Der Rest der Kommission bestand aus Männern westdeutscher Herkunft. Dazu zählten etwa ein Vorstandsmitglied von DaimlerChrysler sowie der Deutschen Bahn AG, ein Abteilungsleiter der Deutschen Bank, ein Wissenschaftler, ein Vertreter des Beratungsunternehmens Roland Berger sowie ein Abgesandter von McKinsey. Welch ein Kompetenz-Team, wenn man bedenkt, welche Personengruppen unter dessen Ergebnis zuvorderst zu leiden haben!

Darf man sich da wundern, dass ein solches »Kompetenz-Team« Gesetze erarbeitet wie das, welches als Hartz IV bekannt ist? Ein Gesetz, das den Namen eines jener von der rot-grünen Regierung eingesetzten, angeblich weisen Experten trägt, der inzwischen auch anderweitig zu zweifelhafter Berühmtheit gelangt ist: Peter Hartz, einst Personalvorstand bei Volkswagen, hat im Auftrag der Regierung Schröder die neuen Arbeitsmarktgesetze entworfen. Später wurde er wegen Untreue und Begünstigung rechtskräftig zu einer zweijährigen Freiheitsstrafe auf Bewährung verurteilt. Zugespitzt darf man sagen: Das Parlament hat sich seine Arbeit von einem anerkannten Kriminellen machen lassen. Die auch von mir genutzte Losung »Hartz IV – Armut per Gesetz« wurde häufig als zu scharf kritisiert. Nachdem ich als Sozialpolitikerin einige Jahre die Auswirkungen von Hartz IV beobachtet habe, muss ich diese Aussage tatsächlich korrigieren: Hartz IV ist nicht nur Armut per Gesetz. Hartz IV, das ist Armut, Demütigung und Drangsalierung per Gesetz. Und dies trifft viele: Jeder siebte Mensch in diesem Land war in den vergangenen Jahren mindestens vorübergehend von Hartz IV betroffen.

Kein Wunder, dass man in Talkshows kaum noch Politiker findet, die sich zu Hartz IV bekennen. In einer Diskussionsrunde des Nachrichtensenders n-tv diskutierte ich am 9. Mai 2006 mit Vertretern von SPD und CDU über Sozialpolitik. Die verlogene Abgrenzung der anwesenden Koalitionsvertreter gegen Hartz IV nahm dabei so absurde Züge an, dass ich mich an einen Witz erinnert fühlte, der nach der Wende im Osten umging: »Warum sind 98 und zwei Prozent das Gleiche? Vor der Wende gab es Zustimmungsquoten von 98 Prozent für die Einheitsliste. Nach der Wende meinten 98 Prozent, sie seien schon immer bei den zwei Prozent gewesen, die dagegen waren.«

Hartz IV ist nur ein Beispiel, das uns lehren sollte, die Expertokratie zu beenden. Denn tatsächlich geht es dort nicht um den Rat von Fachleuten, sondern um eine abstruse Form von Lobbyismus. Dass Vertreter von Verbänden und Unternehmen versuchen, im Umfeld des Parlaments ihre Interessen durchzudrücken, ist leider nichts Neues. Doch wenn sie mittlerweile selbst an Gesetzen und Verordnungen mitwirken dürfen, ist das eine neue Stufe der Entdemokratisierung. Im Oktober 2006 deckte ein Bericht des Fernsehmagazins Monitor auf, dass in nahezu allen Bundesministerien Mitarbeiter bzw. Mitarbeiterinnen sitzen, die der Regierung von Unternehmen und Verbänden zur Verfügung gestellt wurden.[4] Nach Anfragen der Linken und der anderen Oppositionsfraktionen im Bundestag musste die Bundesregierung bestätigen, dass sich mittlerweile in fast allen Ministerien Lobbyisten an den Schreibtischen der Verwaltung befinden.[5] Schätzungsweise 5000 Lobbyisten[6] tummeln sich im Umfeld des Bundestags und der Ministerien. Zu den besonders geschmäcklerischen Verquickungen von Wirtschaftslobbyismus und Regierung gehört, dass Mitarbeiter der großen Chemiekonzerne Bayer und BASF u. a. im Umweltministerium eingesetzt werden. Im Verkehrsministerium ging der Leiter der Abteilung Konzernstrategie von DaimlerChrysler ein und aus. Zum Zeitpunkt der Vergabe des Milliardenauftrags für die LKW-Maut, bei dem DaimlerChrysler zu den Bewerbern gehörte, hatte dieser Mitarbeiter sogar einen eigenen Schreibtisch im Ministerium und Zugang zu vertraulichen Informationen.[7]

Nicht jeder nimmt dies einfach so hin. Organisationen wie die in Köln ansässige Initiative LobbyControl setzen sich im Sinne der Demokratie für Transparenz ein. Sie fordern, dass Lobbyisten offenlegen müssen, für wen sie arbeiten und von wem sie wie viel Geld dafür bekommen. Das Engagement von LobbyControl verzeichnet inzwischen erste Erfolge: Eine neue Verwaltungsvorschrift der Bundesregierung sieht vor, dass zukünftig externe Mitarbeiter bzw. Mitarbeiterinnen von der Erarbeitung der Gesetzentwürfe ausgeschlossen sind. Allerdings existieren immer noch Schlupflöcher: Die bewusste Richtlinie bezieht sich ausdrücklich nicht auf befristete Stellen.

Eine andere Form der Abschiebung von Verantwortung auf intransparente Gremien lässt sich in verschiedenen Bundesländern am Beispiel der Regierungspräsidien beobachten. Diese sind Bestandteil eines dreistufigen Verwaltungsapparats und genau zwischen der kommunalen und der Landesebene plaziert. Sie sind von niemandem gewählt, demnach keinem Wähler bzw. keiner Wählerin rechenschaftspflichtig, verfügen aber über viel Entscheidungsmacht. Konkret obliegt ihnen die Aufsicht über die Landkreise und Städte. Diese müssen beispielsweise ihren Haushaltsplan bei dem jeweils zuständigen Regierungspräsidium zur Genehmigung vorlegen. In Sachsen wurden im Zuge einer Verwaltungsreform die Regierungspräsidien in Landesdirektionen umbenannt. Doch an ihrer Rolle änderte sich nichts Wesentliches.

Schon als ich im sächsischen Landtag gemeinsam mit einer Schülerinitiative für die Einführung eines besonders günstigen Schüler-Monatstickets für Bus und Bahn kämpfte, musste ich erleben, wie raffiniert das System Regierungspräsidien funktioniert. Als die Jugendlichen bei den kommunalen Verkehrsbetrieben vorsprachen, um für die Idee eines SchülerInnentickets zu werben, hieß es, man müsse zuallererst das Regierungspräsidium davon überzeugen. Als die Jugendlichen bei der Stadt vorstellig wurden, hieß es auch hier, man würde ja gerne, nur das RP (gemeint war das Regierungspräsidium) würde dies nicht genehmigen. Als ich wiederum den Fachminister darauf ansprach, verwies man mich einmal mehr an das RP.

Also plante die Schülerinitiative eine Diskussionsrunde, bei der alle Verantwortlichen an einem Tisch sitzen sollten. Wer sich weigerte, daran teilzunehmen, war das Regierungspräsidium. Öffentliche, politische Diskussionen seien nicht ihre Aufgabe, sie seien nur für die Fachaufsicht zuständig.

Unser politisches System sieht für die Opposition das Recht vor, einen Minister bzw. eine Ministerin ins Plenum zu zitieren. Dadurch ist es der Minderheit eines Parlamentes möglich, die Regierung besser zu kontrollieren. Das Regierungspräsidium kann leider niemand öffentlich befragen. Doch wer glaubt, dieses Gremium würde sich demzufolge auch mit politischen Setzungen zurückhalten, irrt. Wenn Entscheidungen der Städte und Kreise nicht dem Kurs des Regierungspräsidiums entsprechen, reagiert dieses mitnichten zurückhaltend. Die für Leipzig zuständige Landesdirektion (so lautet der neue Name der sächsischen Regierungspräsidien) verbot beispielsweise der Stadt Leipzig, einen Zuschuss für ein Sozialticket, also ein günstiges Ticket für Menschen mit niedrigen Einkommen, im Haushalt einzuplanen. Die Einführung des Sozialtickets wurde in Leipzig durch ein breites zivilgesellschaftliches Bündnis erstritten, welches vom Seniorenverband über Jugendorganisationen bis hin zu Erwerbslosengruppen reichte. Letztlich fand sich im gewählten Leipziger Stadtrat eine Mehrheit für dessen Einführung. Das nicht gewählte Regierungspräsidium meint nun, dies einfach verbieten zu können. Angeblich ging es dabei um Finanzfragen. Die Geschichte der RP-Entscheidungen zeigt, dass gern mit zweierlei Maß gemessen wird. Wenn ein kommunaler Haushalt Zuschüsse zu Bus und Bahn oder für Arme vorsieht, wird schnell die Haushaltsgenehmigung wegen angeblich mangelhafter Wirtschaftlichkeit verweigert. Plant ein kommunaler Haushalt jedoch ein teures Prestigeprojekt im Straßenbau, lässt das Regierungspräsidium durchaus weitere Schulden zu.

Der Clou beim System der Regierungspräsidien besteht darin, dass sie offiziell keiner Partei zugeordnet werden. Es handelt sich bei ihrem Personal um nicht gewählte Angestellte. Wenn sie also eine Entscheidung fällen, die viele Menschen verärgert, können diese nicht mit einem entsprechenden Wahlverhalten reagieren. Und wenn man versucht, sie zu öffentlichen Veranstaltungen einzuladen, winken sie ab mit der Begründung, Politik sei nicht ihre Sache. Solche Tricksereien bewirken alles Mögliche, nur nicht, dass die Begeisterung für politisches Engagement zunimmt.

Ausgetrickstes Parlament

Nicht nur das Outsourcing politischer Entscheidungen ist ein Grund zur Sorge, auch innerhalb des Bundestags ist die Verwahrlosung der demokratischen Kultur zu beobachten. Selbst grundlegende demokratische Spielregeln werden nicht mehr eingehalten. Nach sechs Jahren Arbeit im sächsischen Landtag war ich bereits so mancher Illusion über die parlamentarische Praxis beraubt. Was ich aber anschließend im Bundestag erlebte, übertraf die Dresdner Erfahrungen doch um einiges. So musste ich sehr schnell erleben, wie demokratische Entscheidungsprozesse durch Geschäftsordnungstricks zur Farce wurden.

Im Februar 2006 etwa stand die Angleichung der Regelsätze Ost-West für Arbeitslosengeld-II-Beziehende auf der Tagesordnung des Parlaments. Wenige Tage vor der abschließenden Behandlung brachten die Koalitionsfraktionen – getarnt als Änderungsantrag – einen komplett neuen Sachverhalt in das Verfahren ein. Dieser zielte darauf ab, jungen Menschen unter 25, deren Eltern langzeiterwerbslos sind, mit sofortiger Wirkung das Recht auf eine eigene Wohnung abzusprechen. Damit wird den längst erwachsenen Menschen ein von den Eltern unabhängiges Leben verwehrt. Sie bleiben – in der Sprache der Hartz-IV-Bürokratie – Teil der elterlichen »Bedarfsgemeinschaft«.

Abgesehen von der inhaltlichen Kritik, die diese Änderung verdient, zeigt die Art und Weise, wie sie durchgedrückt wurde, eine Geringschätzung des Parlaments. Da wird eine für Erwachsene unter 25 Jahren umfassende Verschärfung in den Tiefen eines Gesetzentwurfs zur Angleichung der Regelsätze in Ost und West versteckt. Und all dies geschieht nur wenige Tage vor der abschließenden Abstimmung über die Vorlage im Plenum des Deutschen Bundestags. Es geht hier nicht darum, dass ich mich als Abgeordnete düpiert fühle. Es geht vielmehr um die demokratische Kultur in diesem Land. Wenn eine Veränderung ansteht, die das Leben einer großen Zahl von jungen Menschen betrifft, dann müssten Raum und Zeit für gesellschaftliche Debatten eingeräumt werden. Es sollte eine Selbstverständlichkeit sein, dass alle Abgeordnete die Gelegenheit bekommen, sich vor Ort über mögliche Auswirkungen der Gesetzesänderung zu informieren. Betroffene müssten die Möglichkeit haben, ihren Protest, ihre Kritik und Verbesserungsvorschläge zu formulieren. Die Abgeordneten müssten dann wiederum Gelegenheit bekommen, die Erfahrungen aus den Gesprächen mit Betroffenen in die Meinungsbildung ihrer

Fraktion zurückfließen zu lassen. Wie anders, wenn nicht so, soll ein parlamentarisches System funktionieren? Aus gutem Grund sind deswegen drei Lesungen bei Gesetzentwürfen vorgesehen: Bevor ein Gesetz zur endgültigen Abstimmung kommt, wird es zuerst in einer ersten Lesung im Bundestag vorgestellt, danach in den Fachausschüssen diskutiert, anschließend werden im Plenum Änderungsanträge abgestimmt, und erst dann findet in der dritten Lesung die Schlussabstimmung statt.

Doch solch ein transparentes Vorgehen wurde hier wie in anderen Fällen blockiert. Da man die Verschärfung als Änderungsantrag einführte, wurde das vorgeschriebene Procedere mit drei Lesungen im Parlament und einer Anhörung im zuständigen Fachausschuss umgangen. Innerhalb der wenigen Tage, die zwischen Einbringung des Änderungsantrags und der abschließenden Beratung blieben, hatten die Betroffenen überhaupt keine Möglichkeit, sich an ihre Wahlkreisabgeordneten zu wenden, um auf deren Meinungsbildung einzuwirken.

Es scheint so, als werde der transparente Weg, eigentlich ein selbstverständliches Element einer demokratischen Gesellschaft, von der Mehrheit im Bundestag eher als störend empfunden. Denn die Methode, per Änderungsantrag in letzter Minute eine gesellschaftliche Meinungsbildung vor Abstimmungen im Parlament zu verhindern, ist kein Einzelfall. Auf die Spitze getrieben wurde dies beim sogenannten Fortentwicklungsgesetz zum Sozialgesetzbuch II,[8] kurz SGB II genannt. Zu diesem Gesetz stellte man den Oppositionsfraktionen an einem Dienstagabend Änderungsanträge zu, die abermals grundlegende Verschärfungen vorsahen. So wurden die Sanktionen gegen Erwerbslose dahingehend ausgeweitet, dass auch die Kosten der Unterkunft um bis zu hundert Prozent gekürzt werden können.

Diese Änderungen sollten am nächsten Tag morgens um halb zehn in den Ausschüssen beraten werden – und zwar »abschließend«. Schon am darauffolgenden Tag, dem Donnerstag, wollte man mit der Abstimmung im Plenum das parlamentarische Gesetzgebungsverfahren beenden. Mir als Abgeordnete einer Oppositionsfraktion blieb also gerade eine Nacht, um die Änderungsanträge fachlich und juristisch zu prüfen. In dieser kurzen Zeit außerdem die Öffentlichkeit zu informieren war faktisch unmöglich. In dieser Not sah ich mich mit meinen Fraktionskolleginnen und -kollegen gezwungen, das Verfahren selbst zum Politikum zu machen und zu einem ungewöhnlichen Mittel zu greifen. Aus Protest gegen dieses intransparente Vorgehen zogen wir aus dem Ausschuss aus – und informierten die Öffentlichkeit darüber. Verständnis der anderen Abgeordneten konnten wir natürlich nicht erwarten. Im Gegenteil: In der folgenden Plenardebatte meinte mich ein Koalitionsredner wegen unseres Vorgehens als »Jeanne d'Arc der Linken« lächerlich machen zu müssen.[9]

Ein weiteres trauriges Beispiel für den Verfall der demokratischen Sitten innerhalb des Bundestags liefert die Art und Weise, wie man die Gesundheitsreform Anfang 2007 durchpeitschte. Zwei Tage vor der Abstimmung im Plenum des Bundestags wurden im zuständigen Gesundheitsausschuss noch 81 Änderungsanträge durchgestimmt, die erst in der Nacht vor der Ausschusssitzung von den Koalitionsfraktionen SPD und CDU/CSU eingebracht worden waren.[10] Nicht einmal die Fachpolitiker hatten also die Chance, die Details seriös zu prüfen. Den übrigen Abgeordneten blieb gerade ein Tag, um den Gesetzentwurf vor der namentlichen Schlussabstimmung am 2. Februar 2007 durchzusehen. Selbst wer als Abgeordneter alle seine Verpflichtungen hätte ruhen lassen, allen Sitzungen ferngeblieben und sein Büro zur Nachtarbeit gedrängt hätte: Es wäre unmöglich gewesen, das Dokument mit einem Umfang von 216 engbedruckten Seiten auch nur einigermaßen gewissenhaft durchzusehen. Und dabei handelte es sich um ein Vorhaben, dessen Auswirkungen Millionen Menschen täglich zu spüren bekommen.

Katastrophenaktionismus und Ersatzpolitik

Werden auf der einen Seite gravierende politische Entscheidungen hinter verschlossenen Türen ausgehandelt, wird andererseits Ersatzpolitik inszeniert. Welche Blüten die Ersatzpolitik treibt, konnte man am Aktionsplan des Kabinetts gegen Fettleibigkeit bei Kindern beobachten. Dieser »Fünf-Punkte-Plan gegen Fettleibigkeit« enthält eine Vielzahl von Selbstverständlichkeiten. Da wird für bessere Aufklärung über gesundes Essen plädiert, mehr Bewegung und Qualitätsstandards für Kantinen gefordert. Zweifelsohne alles wichtige und durchaus begrüßenswerte Maßnahmen. Nur: Nach konkreten Handlungsoptionen der Politik sucht man vergebens. Kein einziger dieser Punkte enthält die Ankündigung, Verordnungen zu ändern, dem Bundestag Gesetzesänderungen vorzulegen oder gar Haushaltsmittel anders einzusetzen. Denkbar wäre doch z. B. die Einrichtung eines Fonds, aus dem für arme Kinder die Beiträge für Sportvereine gezahlt würden. Der groß angekündigte Aktionsplan, immerhin Hauptagesordnungspunkt einer Sitzung des Bundeskabinetts und Topmeldung in der 20-Uhr-Ausgabe der Tagesschau, ist nicht viel mehr als ein Appell an die Öffentlichkeit.[11] Das Kabinett enthält sich jedweden politischen Instruments, dessen Anwendung eine Regierung zur Regierung macht.

Ob Fettleibigkeit von Kindern, ob Rinderseuche BSE, ob Klimakollaps: Wann immer ein Thema in den Medien besonders aufgeregt verhandelt wird, ist hektische Betriebsamkeit zu beobachten. Dann schlägt die große Stunde der

Aktionspläne und Sonderkommissionen. Doch genauso schnell, wie die Betriebsamkeit aufkommt, verebbt sie wieder. Als BSE die Titelzeilen schmückte, war die Entrüstung groß. Schuldige mussten her. Personelle Konsequenzen wurden auch von jenen gefordert, die noch Monate zuvor ökologischen Landbau als unnütz abgetan hatten. Als im Jahr 2002 halb Dresden von der Flut überschwemmt wurde, plädierte jeder für Hochwasser- und Klimaschutz. Doch schon einige Monate später war die Betroffenheit vergessen. Als es um die Ausweitung der Hochwasserschutzbereiche ging, hatten andere Interessen wieder Vorrang.

Nach den hohen Wahlerfolgen der NPD wurden eiligst spezielle Programme gegen Rechtsextremismus ins Leben gerufen. Jahre davor hatte man kollektiv die Augen vor der aufziehenden Gefahr verschlossen. Doch schon ein Jahr später standen die Programme für antifaschistische Aufklärungsarbeit wieder zur Disposition und konnten nur durch massive Proteste gerettet werden.

Die politische Klasse scheint eine Schwäche für hektischen und kurzatmigen Katastrophenaktionismus zu haben. Vorbeugendes und langfristiges Handeln, das nachhaltig wirkt, kommt hingegen immer seltener vor. Die Politik verhält sich wie ein Arzt, der keine Prophylaxe kennt, der bei Auftreten eines Schnupfens sofort Antibiotika verschreibt, diese aber nach einem Tag wieder absetzt und von Nachbehandlungen nichts wissen will. Welcher Patient würde einem solchen Arzt vertrauen? Wer ausschließlich von einem Aktionsprogramm zum nächsten springt, der degradiert Politik zur Begleitmusik von Skandalwellen. Wer ernsthaft an der Behebung von Missständen und Problemen interessiert ist, setzt stattdessen auf Vorbeugung und nachhaltige Lösungen. Doch offensichtlich nimmt es die politische Klasse weder mit den demokratischen Spielregeln noch mit der nachhaltigen Problemlösung richtig ernst, womit sie beweist, dass sie sich selbst nicht ernst nimmt.

Und wer sich selber nicht ernst nimmt, der kann kaum erwarten, von anderen ernst genommen zu werden. Kein Wunder also, dass Politiker und Politikerinnen in der Beliebtheitsskala der Berufe auf den hinteren Plätzen stehen.[12] Dies wäre ja noch zu verkraften, zumal es die politische Klasse selbst zu verantworten hat. Erschreckender ist, dass auch die Zustimmung zur Demokratie insgesamt sinkt. Im November 2006 sorgte das Ergebnis einer repräsentativen Umfrage für Aufsehen: Im Auftrag der ARD und der »Frankfurter Rundschau« hatte das Meinungsforschungsinstitut Infratest dimap ermittelt, dass erstmals eine Mehrheit von 51 Prozent mit dem Funktionieren der Demokratie in Deutschland unzufrieden ist. Nur ein Jahr zuvor hatten sich mit 39 Prozent weitaus weniger Menschen negativ über das Funktionieren der Demokratie in der Bundesrepublik geäußert.[13]

Dieser Befund wird durch weitere Untersuchungen gestützt, z.B. durch eine Studie der Friedrich-Ebert-Stiftung über die Einstellung der Deutschen zur Demokratie.[14] Das zentrale Ergebnis dieser Studie lautet: Vier von zehn Deutschen meinen, die Demokratie funktioniere weniger gut oder sogar schlecht. Jeder Dritte glaubt nicht mehr daran, dass wir mit der Demokratie die Probleme lösen können. Sehr beunruhigend ist, dass die Distanz zur Demokratie bei den Jüngeren besonders groß ausfällt. Es steht also zu befürchten, dass die Demokratieverdrossenheit zunehmen wird.

Einfach zum Verwechseln – Phänomen NachwuchspolitikerInnen

Für das Ansehen der Demokratie ist es nicht gerade hilfreich, wenn Parteien kaum zu unterscheiden sind. Insofern betrachte ich mit Sorge, dass politische Debatten zunehmend zum reinen Austausch von scheinbaren Sachzwangargumenten verkommen. So muss die demographische Entwicklung als Grund für Rentenkürzungen herhalten. Besonderer Beliebtheit unter den ins Feld geführten Sachzwängen erfreut sich ferner die Globalisierung. Ihr sind angeblich so unterschiedliche Maßnahmen wie Steuergeschenke an Unternehmen oder Schikanen gegen Erwerbslose geschuldet. Beim Kopf-an-Kopf-Rennen um den ersten Platz auf der Hitliste der Sachzwänge hat auch die Finanzlage beste Chancen, etwa wenn es um Jugendsozialarbeit oder Kindergartenplätze geht.

Gerade in der jüngeren Politikergeneration trägt dieser Sachzwang-Ansatz Früchte. Eine junge Redakteurin der Zeitschrift »Neon« machte sich vor einiger Zeit auf die Suche nach dem Unterschied zwischen Nachwuchs-Abgeordneten von FDP, CDU, SPD und Grünen. Heraus kam zum einen ein sehr amüsanter und lesenswerter Artikel und zum anderen eine ernüchternde Erkenntnis: Die jungen Abgeordneten zeichnen sich vor allem durch eins aus: ihren »unendlichen Pragmatismus«. Über Meinungen könne man sich mit ihnen schwer austauschen, besser über Machbarkeiten. »Dumm nur, dass sie damit die Unterschiede zwischen den Parteien zum Verschwinden bringen.«[15] Von der Grünen Anna Lührmann über den Sozialdemokraten Carsten Schneider und den FDPler Daniel Bahn bis hin zum Christdemokraten Philipp Missfelder zeigten sich die jungen Parlamentarier bzw. Parlamentarierinnen vor allem von einer Seite – ihrer Verwechselbarkeit. Wie – so das Fazit der Autorin – »Demokratiebeamte stellen sie sich in den Dienst ihrer Fraktion.«[16] Sogar von einer Generation der Zahlmeister ist die Rede.

Wenn jemand schon als Jungpolitiker bzw. Jungpolitikerin von der erschlagenden Wirkung der angeblichen Sachzwänge beeindruckt ist, wie soll der dann andere Menschen beeindrucken? Wenn ohnehin die Sachzwänge alles bestimmen, warum soll man dann überhaupt noch Partei ergreifen? Pure Zahlmeisterei vermag Krämerseelen glücklich zu machen, aber sie vermag es nicht, Generationen für die Demokratie zu begeistern. Kein Wunder also, wenn bei den Jüngeren das Interesse an der Demokratie besonders gering ausfällt. Sicherlich, Partei für etwas zu ergreifen birgt die Gefahr des Schwarzweiß-Denkens, der Zuspitzung und Vereinfachung. Die eigenen Positionen gehören natürlich immer wieder überprüft und dem Praxistest unterzogen. Doch die Alternative zum Schwarzweiß-Denken kann nicht sein, dass alle Politiker und Politikerinnen – inhaltlich betrachtet – graue Mäuse werden, die keiner mehr unterscheiden kann.

Der Moderator Michel Friedman fragt insofern nicht ohne Grund, wo sie denn seien – die auffälligen, unkonventionellen, unangepassten Nachwuchspolitiker, die mehr sind als geistige Kofferträger. In seinem Plädoyer gegen solch geistiges Kofferträgertum in der Erstausgabe des Magazins »prager frühling« kommt er zu dem Fazit, dass der Verstoß gegen Konventionen ein fundamentaler demokratischer Vorgang ist: »Eine demokratische Gesellschaft hat keine Zukunft, wenn sie dieses Entwicklungs- und Protestpotential nicht hat.«[17]

Für einen radikaldemokratischen Aufbruch

Eine Parteienlandschaft ohne erkennbare Unterschiede bleibt nicht ohne Folgen. Die Parteien erscheinen den Wählern als bloße Karriere-Institutionen. Doch wie kann man sich mit einer Partei identifizieren, wenn deren Politik mit wachsender Tendenz verwechselbarer wird? Infolgedessen gerät die Wahlentscheidung zunehmend zur Personenwahl – zur Wahl des besten Verkäufers bzw. der besten Verkäuferin von inhaltsarmen Verpackungen. Dann sind Äußerlichkeiten ausschlaggebender als politische Inhalte.

Die Anteilnahme am demokratischen Streit zwischen Parteien um die bessere Lösung nimmt ab – ebenso die innere Anteilnahme an Wahlen. Chantal Mouffe, die belgische Theoretikerin der Radikaldemokratie, verweist zu Recht darauf, dass Wahlen, das Parteiergreifen für eine Partei, immer auch ein »affektiver Akt« seien. »Es geht um eine Frage der Identifikation. Um politisch handeln zu können, müssen Menschen sich mit einer kollektiven Identität identifizieren können.«[18] In der Stimmabgabe liegt also eine Dimension, die über das Abwiegen von Sachzwängen hinausweist. Mit anderen Worten: Parteien und Politiker bzw. Politikerinnen müssen in der Lage sein, andere begeistern zu können. Dazu muss man entweder ein hervorragender Schauspieler sein (was die wenigsten Abgeordneten sind), oder aber man ist selber von einer gewissen Begeisterung für Ideen und Projekte erfasst.

Diese Einschätzung wird an anderer Stelle von dem Parteienforscher Franz Walter unterstrichen. Walter setzt sich mit der Bedeutung der Oppositionen auseinander und meint, der Ort der Opposition sei »stets auch Terrain der Gegenmöglichkeit, durchaus Biotop für Ideen einer radikalen Abkehr von den (Irr-)Wegen der jeweils gegenwärtigen Regenten. Der Verlust an eigensinnigen, zuweilen unberechenbaren, sich querstellenden Oppositionsparteien hat rasch den Vitalitätsverlust des Parlamentarismus insgesamt zur Folge.«[19] Es bedarf also eines politisches Personals, welches klare Positionen bezieht und auch in Kauf nimmt, gelegentlich anzuecken. Es bedarf Parteien, deren Ziele und Unterschiede klar erkennbar sind.

In dieser Situation hat ein neuer Akteur die politische Bühne betreten: Mit der Fusion von PDS und WASG entstand am 16. Juni 2007 DIE LINKE. Erwachsen aus den Kämpfen gegen Sozialabbau besteht ihre Aufgabe nun darin, ihren Beitrag zur Vitalisierung der Demokratie zu leisten. Denn es gilt, die Demokratie vor dem schleichenden Verfall zu retten. Sie muss wieder mit Leben erfüllt werden. Die Ursachen für den Verfall der Demokratie sind hausgemacht. Der Kern des Problems lässt sich klar benennen: Seit Jahren führen Politikerinnen und Politiker einen Feldzug gegen sich selbst, die Politik ist zum Ausverkauf ausgeschrieben.

Was bleibt, ist eine politische Landschaft, die sich auf eine moralisierende und damit vorpolitische Praxis reduziert. Mit diesem Buch will ich gegen eben jene Vernachlässigung der Demokratie anschreiben. Denn: Demokratie darf nicht nur auf Schautafeln stattfinden, die Schülerinnen und Schüler im Gesellschaftskundeunterricht auswendig lernen müssen. Sie darf nicht reduziert werden auf das Kreuz beim kleineren Übel alle vier Jahre zu den Wahlen. Demokratie muss zu einer real angewandten Praxis werden, die auch im Alltag, in der Schule, am Arbeitsplatz, bei zentralen Richtungsentscheidungen erlebbar ist. In diesem Buch werden die verschiedenen Facetten der Vernachlässigung und Demontage der Demokratie kritisch gesichtet.

Diese reichen von den im nächsten Kapitel näher beschriebenen Phänomenen des Schrumpfens des öffentlichen Raums und der Privatisierungswelle über die im übernächsten Kapitel untersuchte Allmacht der Wirtschaft und die bereits erwähnte Expertokratie bis hin zum Ausbau des Überwachungsstaates, der im achten Kapitel beleuchtet wird. Der im vierten Kapitel bearbeitete Abbruch des Sozialstaats sowie die zunehmende Polarisierung der Bevölkerung, der das siebte Kapitel gewidmet ist, führen dazu, dass immer mehr Menschen von demokratischer Teilhabe ausgeschlossen werden. Kapitel fünf untersucht, wie die Verherrlichung von Erwerbsarbeit in der Praxis der Sozial- und Arbeitsmarktpolitik Blüten treibt und die Bürgerrolle untergräbt. Die allgemeine Entpolitisierung der Gesellschaft sowie ein Schulwesen, das als Demokratie-Appetitzügler wirkt, wie im Kapitel zehn dargestellt, tun das Übrige, um die Demokratieverdrossenheit zu fördern.

Die Sichtung all dieser Facetten erfolgt nicht mit dem Ziel, eine Verelendungsdiagnose vorzulegen und ein Katastrophenszenario zu malen. Vielmehr ist sie als Suche nach Knackpunkten angelegt, die für einen demokratischen Aufbruch in Angriff genommen werden müssen. Die Vitalisierung der Demokratie wird nicht nebenher zu bewerkstelligen sein. Dafür wurde sie zu sehr vernachlässigt. Wer sich diesem Anliegen verschreibt, wird so manches Ressentiment ausräumen müssen. Andererseits kann er bzw. sie wiederum an einer positiven Entwicklung in diesem Lande anknüpfen: dem wachsenden Interesse an direkter Demokratie. Gab es Mitte der 1990er Jahre noch weniger als 100 Bürgerbegehren pro Jahr, so finden inzwischen jährlich rund 300 davon in deutschen Kommunen statt.[20] Bei diesen Abstimmungen geht es oft darum, eine geplante Privatisierung oder den drohenden Bau eines Kraftwerks zu verhindern. Der Bürgerentscheid wird zum Korrektiv und ist damit ein Instrument, auf das immer mehr Bürgerinnen und Bürger zurückgreifen. Gelegentlich locken konkrete Abstimmungen zu Sachfragen sogar eine größere Zahl von Menschen hinter dem Ofen hervor als Personenwahlen. Am Bürgerentscheid in Leipzig gegen den geplanten Verkauf der Stadtwerke nahmen beispielsweise 40 000 Personen mehr teil als an der Direktwahl des Oberbürgermeisters. Die Verteidigung der bestehenden demokratischen Verfahren ist notwendig. Doch dies scheint nicht ausreichend, um die Krise der Demokratie zu überwinden. Holen wir also die politischen Diskussionen wieder aus den selbsternannten oder undemokratisch eingesetzten Geheimzirkeln zurück. Was diese Gesellschaft braucht, ist eine umfassende Demokratisierung. Es geht nicht nur um theoretisch gleiche Beteiligungschancen, sondern auch um die gleichen Möglichkeiten, sich tatsächlich in Entscheidungsprozesse einzubringen. Diese realen Möglichkeiten zur demokratischen Partizipation waren seit langem nicht mehr so gefährdet wie heute. Es geht darum, die demokratischen Rechte auch materiell zu unterfüttern. Soll heißen: Politisches Engagement darf nicht an Armut scheitern. Beispielsweise ist für einen Erwerbslosen aus Zittau das Demonstrationsrecht erst dann mehr als ein abstraktes Luftschloss, wenn er sich auch leisten kann, zur Demonstration nach Berlin zu fahren.

Das demokratische System in diesem Land wurde mühsam und unter großem Einsatz erkämpft. Man denke nur an die Märzrevolution von 1848, an die revolutionären Umbrüche 1917 oder an den vielfältigen Widerstand während der Naziherrschaft sowie an die Bemühungen um Reeducation bzw. die antifaschistische Aufklärungsarbeit nach 1945. Nicht zu vergessen die Kämpfe um betriebliche Mitbestimmung und die studentische Kulturrevolution rund um das Jahr 1968. Auch das Bemühen um einen »Sozialismus mit menschlichem Antlitz« und die sozialen Bewegungen gegen staatliche Repressionen gehörten dazu. All dies waren wichtige Etappen auf dem Weg, der letztendlich in Richtung Demokratie führte.

Der Kampf um Mitbestimmung und Demokratie forderte von nicht wenigen einen hohen Preis. Er reichte von beruflichen Beeinträchtigungen über Überwachung und Gefängnis bis hin zum Tod. Namen wie Rosa Luxemburg, wie Robert Blum, der 1848 hingerichtete Politiker der Paulskirche, wie Sophie Scholl und wie Rudi Dutschke stehen symbolisch für die vielen Menschen mit unterschiedlichen politischen Hintergründen, die diesen Kampf mit ihrem Leben bezahlten. Die Demokratie zu stärken, schulden wir nicht zuletzt ihrem Vermächtnis. Wer heute Demokratie schützen möchte, kann sich nicht mit dem Konservieren des Status quo zufriedengeben. Es bedarf vielmehr eines Bündels an kleinen wie großen Maßnahmen zu ihrer Vitalisierung.

Unsere Gesellschaft braucht einen radikaldemokratischen Aufbruch. Darunter ist es nicht zu machen!

II. Die Zerstörung des Öffentlichen

Der Besitz bemächtigt sich der Öffentlichkeit in der Form des Interesses der besitzenden Klasse.[1]

(*Hannah Arendt*: Vita activa oder Vom tätigen Leben)

Die griechische Demokratie bildete sich im sechsten Jahrhundert vor unserer Zeitrechnung heraus. Sie kam nicht über Nacht – sozusagen als Geschenk der Götter –, sondern sie erhielt nach und nach ihre Umrisse. Diesem Prozess ging die Einführung einer Verfassung unter dem griechischen Staatsmann Solon um 600 v. u. Z. voraus. Prägend war die Einführung der Volksversammlung unter Kleisthenes. Ein weiterer Meilenstein auf dem steinigen Weg Richtung Demokratie bestand in der Stärkung der Volksversammlung in Athen unter dem Staatsmann Ephialtes. Perikles, dessen Name für das goldene Zeitalter Athens im fünften Jahrhundert v. u. Z. steht, führte schließlich eine Entlohnung für politische Ämter ein, um auch Ärmeren die Beteiligung an den Geschäften der *polis* zu ermöglichen. So steht es in den Geschichtsbüchern, und so oder so ähnlich haben wir es in der Schule gelernt.

Doch all diese Ereignisse sind vor allem mit einem eng verbunden: mit öffentlichen Plätzen und Foren. So gehörte es spätestens seit Solons Zeiten zum guten Ton, auf dem Markt über das politische Leben mitzureden. Solons Neffe und zugleich sein größter Kritiker, Peisistratos, verdankte seine politische Karriere den spontanen Versammlungen auf öffentlichen Plätzen, bei denen sein rhetorisches Talent zur Geltung kommen konnte. Die Entstehung der Volksversammlung, die Reformen von Perikles und Ephialtes sind unvorstellbar ohne ständige öffentliche Debatten. Inzwischen wissen wir, dass die Aussage, Griechenland habe die Demokratie erfunden, mit Vorsicht zu genießen ist.[2] Doch wo auch immer die Wiege der Demokratie geographisch zu verorten ist – eines steht fest: Die Herausbildung von demokratischen Prozessen ist untrennbar verknüpft mit der Öffentlichkeit der Versammlungsorte.

Demokratie braucht Öffentlichkeit

Das, was vor über 2500 Jahren galt, gilt heute mehr denn je. So wie öffentliche Plätze von zentraler Bedeutung für die Herausbildung erster demokratischer Versuche waren, sind Orte des Öffentlichen eminent wichtig für die Wiederbelebung der Demokratie im 21. Jahrhundert. Sicherlich verändert sich die Form. Für viele ist heute die Internetplattform an die Stelle des Forums unter offenem Himmel getreten. Doch virtuelle Räume können den realen öffentlichen Raum nicht komplett ersetzen – schon deswegen nicht, weil sie immer noch für einen Großteil der älteren Generationen nicht zugänglich sind.

Auch heute brauchen wir wie jedes demokratische Gemeinwesen öffentliche Räume. Ohne solche Räume verkümmern der öffentliche Diskurs und die für eine lebendige Demokratie so notwendige politische Meinungsbildung. Doch die etablierten Eliten in Politik und Wirtschaft führen seit Jahren eine ideologische Kampagne gegen das Öffentliche: Es sei ineffizient, behäbig und unattraktiv – angeblich. Deswegen sollen Bahn, Schulen, städtische Jugendzentren und Bürgertreffs möglichst »privatisiert« werden. Die Resultate zeigen aber, dass Privatisierungen mitnichten automatisch zu höherer Qualität und Kundenorientierung führen. Im Gegenteil: Gemacht wird nur noch, was sich rechnet. Noch schlimmer ist: Entscheidende Bereiche des Gemeinwesens sind der demokratischen Kontrolle durch die Bürgerinnen und Bürger entzogen. Politische Gestaltungsspielräume schrumpfen.

So wie der Regenwald dem Profit geopfert wird, wird auch das Öffentliche abgeholzt – ohne Rücksicht auf die Folgen. Der Feldzug gegen das Öffentliche gefährdet die Demokratie – und das in dreifacher Hinsicht. Erstens zerstört er öffentliche Räume, Räume für Kommunikation und Austausch. Zweitens wirkt das Schrumpfen des Öffentlichen isolierend. Menschen werden auf ihre Funktion als Teilnehmer des Marktes reduziert. Auf der Strecke bleibt dabei der Staatsbürger bzw. die Staatbürgerin. Und drittens werden durch Privatisierung der öffentlichen Güter die Gestaltungsspielräume der Politik zunehmend eingeschränkt. Es ist also an der Zeit, den Trend umzukehren. Für eine lebendige Demokratie und für sozialen Ausgleich braucht es mehr öffentliche Räume. Sie so auszugestalten, dass sie attraktiv und dynamisch, nicht bürokratisch oder bevormundend strukturiert sind, wäre Aufgabe einer demokratischen Politik. Doch davon haben sich die Eliten in Politik und Wirtschaft längst verabschiedet. Mit ihrer Stimmungsmache gegen das Öffentliche richten sie wichtige Grundlagen des politischen Gemeinwesens zugrunde.

Demokratie braucht die gesellschaftliche Debatte und Kommunikation. Sie braucht die Meinungsbildung der Bürgerinnen und Bürger. Schon Hannah Arendt befand sehr treffend: »Von allen Tätigkeiten, die in allen Formen menschlichen Zusammenseins anzutreffen sind, galten nur zwei als eigentlich politisch, nämlich Handeln und Reden, und nur sie begründen jenen ›Bereich der menschlichen Angelegenheit‹«.[3] Raum zum Reden und zum Austausch von Meinungen ist demnach elementar für ein demokratisches Gemeinwesen. Öffentliche Räume eröffnen in besonderer Weise Möglichkeiten zur gesellschaftlichen Kommunikation. Besonders gut lässt sich dies an Bushaltestellen oder in der Straßenbahn beobachten. Beim Umsteigen bzw. in der Bahn treffen Menschen aufeinander und kommen miteinander ins Gespräch. An solchen Orten entsteht Kommunikation. Man tauscht sich aus, und das nicht nur übers Wetter. Da ist auch die Rede davon, wie unerträglich laut der Straßenlärm geworden ist. Man beschwert sich, dass das neue Einkaufszentrum viel zu weit draußen liegt, oder darüber, dass die Strompreise explodieren. Und ehe man sich versieht, werden die Auswirkungen von politischen Entscheidungen aufs eigene Leben diskutiert. In solchen Gesprächen wächst und entwickelt sich politisches Problembewusstsein. Wenn sich Bus und Bahn aus der Fläche zurückziehen, werden auch die Begegnungsmöglichkeiten weniger. Wenn Bus und Bahn zunehmend seltener fahren, müssen die Menschen gezwungenermaßen das Auto benutzen – sofern sie es sich leisten können. Dieses ist nicht nur umweltschädlicher, sondern auch unkommunikativer. Wer im Stau aufeinandertrifft, kommt kaum ins Gespräch.

Auch die wachsende Armut treibt Menschen in Einsamkeit und Isolation. In vielen Dörfern und Städten existieren kaum noch Treffs für Erwerbslose und Hilfsbedürftige, für Senioren und Jugendliche. Die Kommunalpolitik setzt nicht selten auf Prestigeprojekte und Wirtschaftsförderung, statt auf die Schaffung von Räumen für Austausch und Selbsthilfe. Wenn in Städten und Dörfern Bürgerzentren und Jugendhäuser geschlossen oder kommerzialisiert werden, dann ist das alles andere als förderlich für die Demokratie.

Der Trend zur Ich-AG

In der Arbeitswelt sind ähnliche Entwicklungen zu beobachten. Arbeitszusammenhänge sind grundsätzlich ein potentieller Ort für Kommunikation und die Organisation von Interessenvertretung. Bei allen Defiziten der aktuell praktizierten Mitbestimmung gilt: Interessenvertretung ist ein wichtiger Pfeiler jeder demokratischen Gesellschaft. Schließlich eröffnet sie den Beschäftigten die Möglichkeit, in demokratischen Prozessen Einfluss auf die eigenen Arbeitsbedingungen zu nehmen. Ohne demokratische Praxis in den Betrieben hat es die politische Demokratie schwer. Sie bedarf des Rückhalts in der Gesellschaft. Deswegen darf sich demokratische Praxis nicht in der Arbeit der Parlamente erschöpfen, sondern muss die Demokratisierung der gesamten Gesellschaft zum Ziel haben.

Doch in der heutigen Arbeitswelt dominiert das Gegenteil: der Trend zur Isolation des Einzelnen. Dies verringert sowohl die Kommunikationsmöglichkeiten als auch die Wehrhaftigkeit der Beschäftigten. Die Ich-AG steht symbolisch für diesen Trend. (Die Ich-AG war ein inzwischen wieder verändertes arbeitsmarktpolitisches Instrument, das Arbeitslosen den Sprung in die Solo-Selbständigkeit schmackhaft machen sollte.) Doch die wirtschaftliche Bilanz dieser Existenzgründungen ist zumindest umstritten. Während die offiziellen Untersuchungen dieses arbeitsmarktpolitische Instrument als Erfolg werten,[4] häufen sich in der Praxis kritische Stimmen. So berichtet ein Insolvenzverwalter aus Bonn: »Die Erfahrung ist, dass die Zuschüsse zur Ich-AG in den meisten Fällen nur das Arbeitslosengeld ersetzen.«[5]

Mit der Ich-AGisierung der Gesellschaft und der zunehmenden Privatisierung schrumpft das Öffentliche. Wer aus der Not heraus in die Selbständigkeit geflüchtet ist und sich nur mühsam über Wasser hält, dem bleibt keine Zeit für die Organisation von Interessenvertretung, sondern am Ende nur die Selbstausbeutung. Es entsteht die Notwendigkeit, permanent nach neuen Selbstvermarktungsmöglichkeiten zu suchen. Der Einzelne muss zum Marktbürger werden. Der Staatsbürger als politischer Akteur bleibt dabei auf der Strecke.[6] Der Kollege oder die Kollegin von einst wird vom Partner zum potentiellen Konkurrenten am Markt. Solidarität wird zerstört, denn die Marktbürger stehen in einem beständigen Wettbewerb gegeneinander. Jeder fährt die Ellbogen aus. *Survival of the fittest* – das Überleben des Stärksten hat das der Naturwissenschaftler und Evolutionstheoretiker Charles Darwin genannt.

Natürlich kann es im 21. Jahrhundert nicht darum gehen, überkommenen Arbeitsweisen nachzutrauern. Technischer Fortschritt, Arbeit im Home-Office, Projektarbeit und Selbständigkeit erzeugen grundsätzlich mehr Freiheit im Arbeitsprozess. Davon zeugt das Buch »Wir nennen es Arbeit«. Die Autoren Holm Friebe und Sascha Lobo beschreiben darin das Leben jenseits der Festanstellung und erheben die vielen ProjektarbeiterInnen zur kulturell-kreativen Avantgarde, zur digitalen Bohème.[7] Die Mehrzahl der prekären, also befristeten, schlechtbezahlten und nicht sozialversicherungspflichtigen Arbeitsverhältnisse führt jedoch nicht zu mehr Freiheit, sondern zu weniger Sicherheit und weniger Einkommen. Dies kann höchstens durch Aufstockung der Arbeitsstunden oder einen Zweitjob kompensiert werden. Die Gewerkschaften stehen deswegen vor der Herausforderung, neue Organisationsformen zu entwickeln, die auch jenseits der großen Industriebetriebe funktionieren. Demokratisch organisierte Interessenvertretung sollte auch in Callcentern, für Menschen mit befristeten Arbeitsverträgen, für LeiharbeiterInnen und für den Bereich des Homeworking wirksam werden.

Die Privatisierungswelle und ihr Preis

Die Zerstörung des Öffentlichen in unserer Gesellschaft trägt verschiedene Gesichter. Die Privatisierung öffentlicher Güter ist eines davon. Bahn, Stadtwerke, Rente oder Gefängnis – nichts scheint mehr sicher vor dem Privatisierungswahn. Die Privatisierungswelle, die die Kommunen überrollt, nimmt die Ausmaße eines Tsunami an. Es geht schon längst nicht mehr nur um das sogenannte Tafelsilber, sondern stattdessen um das Rückgrat des Gemeinwesens. Die kommunale Daseinsvorsorge, namentlich Wasserbetriebe, Abfallentsorgung, Friedhofswesen, Krankenhäuser und Wohnungen – alles trägt man zu Markte. Die Stadt wird zur Beute transnationaler Fonds, wie beispielsweise in Dresden, wo das kommunale Wohnungsunternehmen an einen Hedgefonds verkauft wurde.

Die Stadt Hamburg hat sogar die Webseite www.hamburg.de veräußert – ausgerechnet an den Springer-Verlag. In Zukunft entscheidet also nicht die Bürgerschaft, welche Informationen an prominenter Stelle im Internet über Hamburg angeboten werden, sondern ein privater Medienkonzern. Die Stadt hätte zum Beispiel über ihre Homepage gezielt die Touristenattraktionen bewerben können, die bestimmte soziale Standards einhalten. Dies wäre nur eine Fördermöglichkeit von vielen gewesen. Doch dieses Gestaltungsinstrument hat Hamburg freiwillig aus der Hand gegeben.

Besonders rasant ist diese Umschichtung von Öffentlich zu Privat im Energiesektor vonstattengegangen. Vor der sogenannten Liberalisierung im Energiesektor 1997 befanden sich immerhin noch zwanzig Prozent der Stromerzeugung in der Hand von regionalen bzw. kommunalen Einrichtungen. Nur sieben Jahre später, im Jahr 2004, waren die kommunalen und regionalen Energieunternehmen lediglich für fünf Prozent der Stromerzeugung zuständig. Inzwischen teilen die vier quasi Monopolisten RWE, E.ON, ENBW und Vattenfall Europe 95 Prozent des Strommarktes allein unter sich auf. Vor der Liberalisierung befanden sich rund 900 kommunale Unternehmen in öffentlicher Hand. Im Jahr 2005 war davon bereits die Hälfte in private Rechtsformen umgewandelt.

Auch auf Länderebene ist die Privatisierungswelle im vollen Gange. In Baden-Württemberg wurde beispielsweise die Bewährungs- und Gerichtshilfe an eine private Firma vergeben. Die Bewährungshilfe ist vor allem zuständig für die Betreuung von ehemals Straffälligen nach ihrer Entlassung aus dem Gefängnis. Das Ziel dieser Arbeit, die von praktischen Lebenshilfen über sozialpädagogische Betreuung bis hin zur Kontrolle über die Einhaltung der Auflagen reicht, besteht darin, Rückfälle zu vermeiden. Früher erfolgte dies durch Beschäftigte des öffentlichen Dienstes. Seit 2007 bekommt eine private Firma, die Neustart GmbH, Geld vom Land für die Übernahme dieser Aufgaben.

Wie eindeutig im Bund der Kurs Richtung Privatisierung verläuft, zeigt folgender Umstand: Das Bundesministerium für Finanzen ist verpflichtet, regelmäßig einen sogenannten Bericht zur »Verringerung von Beteiligungen des Bundes« herauszugeben. Der Bericht heißt nicht etwa neutral »Bericht über Beteiligungen des Bundes«: Bereits im Titel wird das Ziel benannt. Stolz verkündet das Ministerium in der letzten Veröffentlichung, dass die Gesamtzahl der Bundesbeteiligungen seit 1998 um 28 Beteiligungen zurückgegangen ist, u. a. an der Wirtschaftsprüfungsgesellschaft Deutsche Baurevision AG sowie der Osthannoverschen Eisenbahnen AG. Im Rentensektor hat der Bund nichts zu veräußern. Doch selbst in diesem Bereich befördert er die Umschichtung hin zu Privat. So verkündete im Herbst 2007 der Staatssekretär Franz Thönnes (SPD) im Ausschuss für Arbeit und Soziales, es sei geplant, die kapitalgedeckte

Rentenvorsorge, gemeint ist die Rentenvorsorge über private Sparfonds oder eben die Riester-Rente, in Berufsschulen zu bewerben. Im Klartext heißt das: Den Verkäufern der privaten Rentenfonds werden in Berufsschulen die Türen geöffnet. Und das ist nur ein Baustein in dem gigantischen Feldzug für die kapitalgedeckte Rente.

Die Kürzung der gesetzlichen Rente tut das Übrige, um alle die, die es sich leisten können, in die Arme der privaten Rentenversicherungen zu treiben. Die, die es sich nicht leisten können, kommen nicht vor in der Welt der Allianz und ihrer Lobbyisten. So behauptete neulich in einer Rentendebatte im Bundestag Max Straubinger von der CSU (von Beruf interessanterweise Versicherungskaufmann), das Gute an der Riester-Rente sei, dass »gerade Hartz-IV-Empfänger damit die Möglichkeit haben, neu in das Rentenversicherungssystem aufgenommen zu werden und damit eine zusätzliche soziale Absicherung über die Rentenversicherung zu erlangen.« Die Antwort auf die Frage, an welcher Stelle man sich denn von 347 Euro[8] im Monat noch fünf Euro für die Riester-Rente absparen kann, blieb er schuldig.[9]

Dabei ist die private Rentenvorsorge alles andere als risikolos. Denn private Fonds können pleitegehen, und Aktienwerte können zum Sturzflug ansetzen. Nach einer Pleitewelle in den USA mussten unzählige Senioren und Seniorinnen wieder arbeiten gehen. Das waren Menschen, die darauf vertraut hatten, im Alter von den Erträgen ihrer Fonds leben zu können. Doch sie hatten leider die Rechnung ohne den Risikofaktor Börsencrash gemacht.

Wenn es um Privatisierung und Kapitaldeckung geht, ist die FDP meist an vorderster Front zu finden. Als aber eine offizielle chinesische Delegation im Sozialausschuss berichtete, man prüfe jetzt für China die Einführung einer kapitalgedeckten Rente als Pflicht für alle, wurde selbst der FDP mulmig zumute. Die Vorstellung, dass über eine Milliarde Chinesen ihre Ersparnisse in Rentenfonds anlegen und dieses Geld dann auf den internationalen Finanzmärkten hohe Rendite abwerfen muss, war den Wirtschaftsliberalen doch nicht ganz geheuer. Und so konnte ich persönlich erleben, wie ein Vertreter der Liberalen plötzlich gegenüber der chinesischen Delegation den Wert der gesetzlichen, auf solidarischen Ausgleich setzenden Rente pries. So viel zur angeblichen Sicherheit der rein privaten Rentenvorsorge.

Vielerorts regt sich mittlerweile Widerstand gegen den Privatisierungswahn. Der erfolgreiche Kampf gegen die Privatisierung von Wasser in Bolivien gilt dabei als Paradebeispiel. In Cochabamba, der drittgrößten Stadt Boliviens, wurde im Jahr 2000 das Wassernetz an einen US-amerikanischen Konzern verpachtet. Direkt nach der Übernahme erhöhte dieses Unternehmen die Preise und forderte sogar Abgaben für Wasser aus Regenwassersammelbecken. Daraufhin gründete sich eine breite soziale Bewegung gegen die Wasserprivatisierung. Ihr Protest war letztlich erfolgreich. Im Jahr 2005 wurde der Vertrag mit der US-amerikanischen Firma gekündigt.

In Augsburg konnte ein Bürgerbegehren den drohenden Verkauf der Stadtwerke Wasser verhindern. In Meißen sorgte ein Bürgerentscheid dafür, dass die Krankenhäuser in öffentlicher Hand bleiben. In Freiburg kämpfte man erfolgreich gegen den Verkauf der kommunalen Wohnungen.

Was ist so schlimm an Privatisierungen, dass sie Menschen im beschaulichen Meißner Elbland wie im fernen Lateinamerika gleichermaßen in Aufruhr versetzen? Die Antwort besteht aus einer einfachen Rechnung: Kein Privatmensch kann es sich leisten, aus purer Menschenfreundlichkeit die Kaufsumme auf den Tisch zu legen. Der Investor möchte später nicht nur den Kaufpreis wieder reinholen, sondern darüber hinaus noch wie jedes Unternehmen Gewinn machen. Es wundert also nicht, wenn beispielsweise die Wasserprivatisierung in den südafrikanischen Townships dazu führte, dass die Wasserpreise um 600 Prozent stiegen. Diejenigen, die eine Privatisierung befürworten, könnten nun einwenden, so was komme zwar in Afrika vor. Hier aber gäbe es Vereinbarungen zwischen Gewerkschaften und Unternehmensleitung sowie Instrumente wie die Sozialcharta, also eine Art Vertrag mit dem neuen Eigentümer über soziale Standards, die weiter gelten sollen. Wie wenig solche Vereinbarungen in der Praxis wert sind, konnte man erst kürzlich in Dresden beobachten. Als dort die kommunale Wohnungsgesellschaft zu hundert Prozent an einen Hedgefonds verkauft wurde, hatte die Stadt eine Sozialcharta ausgehandelt. Diese untersagte u. a. eine Mieterhöhung von über drei Prozent. Kurz nach dem Verkauf kam es in einem Block zu einer Mieterhöhung von 15 Prozent. Nun hätte man annehmen können, dieses sei unvereinbar mit der Sozialcharta, hatten doch gerade die linken Verkaufsbefürworter immer wieder auf deren gute Regelungen verwiesen. Doch weit gefehlt: Die Charta besagt am Ende nur, es dürfe im Durchschnitt *aller* Dresdner Wohnungen keine Mieterhöhung über drei Prozent geben. In einzelnen Häusern darf sie hingegen sehr wohl deutlich höher ausfallen. Fazit: Im Zweifelsfall arbeiten die finanzkräftigen Hedgefonds mit findigen Anwaltskanzleien zusammen, die eine Ausstiegsklausel finden.

Auf der Strecke geblieben – Bilanz der Privatisierungen

Als Anfang der 1990er Jahre die Privatisierung der Deutschen Bahn in die Wege geleitet wurde, versprach man allen Beschäftigten Bestandsschutz. Eine Vereinbarung zwischen Gewerkschaften und Unternehmensleitung schloss betriebsbedingte Kündigungen aus. Lediglich von einem »sozialverträglichen Personalabbau« war die Rede. Vor diesem Hintergrund überrascht es, dass zwischen 1991 und 2001 das Personal um 52 Prozent reduziert wurde. Sozialverträglicher Personalabbau – das bedeutet in der Regel Altersteilzeit, Vorruhestand oder Abfindungsangebote. War etwa die Hälfte der Bahnmitarbeiter bereits alt genug für die Altersteilzeit? Einige sicherlich. Als besonders wirksam erwies sich jedoch vor allem das Instrument der »freiwilligen« Abfindungen. Eine Berliner Forschungsgruppe kam zu dem Ergebnis, dass der Druck auf die Beschäftigten, die »freiwilligen« Abfindungsangebote anzunehmen, insgesamt sehr hoch war.[10]

Auffällig ist, dass Frauen von diesen »freiwilligen« Angeboten überproportional häufig Gebrauch machten.[11] Als verkehrspolitische Sprecherin im Landtag hatte ich von solchen Schicksalen gehört. Eine Weiterbeschäftigung bei der Bahn war nicht selten mit enormen Anforderungen an zeitliche und räumliche Mobilität verbunden. Beschäftigten, deren früherer Arbeitsplatz bei der Bahn abgebaut worden war, bot die Deutsche Bahn AG neue Arbeit fern ihres Wohnortes und fern der Familie an. Diese Arbeit war kaum mit Familienarbeit oder der Pflege von Angehörigen zu vereinen. Da Frauen innerhalb der Familien immer noch den größten Teil der Erziehungs- und Pflegearbeit leisten, mussten sie besonders häufig ihre Arbeit bei der Deutsche Bahn AG aufgeben.

Nicht nur bei den Beschäftigten kam es zu Kürzungen, auch das Schienennetz musste dran glauben. Von 1994 bis 2005 wurden stattliche 5300 Kilometer stillgelegt.[12] 5300 Kilometer – das entspricht ungefähr der Strecke von Berlin bis Nowosibirsk im fernen Sibirien. Im Schienengüterverkehr hat man Gleise gekürzt und Firmengleisanschlüsse vom Netz genommen. Selbst Unternehmen, die auf den umweltfreundlicheren Schienengüterverkehr setzen wollten, zwang die Bahnleitung somit, auf die Straße auszuweichen. Als ob nicht schon genügend laute, Abgase ausstoßende LKW durchs Land rollen! Die internationalen Erfahrungen mit Bahnprivatisierungen sprechen diesbezüglich eine klare Sprache. Ob in Neuseeland, Argentinien oder Großbritannien: Bahnprivatisierungen führten immer zu enormen Beschneidungen oder zum katastrophalen Verfall des Bahnnetzes. Besonders bezeichnend ist das Beispiel Großbritannien. Dort wurde die Staatsbahn 1995 verkauft. Die privaten Investoren strichen die Gewinne ein, vernachlässigten aber die Instandhaltung des Netzes. Es kam zu Unfällen mit Verletzten und Toten. Schließlich sah sich der Staat gezwungen, wieder einzuspringen. Die Gewinne waren in der Zwischenzeit in private Taschen geflossen. Die Zusatzkosten in Milliardenhöhe hingegen mussten von den Steuerzahlern und Steuerzahlerinnen übernommen werden. Dieses Beispiel erinnert nur zu deutlich an das italienische Wort »privare«. Die Übersetzung dafür lautet »berauben«.

Beschäftigte und VerbraucherInnen stehen bei Privatisierungen eindeutig nicht auf der Gewinnerseite. Doch die Liste derjenigen, die im Privatisierungsprozess verlieren, ist länger. Wo privatisiert wird, bleibt sogar die volkswirtschaftliche Effizienz auf der Strecke. Wohin beispielsweise die sogenannte Liberalisierung im Paketbereich führte, kann jeder vor seiner eigenen Haustür beobachten. Manchmal halten die Autos der unterschiedlichen Paketdienste kurz hintereinander. Jeder hat aber nur zwei bis drei Päckchen anzuliefern: volkswirtschaftlich gesehen höchst ineffizient.

Zu den großen Verlierern der Privatisierungen gehören der Klimaschutz und die Demokratie. Wenn ein Kommunalparlament die Wasserwerke verkauft hat, kann es kaum noch Einfluss auf die Wasserpreise nehmen. Ist das kommunale Busunternehmen veräußert, können KommunalpolitikerInnen Fahrpreissteigerungen nur noch kritisieren, aber nicht mehr verhindern. In den Sektoren Wasser, Strom und Öffentlicher Personennahverkehr forciert man seit Jahren eine sogenannte Organisationsprivatisierung. Kommunale Aufgaben werden dabei in Tochterunternehmen der Kommunen ausgelagert.[13] Eine Untersuchung des Deutschen Instituts für Urbanistik kam zu dem Ergebnis, dass der formale Einfluss der Kommunen auf diese Beteiligungsunternehmen in 77 Prozent aller Fälle fraglich ist.[14]

Wie der Philosoph Jacques Derrida in seinem bereits erwähnten Werk »Marx' Gespenster« ausführt, werden Politiker zunehmend auf die Rolle einer medialen Repräsentationsfigur reduziert. Statt zu entscheiden, repräsentieren sie nur noch. Durch den Verlust von faktischer Entscheidungskompetenz werden die Parlamentarier unabhängig von ihrer persönlichen Kompetenz »strukturell inkompetent«. Mit der Privatisierung haben sie ihre eigenen Entscheidungskompetenzen freiwillig in die Hände von privaten Firmen abgegeben. Und sind die Stadtwerke nicht mehr kommunales Eigentum, können weder Bürgerinnen und Bürger noch der Stadtrat die Förderung von Ökostrom in die Wege leiten.

Aus volkswirtschaftlicher Sicht ist Klima- und Umweltschutz eine Notwendigkeit, denn die Folgekosten der Klimakatastrophe werden für die Gesellschaft unbezahlbar sein. Aus rein betriebswirtschaftlicher Sicht hingegen ist Umweltverschmutzung meist profitabler. Ein privatisiertes Unternehmen muss zuallererst betriebswirtschaftlich denken. Wo Profite im Mittelpunkt stehen müssen, bleibt der Klimaschutz allzu schnell auf der Strecke. Wenn also eine Stadt aktiv zum Klimaschutz beitragen möchte, muss sie weiter bei den Stadtwerken das Sagen haben. Und Klimaschutz ist nötiger denn je. Im Jahr 2007 ist die Nordpolregion auf ihre geringste Ausdehnung seit Beginn der Satellitenbeobachtung vor dreißig Jahren geschrumpft. In nur einem Jahr schmolz das Eis um eine Million Quadratkilometer. Die Folgen dieser Polschmelze sind alles andere als harmlos. Davon zeugt die Zunahme an extremen Überschwemmungen. Andernorts schlägt der Klimawandel in Form extremer Dürre zu. Der Bericht des Klimarates der Vereinten Nationen[15] enthält diesbezüglich erschreckende Prognosen: Der ärmere und verwundbare Teil der Menschheit wird vom Klimawandel zuerst betroffen sein. Afrika gehört zu seinen ersten Verlierern. In den kommenden 13 Jahren werden zusätzliche 75 bis 250 Millionen Menschen unter Wassermangel leiden. Wer hierzulande den Klimaschutz unterstützt, leistet somit auch einen wichtigen Beitrag zur Vermeidung von Leid und Elend in Afrika. Schon allein wegen des aktiven Beitrags zum Klimaschutz ist jede Privatisierung von Stadtwerken abzulehnen.

Wo immer privatisiert wird, tritt das Gemeinwohl in den Hintergrund. Nicht nur in der Jugendhilfe lautet das Credo des Gemeinwohls: Prävention statt Knast. Schließlich ist es besser, ein Delikt zu vermeiden, als es später bestrafen zu müssen. Wenn aber nun Gefängnisse privatisiert werden, gelten andere Interessen. Wer beispielsweise sein Geld in Gefängnisaktien anlegt, der hat nichts gegen volle Knäste. Die Privatisierung der Bewährungshilfe in Baden-Württemberg ist vor diesem Hintergrund ein Beispiel, das hoffentlich keine Schule macht. Denn: Wer mitredet, ob jemand freikommt oder im Gefängnis bleibt, der muss einfach frei von privaten Gewinninteressen sein.[16]

Besonders makaber wird der Privatisierungswahn, wenn die Umstellung noch nicht einmal die erhofften Einsparungen bringt. So geschehen bei der bereits erwähnten Privatisierung der baden-württembergischen Bewährungs- und Gerichtshilfe. Die Aufgaben wurden der österreichischen Neustart GmbH übertragen. Nach einer 13-monatigen Pilotphase war festzustellen, dass die Neustart GmbH mehrere kostenträchtige Fehlentscheidungen getroffen hatte. Durch die Installation einer bisher nicht vorhandenen Hierarchie entstanden zudem erhebliche Mehrbelastungen für die anderen Kolleginnen und Kollegen. Als die Privatisierung beschlossen wurde, hieß es, die Dienstleistung würde dadurch billiger. Doch nach über einem Jahr sah sich die Justiz-Gewerkschaft veranlasst, wegen der drohenden Mehrausgaben den Landesrechnungshof anzurufen.[17] So viel zu den angeblichen Einsparungen durch die Übertragung öffentlicher Aufgaben an private Dritte.

Selbst in Fällen, in denen tatsächlich – haushalterisch gesehen – Einsparungen erzielt werden, ist der gesellschaftliche Preis dafür hoch, zu hoch. Privatisierungen führen zum Verlust von demokratischen Mitspracherechten – und zwar sowohl für die gewählten Abgeordneten als auch für die Bürger und Bürgerinnen. Die Möglichkeit, mittels Protest oder Bürgerentscheid die Entscheidung eines Privatunternehmens zu beeinflussen, ist schließlich deutlich geringer. Lediglich durch gezielten Boykott im Rahmen einer politischen Kampagne konnten bisher Korrekturen von Unternehmensentscheidungen erkämpft werden. (Mehr zum politischen Konsum im folgenden Kapitel.)

Rechnungen, die nicht aufgehen

Aber wenn die Haushaltslage der Kommunen schlecht ist, hilft ihnen die Privatisierung doch, indem der Verkaufserlös sie von Schulden befreit – mögen nun manche einwenden. In einigen Kommunen kann die Schuldenfreiheit kurzfristig tatsächlich zu einem größeren finanziellen Spielraum führen. Aber für wie lange? Langfristig betrachtet kosten die Folgen der Privatisierung womöglich mehr, als der Verkauf einbrachte. Schließlich wirken sich viele Privatisierungen negativ auf die Regionalwirtschaft aus. Wenn Beschäftigte entlassen werden, gibt es mehr Erwerbslose. Mehr Erwerbslose bedeuten weniger Kaufkraft in der Region. Weniger Kaufkraft bedeutet weniger Gewerbesteuereinnahmen. Mehr Erwerbslose bedeuten für die Kommunen zudem mehr Ausgaben für Kosten der Unterkunft. All diese Faktoren gehören zu einer ehrlichen Rechnung dazu. Doch leider handelt es sich beim Privatisierungswahn um eine Ideologie. Und wer einmal vom Privatisierungsvirus befallen ist, wird offensichtlich blind gegenüber mittelfristigen und gesamtgesellschaftlichen Rechnungen.

Darüber hinaus stehen dem kurzfristigen Verkaufserlös auch Verluste auf der Einnahmenseite gegenüber. Schließlich verzichtet die öffentliche Hand mit dem Verkauf definitiv auf die Gewinne des Unternehmens. So gehen dem Land Berlin beispielsweise durch den Verkauf des Energieunternehmens Bewag an Vattenfall jährliche Einnahmen von 100 Millionen Euro verloren. Insofern ist umstritten, ob die den öffentlichen Kassen entgehenden Gewinnausschüttungen nicht höher ausfallen als die eingesparten Zinsen für Schulden. Selbst aus haushalterischer Sicht bleibt es also »höchst fraglich, ob der Verkauf ertragsstarker Unternehmen auf lange Sicht sinnvoll ist.«[18] Außerdem rechtfertigt kein noch so großer Verkaufserlös die langfristigen Kompetenzbeschneidungen der Politik.

Auch die Lobbyisten des Bahnbörsengangs führen gern den enormen Ertrag für den Staatshaushalt an. Doch gerade beim Börsengang der Bahn ist dieses Argument besonders absurd. Vor der Finanzkrise im Herbst 2008 rechnete die Bundesregierung mit Einnahmen zwischen sechs und acht Milliarden Euro. Diese Erwartung wurde bereits Ende September von den am Börsengang beteiligten Banken korrigiert, die von einem Erlös von nur noch 4,5 Milliarden Euro ausgingen.[19] Doch auch diese Summe schien einige

Wochen später nicht mehr haltbar, und so wurde der Börsengang verschoben. Wäre es jedoch dazu gekommen, so hätte der Staat seine bisherigen Ausgaben für die Schiene fortführen müssen. Im Klartext: Der Staat zahlt weiterhin, hat aber noch weniger Einfluss als bisher. Die Initiative »Bahn für alle« bringt dies auf die treffende Formel: Gleiche Staatsknete für weniger Einfluss. So sieht wahre Selbstbeschneidung der Politik aus. Solche Verträge können nur echte Geisterfahrer anstreben.

Der Kurs solcher Geisterfahrer führt in Richtung Demokratieabbau. Die negative Wirkung dieser Politik wird durch eine Steuerpolitik ergänzt, die die öffentliche Hand systematisch in die finanzielle Krise führt. Die politische Klasse zeigt sich großzügig gegenüber den Superreichen. So wurde unter der rot-grünen Regierung der Spitzensatz der Einkommenssteuer gesenkt. In Folge dieser Steuerreform konnte ein Einkommensmillionär jährlich 100 000 Euro an Steuern einsparen – so viel kostet ein Mercedes der S-Klasse. Die Große Koalition setzt diesen Kurs mit einer Unternehmenssteuerreform fort, die den Unternehmen fünf bis zehn Milliarden Euro pro Jahr schenkt. Dieses Geld fehlt am Ende in den öffentlichen Kassen. Wer großzügige Steuergeschenke an Unternehmen und an Superreiche verteilt, braucht sich nicht zu wundern, wenn Ebbe in den öffentlichen Haushalten herrscht.

Aber im Zuge der Globalisierung hat man doch keine Wahl, man muss die Steuern senken, weil sonst die Vermögenden und die Unternehmen einfach abwandern – so die Argumentation der Steuersenker. Diese Argumentation ist zu einer in den meisten Diskussionen nicht hinterfragten Prämisse geworden. Doch stimmt sie auch? Ist die deutsche Steuerpolitik nur Getriebene im internationalen Steuersenkungswettbewerb? Diese Behauptung ist es wert, gründlich überprüft zu werden. Zunächst lohnt ein Blick in die Übersichten der OECD, der Organisation für wirtschaftliche Entwicklung und Zusammenarbeit. Diese zeigen sehr deutlich, dass Deutschland mitnichten das Land mit den höchsten Steuer- und Abgabensätzen ist. Ganz im Gegenteil, wir liegen, was den Anteil der Steuern und Sozialabgaben am Bruttoinlandsprodukt anbelangt, eher im Mittelfeld. Deutschland findet sich sogar noch hinter dem Durchschnitt der alten 15 EU-Staaten, während die skandinavischen Länder deutlich höhere Sätze aufweisen.[20] Angeblich wandern Unternehmen in die Länder mit niedrigeren Steuern und Abgaben ab. Hohe Steuern und Sozialabgaben, so die Gleichung, die uns neoliberale Wirtschaftsexperten glauben machen wollen, führen automatisch zu höherer Arbeitslosigkeit. Also müssten die skandinavischen Länder unter hohen Arbeitslosenquoten leiden, müssten die schwedischen und norwegischen Unternehmen in Scharen ihre Länder verlassen.

Doch interessanterweise ist gerade in Skandinavien die Arbeitslosenquote im Vergleich recht niedrig. Offenbar gibt es für Unternehmen noch andere Faktoren, die bei der Wahl des Standorts ausschlaggebender sind, z. B. gut ausgebildete Fachkräfte.

Doch wie ist es um die Abwanderung der reichen Einzelpersonen bestellt? Tatsächlich haben heute vermögende Deutsche die Möglichkeit, sich durch Verlagerung ihres Wohnsitzes in andere Länder vor der Einkommenssteuer zu drücken. Und so mancher, etwa der Rennfahrer Michael Schumacher, macht davon auch Gebrauch.

Hier könnte die Bundesrepublik von den USA lernen. Dort gilt, dass jeder Staatsbürger bzw. jede Staatsbürgerin der USA mit Hauptwohnsitz in einem anderen Land mit niedrigerem Steuersatz zumindest die Differenz zum US-amerikanischen Steuersatz an sein Land zahlen muss. Ansonsten wird die Staatsbürgerschaft entzogen. Warum soll das, was in den USA gut funktioniert, nicht auch in der Bundesrepublik eingeführt werden? Leider haben CDU und SPD im Bundestag bisher alle dahingehenden Vorstöße abgelehnt. Und hier wird die Argumentation der Steuersenker in sich widersprüchlich. Wegen der Gefahr, Vermögende könnten ihren Hauptwohnsitz verlagern, wird der Steuersatz für Reiche gesenkt bzw. niedrig gehalten. Doch das Beispiel USA zeigt, dass die drohende Abwanderung keine naturgegebene unveränderliche Größe ist, sondern sich durch politische Maßnahmen eingrenzen lässt. Diese Regelung nicht einzuführen ist eine Unterlassungssünde, die den Haushalt unseres Landes teuer zu stehen kommt. Auch die EU könnte engagierter gegen Steueroasen vorgehen. Niemand ist im Umgang mit Steueroasen zur Untätigkeit verdammt. Gute Ansätze finden sich in dem von dem globalisierungskritischen Netzwerk attac ausgearbeiteten Aktionsplan. So schlägt attac vor, eine Schwarze Liste für alle Steueroasen aufzustellen und diese mit geeigneten Wirtschaftssanktionen zu belegen.[21] Alles in allem ist eine kritische Auseinandersetzung mit den Steueroasen unverzichtbar. Schließlich befördert ihre Existenz den Abfluss von Steuern, welche die öffentlichen Haushalte dringend bräuchten.

Wenn in den öffentlichen Kassen Ebbe herrscht, wird gespart – zum Beispiel bei Kindern und Jugendlichen. Jugendclubs werden geschlossen oder statt mit ausgebildeten Sozialarbeiterinnen nur noch mit Ein-Euro-Jobbern besetzt. Dieser Mangel in der Jugendhilfe hat Folgen. Wenn der letzte Jugendclub schließt, bleibt in vielen Orten nur noch die Tankstelle als Treffpunkt. Zu welch erschreckenden Folgen dieser Kurs der Entstaatlichung führt, lässt sich beispielsweise in der Sächsischen Schweiz beobachten. Wo die öffentliche Hand versagt, wittern die Neonazis ihre Chance. Sie holen die Jugendlichen an den Tankstellen ab und bieten Ersatz. So können sie ihre menschenverachtende Ideologie Schritt für Schritt in die Köpfe junger Menschen verpflanzen.

Für mich steht fest: Privatisierungen schaden der Demokratie. Außerdem bleiben ökologische und soziale Belange auf der Strecke. Die Gewinne streichen einige wenige ein. Den Preis zahlen am Ende die Gesellschaft und die Natur. Jede verhinderte Privatisierung ist insofern ein Erfolg fürs Gemeinwohl und die Demokratie. Die positive, ja prodemokratische Wirkung der Anti-Privatisierungskämpfe ist nicht zu unterschätzen. Wir brauchen jedoch mehr als reine Abwehrkämpfe.

Offensive fürs Öffentliche in vier Schritten

1. Den öffentlichen Sektor erweitern

Unsere Gesellschaft braucht eine Offensive fürs Öffentliche. Diese Offensive muss von der Ausweitung des öffentlichen Sektors über den Ausbau von Jugendclubs und Bürgerzentren bis hin zu einem Paradigmenwechsel in der Arbeitsmarktpolitik reichen. Darüber hinaus bedarf es in den abgehängten und strukturschwachen Regionen einer besonderen Sensibilität und weitergehender Überlegungen, denen sich das Unterkapitel »Neuland entdecken« widmet.

Wenn man die beständige Verschiebung von Öffentlich zu Privat in einen demokratiehistorischen Zusammenhang einordnet, erschließt sich ein weiterer wichtiger Grund für die Ausweitung öffentlicher Güter: Zu Zeiten des preußischen Klassenwahlrechts war der Wert einer Stimme abhängig vom Vermögen des Wählenden. Die Abschaffung dieses Klassenwahlrechts bedeutete einen großen demokratischen Fortschritt. In gewisser Weise ist dieser Fortschritt in Gefahr: Die Privatisierungswellen und die Selbstbeschneidung der Politik verlagern Entscheidungskompetenzen zunehmend in Konzerne und die Privatwirtschaft. Bei Spitzenpositionen in der Privatwirtschaft ist die soziale Auslese besonders starr. Absolventen aus der Mittelschicht oder aus Arbeiterfamilien haben faktisch keine Aussicht auf eine hochrangige Stelle in einem Privatunternehmen. Die Möglichkeiten zur wirkungsmächtigen Gestaltung sind also wieder zunehmend vom familiären Hintergrund abhängig. Unternehmen in öffentlicher Hand hingegen setzen diese sozial selektiven Rekrutierungsmechanismen der Privatwirtschaft teilweise außer Kraft. Die Personalpolitik in öffentlichen Unternehmen ist sozial offener. Auch Absolventen aus Arbeiterfamilien haben dort die Chance, eine Spitzenposition einzunehmen. Öffentliche Unternehmen leisten somit einen Beitrag zur sozialen Mobilität.[22] Das unterstreicht, wie notwendig die Ausweitung des öffentlichen Sektors ist.

Es gibt jede Menge gesellschaftlich unverzichtbare Aufgaben, wie Kindererziehung und Betreuung der Älteren, die sich nur bedingt profitabel gestalten lassen. Gerade diese sind bisher nur sehr unzureichend als öffentliche Aufgaben organisiert. Ein Großteil dieser notwendigen, doch unrentablen Aufgaben wird immer noch im Bereich des Häuslichen, genauer gesagt von den Frauen erledigt. Die Einbindung in den Bereich des Häuslichen führt allerdings dazu, dass sie gesellschaftlich marginalisiert sind. Deshalb ist es ein ureigenes Anliegen der Frauenbewegung, dass deutlich mehr Aufgaben, die bisher innerhalb der Familien bewältigt werden müssen, zu öffentlichen Aufgaben der Gesellschaft werden. So sind beispielsweise bessere Angebote für Kinder, Jugendliche und Senioren nicht nur eine Bereicherung für die jeweilige Altersgruppe, sondern stellen zudem eine Entlastung für die Personen dar, die ansonsten für die Betreuung der Jüngeren und Älteren in der Familie zuständig sind. Wenn der öffentliche Verkehr so schlecht organisiert ist, dass die Kinder am Nachmittag nicht alleine ins Schwimmbad kommen, bedeutet das, dass ein Elternteil den Nachwuchs mit dem Auto hinfahren muss. In der Regel sind dies die meistens halbtags arbeitenden Frauen. Um es positiv auf den Punkt zu bringen: Die Ausweitung von öffentlichen Gütern, mehr öffentliche Begegnungsstätten, ein besserer Bus- und Bahnverkehr – all das entlastet die häusliche Sphäre und damit vor allem die Frauen.

2. WIR e. V. statt Ich-AG

Unsere Gesellschaft muss sich das Motto »WIR e. V. statt Ich-AG« zu eigen machen. Bus und Bahn müssen in der Fläche ausgebaut werden. In Städten und vor allem im ländlichen Raum braucht es wieder mehr Begegnungsstätten für alle Generationen und insbesondere mehr Jugendclubs, in denen qualifizierte Jugendsozialarbeiter wirken. Wo Stadtwerke bereits privatisiert wurden, sind die Möglichkeiten einer Re-Kommunalisierung, also eines Rückkaufs durch die Kommune, zu prüfen. Eine wichtige Voraussetzung für all diese Maßnahmen ist die finanzielle Handlungsfähigkeit der öffentlichen Hand. Deswegen brauchen wir dringend einen Kurswechsel in der Steuerpolitik. Steuergeschenke an die Reichen und die Konzerne kann sich die öffentliche Hand nicht mehr leisten, stattdessen bedarf es beispielsweise einer wirksamen Erbschafts- und Vermögenssteuer sowie einer Börsenumsatzsteuer. Eine solche Steuer, die beim Umsatz von Aktien oder anderen Wertpapieren anfällt, gibt es bereits in anderen Ländern, etwa in Großbritannien und den USA.

Jeder bzw. jede Abgeordnete kann mit dem eigenen Wahlkreisbüro einen praktischen Beitrag zur Stärkung des Öffentlichen leisten. Mein Wahlkreisbüro in Dresden befindet sich unter dem Dach des WIR e. V. in einem großen

Ladenlokal zu ebener Erde und mit großen Fenstern. Vorbeigehende können so leicht einen Blick auf unsere Treffen werfen und auch einfach hereinkommen. Der WIR e. V. ist ein Dach für ganz verschiedene Gruppen: Dort sitzen ein afrikanischer und ein griechischer Kulturverein sowie Jugendgruppen; es gibt eine politische Bibliothek und einen größeren Veranstaltungsraum. Auch der Erwerbslosenrat und das überparteiliche Netzwerk Grundeinkommen treffen sich hier. Dieses Büro versteht sich als offenes Büro, in dem diskutiert, gearbeitet und gefeiert wird, denn Politik muss wahrnehmbar sein. Das erste offene Büro dieser Art wurde im Jahr 2000 in Leipzig eröffnet und heißt LinXXNet. Offene Büros verfolgen das Ziel, Politik als Anliegen und Sache aller zu ermöglichen. Das heißt neben den klassischen Bürgersprechstunden eben auch, politisch Interessierte bei ihren Aktivitäten zu unterstützen, z. B. durch die Bereitstellung von Kontakten, Räumen und Arbeitsmitteln.

Sicherlich, gerade am Anfang war es nicht so einfach: Nicht jeder hielt sich an den Putzplan. Und manchmal habe ich angesichts des Ansturms auf unseren Veranstaltungsraum Probleme, noch einen freien Termin für meine eigenen Veranstaltungen zu finden. Doch solche offenen Abgeordnetenbüros können einen kleinen, aber wichtigen Beitrag zur Stärkung des Öffentlichen leisten. Und für mich sind es gerade die Begegnungen im WIR e. V., die mir immer wieder Anregungen geben und Mut machen. Mut, dass eine andere Form von gesellschaftlicher Zusammenarbeit jenseits des Konkurrenzprinzips möglich ist.

Das Motto »WIR e. V. statt Ich-AG« meint darüber hinaus einen Paradigmenwechsel in der Arbeitsförderung. Heute wird Erwerbslosen vorrangig der Schritt in die Selbständigkeit schmackhaft gemacht. Erwerbslose hingegen, die sich in Vereinen ehrenamtlich engagieren, sind noch nicht einmal vor den Schikanen des Jobcenters sicher (mehr dazu im Kapitel »Hauptsache Arbeit?«). Freilich ist nichts dagegen einzuwenden, wenn jemand, der mit einer guten Geschäftsidee den Weg der Selbständigkeit gehen möchte, dabei Unterstützung bekommt. Problematisch wird es jedoch, wenn dieser Schritt vor allem zur Selbstausbeutung führt. Statt bevorzugt die Solo-Selbständigkeit zu fördern, statt Erwerbslose in Ein-Euro-Jobs mit fragwürdigem Gehalt zu drängen, sollte ehrenamtliches Engagement in Vereinen stärker unterstützt werden. Ein Erwerbsloser, der einem Ehrenamt nachgeht, sollte vor repressiven Maßnahmen wie Ein-Euro-Jobs, die nur zur Abschreckung und zur Überprüfung der Arbeitswilligkeit bzw. der puren Beschäftigungstherapie dienen, verschont bleiben.

3. Genossenschaften fördern

Ein Paradigmenwechsel in Richtung Wir-Gesellschaft umfasst mehrere Facetten. Eine davon ist die Förderung von Genossenschaften und anderen Formen der solidarischen Ökonomie. Nun können Genossenschaften innerhalb des heutigen Wirtschaftssystems nicht komplett mit dem Konkurrenzprinzip brechen. Ihr Produkt muss sich letztlich auf dem Markt verkaufen lassen. Aber diese Form der solidarischen Ökonomie kann zumindest helfen, das reine Profitdenken aufzubrechen. Es geht nicht nur darum, was produziert wird, sondern wie dies geschieht. Nicht der schnelle Gewinn einiger weniger ist das A und O, sondern die längerfristige Wirtschaftlichkeit für alle Beteiligten – inklusive der Natur.

So wird beispielsweise bei der Holzgenossenschaft Neuendorf im thüringischen Eichsfeld nicht dem schnellen Gewinn die große Bedeutung beigemessen. In diesem Betrieb stehen Fragen der nachhaltigen Waldbewirtschaftung im Mittelpunkt. Schließlich existiert die Genossenschaft schon seit dem 17. Jahrhundert und soll auch noch den Kindern und Enkelkindern Nutzen bringen. Die erwirtschafteten Überschüsse fließen nicht in private Taschen, sondern in gemeinnützige Projekte des Dorfes. So profitiert die gesamte Dorfgemeinschaft von der Holzgenossenschaft.

Und diese Genossenschaft ist nicht die einzige in Deutschland. 2,3 Millionen Menschen arbeiten in diesem Land in 132 000 genossenschaftlichen Unternehmungen. Es gibt rund 8500 Genossenschaften mit über zwanzig Millionen Mitgliedern. Darunter fallen Genossenschaftsbanken und Wohnungsgenossenschaften ebenso wie Konsumgenossenschaften oder Biokooperativen.

Die Erscheinungsformen solidarischer Ökonomie sind dabei sehr vielfältig. In Dresden gründete sich in den 1990er Jahren eine ökologische Verbrauchergemeinschaft, in der Produkte aus dem Ökolandbau faktisch zum Einkaufspreis angeboten werden. Die laufenden Kosten sind durch Mitgliedsbeiträge gedeckt. Über die Entwicklung der Verkaufsstelle entscheiden die Mitgliederversammlungen des Vereins. Im hessischen Cölbe haben sich Menschen zu einer Wassergenossenschaft zusammengeschlossen. Ausgelöst wurde diese Initiative durch das Gerücht, die kommunalen Wasserbetriebe sollten an einen multinationalen Konzern veräußert werden. Zwar standen die Wasserbetriebe am Ende doch nicht zum Verkauf, doch bewirkte das Gerücht die Erkenntnis, dass es besser ist, die Wasserversorgung gemeinsam in die Hand zu nehmen.

Angesichts dieser Vielfalt fällt es nicht gerade leicht, eine allgemeingültige Definition für solidarische Ökonomie zu finden. In jedem Fall gilt, dass nicht primär die Profitmaximierung im Vordergrund steht. Vielmehr orientieren sich Genossenschaften an wertegeleiteten Zielen, wie etwa dem Schutz der Natur. Insofern verkörpern diese alternativen Wirtschaftsformen den lebendigen Zweifel an der These vom Ende der Geschichte.[23] Sie zeigen praktisch, dass alternative Formen des Wirtschaftens und Konsumierens möglich sind. Die Existenz von Alternativen ist wichtig für ein demokratisches Gemeinwesen. Nur wenn man zwischen unterschiedlichen Optionen wählen kann, gibt es Wahlfreiheit. Wo man nur ja sagen kann bzw. wo gilt, friss oder stirb, sind Demokratie und Freiheit Mangelware. Wirkliche Wahlfreiheit setzt voraus, dass Alternativen auch vorstellbar und durchführbar sind. Genau darin liegt der besondere Wert der solidarischen Unternehmungen. Sie eröffnen alternative Wege und erleichtern somit Nachahmungen. Im Parlament existiert die Möglichkeit, den Kanzler bzw. die Kanzlerin abzuwählen. Sie ist stets an das konstruktive Misstrauensvotum gebunden. Soll heißen: Es bedarf immer eines personellen Alternativvorschlags. Auf den Wirtschaftssektor übertragen bedeutet dies: Wir brauchen andere Praktiken des Wirtschaftens, etwa Genossenschaften, die ökologischer Nachhaltigkeit einen hohen Stellenwert beimessen, oder kommunale Unternehmen, deren Betriebsleitlinien von der Bürgerschaft in transparenten Debatten erarbeitet werden, oder Kooperativen, in denen alle Beteiligten gleichberechtigt in den Entscheidungsprozess eingebunden sind. Solche alternativen Formen des Wirtschaftens sind eine wichtige Voraussetzung dafür, den allein auf Profitmaximierung orientierten Turbokapitalismus irgendwann auch abwählen zu können – wenn die Mehrheit dies möchte.

Zudem haben Genossenschaften aufgrund der Verbundenheit mit dem regionalen Umfeld ein stärkeres Interesse an der Entwicklung der Region – anders als transnationale Investoren. Diese pumpen viel Geld auf einmal in die Firmen, ziehen es aber ebenso schnell wieder ab und verabschieden sich. Während Großinvestoren sich eher wie ein scheues Reh aufführen, werden Genossenschaften gelegentlich – mit einem Augenzwinkern – als »standorttreues Huhn«[24] bezeichnet. Ein weiterer Punkt, der für die Förderung der Genossenschaften spricht.

Es gibt verschiedene Ansatzpunkte für die Politik, Genossenschaften zu unterstützen. Beginnen wir mit der Arbeitsmarktpolitik: Anstatt die Erwerbslosen, die sich für die Gründung einer Genossenschaft interessieren, zu behindern (siehe dazu das Beispiel aus Dresden im Kapitel »Hauptsache Arbeit?«), sollten die Jobcenter Initiativen zur Gründung von Genossenschaften unterstützen. Weiterhin empfiehlt es sich, diese Form des gemeinsamen Wirtschaftens mit anderen Formen der Existenzgründung gleichzustellen. Bisher werden rein private Unternehmen bevorzugt behandelt. So kommen Genossenschaften kaum in den Genuss von Existenzgründungskrediten durch die Aufbaubanken, deren Aufgabe gerade in der Wirtschaftsförderung und Landesentwicklung liegt.

Zudem lohnt ein Blick in andere Länder. In Italien werden gelegentlich öffentliche Aufträge so ausgeschrieben, dass Sozialkooperativen besonders gute Chancen haben. Das heißt, man nimmt in die Ausschreibungen Auflagen hinein, die von Genossenschaften besonders gut zu erfüllen sind, etwa solche sozialer und ökologischer Natur. In Großbritannien und in Brasilien gibt es spezielle Entwicklungsagenturen für Genossenschaften. Und in Spanien, Portugal und Italien ist die Förderung von Genossenschaften sogar in der Verfassung festgeschrieben.

Der stärkste Rückenwind zur Gründung von Genossenschaften würde allerdings von der Einführung eines bedingungslosen Grundeinkommens ausgehen. Wenn die materiellen Grundbedürfnisse jedes Einzelnen sicher abgedeckt sind, fällt es leichter, sich auf neue Formen des Wirtschaftens einzulassen. Der Druck, sofort genügend Gewinn zu erwirtschaften, um die Lebenskosten decken zu können, ist dann deutlich geringer. Gerade für Genossenschaften, bei denen nicht der schnelle Gewinn im Vordergrund steht, ist solch eine finanzielle Basisabsicherung für alle Beteiligten eine wichtige Hilfe. Das bedingungslose Grundeinkommen, welches in einem späteren Kapitel ausführlicher erörtert wird, schafft also die Freiheit, neue Formen des Wirtschaftens jenseits der Profitlogik zu erschließen. Freilich sind Genossenschaften nicht nur ein Kind der Not. Aber sie bieten gerade für Regionen, die so abgehängt und entleert sind, dass sich kein Großinvestor mehr dorthin verirrt, besondere Vorteile. Dort, wo das Hoffen auf den Arbeitsplätze bringenden Großinvestor zum »Warten auf Godot«[25] verkommt, der bekanntlich nie erscheint, kann der Zusammenschluss vieler kleiner Akteure zu einer Genossenschaft eine ernsthafte Alternative bieten. Und solche abgehängten Landstriche gibt es nicht nur in Ostdeutschland.

4. Neuland entdecken

In diesen abgehängten Regionen geht der Rückzug des Öffentlichen einher mit dem wirtschaftlichen Niedergang. Erwerbslosigkeit wird zum Alltag. Die alte Wachstumsideologie hilft hier schon lange nicht mehr weiter. Der Ansatz, mittels Autobahnanschluss oder Regionalflughafen den Wirtschaftsaufschwung in diese Regionen zu bringen, hat sich längst als Illusion erwiesen. Die blühenden Landschaften, die Ex-Kanzler Helmut Kohl dem Osten nach der Wende versprach, kommen in diesen Gegenden nur noch im wortwörtlichen Sinne vor – als brachliegende Flächen, die sich die Natur langsam zurückholt. Was blüht, sind Gräser und Sträucher.

Der Dokumentarfilm »Neuland« von Holger Lauinger und Daniel Kunle hat diese Entwicklung in besonders anschaulicher Art und Weise eingefangen. Der Film handelt vom Abschied von einst so vertrauten Konstanten. Was bleibt, ist ein Leben ohne Erwerbsarbeit, aber auch ohne Theater und ohne Lichtspielhaus. In ihm kommt z. B. die

Kinobetreiberin aus dem sachsen-anhaltinischen Wolfen, Karin Fahnert, zu Wort, die ihr Kino schließen musste. Die Besitzer der Fläche gaben ihr lediglich den Rat, sie solle doch die Pornoabteilung ausbauen, um den Umsatzrückgang zu kompensieren. Ihr Einwand lautete, dies sei ein Kino, welches gerade am Wochenende Filme für Familien anbiete, und es ginge ihr auch um ein gewisses Niveau. Daraufhin meinte die Bürgermeisterin: »Niveau, das werden Sie sich hier nicht leisten können.« Auch die klassischen Tipps aus BWL-Grundkursen, durch Erweiterung die Einnahmen zu erhöhen, sind zum Scheitern verurteilt. Man habe ihr geraten, so Frau Fahnert, eine Gaststätte vor dem Kino einzurichten. Allerdings mussten in den letzten Jahren in Wolfen bereits drei Gaststätten mangels Umsatz schließen.

Die Botschaft dieses Dokumentarfilms ist einfach und bestechend: Die Wachstumsideologie ist gescheitert. An die Stelle der Industriegesellschaft ist in vielen Orten eine Gesellschaft der Leere getreten. Die Menschen werden aber weiter angehalten, nach den Regeln eines Systems zu spielen, dessen Grundlagen zumindest in den abgehängten Regionen erodieren. Es wird Arbeit simuliert, die niemand braucht.[26]

»Neuland« ist allerdings weit mehr als die Dokumentation der Verödung. Dieser Film zeigt Wege, mit dem eigentümlichen Luxus der Leere umzugehen. Und so werden die Betreiber von Hartz-IV-Läden ebenso wie Menschen in Landkommunen zu den ProtagonistInnen der Leere. Auch der Bisonzüchter Falk Selka gehört zu den unheroischen Helden dieses Films. Er sah in der Zucht von Bisons schlichtweg eine Marktlücke, weil diese Tiere mit dürrem Grasland auskommen. Gerade dieses Grasland gehört zu den Hinterlassenschaften des ehemaligen Kohletagebaus. Fördermittel hat er keine erhalten. Besonders begeistert die Idee, ein Dorf vorrangig mit vor Ort erzeugtem

Strom aus erneuerbaren Energien wie Biomasse und Wind zu versorgen. Mittels regional erzeugter Energie soll das Einkommen in die Fläche zurückgeholt werden, anstatt sie den Energiekonzernen in den Rachen zu werfen. Je teurer die Energie der großen Konzerne wird und je mehr Raum und Zeit vor Ort im Überfluss vorhanden sind, desto mehr überzeugt dieser Plan.

Der Film »Neuland« schreibt an keinem Heldenmythos, sondern er macht Mut zum Denken und Handeln jenseits der Resignation und jenseits der Illusion vom Wachstums- und Beschäftigungswunder. Wer in solch abgehängten Regionen das Öffentliche stärken möchte, muss sich auf einen Prozess des Suchens und Experimentierens einlassen. Für diesen Prozess gibt es keinen Generalplan, aber manchmal wird jemand fündig und entdeckt eben Neuland wie beispielsweise die Wohnkommune Waltershausen. Diese entschied sich, in eine leerstehende ehemalige Puppenfabrik einzuziehen. Die Kommunarden trafen dabei auf alteingesessene Einwohner und Einwohnerinnen, die nicht abwehrend auf diese Wohnexperimente reagierten. Die Menschen in Waltershausen freuten sich einfach, dass durch den Einzug der Kommune das Gebäude der Puppenfabrik erhalten blieb und nicht der Abrissbirne zum Opfer fiel.

III. Politik als Magd des Marktes

Die auf dem Weltsozialforum vorgeschlagenen Alternativen [...] sind so gestaltet, dass eine Globalisierung in Solidarität als vorherrschendes neues Stadium in der Weltgeschichte sichergestellt wird. Dieses wird die allgemeinen Menschenrechte respektieren, die Rechte aller Bürger – Männer und Frauen – aller Nationen, die Umwelt, und sie wird gestützt sein auf demokratische, internationale Systeme und Institutionen im Dienste sozialer Gerechtigkeit, Gleichheit und der Selbstbestimmung der Völker.[1]

(Charta des Weltsozialforums, angenommen in Porto Alegre 2001)

Der Investor – das scheue Reh

Anfang der 1990er Jahre plante Siemens, ein Werk in der Dresdner Heide anzusiedeln. Ein solcher Betrieb war für die Region Dresden, in der es viele Fachleute im IT-Bereich gibt, natürlich ein Gewinn. Dass die Ansiedlung direkt im Außenrand der Dresdner Heide vorgesehen war, erschien jedoch aus ökologischer Sicht problematisch. Deshalb fragten damals kritische Kreise in Dresden: Warum bietet die Stadt Siemens nicht einen anderen Standort an? Es gibt immerhin genügend ausgewiesene Gewerbegebiete, die für solch eine Ansiedlung hervorragend geeignet sind und die händeringend nach Interessenten suchen. Gemeinsam mit Freunden beteiligte ich mich an Protestaktionen, die auf die ökologischen Folgen einer Ansiedlung am Heiderand aufmerksam machen sollten. Aber wir bissen auf Granit. Es war unmöglich, eine rationale Debatte über die Ansiedlung des geplanten Werkes an einem anderen Standort in Dresden zu führen. Als ob nur das Nachdenken darüber den Investor verscheuchen würde. Alle Debatten wurden im Keim erstickt, und das Unternehmen bekam seinen Platz an eben jener ökologisch sensiblen Stelle.

Was mich damals am meisten unangenehm berührt hat, war nicht die Entscheidung für die Ansiedlung an sich, sondern viel mehr der Gestus der Stadträte in den Diskussionen. Wer sich erlaubte, auch nur kritische Fragen zu stellen, musste sich wüste Beschimpfungen anhören. Wenn ein Investor anklopft, gibt es offenbar keine Fragen mehr, sondern nur noch bedingungslose Empfangsfreude.

Je erfolgreicher man das Öffentliche bekämpft hat, umso geringer werden die konkreten Handlungsmöglichkeiten der Politik. Kein Wunder also, wenn sich die Verantwortlichen in der Politik letztlich vor allem auf das Bewerben und Beturteln potentieller Investoren konzentrieren. Im Bereich der Ansiedlungspolitik lässt sich gut beobachten, wie schnell die Politik zur Erfüllungsgehilfin der Konzerne verkommen kann. Kommunen sind gezwungen, sich als Standorte für Ansiedlungen anzupreisen. Mögliche Investoren bekommen den roten Teppich ausgerollt. Ständig läuft dabei das gleiche tragische Trauerstück. Titel: Vom wundersamen Abstieg der Politik zum reinen Erfüllungsgehilfen der Konzerne. In den Hauptrollen: die regionale Politik in katzbuckelnder und eine Vielzahl möglicher Investoren in fordernder Haltung.

Wo es um Arbeitsplätze geht, galt und gilt der Umweltschutz wenig. Zu groß ist die Gefahr, dass der Konzern sich am Ende für einen anderen Standort entscheidet. Dieses Werben der Kommunen und Länder um Investoren führt einerseits zu einem Unterbietungswettbewerb in punkto ökologische und soziale Standards und andererseits zu einem Überbietungswettbewerb in punkto Subventionen. Ein Lehrstück für fehlgeleitete Subventionspolitik liefert der Fall Nokia.

Vom Winde verwehte Subventionen

Im Januar 2008 gab der finnische Handyhersteller Nokia bekannt, er wolle sein 2300 Arbeitsplätze umfassendes Werk in Bochum schließen und nach Rumänien verlegen. Diese Ankündigung sorgte landauf, landab für Ärger. Selbst konservative Politiker, die sonst nicht im Verdacht stehen, besonders kritisch gegenüber der Wirtschaft zu sein, reagierten ungewöhnlich scharf. Das Wort von der »Subventionsheuschrecke Nokia« machte die Runde. Nicht wenige Politiker trennten sich sogar öffentlichkeitswirksam von ihrem Nokia-Handy. Der Ärger war nur zu verständlich. Hatte doch Nokia beachtliche Subventionen für die Ansiedlung des Werkes in Bochum erhalten, deren Bindungswirkung erst im September 2006 ausgelaufen war. Nach gerade einmal fünf Jahren hieß es schon wieder »Good bye, Bochum.« Nachhaltige Subventionspolitik sieht anders aus.

Im Windschatten dieser berechtigten Empörung versuchten nun sogleich neoliberale Wirtschaftsexperten wie der Direktor des Hamburgischen Weltwirtschaftsinstituts, Thomas Straubhaar, ihre Forderung nach Abschaffung aller Beihilfen zu popularisieren. Diese Forderung ist nicht neu. Schon wiederholt gab es Vorstöße, alle Subventionen undifferenziert – sei es auf Landes-, Bundes- oder EU-Ebene – in Frage zu stellen. Doch wie so häufig im Leben ist die Rasenmähermethode nicht immer die erfolgversprechende.

Es empfiehlt sich stattdessen ein genauer Blick darauf, was wie und zu welchen Bedingungen subventioniert wird. Zu den Subventionen im Verkehrsbereich gehören u. a. Ausgleichzahlungen für den Auszubildenden- und Schulverkehr. Diese Subventionen einfach wegzukürzen wäre weder sozial noch ökologisch sinnvoll. Es braucht vielmehr transparente, öffentlich diskutierte Richtlinien, wofür öffentliche Gelder eingesetzt werden.

In Zeiten der drohenden Klimakatastrophe sollten beispielsweise alle Subventionen auf ihre Umweltverträglichkeit hin überprüft werden. Der Subventionsbericht der Bundesregierung[2] hat diesbezüglich leider nicht allzu viel zu bieten. Zwar enthält dieser Bericht subventionspolitische Leitlinien, deren Lektüre ist allerdings enttäuschend. Da heißt es an erster Stelle: »Neue Subventionen werden nur gewährt, wenn sie sich gegenüber sonstigen Maßnahmen als das am besten geeignete, auch unter Kosten-Nutzen-Aspekten effiziente Instrument darstellen.« Weiterhin ist die Rede davon, dass Finanzhilfen nur noch befristet vergeben werden. Nachhaltigkeit ist dabei jedoch kein Kriterium. Und zu den politischen Zielen, zu inhaltlichen Kriterien für die Vergabe von Subventionen fällt in diesen Leitlinien gar kein Wort. Kein Wunder, wenn von einigen Subventionen nichts bleibt außer dem schalen Beigeschmack, öffentliche Gelder verschwendet zu haben, wie folgende Beispiele zeigen.

Eine Chip-Fabrik in Frankfurt/Oder erhielt achtzig Millionen Euro an Subventionen. Versprochen waren 1500 Arbeitsplätze. Ergebnis: Das Unternehmen ging 2003 in Insolvenz. Ebenfalls 1500 Arbeitsplätze erhoffte man sich von Subventionen in die Rennbahn Eurospeedway Lausitz. Die Förderung betrug stattliche 122 Millionen Euro. Doch statt der versprochenen 1500 Arbeitsplätze entstanden gerade einmal vierzig. Hätte man die Subventionen einfach auf die vierzig Beschäftigten verteilt, hätten sie zeit ihres

Lebens von den Zinsen leben können. In das Unternehmen Cargolifter im brandenburgischen Brand flossen immerhin fünfzig Millionen Euro. 500 Arbeitsplätze erhoffte man sich. Was tatsächlich folgte, war die Insolvenz des Unternehmens im Jahr 2002. Im Vergleich dazu wirken die sechs Millionen Euro Förderung für das Erlebnisunternehmen Silver Lake City in Templin geradezu bescheiden. Allerdings endete auch diese Subvention in einem Desaster. Statt der versprochenen hundert Arbeitsplätze kam 2005, nach nur drei Monaten Spielzeit, die Insolvenz.[3]

Am Ende erwiesen sich diese Subventionen also als herausgeschleudertes Geld. Die illusionäre Hoffnung auf den heilsbringenden Investor verführte Entscheidungstragende dazu, in Luftschlösser zu investieren. Diese lösten sich nach kurzer Zeit im Rauch der Insolvenz auf. Die Zeche für diesen Größenwahn zahlen die öffentlichen Kassen, während der Investor, das scheue Reh, sich wieder von dannen machte. Wie viel wirkungsvoller hätten diese Millionen in den Regionen in nachhaltige Vorhaben eingesetzt werden können. Für wie viele Genossenschaften wäre das ein vernünftiges Startkapital gewesen. Sicherlich, lokale Akteure und Genossenschaft hätten nicht solche Mengen an Arbeitsplätzen versprechen können, aber dafür hätten sich ihre bescheideneren Absichten womöglich nicht so schnell verflüchtigt wie die Luftschlösser des Gigantismus.

Ohnmacht der Politik

Einst galt auch in der Sozialdemokratie, dass die Politik den Markt regulieren solle. In dem berühmt-berüchtigten Schröder-Blair-Papier[4] heißt es dagegen nur noch: »Die Steuerungsfunktion von Märkten muss durch die Politik ergänzt und verbessert, nicht aber behindert werden.« Gerhard Schröder und Tony Blair reduzierten mit diesem Ansatz die Politik auf bloße Dekoration. Der sogenannte Dritte Weg, den Gerhard Schröder in der Sozialdemokratie verankern konnte, hat die Macht der Wirtschaft verstärkt. Die Allmacht der Wirtschaft geht Hand in Hand mit der Ohnmacht der Politik. Wo das Parlament als Magd des Marktes angesehen wird, braucht man sich über niedrige Wahlbeteiligung nicht zu wundern. Ein Beispiel aus meinem politischen Alltag: Im Juni 2008 war ich wieder einmal im Wahlkampf, stand in der Nähe eines Einkaufszentrums in Dresden-Prohlis und versuchte die Vorbeilaufenden für die anstehenden Oberbürgermeisterwahlen zu begeistern. Natürlich machte ich Werbung für den Kandidaten meiner Partei, zugleich ging es darum, überhaupt auf die anstehende Wahl hinzuweisen. Deswegen sagte ich immer wieder ins Mikrofon:»Am 22. Juni ist es so weit: Dresden wählt seinen Oberbürgermeister. Also vergessen Sie nicht, am kommenden Sonntag zur Wahl zu gehen!« Ich hatte gerade zu Ende gesprochen, als ein Mann im mittleren Alter, der gerade über den Platz lief, sich zu unserem Infostand umdrehte und mir von weitem zurief:»Warum soll ich noch wählen gehen, wenn die Gewählten nichts mehr zu sagen haben? Das mit den Wahlen ist doch nur Kasperletheater, die wahren Entscheidungen fallen sowieso in der Wirtschaft.« Solche Einwände bekam ich nicht zum ersten und sicherlich auch nicht zum letzten Mal zu hören. Immer wieder erlebe ich, wie Menschen nach dem Zweck von Wahlen angesichts der Übermacht der Wirtschaft fragen.

Bisher ist die Politik eine Antwort auf diese berechtigten Fragen schuldig geblieben. Eine Politik im Sinne des Dritten Weges von Blair und Schröder vergrößert die Fragezeichen nur noch. Doch die steigende Demokratieverdrossenheit kann uns nicht egal sein. Wir dürfen nicht zulassen, dass die Politik weiter tagtäglich nur Ohnmachtsbekundungen von sich gibt. Befreien wir die Politik aus ihrem Schattendasein als Magd des Marktes!

Drei Wege aus dem Schattendasein als Magd des Marktes

1. Keine Scheu vor Auflagen

In den linken Kreisen meiner Jugendzeit kursierte der Spruch »Wenn Wahlen etwas ändern würden, wären sie verboten!« Ich habe mich immer gegen diesen Pessimismus gewehrt und auf die Möglichkeiten der Politik verwiesen. Freilich, das gegenwärtige Wirtschaftssystem begrenzt die Chancen, Veränderungen durchzusetzen. Ein kapitalistisch ausgerichtetes Wirtschaftssystem rückt zwangsläufig die Frage nach dem Profit in den Fokus. Das ist keine moralische, sondern eine strukturell bedingte Frage. Doch selbst unter den Bedingungen eines global agierenden Finanzmarktkapitalismus verfügt der Staat über Gestaltungsmöglichkeiten. Das zeigt der unterschiedliche Grad sozialer Sicherheit in den verschiedenen Ländern. Und die Möglichkeiten zur betrieblichen Mitbestimmung sind in Skandinavien deutlich besser als beispielsweise in China. Die Politik ist also gefragt, die potentiell vorhandenen Instrumente auch anzuwenden und ihren Wirkungsbereich auszuweiten.

Wenn sie wollte, könnte die Politik durchaus Auflagen erlassen, z. B. durch strengere Ökokriterien und soziale Mindeststandards wie einen gesetzlichen Mindestlohn und Regeln zur Begrenzung der maximal zulässigen Arbeitszeit. Doch meine Argumentation braucht den Konjunktiv.

Ich kann leider nur über rein theoretische Kompetenzen der Parlamente reden. Selten, dass ein Parlament davon Gebrauch macht. Selbst die innerhalb des Europarechts vorgesehenen Möglichkeiten, den Kapitalverkehr transparenter zu gestalten und die Kapitalverkehrsfreiheit einzuschränken, wurden jahrelang in der Bundesrepublik nicht ausgeschöpft. Erst die Finanzkrise beförderte diesbezüglich einen Prozess des Nachdenkens. Politiker und Politikerinnen lassen ihre schärfsten Instrumente ungenutzt. Eine Tischlerin, die komplett auf Säge und Hobel verzichtet und ausschließlich zum Sandpapier greift, würde schnell ihr Geschäft verlieren. Ein Schneider, der Nadel und Faden ignoriert und sich aufs dekorative Drapieren von Stoffen reduziert, würde sich nicht lange halten. Aber in der Politik scheint es allgemein üblich, dass die wirkungsmächtigsten Instrumente nicht zum Einsatz kommen. Aus diesem passiven Zustand sollte die Politik endlich erwachen. Das heißt: Sozialstandards und Umweltstandards müssen deutlich ausgeweitet und der Kapitalverkehr muss verbindlichen Regeln unterzogen werden.

Der Straßenverkehr wird durch die Regeln der Straßenverkehrsordnung geleitet – und das aus gutem Grund. Wer einmal längere Zeit im Ausland gelebt hat, lernt die deutsche StVO richtig schätzen. Doch nicht nur im Straßenverkehr können Menschen zu Schaden kommen. Auch in Folge des Kapitalverkehrs geraten Menschen unter die Räder. Deswegen bedarf es klarer, verbindlicher Regeln für die Verkehrsströme auf dem Geldmarkt. Stärkere ökologische und soziale Auflagen für die Produktion wären ein enormer Fortschritt. Doch ein radikaldemokratischer Aufbruch kann sich damit nicht zufriedengeben, er verlangt eine grundlegende Demokratisierung der Wirtschaft.

2. Für Wirtschaftsdemokratie

Der politischen Demokratie muss, soll sie nicht ein weiteres Mal zum Nachteil des Volkes und der ganzen Welt missbraucht werden, die wirtschaftliche Demokratie zur Seite gestellt werden. Diese Erkenntnis von Hans Böckler,[5] dem ersten Vorsitzenden des Deutschen Gewerkschaftsbundes DGB nach dem Zweiten Weltkrieg, hat nichts an Aktualität eingebüßt. Schließlich wirken sich die Entscheidungen von Unternehmen und Konzernen in hohem Maße auf das Leben vieler Menschen aus. Insofern sind sie keine reine Privatangelegenheit. Nach der Befreiung vom Hitlerfaschismus 1945 erlebte die Diskussion um Wirtschaftsdemokratie einen Aufschwung. Dieser wurde jedoch rasch ausgebremst. Jahrzehntelang geriet diese gewerkschaftliche Forderung nahezu in Vergessenheit. In den letzten Jahren deutet sich eine vorsichtige Renaissance dieser Debatten an.

Was genau jedoch verbirgt sich hinter dem Konzept der Wirtschaftsdemokratie? Diejenigen, die eine Wirtschaftsdemokratie befürworten, gehen davon aus, dass die Wirtschaft kein Selbstzweck, sondern nur ein Mittel zum Zweck ist. Sie hat den Menschen zu dienen. Demzufolge zielt die Demokratisierung der Wirtschaft darauf ab, die wirtschaftlichen Machtzentren einer Kontrolle zu unterziehen. Dabei werden drei Ebenen unterschieden, auf denen Demokratisierung vonstatten gehen soll: die Makro-, die Meso- und die Mikroebene.

Am konkretesten ausgearbeitet sind die Vorstellungen von Wirtschaftsdemokratie für die Mikroebene – für die des Betriebs. Hier geht es um eine Ausweitung der betrieblichen Mitbestimmung. Die bestehenden Mitbestimmungsgesetze sollen vereinheitlicht werden. Angestrebt wird dabei, dass die Aufsichtsräte jeweils zur Hälfte von der Vertretung der Unternehmensseite und derjenigen der Beschäftigten besetzt sind. Investitionen ab einer bestimmten Höhe sollen von der Genehmigung des Aufsichtsrates abhängig werden. Dem Betriebsrat steht außerdem ein Vetorecht zu. Auf der Mesoebene zielt Wirtschaftsdemokratie darauf ab, die Kartellämter zu stärken. Sie sollen verstärkt Prüfrechte erhalten, um in Erfahrung zu bringen, ob Konzerne ihre Stellung am Markt zum Nachteil der Verbraucher und Verbraucherinnen missbrauchen. So gehen beispielsweise die Preisexplosionen im Energiebereich Hand in Hand mit einer Konzentration des Marktes in den Händen von vier Großkonzernen. Ein Schelm, wer Arges dabei denkt. Auch die Eingrenzung der Ausbeutung durch gesetzlich garantierte Mindestlöhne wird in diesem Zusammenhang diskutiert. Schließlich ist dies eine Möglichkeit, wie der Gesetzgeber die Verfügungsgewalt über die Produktionsmittel allgemein gültigen Anforderungen unterwerfen kann.

Bezüglich der makroökonomischen Dimension der Wirtschaftsdemokratie driften die Vorstellungen besonders weit auseinander. Sie reichen von der Einrichtung branchenübergreifender Wirtschaftsräte bis hin zur besonderen Besteuerung von umweltschädlichen Produktions- und Transportmethoden. Dies meint, die Kosten von Umweltzerstörung, die sonst die Allgemeinheit zu tragen hat, werden den Verursachern in Rechnung gestellt, beispielsweise in Form einer Steuer. Konkret könnte das bedeuten, dass, wer seine Güter – umweltschonend – auf der Schiene transportiert, deutlich weniger bezahlen muss als jemand, der komplett auf den Straßengüterverkehr setzt.

Wenn heutzutage ein Unternehmen einen Betrieb ins Ausland verlagert, kann es einen Teil der Kosten für diese Verlagerung sogar noch von der Steuer absetzen. Im Klartext: Der Steuerzahler finanziert das Lohn- und Ökodumping. Welch ein Skandal! Nur um Missverständnisse auszuschließen: Bei der Kritik an Betriebsverlagerungen geht es mir nicht um einen aus Nationalegoismus gespeisten

Standortchauvinismus. Entscheidend ist für mich, dass Unternehmen sich über Steuern ausreichend an der Finanzierung des Gemeinwesens beteiligen, dass sie ordentliche Löhne zahlen, gute Arbeitsbedingungen realisieren und hohe Umweltstandards einhalten. Doch die Erfahrungen in der Praxis zeigen, dass Betriebsverlagerungen eben leider nicht höhere Löhne und bessere Umweltstandards nach sich ziehen, sondern im Gegenteil zu niedrigeren Bezahlungen und Steuern führen. Die politisch Verantwortlichen dürfen dem nicht weiter tatenlos zusehen. Zukünftig sollten nicht nur Aktionäre über Betriebsverlagerungen entscheiden können. Den Beschäftigten und der örtlichen Bevölkerung sollte zumindest die Option eingeräumt werden, den gefährdeten Betrieb samt aller Produktionsmittel entweder als Genossenschaft oder als öffentlichen Betrieb zu übernehmen. Sollten sich die Beschäftigten in einer Urabstimmung für diese Option entscheiden, dann muss die gesamte Betriebsanlage einschließlich aller Produktionsmittel, aller Kundendateien und vor allem aller bereits geschlossenen Verträge und Lizenzen vor Ort erhalten bleiben. Zusätzlich bedürfte eine solche Betriebsübernahme durch die Beschäftigten natürlich einer Anschubfinanzierung. Hier wäre die öffentliche Hand gefragt. Solch eine Anschubfinanzierung für die Übernahme eines von der Schließung bedrohten Betriebes stellt eine Investition in die Zukunft dar. Schließlich wird so ungewollte Erwerbslosigkeit vermieden.

Noch zeigt die Kompassnadel – sowohl in den Parlamenten als auch in den Betrieben – nicht in Richtung Wirtschaftsdemokratie. Es wird wohl noch einiger politischer Auseinandersetzungen und einiger betrieblicher Aktionen bedürfen, bevor konkrete Schritte zur Demokratisierung der Wirtschaft eingeleitet werden. Es lohnt jedoch, diese Kämpfe zu führen. Schließlich gilt es, der Demokratie zum Durchbruch zu verhelfen. Ungünstige Mehrheitsverhältnisse sind allerdings kein Grund, in einen politischen Winterschlaf zu verfallen. Denn bereits heute hat jeder von uns die Möglichkeit, darauf Einfluss zu nehmen, was hergestellt und wie produziert wird. Wir alle müssen uns schlichtweg stärker unserer Macht als Verbraucher bzw. als Verbraucherin bewusst werden. Die Rede ist vom politisch bewussten Konsum.

3. Produzenten hört die Signale – politischer Konsum

Wer kennt es nicht, das Logo des Konzerns Nestlé? Drei Vögelchen in einem Nest. Strahlt dieses Logo nicht Ursprünglichkeit und Geborgenheit aus? Doch das, was der Konzern in Entwicklungsländern anrichtete, ist das glatte Gegenteil. Eine aggressive Werbestrategie hatte in den 1970er und 1980er Jahren Schwangeren in Entwicklungsländern das Stillen ausgeredet. Anstatt ihre Kinder mit Muttermilch zu ernähren, setzten unzählige junge Mütter auf Flaschenmilch aus dem Hause Nestlé. Nur leider reichte das Geld dieser Familien meist nicht, so dass die Fertigprodukte verdünnt werden mussten. Auch waren die hygienischen Bedingungen, unter denen die Milch zubereitet werden konnte, alles andere als geeignet für die Babys. Die Kinder erkrankten, bekamen Mangelerscheinungen, aber der Nestlé-Konzern hatte Gewinn gemacht.

Diese Geschäftemacherei auf den Rücken von Säuglingen entfesselte damals den Zorn der Verbraucherinnen und Verbraucher. Der Nestlé-Boykott, koordiniert durch die Nichtregierungsorganisation Infact aus Boston, begann. Weltweit ließen die Menschen Produkte mit dem Vogelnest einfach in den Regalen stehen. Insgesamt entstanden dem Konzern durch diesen Boykott Direktkosten von rund dreißig Millionen Euro. Schließlich gelang das Unvorstellbare. Das Unternehmen gab dem öffentlichen Druck nach und versprach, die aggressive Werbung einzustellen. Der Boykott wurde beendet. Allerdings stellte sich später heraus, dass die Zusagen des Unternehmens nur bedingt umgesetzt wurden und Verstöße gegen den Vermarktungskodex weiterhin keine Seltenheit sind. Daher läuft seit Ende der 1980er Jahre eine zweite Nestlé-Boykottaktion – bis heute.

Ein weiteres Beispiel war in Indien zu beobachten. Nach der Neuansiedlung eines Coca-Cola-Werkes in Indien sank innerhalb kurzer Zeit der Grundwasserspiegel extrem. Viele Brunnen in der Umgebung trockneten aus. Schuld war der exorbitante Wasserverbrauch bei der Cola-Produktion. Die Antwort der Verbraucherinnen und Verbraucher ließ nicht lange auf sich warten. Ich erinnere mich noch gut daran, wie mich während des zweiten Nestlé-Boykotts gelegentlich Zweifel überfielen, ob die an der Spitze des Konzerns auch wirklich zu spüren bekamen, dass ich ihnen mein Taschengeld entzog. Schließlich fiel das damals nicht wirklich üppig aus. Doch offensichtlich können solche Boykottkampagnen einen Konzern empfindlich treffen, wenn sie gut koordiniert sind. Zwar sind die realen Verluste nur schwer zu beziffern. In Indien soll der Verkauf von Coca-Cola um bis zu zehn Prozent zurückgegangen sein.[6] Schwerer wiegen jedoch die Kratzer am Image. Es bleibt ein schaler Nachgeschmack.

Ähnlich erging es dem Shell-Konzern. Aus Empörung über die geplante Versenkung der Ölplattform Brent Spar machte 1995 ein erheblicher Teil der Kundschaft monatelang einen großen Bogen um die gelben Tankstellen. Am Ende sah sich der Konzern gezwungen einzulenken. Die Plattform wurde nicht versenkt, sondern in einer Werft auseinandergenommen.

Solche Erfolgsgeschichten deuten an, wie groß die Macht sein kann, die jede und jeder von uns als Verbraucher bzw. als Verbraucherin hat. Der Soziologe Ulrich Beck spricht in dem Zusammenhang sogar schon von der »Gegenmacht-Ressource des Nicht-Kaufens« bzw. der »Abwahl unverantwortlicher Konzerne qua Nichtkauf«.[7] Angesichts unzähliger wirkungsloser Boykottkampagnen muss man die Euphorie über diese Form praktizierter Demokratie nicht vollends teilen. Fest steht jedoch, dass gezieltes Konsumverhalten sehr wirkungsvoll sein kann. Man unterscheidet dabei zweierlei Formen des politisch bewussten Konsums. Erstens gezielte Boykottaktionen, also das Nicht-Kaufen bestimmter Produkte, und zweitens das gezielte Kaufen besonders fair, sozial oder ökologisch hergestellter Produkte. Letzteres wird auch als *buycott* bezeichnet (vom englischen Wort *to buy*, kaufen). Dem zugrunde liegt die Überzeugung, dass jeder Euro, den wir ausgeben oder eben nicht ausgeben, etwas bewirkt.

Welche Wirkung die Umstellung des Verbrauchsverhaltens haben kann, wenn eine kritische Menge erreicht wird, konnte ich selber erleben. Nach einem Rockkonzert, bei dem zwei Stunden lang auf einer Leinwand hinter der Band Dokumentarbilder von Tiertransporten und Szenen vom Schlachthof liefen, stand mein Entschluss fest: Diese Tierquälerei unterstütze ich nicht länger. Also wurde ich Vegetarierin – zur großen Bestürzung meiner Eltern und meiner Großmutter (»Kind, was sollen wir dir denn dann kochen?«). In den 1990er Jahren führte dieser Entschluss bei einigen Familienausflügen zu komplizierten Situationen im Restaurant. Nicht jeder Kellner konnte damit umgehen. Meist reichte die Phantasie der Restaurants jenseits von Fleischgerichten nur bis zum Salat. Aber wer isst schon gerne nur langweiligen Salat zu Mittag? Auf die Idee, dass man auch ohne Fleisch interessante Gerichte zubereiten kann, kam vor noch nicht allzu langer Zeit kaum ein Koch. Aber offensichtlich war ich nicht allein. Denn inzwischen weisen fast alle Speisekarten eine Auswahl vegetarischer Gerichte auf – übrigens mit steigender Qualität. Auch Menschen, die sich dem Fleischverzehr nicht kategorisch verweigern und trotzdem gerne hin und wieder bei fleischlosen Gerichten zugreifen, profitieren davon.

Die Liste der Erfolge eines Konsumverhaltens, das nicht nur nach dem Preis für den eigenen Geldbeutel, sondern auch nach den Kosten für die Gemeinschaft fragt, lässt sich fortsetzen. Da wären die Kosmetikketten, die komplett auf Tierversuche verzichten. Sie entstanden dank eines gesteigerten Interesses an Pflegeprodukten, deren Verwendung nicht nur Falten, sondern darüber hinaus das schlechte Gewissen vertreibt. War fair gehandelter Kaffee einst nur in kleinen Eine-Welt-Läden zu kaufen, hat mittlerweile das Interesse der VerbraucherInnen dieses Produkt in die Regale der großen Supermarktketten geholt und zur Entstehung von Biosupermärkten beigetragen. Manchmal ist der Weg vom politischen Konsumenten zum ethisch korrekten Produzenten gar nicht so weit.[8]

Sicherlich, politisch korrekter Konsum ist nicht der Hebel, um das Profitstreben ein für alle Mal aus den Angeln zu heben. Aber zumindest können gezielter Boykott und bewusster Konsum klare Signale an die Produzenten senden. Und dieser Weg erfordert noch nicht einmal Verzicht. Im Gegenteil, seit meinem 16. Lebensjahr bin ich Mitglied einer ökologischen Verbrauchergemeinschaft. Und jeder Euro, den ich dort in würzigen Käse oder in leckere Backwaren vom Ökobauern gesteckt habe, wurde durch ein deutliches Plus an Genuss belohnt.

Gelegentlich ist in gesellschaftskritischen Kreisen vom Kaufakt als Stimmzettel die Rede. Doch gezieltes Verbraucher-Verhalten ersetzt nicht den Gang zur Wahlurne und schon gar nicht das sonstige politische und gesellschaftliche Engagement. Zur Geschichte des politischen Boykotts gehören schließlich auch Beispiele wie diese: In den USA wurden etwa eine Zeitlang französische Produkte boykottiert – wegen Frankreichs Nein zum Angriff auf den Irak im Jahr

2003. Und in den arabischen Ländern verschwanden im Zuge des Karikaturenstreites dänische Produkte aus den Regalen. Boykott trägt also nicht automatisch eine linke bzw. eine progressive Handschrift. Auf dem Feld der politischen Diskussionen wird mit entschieden, welche Kriterien ausschlaggebend sind für politischen Konsum. Schon deswegen sollte man sich auch im Zeitalter der Verbrauchermacht weiterhin in politische Debatten einmischen.

Bewusster Konsum kann jedoch, gerade wenn er in eine kluge Kampagne eingebettet ist, politisches Engagement hervorragend ergänzen. Wie auch sonst gilt hier: Der einzelne Euro, den wir ausgeben oder eben nicht ausgeben, ist nur ein Tropfen im Ozean der Gewinne der Konzerne. Er kann der erfolglose Tropfen auf den heißen Stein sein. Er kann aber auch zu dem Tropfen werden, der das Fass zum Überlaufen bringt. Und erreichen die vielen Euros, Dollars und Rubel bewusster Verbraucherinnen und Verbraucher eine kritische Masse, dann haben sie das Potential dazu, eine Veränderung der Produktion zu bewirken – und mit weniger als einem grundlegenden Kurswechsel im Bereich der Produktion sollten wir uns nicht zufriedengeben.

IV. Der gebeutelte Sozialstaat

> Sozialstaat und Demokratie gehören zusammen. Wer den Sozialstaat beerdigen will, der muss also ein Doppelgrab bestellen.[1]
>
> (*Heribert Prantl*: Kein schöner Land)

Vor einigen Monaten besuchte mich in meinem Wahlkreisbüro ein älteres Ehepaar. Sie war gelernte Grafikerin – und das aus Leidenschaft. Durch die Wende verloren sie beide ihren Arbeitsplatz. Was folgte, war ein Hangeln von Erwerbslosigkeit zu einer ABM-Stelle mit vager Hoffnung auf einen neuen Arbeitsplatz über bittere Enttäuschungen und erneute kurzzeitige Neubeschäftigung über Umschulung zur erneuten Erwerbslosigkeit. Eine Karriere, wie sie für so viele Menschen in den neuen Bundesländern typisch ist. Die Frau erzählte mir, wie eine Mitarbeiterin des Arbeitsamtes sie überreden wollte, in die sogenannte »58er-Regelung« einzusteigen. Auf der Basis dieser gesetzlichen Klausel konnte die Arbeitsagentur viele Jahre lang Erwerbslosen über 58 Jahre ein Geschäft der besonderen Art aufdrängen: Sie verzichteten darauf, weiterhin Job-Angebote zu bekommen. Im Gegenzug erhielten sie finanzielle Unterstützung bis zum Rentenantritt. Die Agentur für Arbeit beschönigte auf diese Weise ihre Zahlen. Denn in der Arbeitslosenstatistik tauchten die so abgefundenen Erwerbslosen nicht mehr auf.

Sie musste sich entscheiden: Sollte sie auf ihre geliebte Tätigkeit als Grafikerin für immer verzichten? Sollte sie die Hoffnung aufgeben, je wieder einen Arbeitsplatz vermittelt zu bekommen? Für sie war dies eigentlich unvorstellbar. Doch dann kam Hartz IV – und damit die Angst, bis zur

Rente gezwungen zu sein, ihr letztes Erspartes aufbrauchen zu müssen. Sie rechnete es wieder und wieder durch. Am Ende wählte sie schweren Herzens den vom Arbeitsamt angebotenen Weg in die Frühverrentung. So blieben ihr wenigstens ein paar Euro mehr als mit Hartz IV.

Auch wenn sie nicht mehr davon leben kann, möchte die gelernte Grafikerin ihr eigenes künstlerisches Schaffen nicht aufgeben. Sie zeichnet zu Hause weiter. Doch das Material ist teuer. Für Kultur, etwa einen Theaterbesuch, ist faktisch kein Geld da. Und ich merkte, wie dies ihnen beiden, die ihr Leben lang an Kultur interessiert waren, zu schaffen macht. Nun waren sie auf der Suche nach einer geringfügigen Beschäftigung, um ihre magere Rente aufzustocken, damit sie sich Material für ihre Kunst leisten kann. »Das wollten wir Ihnen nur mal berichten, damit« – so der Mann – »Sie in Ihren Reden von unserem Beispiel erzählen können.« Und obwohl beide unter den Einschränkungen litten, jammerten sie nicht und wirkten zuversichtlich. Sie wussten, es hätte noch schlimmer kommen können. »Wenigstens können wir uns noch Fahrten innerhalb der Stadt leisten«, sagte mir die Frau zum Abschied.

Es sind solche Begegnungen, die mich immer wieder anspornen, im Bundestag für eine Neuausrichtung der Sozialpolitik zu kämpfen. Selbst dann, wenn dieser Kampf manchmal aussichtslos erscheint. Alle Anträge meiner Fraktion werden von der Mehrheit grundsätzlich abgelehnt – manchmal mit absurden Begründungen. Selbst wenn einzelne Abgeordnete anderer Fraktionen inzwischen, aufgeweckt durch Proteste und durch die Wahlerfolge der Linken, den einen oder anderen dieser Anträge insgeheim gutheißen mögen: Es gilt das ungeschriebene Gesetz, keinem Antrag der Linksfraktion zuzustimmen. Dies ist ein Dogma, gegen das auch das beste Argument nicht hilft.

In Talkshows und Interviews hört man ständig Politiker und Politikerinnen der verschiedenen Parteien, die sich voll

Mitgefühl über Kinderarmut äußern. Immer wieder meinen Abgeordnete, man müsse etwas gegen Hungerlöhne unternehmen, und sie versprechen, über eine Erhöhung des Hartz-IV-Regelsatzes nachzudenken. Doch all diese beeindruckenden Worte sind mit Bedacht im Konjunktiv gehalten. Bei Abstimmungen im Bundestag findet sich plötzlich niemand innerhalb der Regierungsfraktionen, der sich für einen höheren Regelsatz ausspricht. Die Unverbindlichkeit hat Konjunktur. Tatsächlicher Fortschritt ist nicht erkennbar. Im Gegenteil: Die regierende Koalition aus SPD und Union lässt sich ständig neue soziale Schikanen einfallen. Anstatt Hartz IV zu überwinden, wird es weiter verschärft.

Noch nicht einmal eine bescheidene Weihnachtsbeihilfe von vierzig Euro im Dezember für Arbeitslosengeld-II-Beziehende und für Asylsuchende fand eine Mehrheit. Für ein besinnliches Weihnachtsfest spielt Geld sicher nicht die Hauptrolle. Aber ganz ohne Geld lässt sich selbst ein bescheidener Feiertag nicht ausrichten, geschweige denn ein kleines Geschenk kaufen. Und vom Hartz-IV-Regelsatz sind diese Mehrausgaben nicht zu bestreiten. So sieht die Hartz IV zugrunde liegende Einkommens- und Verbrauchsstatistik für Geschenke an Kinder im Monat 1,47 Euro vor. In Worten: ein Euro und siebenundvierzig Cent. Na dann: Guten Einkauf!

Wer also möchte, dass auch Menschen, die aufs Arbeitslosengeld II bzw. auf Asyl angewiesen sind, wie andere Weihnachten feiern können, der hätte unsere Initiative für eine Weihnachtsbeihilfe unterstützen können. Doch anstatt dass sie die Anregung konstruktiv aufgegriffen hätten, stimmten *Christ*demokraten und *Sozial*demokraten für weitere Verschärfungen von Hartz IV. Übrigens: Wenige Wochen bevor sich alle Fraktionen von FDP und CDU/CSU über SPD bis hin zu den Grünen gegen eine bescheidene Weihnachtszahlung aussprachen, entschied sich die

Mehrheit des Bundestags für eine gänzlich unbescheidene Diätenerhöhung. Da kann man gut sehen, wessen Geldbeutel den Abgeordneten der nächste ist.

Ausgegrenzt und isoliert

Eine grundlegende Neuausrichtung der Sozialpolitik ist dringend erforderlich – und zwar nicht nur aus Gründen der Mildtätigkeit oder Mitmenschlichkeit. Folgt man den Haushaltsdebatten im Bundestag, könnte man den Eindruck gewinnen, die in den Sozialhaushalt eingestellte Summe sei Ausdruck der besonderen Großzügigkeit der Abgeordneten. Doch dass jedem Menschen ein soziokulturelles Existenzminimum garantiert wird, obliegt nicht dem *good will*, dem guten Willen, des Parlaments. Hierbei handelt es sich schlicht und ergreifend um ein Verfassungsgebot. Das deutsche Grundgesetz schreibt das Sozialstaatsgebot und damit die Verpflichtung des Staates vor, sicherzustellen, dass jeder Mensch wenigstens ausreichend Geld zur Existenzsicherung zur Verfügung hat. Das Sozialstaatsgebot genießt sogar den besonderen Schutz der Ewigkeitsklausel des Artikels 79 im Grundgesetz. Es darf also nicht einmal durch eine Zwei-Drittel-Mehrheit in Bundestag und Bundesrat gekippt werden. Dies ist ein unantastbares Gebot der Verfassung.

Offenbar empfinden einige Politiker und Politikerinnen das Sozialstaatsgebot als lästig. Andere wiederum haben ein rein instrumentelles Verhältnis zur Sozialpolitik. Für sie haben soziale Leistungen nur einen Sinn: bei Wahlen zu punkten. So gab der SPD-Abgeordnete Carsten Schneider in einem Radio-Interview unumwunden zu:»Im Jahr 2007, wo wir gar keine Wahlkämpfe haben, halte ich es für wirklich verkehrt, jetzt insgesamt mit sozialpolitischen Wohltaten zu kommen.«[2] Im Klartext: Nicht die Not oder die Bedürfnisse der Menschen sind ausschlaggebend für sozialpolitische Entscheidungen. Es bedeutet nichts, wenn immer mehr Menschen nicht mehr die Mittel haben, sich politische Teilhabe zu leisten oder sich politisch einzumischen. Für manche Abgeordnete zählt Soziales nur als Wahlkampfhilfe, und die braucht man dank des Kurzzeitgedächtnisses der Wählerschaft nur kurz vor den Wahlen. Was in den drei Jahren dazwischen passiert, muss den Haushaltspolitiker nicht kümmern. Welch zynisches Verständnis von Politik! Wenn der Zynismus im Parlament die Mehrheit hat, braucht man sich nicht zu wundern, wenn die sozialen Verwerfungen zunehmen. Diese Entwicklung gefährdet die Demokratie. Dazu gehört, dass Langzeiterwerbslosen und für einen Niedriglohn Arbeitenden die Mittel zur politischen Teilhabe genommen werden. Ein Kurswechsel in der Sozialpolitik ist also dringend erforderlich – auch zur Vitalisierung der Demokratie.

Kein Gesetz verkörpert die demokratiegefährdende Ausrichtung der herrschenden Sozialpolitik so sehr wie Hartz IV. Verarmt, verunsichert, ausgegrenzt und ohne Perspektive – so fühlen sich einer Erhebung aus dem Jahre 2006 zufolge Menschen, die von den Hartz-IV-Gesetzen betroffen sind.[3] Die Sozialwissenschaftlerin Anne Ames hat ermittelt, dass neben Verzicht auf Mobilität und Einschränkungen bei der Ernährung gleich an dritter Stelle der am stärksten gespürten Einschränkungen und Verzichte die kaum mehr mögliche Pflege sozialer Kontakte, Besuche bei Freunden und Angehörigen, der Besuch von Kino, Theater oder Konzerten stehen. Ein zentrales Ergebnis dieser Studie lautet: 85 Prozent aller Befragten erleben ihre sozialen Beziehungen als belastet.

Die erste Bezeugung der Idee und des Begriffs *demokratìa* in der Antike stand für Auseinandersetzung.[4] Auch heute lebt Demokratie von der Auseinandersetzung. Doch wo Menschen vom gesellschaftlichen Leben faktisch ausgegrenzt werden, ist eben diese Grundlage jeder demokratischen Gesellschaft gefährdet. Für die Pflege von sozialen Kontakten fehlt vielen Menschen schlichtweg das Geld. Erwerbslos zu sein und von Arbeitslosengeld II leben zu müssen bedeutet für viele ein Leben in Isolation und Einsamkeit. Wo Isolation herrscht, ist politische Teilhabe kaum möglich. Wer sich soziale Kontakte nicht leisten kann, hat wenig Gelegenheit zur demokratischen Partizipation. Denn politische Teilhabe setzt zuallererst Kommunikation, den Austausch von Meinungen und Erfahrungen voraus.

Umso bedeutender sind die Versuche, trotz alledem Begegnungsmöglichkeiten anzubieten. In den wenigen Städten, wo heute noch Treffen von Erwerbslosen stattfinden, die während der Montagsdemo-Bewegung im Jahr 2004 zusammenfanden, registrierte ich besonders bewegende Versuche, die in Folge von Hartz IV drohende Isolation aufzubrechen. Diese Treffen sind inzwischen viel mehr als nur ein Protestereignis. Hier tauscht man sich aus, gibt sich gegenseitig Tipps, informiert sich über aktuelle Entwicklungen und wird jenseits der Erwerbsarbeit tätig. Es gibt mehrere Beispiele, gerade aus ostdeutschen Städten, die zeigen, dass Demokratie wieder lebendig werden kann.

So organisieren sozial engagierte und erwerbslose Menschen in Weißenfels in Sachsen-Anhalt ein Weihnachtsfest für Kinder. In Jena gründete sich aus dem Aktionsbündnis der Verein Menschen ohne bezahlte Beschäftigung MobB e. V., der nun einen Umsonstladen betreibt. »Endlich können wir mal etwas praktizieren, was mit der kapitalistischen Verwertbarkeitslogik bricht, in die wir sowieso nicht reinpassen«, berichtet eine der Aktiven. Ein Buch mit Gedichten und Geschichten, die das Leben mit der Erwerbslosigkeit schriftstellerisch bearbeiten, entstand. »Damit waren wir sogar auf der Buchmesse.« [5]

Im brandenburgischen Jüterborg haben Erwerbslose eine andere Form der politischen Auseinandersetzung gefunden. Sie bedruckten T-Shirts mit der Aufschrift »Die Überflüssigen«. Damit tauchen sie bei allen möglichen politischen Veranstaltungen auf. Ihr Ziel ist, die Marginalisierung zu durchbrechen. »Unser Motto lautet«, so Michael Maurer, einer der Aktivisten, »den Erwerbslosen zu sagen, habt keine Angst, zeigt euch, und ihr werdet euch wundern, wie viele wir sind.«

Immer wieder höre ich bei Treffen mit Erwerbslosen: »Die Politik soll endlich zugeben, dass Vollbeschäftigung nicht mehr machbar ist. Solange die an der Mär der Vollbeschäftigung festhalten, werden sie immer versuchen, uns ein schlechtes Gewissen zu machen. Als ob wir persönlich Schuld haben an der Erwerbslosigkeit.« Und damit haben sie recht. Daran ändern auch die gefeierten Erfolge in der Arbeitslosenstatistik in den Jahren 2007 und 2008 nichts. Es ist ein weltweiter Trend, dass Wachstum und Beschäftigung nicht mehr automatisch zusammengehen. Nach einem UN-Bericht sind weltweit 195 Millionen Menschen erwerbslos,[6] 36 Millionen mehr als noch im Jahr 1996.

Anders als die deutliche Mehrheit der politisch Verantwortlichen in Deutschland haben viele der Betroffenen den Kern des Problems verstanden. »Jetzt ist es an der Zeit zuzugeben, dass – egal welche Partei das Sagen hat – die Arbeitsmöglichkeiten immer mehr schwinden«, schrieb mir neulich eine Frau, die ich in einem Erwerbslosentreff im Dresdner Stadtteil Gorbitz kennengelernt hatte. Es sei eine Lüge zu behaupten, dass mit dem angeblichen wirtschaftlichen Aufschwung wieder für alle ein Arbeitsplatz entstehe. Ich konnte ihr nur zustimmen. Noch nachdenklicher stimmte mich der dann folgende Satz: »Schlimmer aber als die drastischen Lebenseinschränkungen empfinde ich die Nichtachtung, die wir täglich zu spüren bekommen.«

Kein Geld für Bus und Zeitung

»Sag mal, warum finden bei euch die interessanten politischen Veranstaltungen immer am Monatsende statt?«, fragte mich einmal ein Erwerbsloser am Rande einer Veranstaltung. Im ersten Moment verstand ich seine Frage nicht und wunderte mich über den leisen Ärger, der in seiner Stimme mitschwang. Die Termine werden eher durch meinen Terminkalender diktiert und nicht bewusst aufs Monatsende gelegt. Aber was ist eigentlich so schlimm daran?»Na, am Monatsende«, druckste er herum,»ist das ALG II meist aufgebraucht, und dann fällt es schwer, Geld für einen Fahrschein auszugeben, auch wenn die Diskussionsrunde noch so interessant ist.«

Immer wieder erzählen mir Erwerbslose, das Geld reiche faktisch nur bis zum 20. des Monats. Was tun, wenn am Ende des Geldes noch so viel vom Monat übrig ist? Systematische Untersuchungen wie die des Paritätischen Wohlfahrtverbands bestätigen diese Alltagserfahrungen. Der Regelsatz fürs Arbeitslosengeld II sieht für den Öffentlichen Personennahverkehr rund elf Euro monatlich vor. In Dresden beispielsweise kann man sich davon gerade sechs Einzelfahrscheine leisten. Da üblicherweise jeweils ein Ticket für die Hinfahrt und eins für die Rückfahrt notwendig sind, bedeutet dies: drei Fahrten sind möglich. Davon sind Arztbesuche, Termine bei der Arbeitsagentur, Besuche von Bekannten und politische Ereignisse zu bestreiten. Eine rege Teilnahme an Letzteren ist somit kaum möglich. Gerade im ländlichen Raum, in kleineren Städten bekam ich immer wieder ähnliche Berichte zu hören:»Zu gern hätten wir weiter an den Montagsdemos in der benachbarten Stadt teilgenommen. Aber die Fahrkarte jeden Montag war einfach zu teuer.« Gerade diejenigen, die am Ende am stärksten unter politischen Entscheidungen leiden, sind am stärksten in ihrer Möglichkeit eingeschränkt, von ihrem Schicksal zu berichten und ihrem Protest beziehungsweise ihrer Kritik Ausdruck zu verleihen. Doch fehlende Mittel für Fahrten zu politischen Veranstaltungen oder Demonstrationen sind nicht der einzige Punkt, an dem politische Teilhabe am Hartz-IV-Regelsatz scheitert.

Antje W. ist eine engagierte Frau, die sich als unabhängige Sozialberaterin weit über die Grenzen ihrer Heimatstadt hinaus einen Namen gemacht hat. Ihr Wissen und ihr menschlicher Einsatz haben manchen vor der Verzweiflung gerettet und ihm zu seinem Recht verholfen. Als Hartz IV kam, war ihr Arbeitsplatz als Beraterin ebenfalls vakant. Zum Glück konnte die unabhängige Beratungsstelle durch das Engagement einiger Stadträte zumindest teilweise gerettet werden. Doch als ich sie im Jahr 2004 traf, stand dies noch in den Sternen, und sie war gerade dabei, sich auf Hartz IV einzustellen. »Nun, ich muss alle Versicherungen kündigen, und die Tageszeitung müssen wir auch abbestellen.« Für Zeitungen und Zeitschriften sieht die dem Hartz-IV-Regelsatz zugrunde liegende Berechnung nur 7,59 Euro im Monat vor. Sogar die in jeder Hinsicht billige Zeitung mit den großen Buchstaben ist dafür zu teuer. Der Verzicht auf eine Tageszeitung fiel ihr, die ihr Leben lang rege an politischen Entwicklungen Anteil genommen hatte, besonders schwer.

Um politische Entwicklungen verfolgen zu können, bedarf es in der Tat regelmäßiger Informationen. Das Fernsehen allein ist dafür keine ausreichende Grundlage. Nur wer informiert ist, kann gegebenenfalls durch Briefe an Abgeordnete, durch Teilnahme an Demonstrationen, durch das Verfassen von Petitionen oder durch die Mitarbeit in Bürgerinitiativen an der Willensbildung einer Gesellschaft teilnehmen. In einer meiner ersten Reden im Bundestag sprach ich genau dieses Problem an. Ich wollte die anderen Abgeordneten einmal dazu bewegen, sich nur für wenige Minuten in die Lage von Arbeitslosengeld-II-Beziehenden zu versetzen. Für Freizeitveranstaltungen, Zeitungen, Bücher und Schreibwaren stehen im Regelsatz pro Tag noch nicht einmal neunzig Cent zur Verfügung. »Haben Sie«, fragte ich die anwesenden Abgeordneten, »einmal versucht, für weniger als einen Euro eine ordentliche überregionale Tageszeitung zu kaufen?« Die »taz«, die »FAZ«, die »FR«, die »Welt«, die »Financial Times«, die »Süddeutsche Zeitung« und auch das »Neue Deutschland« sind für Arbeitslosengeld-II-Beziehende ein Luxus, den sie sich vom Regelsatz nicht mehr leisten können.

Selbst wenn sie noch eine billigere Tageszeitung finden, stehen sie jeden Tag vor der Entscheidung, sich diese zu leisten oder Geld anzusparen, um wenigstens einmal im Monat ins Kino oder Theater gehen zu können. Doch kaum einer machte sich die Mühe, sich diese Situation vorzustellen. Vielmehr kam ein Zwischenruf aus den Reihen der SPD: Es gäbe doch Bibliotheken, in denen man die Zeitung lesen könne. Das mag stimmen, allerdings sind die nicht überall fußläufig zu erreichen, und vielerorts haben die Bibliotheken inzwischen Gebühren eingeführt – auch das Ergebnis einer Steuerpolitik, die in vielen Kommunen für klamme Kassen gesorgt hat.

Aber ich bin schon froh, wenn SPD-Abgeordnete wenigstens zuhören. Andere verlassen einfach den Saal, wenn im Plenum die Rede auf die Auswirkungen der Hartz-Gesetze kommt, und schimpfen dabei vor sich hin: »Das kann ich nicht mehr hören.« Für sie ist es eine nicht hinnehmbare Zumutung, sich einmal fünf Minuten – mehr Redezeit hat eine Oppositionsfraktion ohnehin kaum – damit auseinanderzusetzen, was Leben mit Hartz IV bedeutet. Sehr unschön, wenn man bedenkt, dass mehrere Millionen Menschen 365 Tage im Jahr aufgrund dieser Politik mit viel größeren Zumutungen leben müssen. In solchen Situationen muss ich an die Menschen denken, die 24 Stunden am Tag mit Hartz IV leben müssen. Sie können nicht einfach vor ihren Problemen davonlaufen und den Saal verlassen. Aber offensichtlich glaubt eine Mehrheit im Bundestag immer noch, die Arbeitslosengeld-II-Beziehenden würden ihr Leben als ständigen Feierabend genießen.

In einer meiner Reden im Plenum habe ich die Abgeordneten deswegen mit der Aussage einer jungen Erwerbslosen konfrontiert: »Das glaubt uns Arbeitslosen zwar niemand, aber keinen Job zu haben ist verdammt anstrengend. Weil Arbeitslose aus ihrer Situation raus wollen, aber nicht können. Weil sie spüren, was die Gesellschaft über Arbeitslose denkt. Wer arbeitet, hat irgendwann mal Feierabend, bei Arbeitslosen ist der Druck immer da. Man hat faktisch niemals Feierabend.«[7] Doch auf Nachdenklichkeit darf man im Bundestag nicht hoffen. Eine Reaktion darauf gab es aus den Reihen der Unionsabgeordneten. Von Mitgefühl für die betroffene junge Erwerbslose zeugte die Äußerung nicht. »Da sprach Mutter Courage«, rief die Abgeordnete Gitta Connemann[8] in den Saal. Das sollte wohl witzig sein.

Rund um die Uhr verfügbar

Der repressive Charakter der Sozialpolitik behindert im besonderen Maße Mündigkeit und politisches Engagement. Vor allem negativ wirken hier die den Erwerbslosen auferlegte Pflicht, jedes Arbeitsangebot annehmen zu müssen, und das Gebot der örtlichen Verfügbarkeit – wie es in der Behördensprache heißt. Gemeint ist damit die Pflicht, an den Wochentagen den Meldeort nicht zu verlassen. Das Gebot zur örtlichen und zeitlichen Verfügbarkeit kommt so harmlos daher. Was kann man schon dagegen einwenden, wenn ein Erwerbsloser erreichbar sein soll für den Fall, dass sich für ihn oder für sie ein Jobangebot auftut. Das kann doch nur in seinem beziehungsweise ihrem Interesse sein.

Wie oft kommt es allerdings tatsächlich vor, gerade bei Langzeiterwerbslosen oder Menschen über fünfzig, dass sich von heute auf morgen ein Jobangebot auftut? Wenn es außerdem wirklich darum ginge, könnte man die Erreichbarkeit auch durch Telefonumleitungen oder per E-Mail gewährleisten. Doch die gesetzliche Regelung sieht den Aufenthalt an Wochentagen in Wohnortnähe vor. So als würden die Arbeitsangebote noch per Postkutsche zugestellt. Ferner muss man sich fragen, ob es nicht für die Gesellschaft und den Einzelnen sinnvoller ist, wenn er sich während der Erwerbslosigkeit andere Betätigungsfelder sucht, anstatt verzweifelt zu Hause auf einen Job zu warten, der vielleicht nie kommt?

Ich erinnere mich noch gut an die Zeit, als eine enge Verwandte von mir erwerbslos war. Das Arbeitsamt hatte ihr in der Zeit eine ABM-Stelle bei einem gemeinnützigen Verein vermittelt. Ihre Kreativität und ihre Fähigkeit im Umgang mit Kindern überzeugten den Verein so, dass er eine Verlängerung ihrer ABM beantragte. Gern hätte man sie fest angestellt. Doch leider hatte der Verein nicht die Mittel dazu. Ansonsten hatte man ihr auf dem Amt aber deutlich zu verstehen gegeben, dass es für sie mit über fünfzig Jahren kaum Aussichten auf einen neuen Arbeitsplatz gebe. Nichtsdestotrotz galt für sie das Gebot, dem Arbeitsmarkt zur Verfügung zu stehen, obwohl dieser offensichtlich nicht nach ihr verlangte. Deshalb musste sie jedes Mal, wenn sie ihre pflegebedürftige Mutter besuchte, die in einem anderen Ort lebte, Urlaub beantragen. Da aber die Urlaubstage, die einer Erwerbslosen zustehen, schon für den gemeinsamen Familienurlaub mit ihrem Mann und ihren Kindern reserviert waren, konnte sie immer nur am Wochenende zu ihrer Mutter fahren, ansonsten hätte sie den Verlust des Arbeitslosengeldes riskiert. Welch eine absurde Regelung! Diese Frau war wochentags an Dresden gebunden, dabei hätte sie sich bei ihrer Mutter, die hundert Kilometer von Dresden entfernt wohnte, nützlich machen können. Damals muss ihr die Erwerbslosigkeit besonders schwergefallen sein. Zum Glück ergab sich später die Möglichkeit einer neuen beruflichen Tätigkeit – allerdings nicht über das Arbeitsamt vermittelt, für das sie täglich abrufbereit zur Verfügung stehen musste.

An diesem Beispiel wird ein grundlegendes Problem deutlich, welches mich zu dem dritten Einwand führt. Warum hat Erwerbsarbeit gegenüber anderen Tätigkeiten einen solch enormen Stellenwert, dass das alleinige Zur-Verfügung-Stehen für den Arbeitsmarkt mehr gilt als andere gesellschaftlich sinnvolle Tätigkeiten, wie Weiterbildung, Familienarbeit, ehrenamtliches oder politisches Engagement? Es scheint, als wäre die Politik den Menschen gegenüber von einem geradezu pathologischen Misstrauen besessen. Misstrauen in die Fähigkeit der Menschen, ihr Leben selbstbestimmt zu gestalten. Kein Wunder, dass dieses Misstrauen innig erwidert wird.

Gefährlicher Nützlichkeitsrassismus

Gelegentlich lassen sich Politiker und Politikerinnen in Talkshows über die angebliche Verwahrlosung von Erwerbslosen aus. Da gäbe es Familien, die den ganzen Tag vor der Glotze hängen. Von Antriebslosigkeit und Apathie ist die Rede. Besonders negativ hat sich mit solchen Äußerungen vor einiger Zeit der Ex-Grüne Oswald Metzger hervorgetan. Bei ihm hieß es wiederholt, viele Sozialhilfeempfänger sähen ihren Lebenssinn darin, »Kohlenhydrate oder Alkohol in sich hineinzustopfen, vor dem Fernseher zu sitzen und das Gleiche den eigenen Kindern angedeihen zu lassen.«[9] Als jenem Oswald Metzger wegen dieser frechen Unterstellung von seiner Parteifreundin Renate Künast nahegelegt wurde, die Partei zu verlassen, beklagte er weinerlich, dass er stigmatisiert werde. Immerhin weiß er nun, wie sich das anfühlt.

In meinem Wahlkreisbüro trifft sich regelmäßig der Erwerbslosenrat. Immer wieder kann ich dadurch Anteil nehmen an der Hoffnung, wenn ein möglicher Job in Aussicht steht. Oft folgt kurz darauf die Ernüchterung, weil sich diese Hoffnung wieder zerschlagen hat. Bei einem Seminar mit Jugendlichen, deren Ausbildungsplatzsuche bisher erfolglos blieb, berichtete eine junge Frau von dem frustrierenden Moment, als nach fünfzig Bewerbungen die fünfzigste Absage ins Haus flatterte. Ich habe versucht, mir vorzustellen, wie ich mich nach der fünfzigsten erfolglosen Bewerbung fühlen würde. Würde ich einfach weiter Bewerbungen schreiben, oder würde ich mich irgendwann aus reinem Selbstschutz mit dem Umstand, keinen Job zu bekommen, abfinden? Ich weiß es nicht. Aber ich meine, Abgeordnete, die meist ein privilegierteres Leben als andere haben oder hatten, sollten sich in ihren Wertungen über Menschen in solchen Lebenslagen zurückhalten.

Erfolglos einen Job zu suchen und in Armut leben zu müssen ist hart. Und als ob dies nicht schlimm genug wäre, kommt für Erwerbslose noch eine dritte Härte hinzu: unter dem Generalverdacht zu stehen, ein Faulpelz, ein Schmarotzer oder sogar ein Sozialbetrüger zu sein. Es macht mich jedes Mal fassungslos, wenn politisch Verantwortliche die Stigmatisierungspropaganda munter befördern. Wissen sie nicht, dass sie damit aktiv das Leid von Erwerbslosen verschärfen?

Der ehemalige Wirtschaftsminister Wolfgang Clement war da besonders forsch. Monatelang tourte er durch Talkshows und verkündete unwidersprochen, es gäbe 15

93

bis zwanzig Prozent Sozialbetrug.[10] Ich habe lange nach wissenschaftlich fundierten Studien zum Sozialbetrug gesucht. In allen Beiträgen, die ich fand, war von drei bis maximal fünf Prozent die Rede. Und dabei handelte es sich immer um Beträge, die im Vergleich zur Steuerhinterziehung (Stichwort Liechtenstein) – ganz zu schweigen von der Wirtschaftskriminalität – eher vernachlässigbar sind. Aber man müsste eigentlich davon ausgehen können, dass einem Minister fundierte Daten vorliegen, wenn er solche Aussagen tätigt. Auf irgendwelche Studien muss er sich ja stützen, wenn er Menschen so sehr unter Generalverdacht stellt. Also lautete eine meiner ersten Anfragen nach der Bundestagwahl 2005, ob der Bundesregierung irgendwelche zitierfähigen Untersuchungen vorliegen, welche die Aussagen von Wolfgang Clement untermauern. Die Antwort lautete: »Der Bundesregierung sind wissenschaftliche Studien bezüglich des Missbrauchs von Sozialleistungen durch die Bezieher der Grundsicherung für Arbeitssuchende nicht bekannt.«[11]

Ganz offensichtlich ging es Wolfgang Clement also nicht darum, belegte Fakten zu verbreiten, sondern durch Desinformation pauschal Arbeitslosengeld-II-Beziehende zu verdächtigen. Die Hetze gegen Erwerbslose dient als Begleitmusik zur Kürzung von Sozialleistungen. Helmut Kohl, Gerhard Schröder und viele andere vor ihnen haben die Faulheitsdebatten immer dann ins Spiel gebracht, wenn soziale Einschnitte anstanden.[12] Der Drückeberger-Diskurs erfreut sich leider einer großen Beliebtheit bei unverantwortlichen Politikern. Wer diese üble Propaganda bedient, betreibt jedoch ein gefährliches Spiel mit dem Feuer.

Das zeigt eine aktuelle Untersuchung von Professor Wilhelm Heitmeyer.[13] Dieser Konfliktforscher führt schon seit Jahren kontinuierlich Studien über die Einstellungen der Deutschen durch. Seine aktuelle Untersuchung kam zu dem Ergebnis, dass es eine zunehmende Abscheu gegenüber

Menschen gibt, die als »nutzlos« beziehungsweise als »Versager« eingestuft werden. Es existiert in der Bevölkerung ein erhebliches Maß an Abwertung und Schuldzuweisung gegenüber den Langzeiterwerbslosen und Obdachlosen. Gerade Menschen aus finanziell schwachen Schichten haben das starke Bedürfnis, sich abzugrenzen. Heitmeyer zufolge hat der Ausgrenzungsdrang eine »besondere Form der Menschenfeindlichkeit«[14] angenommen. Meiner Meinung nach herrscht eine neue Form von Rassismus vor, ich nenne ihn den Nützlichkeitsrassismus. Dieser Nützlichkeitsrassismus richtet sich gegen Menschen, die als »nutzlos« eingestuft werden. Erreicht die feindliche Einstellung gegenüber einer Menschengruppe eine gewisse Intensität, wird es gefährlich. Vor allem in Verbindung mit eigenen Abstiegsängsten entsteht eine explosive Mischung. Und tatsächlich häufen sich die Berichte über Angriffe auf Obdachlose durch Schlägertrupps.

Leider ist auch die herrschende politische Klasse in Teilen von diesem Nützlichkeitsrassismus erfasst. Der Wert eines Menschen sei von seiner Einbindung in kapitalistische Erwerbsarbeit abhängig – überall in der Sozialpolitik stößt man auf diese Leitidee. Überall in Talkshows trifft man auf Apologeten dieser Ideologie. Wer jedoch fahrlässig Stereotype bedient, die eine Menschengruppe abstempeln, verstärkt den Nährboden für Nützlichkeitsrassismus. Jeder Politiker und jede Politikerin, der oder die diesen Diskurs bedient, spielt ein gefährliches Spiel mit dem Schicksal von Menschen. Jede abwertende Äußerung in Talkshows über Erwerbslose ist ein weiterer kleiner Schritt zur Verfestigung dieser Diskriminierung. Nicht nur Deutschland hat mit der Ausgrenzung von Menschengruppen schlimme Erfahrungen gemacht. Politiker und Politikerinnen sollten sich also ihrer Verantwortung bewusst werden und nicht weiter den Boden für diesen Trend bereiten.

Auch um der Propaganda gegen Erwerbslose entgegenzuwirken, sind dieses und das nächste Kapitel von einer Vielzahl persönlicher Beispiele geprägt. Mir ist dabei bewusst, dass die argumentative Tragweite und analytische Tiefe von Einzelschicksalen begrenzt ist. Doch gerade in der breiten Kampagne, die Erwerbslose bzw. Arbeitsunfähige als Schmarotzer und Sozialbetrüger darstellt, werden einzelne Beispiele wie »Florida-Rolf«[15] missbraucht, um ein negatives Bild von Erwerbslosen zu prägen. Im Namen des Nützlichkeitsrassismus werden Einzelfälle nur zu schnell als Beweismittel für eine kollektive Verurteilung herangezogen. Diesen negativen Schablonen will ich andere Schicksale entgegensetzen. Ich möchte auch nicht verhehlen, dass ich gerade aus Begegnungen mit jenen Menschen, von denen ich einige hier porträtiert habe, die Kraft schöpfe, immer wieder für eine andere Sozialpolitik zu streiten.

Doch nicht nur Einzelschicksale belegen das Versagen der herrschenden Sozialpolitik. Es gibt auch Untersuchungen, wie die bereits angeführte von Anne Ames, die andeuten, wie geltende Regelungen gesellschaftliche Teilhabe behindern. Die Bundesregierung jedoch unternimmt wenig bis gar nichts, um die sozialen Auswirkungen von Hartz IV zu untersuchen. In einer Großen Anfrage forderte meine Fraktion die Bundesregierung zu einer Bilanz von Hartz IV auf.[16] Immerhin war es der selbsterklärte Anspruch der Bundesregierung gewesen, mit den Hartz-Gesetzen den Weg der lernenden Gesetze zu beschreiten, die beständig ausgewertet werden.

Bezüglich der Auswirkung der Arbeitsmarktinstrumente gab und gibt es ein reges Evaluationswesen. Jedoch, wenn es um die sozialen Auswirkungen der Hartz-Gesetze geht, erinnert das Verhalten der Bundesregierung an die berühmten drei Affen: Nichts hören, nichts sehen, nichts wissen wollen. Sie weiß nicht, wie viele behinderte Menschen durch die Begrenzung der Unterkunftskosten für Hartz-IV-Betroffene zu einem Umzug gezwungen wurden. Sie weiß nicht, wie viele Menschen aus Angst vor Hartz IV in die Frühverrentung geflüchtet sind. Sie hat noch nicht einmal eine Zusammenstellung aller verfassungsrechtlichen Bedenken. Besonders skandalös ist, dass sie nicht in Erfahrung bringen will, wie sich Hartz IV auf die Gesundheit und die Bildungsmöglichkeiten der betroffenen Kinder auswirkt. Dabei gibt es bereits erste Untersuchungen und Zahlen, die deutlich machen, wie verheerend die soziale Bilanz von Hartz IV ist. Ein-Euro-Jobs verdrängen reguläre Beschäftigungsverhältnisse.[17] Die gesamtgesellschaftliche Armutsquote ist um 0,5 bis ein Prozent gestiegen.[18] Bei den Sozialgerichten wächst der Klagenberg. Der Stapel an täglich allein beim Landessozialgericht Berlin eingehenden Einsprüchen ist bis zu vier Meter hoch.

All dies müsste Ansporn genug sein, über einen grundlegenden Kurswechsel in der Sozialpolitik nachzudenken. Keinen Demokraten und keine Demokratin dürfte es kaltlassen, dass der Grad der Unzufriedenheit inzwischen ein erschreckendes Ausmaß angenommen hat. Immer weniger Menschen halten Deutschland für ein Land, in dem es gerecht zugeht. Laut einer Untersuchung an der Humboldt-Universität unter der Leitung von Bernd Wegener im Auftrag des Magazins »Geo« zum Thema Gerechtigkeit sind nur 18 Prozent der Meinung, die Einkommens- und Vermögensverhältnisse in Deutschland seien gerecht.[19] Fast die Hälfte der Befragten ist der Überzeugung, es sei zwecklos, sich über soziale Gerechtigkeit zu streiten. Die Verhältnisse würden sich doch nicht ändern lassen. In dieser Aussage steckt viel Sprengstoff für die Demokratie. Wenn sich sowieso nichts ändert, worin liegt dann der Wert aller Verfahren?

Fünf Wege aus der Ausgrenzungsfalle

Der Demokratie zuliebe können wir es uns nicht leisten, diese Zeitbombe weiter ticken zu lassen. Um den Sprengstoff zu entschärfen, sind eine Neuausrichtung der Sozialpolitik, die umgehende Abkehr vom Nützlichkeitsrassismus und ein neuer Ansatz im Bildungssystem vonnöten. Regelungen wie die örtliche Verfügbarkeit und der Zwang, jedes Angebot anzunehmen, sind Ausdruck eines ins Gesetz gegossenen Nützlichkeitsrassismus. Sie sind Ausdruck des Irrglaubens, der Wert eines Menschen hänge ausschließlich von seiner Einbindung in Erwerbsarbeit ab. Die Fokussierung darauf wirkt wie eine neue Religion. Es ist höchste Zeit für einen Bruch mit dieser irrationalen Fixierung auf Erwerbsarbeit.

1. Bildung fürs Leben

Menschen dürfen nicht weiter zur Aufnahme von Jobs zu Niedriglöhnen oder zu Arbeit wider ihr Gewissen oder zu Ein-Euro-Jobs mit fragwürdigem Sinn gezwungen werden. Stattdessen braucht es ein Bildungssystem, das Menschen ermuntert, sich zu entfalten und in die Gesellschaft einzubringen. Die Schule sollte Menschen ermächtigen, dem eigenen Leben auch dann »Sinn und Bewandtnis zu geben, wenn der Absprung ins Berufsleben«[20] nicht klappt. Oder wie es Karl Lauterbach in seinem Buch »Der Zweiklassenstaat« formuliert:»Bildung hätte die Schlechtqualifizierten vielleicht vor Arbeitslosigkeit bewahrt. Auf jeden Fall hätte sie ihnen ermöglicht, den Verlust ihres Arbeitsplatzes durch kreative oder ehrenamtliche Tätigkeit zu kompensieren.«[21]

Ein entsprechendes Bildungssystem könnte Menschen besser auf selbstbestimmtes Tätigsein jenseits der Erwerbsarbeit vorbereiten. Dies mag auf den ersten Blick provokant klingen. Die oben erwähnte Erhebung von Anne Ames zur Umsetzung der Hartz-IV-Gesetze aus Sicht der Betroffenen bestätigt dies jedoch. Die Studie kommt unter anderem zu dem Ergebnis, dass ein knappes Drittel dieser Gruppe die Erwerbslosigkeit auch als Chance wahrnimmt, sich intensiver außerberuflichen Interessen zu widmen. Dieser Wahrnehmung ist allerdings jeweils ein längerer Lern- und Entwicklungsprozess vorangegangen. Untersuchungen über die Konsequenzen der Schließung der Vulkan-Werft in Bremen bestätigen diese Annahme. Zehn Jahre nach diesem einschneidenden Ereignis, das 2500 Menschen um ihren Job brachte, haben sich einige Wissenschaftler und Wissenschaftlerinnen auf die Suche nach den ehemaligen »Vulkanesen« gemacht und untersucht, was aus ihnen wurde.[22] Nach dem Verlust des Jobs erkrankten viele körperlich und seelisch. Aber es zeigt sich auch: Wer sich auf der Werft nicht so stark auf den identitätsstiftenden Lohnarbeitsplatz konzentriert hatte, kam besser mit dem Verlust des Arbeitsplatzes klar. Wessen Leben schon vorher nicht nur um die Erwerbsarbeit kreiste, sah sich besser auf die Zeit danach vorbereitet. Wer Zeit aufbrachte für Familie, für ehrenamtliches Engagement oder für interessante Hobbys, der überstand die Krise unversehrter. In verschiedenen Interviews kam zum Ausdruck, wie sehr Tätigkeiten jenseits der Erwerbsarbeit, z. B. in Vereinen, den Menschen Halt und Stabilität gaben. Und bei diesen Tätigkeiten ging es nie um »Leistung«, sondern um sinnvolle Beschäftigung.[23] Wer nicht nur über Erwerbsarbeit und oft auch Raubbau an der eigenen Gesundheit Anerkennung und Erfüllung findet, der ist statistisch gesehen weit gesünder oder hat ein höheres Glücksempfinden. Der ausschließlichen Fokussierung auf Erwerbsarbeit Lebewohl zu sagen ist also ein hilfreicher Beitrag zur Förderung der Gesundheit.

Um es zusammenzufassen: Sowohl die Studie von Anne Ames als auch die Studie nach der Schließung der Vulkan-Werft verdeutlichen, dass Sinnstiftung auch bei Erwerbslosigkeit möglich ist. Allerdings geht dem oft ein entsprechender Lern- und Entwicklungsprozess voraus. Unser Bildungssystem sollte Menschen besser auf Tätigkeiten jenseits der Erwerbsarbeit vorbereiten. Wer also möchte, dass Erwerbslose an der Gesellschaft teilhaben, wer möchte, dass Erwerbslosigkeit mehr bedeutet als das Leben mit dem real existierenden Fernsehprogramm, der muss auf ein anderes Bildungssystem setzen und nicht auf Repressionen. Es geht um die Freiheit, die Tätigkeit, mit der man sich verwirklichen und in die Gesellschaft einbringen möchte, selbst zu wählen. Repressionen stehen im Widerspruch zum Anspruch einer freiheitlichen Gesellschaft.

Interessant ist in diesem Zusammenhang das Agieren der FDP, wenn im Bundestag Repressionen gegen bzw. Grundrechtseinschränkungen bei Erwerbslosen beschlossen werden. Die FDP heftet sich sonst gern und voll Stolz das Label »Bürgerrechtspartei« an die Brust. Aber wenn es um Bürgerrechte von Erwerbslosen geht, wird gern mal ein Auge zugedrückt. Ich meine: Solche Rechte gelten nicht nur für Reiche, sie gelten uneingeschränkt für alle. Dies sind wir unserer Demokratie schuldig.

2. Solidarität neu entdecken

Solange man gesund, jung und kinderlos ist und gut verdient, mögen die Sozialversicherungen als ziemlich überflüssig oder sogar lästig erscheinen. Schließlich heißt es, jeden Monat in Form von Sozialbeiträgen Geld abzutreten. Wenn dann jemand kommt und vorrechnet, dass man das Geld anstatt in die gesetzliche Rentenversicherung einzuzahlen doch viel gewinnträchtiger in Fonds anlegen kann, scheint das auf den ersten Blick plausibel. Ein zweiter Blick macht allerdings deutlich: Hier handelt es sich um eine kurzsichtige Fehlkalkulation.

Die Rentenversicherung basiert auf einem solidarischen Ausgleich sowohl zwischen Besserverdienenden und Geringverdienenden als auch zwischen den Generationen. Und am Ende zahlt sich nur Solidarität aus. Für die einen ist Solidarität ein Gebot christlicher Nächstenliebe. Für die anderen sind solidarische Sozialsysteme das Resultat eines harten Kampfes zwischen Arbeit und Kapital – und schon deswegen schützenswert. Beide Zugänge sind je nach weltanschaulichem Standpunkt plausibel. Und ganz ehrlich, würden wir uns in einer Gesellschaft der Egoismen wirklich wohl fühlen? Es gibt viele Gründe, warum die Solidarsysteme heute mehr denn je unterstützt gehören.

Im Glanz der eigenen, scheinbar nie endenden Leistungsfähigkeit mag Solidarität wie etwas von vorgestern klingen. Aber was ist im Fall eines Unfalls, einer plötzlichen Krankheit oder einer Kündigung? Es gibt keine Garantie dafür, dass wir niemals auf die Hilfe anderer angewiesen sein werden. Es kann leider jeden und jede treffen. Schon deswegen dürfte eine Gesellschaft, in der der Einzelne im Fall von Erwerbslosigkeit, Krankheit, Hilfebedürftigkeit aufgefangen wird, in unser aller Interesse sein.

Selbst wenn wir die Hilfe anderer zu keinem Zeitpunkt benötigen, so leben wir zumindest in einer modernen arbeitsteiligen Gesellschaft. Die dort vorhandenen gegenseitigen Abhängigkeiten mögen nicht immer offensichtlich sein. Aber sie sind groß. Ausgerüstet mit einem gesunden Selbstbewusstsein und viel Eigeninitiative mag man sich jahrelang total unabhängig fühlen. Aber spätestens in dem Moment, wo sich die Festplatte des Laptops ohne Vorwarnung verabschiedet und alle wichtigen Dateien mitnimmt, steht einem zumindest die Abhängigkeit von Computerspezialisten deutlich vor Augen.

Inzwischen wird mit dem Schlagwort der »Generationengerechtigkeit« gegen das bestehende Rentensystem agitiert, als ob die Jungen mit ihrem Geld die Alten durchfüttern müssten. Doch gerade wir Jungen profitieren von den Leistungen früherer Generationen. Die Fußwege, auf denen wir laufen, die Gleise, auf den wir fahren, und die Wasserleitungen, dank derer wir täglich unbekümmert duschen können, sind Ergebnis eines Aufbauprozesses unserer Großeltern und Eltern. Die Technik, dank der wir global vernetzt sind, basiert auf Leistungen vorangegangener Forschergenerationen, die nun ihren verdienten Ruhestand genießen wollen. Doch auch jenseits solcher Argumentationen, die mancher vielleicht als moralisch abstempeln mag, gibt es genügend Gründe für einen Solidarausgleich. Man stelle sich nur vor, die Renten wären bereits heute so niedrig, dass es sich niemand mehr leisten kann, vor 75 seinen Arbeitsplatz zu verlassen. Dann hätten es junge Leute noch schwerer, einen Arbeitsplatz zu finden.

Die Sozialwissenschaften haben plausibel dargestellt, dass oberhalb eines eher durchschnittlichen Einkommens mehr Geld kein Garant für mehr Glück ist. Laut dem »Happy Planet Index«[24] der »New Economics Foundation« leben die glücklichsten Menschen der Welt auf dem melanesischen Vanuatu-Archipel, einer kleinen Südseerepublik mit etwas über 200 000 Einwohnern und einem jährlichen Brutto-Inlandsprodukt pro Kopf von gerade einmal 1560 US-Dollar. Große Unterschiede zwischen Arm und Reich gibt es dort ebenso wenig wie Zukunftsängste. Die Menschen fürchten sich lediglich vor Wirbelstürmen und Erdbeben. Bezeichnenderweise heißt die Nationalhymne der Vanuatus »Yumi, Yumi, Yumi« – zu gut Deutsch: »Wir, Wir, Wir«. Deutschland liegt beim Happy-Planet-Index übrigens auf Platz 81.

Fest steht: Ohne starke Sozialsysteme gäbe es mehr Elend. Armut und Elend befördern wiederum die Herausbildung von Ghettos, von Kriminalität und die Verbreitung von Krankheiten. Eine solche Gesellschaft bietet selbst für die Vermögenden weniger Lebensqualität. Insofern sind Arm und Reich gut beraten, auf Sozialsysteme zu setzen, die Armut verringern. Mahatma Gandhi sagte einst: »Es ist heilsam, daran erinnert zu werden, dass der Stärkste erlahmen und der Klügste irren kann.« Diesem wunderbaren Plädoyer für Solidarität kann ich mich nur anschließen. Und schließlich leben wir in einer Demokratie. Demokratie lebt wiederum davon, dass sich möglichst alle an der politischen Willensbildung und der Gestaltung der Gesellschaft beteiligen. Dieser Form des Tätigwerdens hat Hannah Arendt in ihrem Werk »Vita activa« ein Denkmal gesetzt. »Sprechen im Sinne der Willensbildung und Handeln – das sind die Tätigkeiten der politischen Gemeinschaft.«[25] Aus dem Miteinandersprechen und Miteinanderhandeln ergibt sich – nach Arendt – die demokratische Organisationsstruktur der Bevölkerung.[26] Wenn zunehmend mehr Menschen aufs Abstellgleis geraten und damit aus dem Bereich des Handelns und Sprechens ausgeschlossen werden, wird dies für die Demokratie zum Problem. Solidarität ist demnach nicht nur ein moralisches Gebot, sondern am Ende kommt eine solidarisch ausgestaltete Gesellschaft allen zugute.

Dennoch stehen seit Jahren die Sozialsysteme in diesem Land unter Beschuss. Das Gesundheitssystem gestaltet sich für Kassenpatienten immer schlechter. Der Arztbesuch kostet inzwischen eine Eintrittsgebühr von zehn Euro – genannt Praxisgebühr. Die Gesetzliche Rentenversicherung schützt zunehmend weniger vor Altersarmut. Viele Unternehmen entziehen sich ihrer Pflicht, sich paritätisch an den Kosten für die Sozialversicherungen zu beteiligen. So verkümmert die Solidarität. Gegen diesen Angriff gilt es, die bestehenden Sozialsysteme zu schützen. Das heißt aber nicht, dass die bestehenden Sicherungssysteme schon perfekt sind. Das heißt auch nicht, dass es ausreicht, weiteren Sozialraub abzuwehren. Ganz im Gegenteil, die bestehenden Sozialsysteme haben Defizite, die dringend behoben werden müssen. So sollten das bestehende System der unzähligen verschiedenen Krankenversicherungen und die starke Spaltung zwischen Privat- und Kassenpatienten aufgehoben und in eine BürgerInnenversicherung überführt werden, in die alle entsprechend ihrer Einkommens- und Vermögenssituation einzahlen.

3. Ja zum Individualprinzip

Zu den größten Defiziten unseres Sozialsystems gehört, dass die bestehenden Gesetze im Fall von Bedürftigkeit die Last auf Angehörige und Partner abwälzen – also eine quasi »finanzielle Inhaftnahme«. Demnach erlangen Bedürftige erst dann Anspruch auf Sozialhilfe oder Arbeitslosengeld II, wenn nachgewiesen ist, dass auch ihre Angehörigen, ihre Partnerinnen bzw. ihre Ex-Männer ebenfalls nichts haben. Besonders drastische Auswirkungen dieser Herangehensweise sind im Zuge von Hartz IV zu beobachten. Frauen, die ihr Leben lang gewohnt waren, finanziell auf eigenen Beinen zu stehen, bekamen, als sie ihren Job verloren, keinen Cent Arbeitslosengeld II. Der Grund: Ihre Partner hatten noch Arbeit mit einem Einkommen oberhalb der Bemessungsgrenze. Infolgedessen waren sie gezwungen, ihren Mann um Taschengeld zu bitten. Erwerbslose Männer, deren Frauen noch einen Job haben, leiden ebenfalls unter dieser Form der Abhängigkeit.

Allerdings ist empirisch bewiesen, dass Frauen besonders häufig betroffen sind.[27] Dies hängt damit zusammen, dass Frauen im Durchschnitt niedrigere Löhne erhalten, weswegen berufstätige Männer eher über der Bemessungsgrenze liegen. Diese Form der »finanziellen Inhaftnahme« von Angehörigen ist alles andere als zeitgemäß. Sie ist geprägt – wie Caren Lay in dem Artikel »Abschied vom Ernährermodell« herausarbeitet[28] – von dem Modell des Alleinernährers, wonach der Mann die gesamte Familie ernähren musste. Die Linke setzt gegen dieses Modell die Idee des Individualanspruchs. Individualanspruch heißt: Das sozialrechtliche Konstrukt Bedarfsgemeinschaft wird abgeschafft und eine individuelle Grundsicherung eingeführt. Bei der Bedürftigkeitsprüfung rechnet man also nur das Einkommen und das Vermögen der Einzelnen an. Das Einkommen des Partners bzw. Ex-Mannes bleibt unberücksichtigt. Das Individualprinzip aufs Steuerrecht angewandt, bedeutet übrigens die Abschaffung des Ehegattensplittings.

Es ist interessant zu beobachten, wie schwer sich vor allem männliche Politiker mit dem Individualprinzip tun – als ob sie Kontrollverlust befürchten. Ihr Lieblingsargument gegen einen individuellen Anspruch auf Grundsicherung lautet: Wer sich freiwillig auf die Ehe eingelassen hat, müsse nun auch die Konsequenzen in Kauf nehmen und füreinander einstehen. Ich meine jedoch, es gibt Menschen, die sich einst fürs Heiraten entschieden hatten und Jahre später gute Gründe haben, den Unterhalt nicht einzufordern. Man denke nur an eine Frau, die sich wegen einer neuen Liebe von ihrem Mann scheiden ließ. Schon so hat sie ihm gegenüber ein schlechtes Gewissen. Nun soll sie von ihm, der selber nicht viel hat, auch noch Unterhalt einfordern? Aber Arbeit findet sie keine, und der Anspruch auf eine Grundsicherung wird ihr verweigert, weil sie bei ihrem Ex-Mann Unterhaltsansprüche geltend machen könnte.

Besonders problematisch wird der Vorrang der Unterhaltsansprüche bei Frauen, die in ein Frauenhaus eingezogen sind. Womöglich waren sie Jahre in dem Teufelskreis aus Gewalt, Scham und Abhängigkeit gefangen. Nun hatten sie endlich die Kraft zur Flucht. Diese Frauen verfügen in der Regel weder über eigenes Vermögen noch über sicheres Einkommen. Sie bräuchten also dringend eine Grundsicherung. Es gibt Ämter, die sensibel auf solche Situationen reagieren. Aber es gibt auch Bürokraten, die nach dem Gesetzeslaut handeln und auf dem Vorrang des Unterhalts bestehen. Von den Frauen wird dann verlangt, gegenüber ihrem Mann Unterhalt einzufordern. Dabei sind sie meistens noch nicht einmal in der Lage, ihren gewalttätigen Mann überhaupt zu treffen. Womöglich würden sie sich dadurch sogar in Gefahr bringen. Solche Fälle sind alles andere als an den Haaren herbeigezogen, sondern durch eine umfangreiche Evaluierung der Mitarbeiterinnen in Frauenhäusern dokumentiert. [29]

Gegen eben jene Fälle wird dann wiederum von den Kritikern des Individualprinzips eingewandt, man könne die Sozialpolitik nicht von den Sonderfällen am Rand der Gesellschaft her diskutieren. Nur sind die Ränder inzwischen leider so breit, dass sie ihren Namen eigentlich nicht mehr verdienen. Außerdem, so die Logik der Kritiker, würde die konsequente Anwendung des Individualprinzips dazu führen, dass auch die verarmte Ex-Frau eines Millionärs, wenn sie – warum auch immer – keinen Unterhalt fordern möchte, Anspruch auf eine Grundsicherung hätte, wenn sie denn bedürftig wäre. Der lachende Dritte wäre dann der Millionär. [30]

Einmal davon abgesehen, dass es sich bei dem vielzitierten Millionär wohl in der Tat um eine Randerscheinung handelt, ist dieser exemplarische Fall höchst interessant. Das Anliegen ist demnach, den Millionär für seine Ex-Frau zur Kasse zu bitten. In der Realität jedoch trifft es vor allem die Frauen, die ihre Unterhaltsansprüche nicht verwirklichen können, zum Beispiel in Frauenschutzhäusern. Oder es trifft erwerbslose Männer, die in finanzielle Abhängigkeit von ihren noch Arbeit habenden Frauen gebracht werden. Hier trägt man auf den Rücken der Bedürftigen das Anliegen aus, die Vermögenden stärker an der Finanzierung des Gemeinwesens zu beteiligen. Wer möchte, dass Reiche mehr Geldleistungen erbringen, der sollte die Vermögens- und Einkommenssteuer erhöhen. Denn diese trifft zielgenauer – auch die Millionäre, die niemals heiraten. Bedürftige haben – so das Credo des Individualanspruchs – Anspruch auf Unterstützung, und zwar unabhängig davon, ob sie womöglich bei ihrer Ex-Frau noch theoretisch Unterhalt geltend machen könnten oder ob ihre Partnerin noch verdient.

4. Leitbild demokratischer Sozialstaat

Die finanzielle Inhaftnahme von Angehörigen und Partnern ist nicht das einzige Defizit in den bestehenden Sozialsystemen. Ebenso problematisch ist, wie bereits weiter oben ausgeführt, die alleinige Ausrichtung auf Erwerbsarbeit, die gesetzliche Umsetzung des Nützlichkeitsrassismus und die Ignoranz gegenüber der Bedeutung von sozialer Sicherheit für die Demokratie. Als ob die deutsche Sozialpolitik nur Erwerbstätige kennt. Staatsbürgerinnen im Sinn des *citoyen* bzw. der *citoyenne,* also im Sinne der sich in die Politik einbringenden Staatsbürgerin bzw. des von seinen Bürgerrechten Gebrauch machenden Staatsbürgers kommen faktisch nicht vor. Dabei ist soziale Sicherheit eine zentrale Voraussetzung für die Wahrnehmung demokratischer Rechte. Die bestehenden Sozialsysteme wie Rentenversicherung und Arbeitslosenversicherung sind an abhängige Erwerbsarbeit gekoppelt. Das heißt, nur wer einer sozialpflichtigen Arbeit nachgeht, zahlt in die Kassen ein und erwirbt Ansprüche. Wer lediglich einen Minijob oder gar keine Arbeitsstelle hat, erwirbt demnach keine bzw. zu geringe Ansprüche. Dies war schon immer ein Defizit der Sozialsysteme – nicht zuletzt, weil bestehende soziale Unterschiede zementiert werden. So kann eine alleinerziehende Angestellte nie so hohe Rentenansprüche erwerben wie ein Beamter. Angesichts des Wandels der Arbeitswelt führt diese ausschließliche Bindung an Erwerbsarbeit jedoch zu besonderen Verwerfungen. Wolfgang Engler fragt deswegen zu Recht, wie sich verhindern lässt,»dass das Schrumpfen oder der Verlust der Arbeiterrolle auch auf die Bürgerrolle einen Schatten werfen«.[31]

Die angemessene Antwort darauf wäre eine Sozialpolitik, die sich an dem Leitbild des»demokratischen Sozialstaates« orientiert. Dieser Begriff wurde durch eine Expertise der Sozialwissenschaftler Stephan Lessenich und Matthias Möhring-Hesse geprägt.[32] Dieses Leitbild beschreibt die Notwendigkeit, im Sinne der Demokratie den Sozialstaat gegen Sozialabbau zu verteidigen und vor allem durch neue Elemente zu ergänzen. Im Zeitalter von Prekarität und Massenarbeitslosigkeit wird es für zunehmend mehr Menschen schwer, entsprechende Ansprüche zu erwerben. Aus lohnarbeitsorientierten Zugangsvoraussetzungen zu den Sozialversicherungen werden somit Barrieren, die für immer mehr Menschen unüberwindbar sind. Es kommt also darauf an, den Sozialstaat gegen Sozialraubbau zu verteidigen, ohne dabei in die Falle zu tappen, mit der Verteidigung des Sozialstaats auch seine Defizite zu verteidigen.

Das Leitbild »demokratischer Sozialstaat« leiten Lessenich und Möhring-Hesse dabei nicht mehr vorrangig aus dem Gegensatz von Arbeit und Kapital ab, sondern aus den Notwendigkeiten einer demokratischen Gesellschaft. Der demokratische Sozialstaat wird ehrlicher sein, denn seine Idee gründet auf einer einfachen Erkenntnis: Die soziale Integration ausdifferenzierter Gesellschaften hat ihren Preis. Dieser Preis ist hoch. Er ist aber notwendig, wenn wir unsere Demokratie mit Leben füllen wollen. Der demokratische Sozialstaat wird nicht mehr und nicht weniger sein als Ausdruck und Garant der Zugehörigkeit aller Bürgerinnen und Bürger zur demokratischen Gesellschaft.

5. Souveräne Bürger und Bürgerinnen

Eine weitere wichtige konzeptionelle Quelle für eine neue Sozialpolitik im Zeichen des souveränen Bürgers bzw. der souveränen Bürgerin findet sich bei dem Jenaer Soziologen Michael Opielka. Opielka beschreibt in seinem Buch »Sozialpolitik – Grundlagen und vergleichende Perspektiven« verschiedene Gerechtigkeitskonzeptionen und untersucht, welche Auswirkungen sie auf die Konzeption von Sozialpolitik haben. Opielka zufolge orientiert sich die herrschende liberale Sozialpolitik vor allem an Leistungsgerechtigkeit. Diese kennt die Einbindung von Menschen faktisch nur über die Arbeit. Deswegen setzt liberale Sozialpolitik vor allem auf *workfare*, also die Fokussierung auf Erwerbsarbeit. Auch die traditionell sozialdemokratische Konzeption der Wohlfahrt richtet sich vorrangig an den Erwerbstätigen aus. Sie ergänzt sie jedoch um Verteilungsgerechtigkeit. Der konservative Zugang hingegen adressiert vor allem die Familien und zielt auf sogenannte Bedarfsgerechtigkeit. Inklusion, also Einbindung der Menschen, funktioniert nach dem konservativen Modell vor allem über Familienpolitik.[33]

Alle drei traditionellen sozialpolitischen Ansätze sind blind gegenüber der souveränen Bürgerin bzw. dem souveränen Bürger. In allen drei Gerechtigkeitskonzeptionen – sei es nun die liberale Leistungsgerechtigkeit, die sozialdemokratische Verteilungsgerechtigkeit oder die konservative Bedarfsgerechtigkeit – kommen nur Familienmitglieder oder Beschäftigte bzw. potentielle Beschäftigte als Adressaten vor. Alleinstehende, Alleinerziehende, Erwerbslose, Menschen als Staatsbürger und Staatsbürgerin existieren gar nicht und fallen somit durch das Gerechtigkeitsraster. Insofern haben bei aller Unterschiedlichkeit diese drei Ansätze eins gemeinsam: Sozialpolitik im Dienste der Demokratie ist ihnen unbekannt.

Ganz anders verhält es sich da bei dem Ansatz, den Opielka als »garantistischen Ansatz« bzw. als »Teilhabegerechtigkeit« bezeichnet. Diesem zufolge hat jeder und jede ein Recht auf Teilhabe an der Gesellschaft. Teilhabegerechtigkeit ist deshalb vor allem auf den souveränen Bürger bzw. die souveräne Bürgerin ausgerichtet – und zwar unabhängig von deren Erwerbsstatus. Eine neue Sozialpolitik sollte an dieser Vorstellung von Gerechtigkeit, also an Teilhabegerechtigkeit, anknüpfen. Nun ist meiner Meinung nach der garantistische Ansatz im Gegenzug etwas nachlässig bezüglich der Notwendigkeit von Umverteilung. Deswegen sollte eine linke zeitgemäße Sozialpolitik Teilhabegerechtigkeit mit der nach wie vor aktuellen Idee der Verteilungsgerechtigkeit verbinden.

Traditionell lautet die Aufgabe der Sozialsysteme, die Arbeitsfähigkeit abzusichern. Ich meine hingegen, die zentrale Aufgabe der Sozialpolitik besteht darin, die Teilnahme an Demokratie zu ermöglichen. Sozialstaat und Demokratie gehören für mich untrennbar zusammen. Diese neue Funktionsbeschreibung ist schon deshalb notwendig, weil sich die Grundlage für Sozialpolitik geändert hat. Viele Erwerbsbiographien sind von Brüchen geprägt. Lebensentwürfe und Berufsbilder verlaufen immer weniger nach festen Standards. Erwerbslosigkeit ist kein Randphänomen mehr, sondern eine Massenerscheinung. Die Arbeitswelt befindet sich in einem tiefgreifenden Wandel. Verantwortungsvolle Politik muss sich der gründlichen Analyse der Wirklichkeit stellen. Dazu gehört, dass die Politikerinnen und Politiker der verschiedenen Richtungen den Wandel der Arbeitswelt in seiner Tiefe endlich zur Kenntnis nehmen.

V. Hauptsache Arbeit?

> Wer den gesellschaftlichen Daseinsbeweis
> des Menschen nur auf dem Umweg über
> die Arbeit zu führen versteht, unterwirft
> sich dem Einheitsdenken und hat den
> Kampf um eine andere Zukunft schon
> verloren.[1]
>
> (*Wolfgang Engler*: Bürger, ohne Arbeit)

In der Antike galt Arbeit als die niedrigste aller Tätigkeiten. Eine Tätigkeit, die zwar notwendig war, aber die Menschen vom Menschsein abhielt. Stattdessen erfreute sich die kontemplative Lebensweise der Philosophen, also das Erforschen, Schauen und Denken, der höchsten Anerkennung. Noch bei dem Römer Cato heißt es:»Nunquam se plus agere quam nihil cum ageret« – Niemals ist man tätiger, als wenn man dem äußeren Anschein nach nichts tut.[2] Heute hingegen hat eine Ideologie die Oberhand gewonnen, wonach Sinn und Zweck menschlichen Daseins vor allem in der Arbeit bestehen.

Wie kam es zu diesem Aufstieg der Arbeit von der untersten und verachteten zur scheinbar höchsten Stufe menschlichen Daseins? Denkt man an das berühmte Zitat des Apostels Paulus:»Wer nicht arbeitet, der soll nicht essen«, könnte man meinen, dieser Paradigmenwechsel sei womöglich der christlichen Lehre geschuldet. Doch die Bibel ist ambivalent, wenn es um den Stellenwert von Arbeit geht. Dies zeigt ein Blick in die Bergpredigt:»Seht die Vögel unter dem Himmel an: Sie säen nicht, sie ernten nicht, sie sammeln nicht in die Scheunen; und euer himmlischer Vater ernährt sie doch: Seid ihr denn nicht viel mehr als sie?« Und weiter:»Und warum sorgt ihr euch um die Kleidung?

Schaut die Lilien auf dem Feld an, wie sie wachsen: sie arbeiten nicht, auch spinnen sie nicht.«[3] Es finden sich also in der Bibel sowohl Zitate für die Glorifizierung von Arbeit als auch für das bedingungslose Anrecht auf Nahrung und Kleidung. Und schließlich, so die Bibel, wurde der Mensch als Abbild Gottes erschaffen. Dieser theologische Grundgedanke führt in letzter Konsequenz dazu, dass das Recht auf Überleben nicht an eine vorher zu erbringende Leistung gebunden ist. Der Schlüssel zur Verherrlichung der Arbeit liegt also nicht in der christlichen Lehre.

Die Glorifizierung von Arbeit ist vielmehr eine Erfindung der Moderne. Darin sind sich zwei große philosophische Köpfe des 20. Jahrhunderts, die in Hannover geborene Publizistin und Gelehrte Hannah Arendt sowie der in Wien geborene Vordenker der postindustriellen Gesellschaft André Gorz, einig: Erst in der Neuzeit, im 17. Jahrhundert, setzte die Verherrlichung der Arbeit ein.[4] Hannah Arendt zufolge begann alles damit, dass der englische Philosoph John Locke die Arbeit zur Quelle bzw. zum Ursprung des Eigentums ernannte. Locke führt dabei aus, dass die Arbeit des Körpers und das Werk der Hände nur Mittel sind, um sich das anzueignen, was Gott den Menschen gegeben hat, und zwar für seinen privaten Gebrauch. Arbeit bekommt hier also eine geradezu göttliche Weihe.

Hannah Arendt fasst die Locke'sche Argumentation wie folgt zusammen: »Worum es ihm ging, war, eine Tätigkeit zu finden, die von sich selbst ›aneignenden‹ Charakter hat, die sich der Dinge der Welt bemächtigen und dennoch ganz privat bleiben kann.« John Locke gründe das Recht des Erwerbs von Privateigentum auf »das Eigentumsrecht an dem eigenen Körper« – so Arendt – »der in der Tat das Eigenste und Privateste ist, was der Mensch ›besitzen‹ kann.«[5] John Locke ging es bei der Verherrlichung von Arbeit vor allem um eines: um die Rechtfertigung des Privateigentums. Dieses historische Beispiel zeigt, wie der Stellenwert von

Arbeit durch konkrete Interessenslagen gesteuert wird. Es lohnt sich also, einen Blick darauf zu werfen, ob die konkrete Arbeit jeweils überhaupt die mit ihr verbundenen Erwartungen erfüllt. Diese Frage zu stellen ist ein wichtiger Schritt zur Befreiung der eigenen Urteilskraft von Fremdsteuerung. So überwältigend das Problem Arbeitslosigkeit, so selbstverständlich die Anforderung, jeder müsse einer bezahlten Arbeit nachgehen können, auch erscheinen mag, an dieser Stelle lohnt es, die Frage nach dem Wert von Arbeit unter einem anderen Blickwinkel als bisher zu stellen.

Der Wert der Arbeit

Die zentrale Bedeutung, die unsere Gesellschaft der Erwerbsarbeit zuschreibt, basiert auf drei willkürlichen Setzungen: Da ist erstens die Gleichsetzung von Erwerbsarbeit und Leistung. Die zweite willkürliche Setzung besteht darin, dass das Bedürfnis nach Einkommen mit Erwerbsarbeit gleichgesetzt wird. Und drittens existiert die Unterstellung, das Bedürfnis, zu werken, zu wirken, zu handeln, sei ausschließlich durch Erwerbsarbeit zu realisieren. Dabei dürfte inzwischen jeder Beispiele aus seinem Umfeld kennen, die davon zeugen, dass die Verbindung zwischen Leistung, Arbeit und Einkommen längst erodiert.

Wer arbeitet nicht alles und bekommt trotzdem kein Einkommen. Man denke nur an Hausmänner, die von früh bis abends den Haushalt schmeißen und sich um die Kinder kümmern, aber kein eigenes Einkommen haben, sondern auf das Einkommen der Partnerin angewiesen sind. (Wobei es meistens umgekehrt ist, was die Abhängigkeit nicht besser macht.) Wer leistet nicht alles und bekommt trotzdem kein Einkommen. Man denke nur an aktive Ehrenamtliche, die keine bezahlte Arbeit finden können. Wer bekommt nicht alles Einkommen und arbeitet nicht oder leistet nichts. Man denke nur an reiche Erben, die bestens von den Zinsen des Erbes leben können, ohne dass jemand nach ihren Leistungen für die Gesellschaft fragt.

Die Gleichung, wonach nur Erwerbsarbeit eine Leistung an der Gesellschaft sei, basiert offensichtlich auf einem Irrtum. Sie lässt nämlich außer Acht, dass es Arbeitsplätze gibt, bei denen keine gesellschaftlich nützliche Arbeit geleistet wird. Bei einigen entsteht sogar im Gegenteil erheblicher Schaden. Oder will jemand ernsthaft behaupten, Fabriken, in denen Landminen gefertigt werden, leisten einen Beitrag zum gesellschaftlichen Reichtum? Und selbst wenn dabei betriebswirtschaftlicher Profit entsteht, der Preis dafür lautet: zerfetzte Menschen, Tod und Vernichtung. Absolut inakzeptabel.

Oder denken wir an Betriebe, in denen Sachen fabriziert werden, deren Sinn mindestens fragwürdig ist. So schien es Mitte der 1990er Jahre für viele Kinder unmöglich, den Tag ohne ein Tamagotchi zu verbringen. Zwar hat sich bald herausgestellt, dass dies sehr wohl geht, aber zwischenzeitlich wurden unzählige Tonnen Erdöl, Mineralien und Chemikalien in die Produktion der Pseudo-Haustiere gesteckt und Eltern wie Pädagogen durch deren Betrieb an den Rand des Nervenzusammenbruchs gebracht. Wir halten fest: Es gibt Arbeit, die bewirkt vor allem eines: unnötigen Ressourcenverbrauch und unnötige Emissionen. Ist bei solchen Arbeiten nicht Unterlassung die wahre Leistung gegenüber der Gesellschaft? Wer meint, nur Erwerbsarbeit sei anerkennenswert, ist schnell blind gegenüber den schädlichen Nebenwirkungen so mancher Arbeit.

»Solange Egoismus und Unersättlichkeit das Gemeinwesen regieren, wird uns die schönste Effizienzrevolution nicht retten können«, heißt es in der Studie »Die neuen Grenzen des Wachstums« von Donella Meadows, die auch den berühmten »Bericht an den Club of Rome« mit verfasste. Ihr Fazit: »Solange als Arbeit nur das anerkannt wird, was den Umsatz steigert, kann der Naturverbrauch nicht dauerhaft gebremst werden.«[6] Marxistisch geschulte Menschen mag der beständige Drang, den Umsatz zu steigern, an die Formel G-W-G erinnern. Dies meint, dass es in der Ökonomie letztlich um eine beständige Spirale von Geldeinsatz zu Ware und von Ware zu mehr Geld geht. Das beschreibt mit anderen Vokabeln die gleiche Erkenntnis. Zudem basiert unsere Gesellschaft mitnichten nur auf Erwerbsarbeit. Dank der Erhebungen des Statistischen Bundesamtes[7] wissen wir: Pro Jahr werden rund 96 Milliarden Stunden unbezahlter Arbeit erbracht.[8] Gemeint sind damit Arbeiten im Haushalt, in der Familie, gesellschaftliches Engagement, Arbeit in der Elternvertretung oder im Kulturverein etc. Das ist fast doppelt so viel Zeit, wie die Erwerbsarbeit ausmacht – namentlich 56 Milliarden Stunden. Allein vom Umfang her ist demnach unbezahlte Tätigkeit die tragende Säule unserer Gesellschaft und nicht Erwerbsarbeit. Und diese unentgeltliche Arbeit wird ganz freiwillig, ohne irgendwelchen Zwang erledigt, wobei der Beitrag von Frauen deutlich höher ist.[9] Wer also meint, es bedürfe Zwang und Sanktionen, um Menschen dazu zu bringen, sinnvolle Tätigkeiten auszuüben, dem sei dies ins Stammbuch geschrieben.

Menschen haben ein Bedürfnis danach, zu werken, zu wirken und zu handeln. Dieses Bedürfnis kann in der Erwerbsarbeit seine Erfüllung finden – muss aber nicht. Und: Menschen brauchen ein Einkommen. Dies kann auf dem Wege von Erwerbsarbeitseinkommen erreicht werden – muss es aber nicht. In Zeiten der zunehmenden Unsicherheit und der sinkenden Reallöhne wird es immer schwieriger, sich ein sicheres Einkommen über bezahlte Arbeit zu sichern. Die Wirtschaftseliten und die ihnen ergebene Politik führen diese Schwierigkeit auf einen »Mangel an Arbeit«

zurück. Ich meine jedoch mit André Gorz, diese Argumentation dient der Verdunklung der wirklichen Situation. Denn: »Sichtlich mangelt es nicht an Arbeit, sondern an der Verteilung des Reichtums, für dessen Erwirtschaftung das Kapital immer weniger Arbeit braucht.«[10]

Nun ist mir bewusst, dass Erwerbslosigkeit wider Willen mit großen Problemen verbunden ist. Die Sorgen und Nöte von Menschen, die faktisch zur Erwerbslosigkeit gezwungen werden, sind nicht einfach so kleinzureden. Trotzdem lohnt es, bei der Analyse des Problems einen Schritt zurückzutreten und zu fragen, warum Arbeit in unserem Leben so unverzichtbar erscheint. Was verbinden wir mit Erwerbsarbeit? Ein Job erscheint vielen als unverzichtbar für ein erfülltes Leben, weil er verbunden ist – beziehungsweise verbunden sein sollte – mit Einkommen, Anerkennung, sozialen Kontakten und Selbstverwirklichung. Der Arbeitsplatz an sich ist also nur das Mittel zum Zweck. Wenn Arbeit an sich kein Selbstzweck ist, dann stellt sich die Frage, ob Arbeit heute überhaupt noch die in sie gesteckten Erwartungen erfüllt.

Zweifelsohne kann Arbeit für viele Menschen Selbstverwirklichung bedeuten – etwa für eine Bundestagsabgeordnete oder eine Journalistin, die in ihren Berichten Dingen auf den Grund gehen kann, die sie selbst interessieren. Oder für einen Arzt, der mit seiner Arbeit Menschen heilen kann. Das Arbeitsverhältnis kann aber genauso zu einer Quelle von Demütigungen und ständiger Verletzung des Selbstwertgefühls werden, zum Beispiel für einen persönlichen Mitarbeiter, der von seinem Chef schikaniert wird, oder für eine Redakteurin, die in ihren Artikeln entgegen ihrer eigenen Überzeugung den Vorgaben der Verlagsleitung Rechnung tragen muss, oder für einen Krankenpfleger, dessen Familienleben unter der Schichtarbeit leidet. Schikane bei der Arbeit sei eine seltene Ausnahme? Vielleicht. Aber schlechte Arbeitsbedingungen sind leider keine Randerscheinung. Ganz im Gegenteil: Laut einer Untersuchung des DGB zu guter Arbeit bezeichnet lediglich eine kleine Minderheit von zwölf Prozent ihre Arbeitsbedingungen als gut.[11] Das ernüchternde Ergebnis lautet: 54 Prozent der Befragten bewerten ihre Arbeitsbedingungen als mittelmäßig, und 34 Prozent arbeiten unter schlechten Arbeitsbedingungen. Diese große Unzufriedenheit ist ein Indiz dafür, dass Arbeit nicht automatisch Anerkennung und Selbstverwirklichung bedeutet.

Wäre da noch die mit Arbeit verbundene Bezahlung. Doch Arbeit bedeutet leider schon lange nicht mehr automatisch ein ausreichendes Einkommen. Zunehmend mehr Menschen sind trotz Arbeit auf zusätzliche Sozialleistungen angewiesen. Rund eine halbe Million Menschen in diesem Land arbeitet in Vollzeit und bekommt dabei einen so niedrigen Lohn, dass sie zusätzlich Arbeitslosengeld II beziehen muss.[12] Andere sind aufgrund niedriger Löhne gezwungen, neben einer Vollzeitstelle einem Zweitjob nachzugehen, um über die Runden zu kommen. Ganz zu schweigen von den Heerscharen junger Menschen, die unbezahlte Praktika absolvieren. Die Frage, ob Arbeit die mit ihr verbundenen Hoffnungen erfüllt, kann also nicht mehr einfach bejaht werden.

Angesichts dieser ambivalenten Bilanz und angesichts eines sinkenden Arbeitsvolumens in Folge der zunehmenden technischen Effizienz stellt sich für mich die Frage, inwieweit Anerkennung, Selbstverwirklichung und Einkommen – also die tatsächlichen Ziele hinter der Arbeitsuche – auch auf anderem Wege zu erreichen sind. Der Frankfurter Philosoph Axel Honneth verweist zu Recht darauf, dass es einem historisch-kulturellen Wandel unterliegt, woran die Achtung und Anerkennung von Individuen gebunden sind.[13] Wir haben bereits gesehen, dass der hohe Stellenwert von Arbeit keine feste Konstante in der Menschheitsgeschichte darstellt. Und inzwischen sind erste

Anzeichen dafür erkennbar, dass sich Menschen von der ausschließlichen Fokussierung auf Erwerbsarbeit befreien. So mancher, der Anerkennung und Selbstverwirklichung suchte, wurde inzwischen außerhalb der Arbeit fündig. Das zeigt eine Studie am Institut für Psychologie der Universität Leipzig.[14] Darin wird untersucht, inwieweit Tätigkeiten jenseits der Erwerbsarbeit von Arbeitslosengeld-II-Beziehenden anerkannt werden. Das Ergebnis dürfte so manchen überraschen: Viele der Befragten verbrachten keineswegs ihre gesamte Zeit vor dem Fernseher. Vielmehr sorgen sie für Kinder und ältere Angehörige und/oder engagieren sich ehrenamtlich in Vereinen, Initiativen, in einer Kirchengemeinde, Partei oder Gewerkschaft. Obwohl sie stigmatisiert sind, gelingt es einigen Hartz-IV-Beziehenden durchaus, eine anerkennende Identität zu entwickeln. Zu den wichtigen Ergebnissen der Studie gehört die Erkenntnis, dass gesellschaftliche Anerkennung nicht ausschließlich über den Job vermittelt wird. Aus arbeitspsychologischer Sicht – so der Verfasser der Studie, Sascha Göttling – erscheint es sogar grundsätzlich nicht sinnvoll, Menschen, die Sozialleistungen beziehen, unter Androhung von Sanktionen in irgendwelche Maßnahmen zu vermitteln. Doch leider passiert in den Jobcentern genau das.

Wenn Arbeitszwang den Ton angibt

Wer heute bei der Bundesagentur für Arbeit eine unterbreitete Maßnahme oder ein Jobangebot ablehnt, wird mit Kürzungen des ohnehin geringen Arbeitslosengeldes II bestraft. Dies kann bis zu einer hundertprozentigen Kürzung, also dem kompletten Entzug der Sozialleistung, gehen. So sieht es das Sozialgesetzbuch II vor. Die formalistische Ausführung dieser Regelung hat so manchen zu Suizidgedanken[15] und einen an Depressionen erkrankten jungen Mann aus Speyer im Frühjahr 2007 in den Hungertod getrieben. Entsprechend der Regelungen des Sozialgesetzbuchs II galt der depressive und lernbehinderte Mann als »arbeitsfähig« und musste somit seine staatliche Unterstützung beim örtlichen Jobcenter – nicht wie früher beim Sozialamt – beantragen. Er lebte mit seiner Mutter in einer Bedarfsgemeinschaft. Bedingt durch seine Krankheit kam er den Einladungen seines Fallmanagers nicht nach. Daraufhin wurde ihm komplett das Geld gestrichen. Unglücklicherweise hielt sich seine kranke Mutter gerade längere Zeit in einem Krankenhaus auf. Unfähig, mit der Situation umzugehen, verhungerte er schlichtweg, weil er kein Geld mehr erhielt. Als dieser tragische Fall bekannt wurde, wandte ich mich schriftlich an die Bundesregierung und an die Verantwortlichen vor Ort. Der Antwort der Bundesregierung zufolge wurde beim örtlichen Grundsicherungsträger teilweise rechtsfehlerhaftes Verhalten konstatiert, weitere Konsequenzen zogen die Verantwortlichen aber nicht aus dieser Tragödie.[16] Ein solcher Fall sollte an sich Antrieb genug sein, die geltenden Regelungen zu überdenken. Und selbst wenn es nicht zu solch extremen Auswirkungen in der Praxis gekommen wäre, gäbe es genügend Gründe für die Abschaffung der Sanktionen.

Im Artikel 12 Absatz 1 des Grundgesetzes heißt es: »Alle Deutschen haben das Recht, Beruf, Arbeitsplatz und Ausbildungsstätte frei zu wählen.« Sobald aber ein Mensch Hartz IV bezieht, gilt das Grundrecht der freien Berufswahl offensichtlich nicht mehr. Er muss faktisch jedes Jobangebot annehmen – egal, welcher Art die Beschäftigung ist. So gibt es den Fall einer Hausfrau, die sich als Servicekraft in ein zwielichtiges Etablissement vermittelt sah. So etwas kommt vor, wenn es heißt, die Menschen um jeden Preis zur Erwerbsarbeit zu zwingen.

Selbst Jobs bei der Bundeswehr gelten inzwischen als zumutbare Arbeit – zumindest wenn es um zivile Stellen geht. Wer eine solche ablehnt, muss damit rechnen, dass sein Arbeitslosengeld II gekürzt oder gar gestrichen wird. Das bestätigte die Bundesregierung auf eine Kleine Anfrage von mir: »Zumutbare Arbeitsangebote, die dem Leistungsempfänger durch die Bundesagentur bzw. eine ARGE unterbreitet werden, enthalten Hinweise zu den Rechtsfolgen, konkret zum Eintritt einer Sperrzeit sowie zum evtl. Erlöschen des Anspruchs.«[17] Erlöschen des Anspruchs heißt im Klartext, dass es womöglich gar kein Arbeitslosengeld mehr gibt. Gab es da nicht mal die Gewissensfreiheit? – Aber offenbar nicht für Erwerbslose!

Die Bundeswehr jedenfalls weiß die Situation junger Erwerbsloser für offensives Anwerben zu nutzen. Nicht selten finden ihre Rekrutierungsveranstaltungen in Jobcentern statt. Günstig für die Bundeswehr ist, dass Erwerbslose zur Teilnahme an diesen Veranstaltungen verpflichtet werden können, sobald man auch zivile Stellen bewirbt. Eine Zeitung titelt dazu: »Junge Arbeitslose als ›Kanonenfutter‹«.[18] Das ist freilich zugespitzt. Noch gelten Arbeitsverhältnisse als Zeitsoldatin oder Zeitsoldat mit möglichen Kriegseinsätzen im Ausland als freiwillig. Noch sind keine Fälle bekannt, in denen Erwerbslose unter Androhung von Sanktionen dazu gebracht wurden, ein Dienstverhältnis als Zeitsoldat einzugehen. Noch. Hoffen wir, dass dies auch so bleibt.

Nicht nur die Bundeswehr profitiert von dem Zwang, quasi jedes Angebot annehmen zu müssen. Was die Höhe oder besser gesagt die Tiefe des Lohnes anbelangt, scheint es keine Schamgrenzen mehr zu geben. Und die Unternehmen freut es. Eine Untersuchung des Instituts für Arbeitsmarkt- und Berufsforschung, immerhin eine Einrichtung der Bundesagentur für Arbeit, hat es jetzt offiziell bestätigt: Im Zuge der Hartz-Gesetze hat die sogenannte Konzessionsbereitschaft von Arbeitsuchenden deutlich zugenommen.[19] »Konzessionsbereitschaft«, das heißt, die Leute sind bereit, auch für Hungerlöhne zu schuften und gesundheitsschädigende bzw. das Familienleben beeinträchtigende Arbeitszeiten in Kauf zu nehmen. Aber was ist die Alternative? Wer ein Jobangebot ablehnt, dem drohen Sanktionen. Langzeiterwerbslose werden gezwungen, sich dem Lohndumping zu beugen und es damit festzuschreiben. Ein besonders krasses Beispiel ist die Arbeit auf einem sogenannten Gurkenflieger. Dies sind fahrende Erntemaschinen, auf welchen die Gurkenpflücker liegend, das Gesicht etwa vierzig Zentimeter über dem Boden schwebend, Gurken ernten müssen, und zwar bis zu zehn Stunden täglich. In Sachsen liegt die Entlohnung für diese Arbeit bei etwa 3,50 Euro pro Stunde, in Bayern steckt der glückliche Gurkenpilot etwa zwei Euro mehr pro Stunde ein. Selbstverständlich alles brutto. Ein Arbeitsvermittler, der einem Menschen solch einen Job zu dieser Bezahlung zu vermitteln versucht, sollte wegen Sklavenhandels angeklagt werden. Stattdessen gibt es jedoch von Seiten der amtlichen Arbeitsvermittler noch gute Ratschläge. In einer Broschüre des Jobcenters Mittweida wird die Frage aufgeworfen: »Welche Voraussetzungen muss ich (für den Einsatz als Erntehelfer) mitbringen?« Die Antwort: »Bei Frauen sowie Männern mit gesundheitlicher Eignung und körperlicher Beweglichkeit spielt das Alter keine Rolle.« Und weiter heißt es: »Durchhaltevermögen ist wichtig, etwa wenn anfangs durch die ungewohnte Tätigkeit der Muskelkater zieht.«[20] Na also, geht doch – soll das wohl heißen. Wen zieht es nicht schon mal irgendwo?

Aber es geht noch schlimmer. Selbst zur kostenlosen Probearbeit werden Erwerbslose von der Agentur vermittelt. Ein Dresdner Erwerbsloser beispielsweise schuftete fünf Tage von früh bis abends auf dem Bau, ohne dafür auch nur einen Cent zu bekommen. Am Ende der Woche schickte ihn sein Chef zurück zur Bundesagentur. Man darf vermuten, dass der Unternehmer bald darauf den nächsten kostenlosen Probearbeiter angefordert hat. Andernorts wurde ein Erwerbsloser während eines monatelangen Praktikums als Busfahrer eingesetzt. Als er sich endlich gegen diese Ausbeutung zur Wehr setzte und kündigte, hat die Grundsicherungsstelle ihm das Arbeitslosengeld II gleich um dreißig Prozent gekürzt. Arbeitslosengeld-II-Beziehende zu kostenlosen Praktika zu zwingen ist leider kein Einzelfall, sondern gängige Praxis.[21]

Doch selbst bei guter Bezahlung kann es für jeden Einzelnen triftige Gründe geben, ein Jobangebot abzulehnen – etwa wenn eine überzeugte Pazifistin bei der Bundeswehr arbeiten soll. Oder man versetze sich einmal in die Situation eines überzeugten Umweltaktivisten, der jahrelang gegen Atomenergie gekämpft hat und der nun als Sekretär eines Energieunternehmens gezwungen ist, dessen Kampf gegen den Atomausstieg zu unterstützen. Damit muss er sein bisheriges Engagement und seinen bisherigen Einsatz für die Gesellschaft konterkarieren.

Um es zusammenzufassen: Eine vom Arbeitszwang dominierte Arbeitsmarktpolitik befördert Lohndumping, schlechte Arbeitsbedingungen und setzt das Grundrecht auf freie Berufswahl sowie die Gewissensfreiheit außer Kraft. Durch die Kürzungen des Arbeitslosengeldes II werden den ohnehin schon Ausgegrenzten noch die letzten Ressourcen zur politischen Teilhabe entzogen – bis hin zur Existenzfrage. So untergräbt der Arbeitszwang die Souveränität der Bürger und Bürgerinnen. Doch Prinzipien, wonach nur wer ein arbeitsames Wesen ist, ungeschmälert Bürgerrechte genießt, sind mit dem Prinzip der Demokratie nicht vereinbar. Das Recht, als Staatsbürgerin in einem demokratischen Gemeinwesen aktiv zu werden, gilt für jeden und muss sich nicht erst durch wohlwollendes Verhalten erarbeitet werden.

Fragwürdige Beschäftigungstherapien

Seit Jahren kämpft meine Partei für öffentlich geförderte Beschäftigung. Dabei ging es uns stets darum, sinnvolle Tätigkeiten in Arbeitsplätze umzuwandeln. In Mecklenburg-Vorpommern wurden z. B. im Zuge öffentlicher Beschäftigung an Schulen Stellen im Bereich Jugendsozialarbeit eingerichtet. Diese sollten Menschen zugutekommen, die einen Arbeitsplatz suchen. Doch die aktuellen Beschäftigungsmaßnahmen folgen nicht selten einer anderen Logik – der Logik der Abschreckung.

Das läuft etwa folgendermaßen ab: Jemand stellt einen Antrag auf Sozialleistungen. Im Gegenzug bekommt er ein »Sofortangebot« unterbreitet. Doch bei dem Begriff Sofortangebot handelt es sich um einen klassischen Euphemismus. Es klingt schön, doch in der Regel ist es das ganz und gar nicht. Den Erwerbslosen werden beispielsweise Ein-Euro-Jobs oder unbezahlte Probepraktika zugewiesen. Die Ablehnung dieses Angebots führt zur Kürzung der Sozialleistung. Wenn ein völlig unpassendes Angebot einen Anspruchsberechtigten vom Antragstellen abhält, umso besser. Jeder nicht gestellte Antrag bedeutet schließlich eingespartes Geld. Da die einzelnen Jobcenter unter einem enormen Einsparungsdruck stehen, müssen sie sich über jeden freuen, den sie abgeschreckt haben.[22] Eigentlich sollte es bei Angeboten der Arbeitsförderung darum gehen, Menschen bei ihrem Wiedereinstieg in die Arbeitswelt zu unterstützen. Dieses Ziel ist angesichts des Einspardrucks in den Hintergrund gerückt. Sicherlich, viele Träger öffentlicher Beschäftigung versuchen das Beste aus dem bestehenden arbeitsmarktpolitischen Instrumentarium zu machen. Davon konnte ich mich während diverser Besuche bei Einrichtungen für Ein-Euro-Jobs und ABM-Stellen überzeugen. Doch es gibt auch zahlreiche Ein-Euro-Jobs mit fragwürdigem Sinn.

Häufig geht es allein um Beschäftigungstherapie: So müssen Ein-Euro-Jobber Bänke mit einem Pinsel anstreichen, obwohl die vollautomatische Spritzmaschine nebenan steht. Doch die Erwerbslosen sollten so lange wie möglich beschäftigt werden, die Maschine wäre zu schnell gewesen. Diese Logik zu Ende gedacht hieße, es werden nur noch besonders dünne Pinsel ausgeteilt, weil somit das Anmalen noch länger dauert. Selbst diese unterbezahlten und viel zu kurz angelegten Ein-Euro-Jobs erfreuen sich allerdings einer regen Nachfrage. Für viele Erwerbslose stellen sie eine der wenigen Möglichkeiten dar, soziale Kontakte zu knüpfen. Hier deutet sich an, dass die Ursachen für die Angewiesenheit auf Arbeit eher im Bildungssystem liegen. Wer von klein auf nur vermittelt bekommen hat, auf Druck zu lernen, der hat womöglich tatsächlich Probleme, wenn kein Chef oder keine Stechuhr wartet. Wie anders sieht das bei Menschen aus, die von klein auf ermuntert wurden, ihre Fähigkeiten auszuleben und sich in die Gemeinschaft einzubringen.

Öffentliche Beschäftigung, die ganz offensichtlich jenseits von gesellschaftlicher Notwendigkeit auf pure Beschäftigungstherapie abzielt, wirkt – spätestens, wenn man die Überflüssigkeit der Handlung erkennt – beleidigend. Diese demütigende Wirkung wird noch verstärkt, wenn die aufgezwungenen Beschäftigungsmaßnahmen die Betroffenen von sinnvollen Tätigkeiten abhalten. Dies kommt leider öfter vor, als man glaubt.

In meiner Heimatstadt Dresden gründete sich vor einiger Zeit eine Initiative Erwerbslose Akademiker. Ralf R., der diese Initiative angeschoben hatte, verband damit zum einen das Ziel, einen kulturellen Austausch trotz Armut in Gang zu bringen, und zum anderen die Hoffnung, womöglich eine Genossenschaft zu gründen. Er hatte sich kundig gemacht und sich für eine Weiterbildung zur Gründung von Genossenschaften angemeldet. Die Teilnahmegebühr hatte er sich vom Munde abgespart. Doch dann wurde ihm eine ABM als City-Guide zugewiesen. Seine Aufgabe bestand darin – markiert durch entsprechende Oberbekleidung –, durch die Innenstadt zu laufen, um Touristen und Touristinnen Auskunft über die Lage von Sehenswürdigkeiten zu geben. Leider fiel die geplante Weiterbildung in die Arbeitszeit der ABM. Von vornherein war klar, dass die Maßnahme in einigen Monaten ohne Anschlussbeschäftigung zu Ende gehen würde. Die Weiterbildung hingegen hätte ihm womöglich bei der Verwirklichung einer selbstbestimmten Tätigkeit auf Dauer geholfen. Nichtsdestotrotz wollte man ihm die Beteiligung an der Weiterbildung versagen. Man ging noch nicht einmal auf sein Angebot ein, die versäumten Stunden später nachzuholen. Statt die Weiterbildung über die Gründung von Genossenschaften zu besuchen, war er gezwungen, jeden Tag mehrere Stunden durch die Innenstadt zu laufen – immer in der Hoffnung, ein Tourist könne ihn um Hilfe bitten. An »arbeitsintensiven« Tagen kam dies ca. zwei Mal vor.

Auch ehrenamtliches Engagement schützt nicht vor Schikanen dieser Art. In Sonntagsreden singen Politiker und Politikerinnen gerne das hohe Lied des Ehrenamtes. Aber derselbe Personenkreis stimmt für Sozialgesetze, die im Zweifelsfall ehrenamtliches Engagement bestrafen. Man stelle sich vor, eine erwerbslose Frau macht aus ihrer Not eine Tugend und nutzt ihre Zeit für ehrenamtliche Arbeit, zum Beispiel für die Vorbereitung einer antifaschistischen Kampagne. Dabei übernimmt sie in dem Verein zentrale Verantwortung. Nun kommt ihre Fallmanagerin auf die Idee, ihr mit sofortiger Wirkung einen Ein-Euro-Job – vielleicht noch einen mit fragwürdigem Sinn – aufzudrücken. Sie wäre dann gezwungen, das Projekt von heute auf morgen aufzugeben, womöglich um Bänke mit einem Pinsel anzustreichen, obwohl die Spritzmaschine nebenan steht. Die Kampagne aber würde ohne ihre Arbeit nicht stattfinden können. Dabei wäre diese in einem Land, in dem die Neonazis unter Jugendlichen immer mehr Boden gewinnen, enorm wichtig.

Der konkrete Fall mag fiktiv sein, die Rechtslage ist es nicht. Ehrenamtliches Engagement gilt nicht als Instrument das Sozialgesetzesbuches III[23] und dient damit laut Gesetzesgeist nicht der »Herstellung der Arbeitsfähigkeit«. Demnach schützt ein Ehrenamt nicht vor dem Zugriff der Arbeitsagentur. Einst dachte ich, solche Absurditäten könnten sich nur die Schildbürger ausdenken. Inzwischen weiß ich, dass die traurige Realität der Sozial- und Beschäftigungspolitik die Geschichten aus Schilda längst überholt hat. Die herrschende Arbeitsmarkt- und Sozialpolitik treibt in der Realität nicht nur absurde Blüten, sie ist zudem geprägt durch eine Ignoranz gegenüber dem Wandel der Arbeitswelt.

Vom Wandel der Arbeitswelt

Die Veränderung von Arbeitswelten ist beileibe keine neue Erscheinung. Auch in der Vergangenheit haben sich Berufsbilder verschoben, und immer wieder scheiterten Menschen an Veränderung und wirtschaftlichen Umbrüchen. Arthur Millers Drama »Tod eines Handlungsreisenden« aus dem Jahre 1949 legt davon ein beredtes Zeugnis ab. Es endet mit dem Freitod des 63-jährigen Handelsreisenden William Loman, der einst erfolgreich war, doch im Alter beständig weniger Verkaufsabschlüsse vorweisen kann und am Ende seinen Job verliert. Probleme dieser Art hat es schon immer gegeben, doch der aktuelle Wandel der Arbeitswelt ist von besonderer Tiefe, ja von einer menschheitsgeschichtlichen Dimension ähnlich des Umbruchs von der Agrar- zur Industriegesellschaft. Vor rund hundert Jahren mussten neun Menschen in der Landwirtschaft arbeiten, um einen Nicht-Bauern zu ernähren. Heute ernährt ein Landwirt 99 Nicht-Bauern. Damals war es unvorstellbar, dass sich nur noch eine kleine Minderheit um die Landwirtschaft kümmern muss und der Rest für andere Tätigkeiten freigesetzt ist. Heute befinden wir uns – zumindest im westlichen Teil der Welt – in einer Situation, wo nur noch eine Minderheit für Arbeiten in Landwirtschaft und Industrie gebraucht wird. Während der Bedarf an sogenannter produktiver Arbeit rapide sinkt, wächst die Bedeutung von immaterieller Arbeit.

Was meint immaterielle Arbeit? Unsere landläufige Vorstellung von Arbeit ist eng mit dem Prozess der Produktion verbunden. Dabei denken wir etwa an die Produktion eines Autos oder an das Herstellen eines Tisches oder das Zubereiten eines Menüs. Immaterielle Arbeit hingegen stellt keine materiellen Produkte im greifbaren oder schmeckbaren Sinne her.[24] Das heißt jedoch nicht, dass sie zu keinen Ergebnissen führen würde. Nur sind die Ergebnisse immaterieller Arbeit lediglich im übertragenen Sinne greifbar – und zwar mit dem Kopf. Immaterielle Arbeit ist eng verbunden mit Innovation, Kommunikation und Selbstorganisation. Lebendiges Wissen wird zur Wertschöpfung Nummer eins, das Erfahrungswissen zur wichtigsten Produktivkraft. Das Schöne daran ist: Der Konsum von Wissen verbraucht dieses Gut nicht. Im Gegenteil, der Konsum von Wissen bewahrt, vermehrt und verbreitet es.

Aber es gibt auch ein problematisches Moment: Die für die Lohnarbeit typische Trennung von Arbeit(-szeit) und Leben(-szeit) ist für diese wissensbasierte Arbeit schwer haltbar. Man kann stundenlang an seinem Schreibtisch sitzen, ohne innovativ zu sein. Und plötzlich abends am Stammtisch, bei einem Kaffee oder beim Joggen arbeitet der Kopf weiter – und es entwickelt sich eine innovative

Lösung. Da stellt sich die Frage nach der Entlohnung, denn traditionell richtet sich diese nach der Arbeitszeit. Die materielle Arbeit an einem Fließband lässt sich noch klar an der Stechuhr ablesen. Allerdings ist es faktisch unmöglich, bei immaterieller Arbeit die genaue Arbeitszeit und den Wert des gewonnen Wissens zu messen. Damit ist die auf Tauschwert beruhende Ökonomie herausgefordert. Der Wert der Ware Arbeitskraft ist nicht mehr exakt bestimmbar, wenn die Arbeit immer geistiger wird.

Neben der wachsenden Bedeutung von immaterieller Arbeit ist die Arbeitswelt durch die Ausweitung von Erwerbslosigkeit und durch Prekarität geprägt. Dieser Wandel ist von jedem selbst erlebbar. Es gibt darüber hinaus Bücher, die das Ausmaß der Erwerbslosigkeit romanhaft widerspiegeln. Dem Schriftsteller und Arzt Jakob Hein ist das mit seinem Buch »Herr Jensen steigt aus« besonders gut gelungen. Im Zentrum dieses Werks steht ein Mann, der jahrelang als Postbote seinen Lebensunterhalt verdiente. Dann wird sein Job wegrationalisiert. Im Laufe des Romans erlebt der Leser gemeinsam mit dem Protagonisten die Tiefen des Erwerbslosendaseins. Da ist zum Beispiel die Vorfreude auf Partys, die schnell in Ernüchterung umschlägt, weil jeder nur über Arbeit redet, oder das lange Warten auf dem Amt. Die sich ausweitende bedrückende Stimmung wird gekonnt mit Situationen voller (wenn auch trauriger) Komik kontrastiert.

So begegnet Herr Jensen auf dem Arbeitsamt einem ehemaligen Kellner, der nun in einem Weiterbildungskurs fit für die Logistikbranche gemacht werden soll. Während Herr Jensen, der selber aus der Logistikbranche kommt, zu einem Kurs »Fit for Gastro« geschickt wird. Den Höhepunkt dieser nüchtern-absurden Komik bildet die Schilderung eben jenes Weiterbildungskurses, bei dem die Teilnehmenden stundenlang über die Bedeutung des Computers in der Gastronomie aufgeklärt werden, ohne jemals einen Computer zu Gesicht zu bekommen. Besonders deutlich tritt die Absurdität der im Umgang mit Erwerbslosen vorherrschenden Ämterpraxis zutage, als seine Betreuerin Herrn Jensen zu einem Kurs »Fit for Logistik« verpflichten möchte. Darauf kann Herr Jensen, der jahrelang im Logistikbereich gearbeitet hat, bevor sein Job weggekürzt wurde, nur noch müde antworten: »Ich bin fit für die Branche. Die Branche ist nicht mehr fit für mich.«

Bereits das Wissen um die Reichweite von Erwerbslosigkeit wirkt einschüchternd auf diejenigen, die (noch) einen Arbeitsplatz haben. Verschärft wird dieser Zustand zusätzlich durch die disziplinierende Wirkung dessen, wofür sich seit einigen Jahren auch im politischen Alltag der Begriff der »Prekarität« durchgesetzt hat. Der französische Soziologe Pierre Bourdieu hat sich mit diesem Thema besonders intensiv beschäftigt. Bourdieu beschreibt, wie diese Unsicherheit zu »jedem Zeitpunkt in allen Köpfen präsent ist« und damit enorm disziplinierend wirkt.[25] Dabei hat Prekarität verschiedene Gesichter. Da ist die Gebäudereinigerin, die zu Hungerlöhnen arbeitet. Da ist der Dauerpraktikant, der sich in Hoffnung auf eine Festeinstellung ausbeuten lässt. Da ist die Solo-Selbständige ohne Krankenversicherung, die auf Selbstausbeutung setzen muss. Und da ist der Migrant, der sich nur mit illegalisierten Tätigkeiten über Wasser halten kann.

Nicht nur Arbeitsverhältnisse können prekär ausfallen, sondern auch Lebensverhältnisse. Gemeint sind zum Beispiel die Angst vor Abschiebung oder unzumutbare Wohnsituationen. Im Zuge der Umweltverschmutzung und des Klimaschocks werden prekäre Lebens- und Wohnsituationen weiter zunehmen. Dabei wird es wie immer die Ärmsten am härtesten treffen. Wer Geld hat, kann in überschwemmungssichere Gegenden umziehen. Wer Geld hat, kann sich ein Häuschen im Grünen leisten. Wer kein Geld hat, dem bleibt oft keine Wahl als das Leben an lauten Straßen oder in Vierteln mit krebserregender Feinstaub- oder Ozonkonzentration.[26]

Ganz egal, ob Laptop oder Wischmopp die Arbeitsmittel sind, vor Prekarität ist kaum noch jemand sicher. Zwei Drittel aller neuen Jobs sind befristet. Drei Viertel aller Erwerbsbiographien verlaufen inzwischen diskontinuierlich. Jeder sechste Studierende schließt nach Studienabschluss ein unbezahltes Praktikum an. Von den unter Zwanzigjährigen hat fast jeder Zweite nur einen befristeten Arbeitsvertrag. Auch in der Altersklasse bis dreißig müssen sich immerhin noch zwanzig Prozent der Beschäftigten mit einer Befristung abfinden. Dies sind nur einige Zahlen, die andeuten, wie stark Prekarität um sich greift.

VI. Grundeinkommen als Demokratiepauschale

> Manche, z. B. die Gewerkschaften, wissen bloß noch nicht, dass sie die natürlichen Verbündeten des Grundeinkommens sind.
>
> *(Aussage eines Teilnehmers auf dem 3. Internationalen Grundeinkommenskongress im Oktober 2008)*

Die konsequenteste Antwort auf die Unsicherheit der Prekarität und den Wandel der Arbeitswelt ist das bedingungslose Grundeinkommen.[1] Dazu schreibt der Soziologe Wolfgang Engler treffend: »Wollen wir uns mit der Beschwörung eines abgeschlossenen historischen Kapitels nicht begnügen, müssen wir einen Schritt weiter gehen. Das bedingungslose Grundeinkommen ist dieser Schritt.«[2] Nun ist in letzter Zeit in der Öffentlichkeit häufig von Grundeinkommen die Rede, wobei nicht selten im Unklaren bleibt, was damit konkret gemeint ist. Nicht überall, wo heute Grundeinkommen draufsteht, ist wirklich ein bedingungsloses Grundeinkommen drin. Insofern tut eine genaue Begriffsbestimmung not. Das parteienunabhängige Netzwerk Grundeinkommen hat sich auf klare Kriterien geeinigt. Ein Grundeinkommen ist eine Summe, die jedem Menschen qua Existenz gezahlt wird, und zwar ohne dass er seine Bedürftigkeit beweisen muss, ohne dass überprüft wird, mit wem er wie zusammenlebt, und ohne den Zwang zur Arbeit. Was die Höhe des Grundeinkommens anbelangt, so gibt es unterschiedliche Vorstellungen. Wichtig ist, dass man von dem Geld nicht nur Essen, sondern auch ein Mindestmaß an gesellschaftlicher Teilhabe bezahlen kann. Unter Berücksichtigung von Warenkorbmodellen und der offiziellen Armutsrisikogrenze ist hier ein Korridor von 800 bis 1000 Euro (plus Krankenversicherung und regionalisiertes Wohngeld) plausibel zu begründen. Meiner Meinung nach kann das Grundeinkommen nicht die bestehenden Sozialversicherungen wie die gesetzliche Rente, die Pflegeversicherung und die Arbeitslosenversicherung ersetzen. Es sollte diese Sozialversicherungen vielmehr ergänzen.

Vielen fällt es schwer, heute eine Gesellschaft mit Grundeinkommen zu denken. Andere sind unsicher bezüglich der Wirkungen. Freilich, niemand kann eine definitive Garantie abgeben, wie eine Grundeinkommensgesellschaft funktioniert. Schließlich wurde bisher nirgendwo ein bedingungsloses Grundeinkommen realisiert. Was es aber in der Realität gibt, ist das Gegenmodell zum Grundeinkommen: also Arbeitszwang, Bedürftigkeitsprüfungen, Sozialleistungen unterhalb der Armutsgrenze und die finanzielle Inhaftnahme von Angehörigen. In Deutschland ist dies bekannt unter der Bezeichnung Hartz IV. Wir können also zumindest empirisch überprüfen, was passiert, wenn nicht das Grundeinkommen, sondern sein Gegenpart realisiert ist. Beispielsweise hat die Erpressbarkeit der Beschäftigten zugenommen. Unbezahlte Überstunden und Lohnreduzierungen wurden verstärkt akzeptiert, weil dies besser erschien, als auf die Gnade der Jobcenter angewiesen zu sein. Diese Erfahrungen zeigen, wie recht Karl Marx mit der Einschätzung hatte, dass das Erpressungspotential der Reservearmee Erwerbslose den Unternehmen beim Lohndumping in die Hände spielt. Ausgegrenzte Gruppen wirken als Warnsignal an die Mehrheit: Seht, so könnte es euch auch ergehen.

Das Damoklesschwert Erwerbslosigkeit wirkt umso disziplinierender, je schlimmer die Lebenssituation von Erwerbslosen ist. Das Grundeinkommen würde nun diese

Logik vom Kopf auf die Füße stellen. Wenn jeder ohne Repressionen rund 1000 Euro sicher bekommt, ist der Noch-Beschäftigte nicht mehr in dem Maße erpressbar. Dies ist eine deutlich bessere Voraussetzung, um kürzere Arbeitszeiten oder zumindest weniger Überstunden, mehr Lohn und mehr Mitbestimmung einzufordern. Erinnern wir uns in diesem Zusammenhang noch einmal an die bereits zitierte DGB-Umfrage, wonach nur zwölf Prozent ihre Arbeitsbedingungen als gut einschätzen.[3] Wie notwendig ist es doch, Voraussetzungen zu schaffen, damit die Beschäftigten deutlich bessere Arbeitsbedingungen aushandeln können!

Mittel gegen verschämte Armut

Prekär bedeutet im Lateinischen auch »aus Gnade gewährt«. Beim bedingungslosen Grundeinkommen handelt es sich hingegen um ein Recht, das allen zusteht. Damit entfällt die Abhängigkeit von der Gnade anderer. Damit entfällt die Erniedrigung, auf Ämtern um Hilfe bitten zu müssen. Damit entfallen die heute gängigen Repressionen und Stigmatisierungen, in deren Folge es auch zu verdeckter Armut kommt. Verdeckte Armut – auch bekannt als verschämte Armut – meint, dass Menschen, die laut Gesetz Anspruch auf soziale Hilfeleistungen hätten, diese nicht in Anspruch nehmen. Und ihre Anzahl ist nicht zu unterschätzen! 2,5 Millionen Menschen in diesem Land gelten als verdeckt arm.[4] Während Zeitungen mit großen Buchstaben und Fernsehsender nur zu gern über einzelne Fälle von Missbrauch von Sozialleistungen berichten, kommt die große Gruppe von Menschen, die Bedarf hätten, aber keinen Antrag stellen, in der öffentlichen Debatte kaum vor.

Die Armutsforscherin Irene Becker hat die persönlichen Ursachen von verdeckter Armut untersucht. Die Menschen verzichten nicht nur aus Bescheidenheit; die Gründe reichen vielmehr von Angst vor Stigmatisierung über schlechte Erfahrung mit Behörden bis hin zur Unkenntnis. So meinen 57 Prozent der verdeckt Armen,[5] man müsse Sozialhilfe zurückzahlen, wenn es einem bessergehe. Wir wissen, dass das ein Irrtum ist.

Was die politischen Ursachen von verdeckter Armut anbelangt, so ist an erster Stelle der repressive Charakter der herrschenden Sozialpolitik zu nennen. Wer heute einen Antrag auf den Bezug von Sozialleistungen stellt, muss womöglich mit dem Besuch von Sozialdetektiven rechnen, die im Einzelfall nicht davor zurückschrecken, die Nachbarn auszufragen. Beispielsweise wandte sich vor einiger Zeit ein Erwerbsloser aus Bayern an meine Fraktion. Ein Sozialdetektiv hatte in seinem Haus die Nachbarn über seinen Lebenswandel ausgefragt, als ob er ein Krimineller wäre. Dies hatte bei seinen Nachbarn für einige Unruhe gesorgt. Hintergrund war, dass in einem Telefonbuch noch seine Freundin als Mitbewohnerin eingetragen war, die aber bereits seit Jahren arbeitsbedingt in Berlin lebte. Anstatt ihn zu fragen, hatte das Amt ihm einfach hinterherspioniert. Eine solche Praxis steigert die Angst und führt dazu, dass Menschen darauf verzichten, einen Antrag zu stellen. Gerade die Erkenntnisse der Forschungen zu verdeckter Armut rufen nach einer klaren Absage an jede Form der Repression.

Mythos Hängematte

Doch genau diese klare Absage an Repressionen ruft bei Menschen, die zum ersten Mal von der Idee des Grundeinkommens hören, oder bei Menschen, deren Wertvorstellungen noch ganz unter dem Eindruck einer auf Erwerbsarbeit verkürzten Arbeitsmoral stehen, Bedenken hervor. Der Klassiker unter den Einwänden lautet: Dann liegen doch alle nur noch in der Hängematte! Ich glaube hingegen, dass selbst die größten Hängemattenfans nach kurzer Zeit entweder wegen Langeweile oder wegen Rückenschmerzen wieder aufstehen. Wie weitverbreitet die Bereitschaft ist, Tätigkeiten, von deren Notwendigkeit man überzeugt ist, zu erledigen – davon konnte ich mich in beeindruckender Weise im Sommer 2002 überzeugen. Halb Dresden war von der Flut überschwemmt. Obwohl niemand sie gezwungen hatte, trafen sich unzählige Menschen auf der Straße, um bis tief in die Nacht Sandsäcke einzufüllen und zu Schutzwällen aufzubauen. Einige Menschen, die überhaupt nicht von der Flut bedroht waren, opferten sogar ihre Urlaubstage, um Hilfe zu leisten. Auch die Tatsache, dass bereits heute 44 Prozent der Bevölkerung einer ehrenamtlichen Aktivität nachgehen und dafür auch entsprechend Zeit aufbringen, belegt diese Annahme. So werden für ehrenamtliche Tätigkeiten durchschnittlich fünfeinhalb Stunden pro Woche aufgewandt und für soziale Hilfeleistungen, wie Nachbarschaftshilfe, zusätzlich knapp elf Stunden pro Woche. Dies entspricht einem Anteil von ungefähr 15 bzw. dreißig Prozent der wöchentlichen Arbeitszeit.[6]

Anhängern des Grundeinkommens wird gern unterstellt, sie hätten ein naives Menschenbild. Nun glaube ich persönlich, dass in jedem Menschen immer beides vorhanden ist: Betätigungsdrang wie innerer Schweinehund. Faktoren wie Bildung und gesellschaftliches Umfeld und natürlich die konkrete Ausgestaltung der zu erledigenden Arbeit haben letztlich einen nicht zu unterschätzenden Einfluss darauf, was jeweils die Oberhand gewinnt.

Für alle jene jedoch, die einem misanthropischen Menschenbild anhängen, gibt es eine schlechte Nachricht. Zum Glück! Mit Hilfe von Verhaltensexperimenten und Hirnscans konnte eine Forschungsgruppe am Institut für Empirische Wirtschaftsforschung in Zürich belegen, dass der Mensch ein Grundbedürfnis nach Gerechtigkeit hat.[7] Die meisten teilen gern mit anderen, selbst wenn es ihnen persönlich Nachteile bringt. Sie kooperieren mit Fremden, weil sie Gemeinsinn haben. Damit hat der Ökonom Ernst Fehr das tradierte Menschenbild vieler Wissenschaftler umgekrempelt. An die Stelle des egoistischen *Homo oeconomicus* tritt laut Fehr offensichtlich der *Homo reciprocans*, der auf Fairness und Gegenseitigkeit bedachte Mensch. Doch selbst wer an den Ergebnissen dieser Untersuchung zweifeln sollte, muss zugeben, dass auch bei einem Grundeinkommen weiterhin ein materieller Anreiz zur Erwerbsarbeit besteht. 800 bis 1000 Euro im Monat sind schließlich kein Reichtum – sondern lediglich eine *Grund*finanzierung.

Beschäftigte am längeren Hebel

Ein positiver Nebeneffekt des Grundeinkommens besteht darin, dass schlechtbezahlte Berufe, zum Beispiel in der Pflege, besser vergütet werden müssten. Schließlich wird es nicht mehr den Druck geben, jede Arbeit zu jedem Preis und zu jeder Bedingung annehmen zu müssen. Die Beschäftigten und deren Organisationen wären demnach in einer besseren Verhandlungsposition. Dies wird bei unangenehmen Jobs, wie Müllsortierung, die Automatisierung befördern. Wer einmal eine manuelle Abfallsortierungshalle von innen erlebt hat, wird begrüßen, wenn diese Arbeit in Zukunft automatisch erledigt werden kann. Bereits heute gibt es die technische Möglichkeit zur vollmaschinellen Abfalltrennung. Ich selbst habe eine solche Anlage, in der nur einige wenige Ingenieure für den Havariefall angestellt sind, besichtigt. Trotzdem existieren noch Anlagen, in denen Menschen von früh bis nachts in schrecklichem Gestank mit manueller Abfallsortierung beschäftigt sind. Denn es gibt genügend Menschen, die bereit sind, diese schwere Arbeit für einen Hungerlohn zu erledigen, bzw. sie erledigen müssen.

»Aber in den Müllsortierhallen werden doch Arbeitsplätze geschaffen«, lautet ein gängiger Einwand einiger Grundeinkommensgegner. Diese Argumentation finde ich besonders entlarvend. Hier soll einem Teil der Menschheit der technische Fortschritt vorenthalten werden. Der vermeintliche Zwang, Arbeitsplätze zu schaffen beziehungsweise zu erhalten, führt offensichtlich immer wieder zu Versuchen, das Rad der Geschichte zurückzudrehen.[8]

Gegnerinnen und Gegner des Grundeinkommens unterstellen gern, dieses würde zu einer Spaltung der Gesellschaft führen. Fakt ist jedoch, dass diese Spaltung längst existiert. Und erst das Grundeinkommen ermöglicht es, diese zunehmende Spaltung der Gesellschaft in Arbeitende und Erwerbslose aufzuheben. Denn das Grundeinkommen bekommen alle – Beschäftigte, Erwerbslose, Künstler und Kleinunternehmerinnen. Die Reichsten werden allerdings unterm Strich über den Weg der Steuern draufzahlen. Schließlich sehen die vernünftigen Finanzierungsmodelle vor, dass das reichste Drittel der Gesellschaft zur Finanzierung des Grundeinkommens deutlich mehr Steuern zahlen muss als heute. Wahrscheinlich wird es auch faule Bezieherinnen und Bezieher eines Grundeinkommens geben. So wie es eben auch faule Millionäre und faule Kinder reicher

Eltern gibt. Doch als humanistisch eingestellter Mensch sollte man es in dieser Frage mit Erich Fromm halten: »Dieses Recht auf Leben, Nahrung und Unterkunft, auf medizinische Versorgung, Bildung usw. ist ein dem Menschen angeborenes Recht, das unter keinen Umständen eingeschränkt werden darf, nicht einmal im Hinblick darauf, ob der Betreffende für die Gesellschaft ›von Nutzen ist‹.«[9]

Die F-Frage

In Grundeinkommensdebatten steht die Frage nach der Finanzierbarkeit ganz obenan. Und diese Frage ist berechtigt. Bei einem Grundeinkommen von 950 Euro pro Monat und Kopf bedürfte es jährlich 855 Milliarden Euro. Das heißt, etwa vierzig Prozent des Bruttoinlandsproduktes müssten umverteilt werden. Das Grundeinkommen ist also nicht aus der Portokasse zu bezahlen. Aber es ist – dies belegen verschiedene Finanzierungsmodelle[10] – durchaus finanzierbar. Vorausgesetzt, es gibt den entsprechenden politischen Willen.

Alles in allem ist von vier Finanzierungssäulen auszugehen: Erstens werden im bedingungslosen Grundeinkommen einige bestehende steuerfinanzierte Sozialleistungen zusammengefasst. Damit wären beispielsweise Sozialhilfe, Arbeitslosengeld II und das BAFÖG hinfällig. Zweitens werden durch den Abbau von Bürokratie Mittel eingespart. Außerdem rechnet man drittens damit, dass dreißig Prozent des Geldes, das an Menschen mit bisher geringem Einkommen geht, über den Umweg von mehr Konsum, Umsatzankurbelung sowie Umsatzsteuer wieder im Staatshaushalt landen. Die vierte Finanzierungssäule besteht in einer extra erhobenen Grundeinkommenssteuer bzw. Grundeinkommensabgabe. Die Höhe dieser Grundeinkommensabgabe schwankt je nach Finanzierungsmodell und würde auf das Nettoeinkommen erhoben. Unterm Strich müsste das reichste Drittel der Gesellschaft draufzahlen. Aber auch sie hätten Vorteile von der Einführung eines Grundeinkommens, namentlich die Sicherheit, dass sie und alle ihre Familienmitglieder in jeder persönlichen Krisenzeit garantiert mit einem Grundeinkommen abgesichert sind – ohne sich Bedürftigkeitsprüfungen unterziehen zu müssen. Firmen können Bankrott gehen, Aktien können infolge eines Börsencrashs an Wert verlieren. Vor einer Krise sind also auch Reiche nicht absolut sicher. Abgesehen davon sollten auch die Wohlhabenden das Plus an sozialem Frieden zu schätzen wissen, das mit der Einführung eines Grundeinkommens erreicht würde.

Wer leistet was?

Verfechter der Leistungsgerechtigkeit wenden gern gegen das bedingungslose Grundeinkommen ein, man müsse sich eine solche Unterstützung erst einmal durch Leistung verdienen. Wir haben bereits herausgearbeitet, dass der Automatismus, nur Erwerbsarbeit sei Leistung, auf falschen Schlüssen basiert. Wir fragen also nicht ohne Grund, welche Leistung tatsächlich der Gesellschaft nützt? Und wie viel Euro ist welche Leistung wert? Wer Geld durch Abholzen des Regenwaldes verdient, gilt heute als erfolgreicher Geschäftsmann, obwohl er großen Schaden an unser aller Lebensgrundlage anrichtet. Vincent van Gogh, der selbst nur ein einziges Bild verkaufen konnte, wurde zu Lebzeiten von vielen als Nichtsnutz angesehen, der nur auf Kosten seines Bruders lebte. Heute gelten seine Werke als großartiges Kulturgut. Klaus Esser bekam für seine neunmonatige Tätigkeit als Vorstandsvorsitzender 16,5 Millionen Euro. Ein Stahlarbeiter beim gleichen Konzern hätte für diese Summe 330 Jahre arbeiten müssen.

Ist das gerecht? Welche Instanz hat das Recht zu entscheiden, welche Leistung der Gesellschaft nützt und wie viel Euro sie wert ist? Welche Instanz hat das Recht zu entscheiden, welche Lebensentwürfe es wert sind, unterstützt zu werden? Doch wohl zuallererst jeder Mensch für sich selbst! Freiheit in der Wahl des eigenen Lebensentwurfs und das Recht auf Selbstbestimmung eines jeden Menschen bedürfen natürlich einer materiellen Basis. Wir sollten deswegen Gerechtigkeit nicht im Sinne von Leistungsgerechtigkeit interpretieren, sondern für soziale Gerechtigkeit im Sinne von Teilhabegerechtigkeit streiten. Gerecht ist, wenn allen Menschen ein Leben jenseits der Armut und Teilhabe an der Gesellschaft möglich sind.

Grundeinkommen als »Diäten light« für alle

Das bedingungslose Grundeinkommen bietet viele Vorteile. Dieses Modell verwirklicht das Recht auf selbstbestimmte Tätigkeit. In Freiheit tätig sein – so lautet nicht umsonst der Titel vieler Grundeinkommens-Veranstaltungen. Denn: Die Sicherheit eines in jeder Lebenssituation bedingungslosen Einkommens erleichtert Existenzgründungen ebenso wie die Bildung von Kommunen und Genossenschaften. Man kann ohne Probleme eine Auszeit nehmen, auch mit fünfzig Jahren ein Studium beginnen oder ein Sabbatjahr einlegen. Wer jeden Monat sicher sein Grundeinkommen erhält, kann es sich eher leisten, seine Arbeitszeit zu reduzieren. Insofern fungiert das Grundeinkommen auch als hervorragender Katalysator für Arbeitszeitverkürzung. Biographien werden selbstbestimmt gestaltbar. Frauen, die in dieser Gesellschaft besonders vom Partnereinkommen abhängig sind, wird eine selbstbestimmte Entwicklung erleichtert. Wenn durch ein Grundeinkommen insbesondere Menschen mit bisher geringem Einkommen mehr Geld erhalten, werden sie das vorrangig ausgeben, anstatt es zu sparen. Das hilft dem Mittelstand, der schließlich vor allem auf die Binnennachfrage angewiesen ist.

Die garantierte materielle Absicherung ermöglicht Freiheit von Existenzangst – eine wichtige Voraussetzung für demokratisches Verhalten. Um es in Anlehnung an den berühmten Filmtitel des Regisseurs Rainer Werner Fassbinder auszudrücken: Existenzangst fressen demokratische Seele auf. Wer jedoch frei von Existenzängsten ist, bringt sich eher in die Gesellschaft ein. Wer politisch aktiv sein will, muss sich die Fahrt zur Demo oder die Tageszeitung leisten können. Schon deswegen setzt politische Partizipation ein Mindestmaß an materieller Absicherung voraus. Zudem bedarf es – so das Fazit von Pierre Bourdieu – »eines Minimums an Gestaltungsmacht über die Gegenwart, um [...] überhaupt die Idee in Betracht zu ziehen, die Gegenwart unter Bezugnahme auf eine erhoffte Zukunft umzugestalten.«[11] Das bedingungslose Grundeinkommen ermöglicht allen, unabhängig von ihrer Stellung im Arbeitsmarkt, dieses Minimum an gesellschaftlicher Teilhabe. Insofern wirkt das Grundeinkommen auch als Demokratiepauschale – die gerade in Zeiten der zunehmenden Prekarität immer bedeutsamer wird.

Als Abgeordneter bekommt man für sein politisches Engagement recht stattliche Diäten, um die politische Unabhängigkeit abzusichern. Nun würde eine Gesellschaft aber Schaden nehmen, wenn nur noch Abgeordnete politisch aktiv sind. Eine Demokratie lebt schließlich davon, dass sich alle einbringen. Das Grundeinkommen ist demnach wie »Diäten light« für alle zu verstehen. Angelegt als Demokratiepauschale, steht das Grundeinkommen für die materielle Vollendung des Anspruchs einer Demokratie für alle.

Ein ordentliches Grundeinkommen erfordert ein enormes Maß an Umverteilung. Dies mag in Zeiten, in denen für die Vermögenden Steuergeschenke auf der Tagesordnung stehen, unvorstellbar erscheinen. Aber schon in der frühen Geschichte der Demokratie gibt es dafür Vorbilder: Bereits im antiken Athen beteiligten sich die Vermögenden an den für die Demokratie wichtigen Ausgaben. Außerdem machten Vermögende, wie der Adlige Kimon, ihre Besitztümer für die Öffentlichkeit zugänglich. Arme wurden auf den Gütern verköstigt, damit sie nicht ihrem Broterwerb nachgehen mussten und somit frei für die öffentlichen Geschäfte sein konnten.[12] Im fünften Jahrhundert v. u. Z. wurde in Athen ein Tagegeld für die Teilnahme an der Volksversammlung eingeführt. Dabei handelte es sich um eine Entschädigung für entgangene Einkünfte eines Arbeitstages. Damit sollte verhindert werden, dass die Besitzlosen und Ärmeren aus lauter Not der Volksversammlung fernbleiben mussten. Hoch schlugen damals unter den Konservativen die Wellen der Empörung, als Perikles die Entlohnung für politische Ämter einführte:»Alle Müßiggänger und Faulpelze werden sich um die Krippen des Staates drängen, und kein anständiger Mensch wird noch in der Lage sein, in solcher Gesellschaft uneigennützig dem Allgemeinwohl zu dienen«[13] – so die Befürchtungen der Konservativen.

Heute, wo es selbstverständlich erscheint, dass der Staat seine Angestellten und Abgeordneten bezahlt, können wir über die Entrüstung der konservativen Athener nur amüsiert lächeln. Sicherlich, es gab und gibt auch vereinzelt faule Abgeordnete, aber das hat die Demokratie verkraftet. Womöglich werden die Abwehrkämpfe, die heute gegen die Demokratiepauschale für alle geführt werden, kommenden Generationen genauso lächerlich und altmodisch vorkommen wie uns heute die Empörung der konservativen Athener.

VII. Die Polarisierungsfalle

Mir scheint, dass wir an unserem gesamten Bildungswesen deutlich machen
können, dass wir eigentlich nicht zur
Mündigkeit erzogen werden. Wenn Sie
sich die ganze Tatsache der Dreigliedrig-
keit unseres Bildungswesens in Schulen
für sogenannte Hochbegabte, in Schulen
für sogenannte Mittelbegabte, in Schulen
für offenbar kaum Begabte klarmachen,
dann ist in ihr eine bestimmte erste Unmündigkeit bereits vorgebildet. Ich glaube, dass wir der ganzen Frage der Mündigkeit nicht gerecht werden, wenn wir
nicht den falschen Begabungsbegriff, der
unser Bildungswesen bestimmt, vorweg
durch Aufklärung überwinden.[1]

*(Hellmut Becker im Gespräch mit
Theodor W. Adorno)*

Der Austausch von Erfahrungen lief erst etwas stockend
an. Doch nach und nach kamen wir ins Gespräch beim
Erwerbslosenfrühstück in der Dresdner Dreikönigskirche.
Plötzlich bricht es aus einer Frau heraus: »Wissen Sie, seitdem die Zuordnung bei der Arbeitsagentur nach Postleitzahlen funktioniert, stehe ich dort schlechter da. Nur weil
ich in Prohlis wohne.« Wie bitte? Ich bin etwas verwirrt
und nehme schnell erst mal einen Schluck aus der Kaffee-
tasse. Sogleich pflichtet ihr Tischnachbar ihr bei: »Genau
den Eindruck habe ich auch. Wer in bestimmten Stadtteilen wohnt, gilt schon als abgestempelt.« Ich hab ja schon
manche absurde Geschichte aus den Jobcentern gehört,
aber was die Wirkung der Postleitzahlen anbelangt, bleibe

ich skeptisch – vorerst. Tage später lese ich in der Zeitung, dass eine neue Technik zur Ermittlung der Kreditwürdigkeit zum Einsatz kommen soll. In die Analyse sollen neben Einträgen bei der Schufa auch Faktoren wie die Postleitzahl herangezogen werden. Ich komme nicht umhin, mich zu fragen, ob wir inzwischen auf dem Weg in eine Gesellschaft sind, in der zunehmend gilt: Sage mir, wie deine Postleitzahl lautet, und ich sage dir, wie vertrauenswürdig du bist. Beim Blick auf die Entwicklung unserer Städte ist die soziale Polarisierung nicht mehr zu übersehen. Der wirtschaftliche Wandel hat Auswirkungen auf die Stadtentwicklung.»In vielen deutschen Städten«, so heißt es auch im Armuts- und Reichtumsbericht der Bundesregierung, »gibt es Quartiere mit einer Konzentration von städtebaulichen, wirtschaftlichen und sozialen Problemen: Mängel am Gebäudebestand und im Wohnumfeld, Umweltbelastungen durch Verkehr, geringe Wirtschaftstätigkeit, niedriges Einkommen, Arbeitslosigkeit [...]. Wenn sich diese Problemfaktoren verfestigen, wandern jüngere, sozioökonomisch besser gestellte Haushalte in andere Stadtviertel ab.«[2] Der gesellschaftliche Riss lässt sich in den Ballungsräumen der Republik also schon geographisch bestimmen. Hier ist die Segregation, die Aufspaltung der Gesellschaft weit fortgeschritten. Die sogenannten sozialen Milieus leben voneinander getrennt. Die Bevorzugten und Benachteiligten ziehen sich in ihre jeweiligen Räume zurück bzw. werden dorthin gedrängt. Die Probleme der anderen sind unbekannt. Eine Begegnung findet selten, ein Austausch zwischen unterschiedlichen gesellschaftlichen Gruppen kaum noch statt.

Was sich in den Stadtvierteln allmählich abzeichnet, ist für das deutsche Gesundheitswesen längst gesetzlich geschaffene Realität. Bezogen auf die ärztliche Versorgung ist Deutschland eine Zweiklassengesellschaft. Wer es sich leisten kann, privat versichert zu sein, hat Zugang zu besseren

Ärzten. Wer in ärmeren Stadtteilen wohnt, erlebt hingegen einen Mangel an ärztlicher Versorgung. In den Berliner Bezirken Marzahn oder Neukölln können die Menschen heute schon froh sein, wenn sie überhaupt noch einen Facharzt im Viertel finden.[3] Denn das Zweiklassensystem führt dazu, dass es für Medizinerinnen und Mediziner wenig lukrativ ist, sich in Wohngebieten mit überwiegend Kassenpatienten niederzulassen. Zumindest im Osten trifft das Problem des Ärztemangels nicht nur einzelne Stadtteile, sondern ganze Regionen. Ein Dresdner Familienvater erzählte mir neulich, dass der Kinderarzt, zu dem er bisher mit seinen beiden Kindern gegangen war, aus Altersgründen seine Praxis geschlossen habe. »Seitdem haben wir keinen festen Arzt für unsere Kinder. Bei allen Kinderärzten, wo wir seitdem waren, heißt es, dass sie neue Patienten nur in dringenden Notfällen behandeln, aber keine Patienten neu aufnehmen.«

Zudem gilt: Wer das Geld für eine Privatversicherung aufbringen kann, wird vorrangig behandelt. In der urologischen Klinik des Dresdner Universitätsklinikums etwa werden Krebskranke, die zur Chemotherapie antreten, gleich am Eingang mit einem Schild begrüßt, auf dem man Privatpatienten freundlich zum Chefarztgespräch ins Büro des Klinikdirektors bittet. Welch ein kolossaler Mutmacher für schwerkranke Kassenpatienten! Während die politischen Akteure nicht müde werden, von Chancengleichheit zu reden, erfahren Menschen in einer ohnehin schon schwierigen Lebenslage unmissverständlich: Ihr seid Bürger zweiter Klasse! Euer Leben zählt weniger als das der anderen!

Inzwischen ist bittere Erfahrung: Gesetzlich Versicherte müssen länger auf eine Behandlung warten. Spätestens wenn man bei einer Facharztpraxis anruft, die man bisher nicht aufsuchen musste, bekommt man dies zu spüren. Bevor die Praxishilfe am Telefon einen Termin anbietet, fragt sie zuerst: »Und bei welcher Krankenkasse sind Sie versichert?« So versucht sie auf höfliche Weise herauszufinden, ob man privat oder gesetzlich versichert ist. Wer dies nicht glauben mag, dem empfehle ich, zum Test einen unbekannten Kassennamen zu nennen. Spätestens dann wird die Frage auf ihren eigentlichen Kern konzentriert: »Sind Sie nun privat oder gesetzlich versichert?« Und wer dann mit AOK, DAK oder einer anderen gesetzlichen Kasse antwortet, der hat es in der Regel schwerer, schon bald einen Termin zu bekommen, als jemand, der eine private Kasse vorzuweisen hat.

Doch damit nicht genug. Die Zweiklassenmedizin ist mitverantwortlich dafür, dass ärmere Menschen in unserem Land im Durchschnitt deutlich früher sterben als Vermögende. (Allerdings wäre es zu einseitig, das Gesundheitssystem allein für diese Entwicklung verantwortlich zu machen, da wirken mehrere Ursachen zusammen.) Über die Dimension des Zusammenhangs gibt es unterschiedliche Aussagen. Dem Gesundheitsforscher und SPD-Abgeordneten Karl Lauterbach zufolge stirbt ein Einkommensschwacher im Durchschnitt nach zehn Jahren Rentenbezug, während der Einkommensstarke zwanzig Jahre lang seine Rente beziehen kann.[4] Einer Untersuchung des Rostocker Zentrums für Demografie zufolge stirbt ein Rentner mit einem niedrigen Einkommen durchschnittlich vier bis sechs Jahre früher als ein Rentner mit sehr hohen Rentenbezügen.[5] Die grundlegende Tendenz ist unumstritten. Wer mehr verdient, kann im Durchschnitt länger seine Rente genießen. Das Zusammenspiel von Gesundheits- und Rentensystem potenziert die Ungerechtigkeit. Das Gesundheitssystem benachteiligt ärmere Menschen, weil Privatversicherte bevorzugt behandelt werden. Weil sie eher sterben, beziehen die Ärmeren letztlich einen deutlich geringeren Teil ihrer Rente als der wohlhabende Teil der Gesellschaft. Sie finanzieren somit durch ihr frühes Sterben die Renten der Reichen mit. So sieht manifestierter Zynismus aus.

In Deutschland klafft die Entwicklung zwischen Arm und Reich inzwischen so weit auseinander, dass man von einer zunehmend schwerer überwindbaren Polarisierung sprechen kann. Irgendwann ist der soziale Spalt überdehnt. Dann droht ein Riss, der nur schwer zu kitten sein wird. Die Statistik ermittelt schon heute ein deutliches Gefälle in der Einkommensverteilung. Zwanzig Prozent der Gesamtbevölkerung mit dem höchsten Einkommen haben rund fünfmal so viel Geld wie die am schlechtesten entlohnten zwanzig Prozent der Bevölkerung.[6]

Die Spaltung der Gesellschaft hat ein solches Ausmaß angenommen, dass selbst bekennende Konservative wie der Historiker Paul Nolte Warnsignale senden. Werden die sozialen Abstände zu groß, dann spreize sich die soziale Leiter zu weit auseinander. Eine Kommunikation über diese Distanzen hinweg sei dann nicht mehr möglich, so Nolte.[7] Eine lebendige Demokratie ist jedoch gerade auf Kommunikation angewiesen. Bei abnehmender Kommunikation zwischen den Schichten und zunehmender Polarisierung steht zu befürchten, dass unsere Gesellschaft oligarchische Züge annimmt. »Oligarchie, die Herrschaft der wenigen? Siehst du das nicht ein bisschen zu schwarz?«, fragte mich neulich ein Freund. Sicherlich ist das zugespitzt formuliert. Allerdings wird ganzen Gesellschaftsschichten die Teilhabe an politischen Entscheidungsprozessen erschwert. Und dies ist keine leicht umkehrbare Entwicklung. Außerdem schottet sich der Kreis der tatsächlich Herrschenden ab. Das Personal in den führenden Positionen der Gesellschaft rekrutiert sich zunehmend aus denselben Familien.[8]

Das ist nicht nur ungerecht. Das ist auch gefährlich. Gefährlich für die Zukunft unserer Demokratie. Diese Rückkehr zu längst überwunden geglaubten Verhältnissen, die an aristokratische Zeiten erinnern, ist kein natürlicher, unvermeidbarer Prozess. Dies ist das Ergebnis einer verfehlten

Politik. Wenn sich der Staat als ausgleichende Institution zurückzieht, wenn der demokratische Staat von neoliberalen Ideologen lautstark als überholt bezeichnet wird, wenn sich Parlament und Regierung nur noch als Beobachter begreifen, ist Gefahr in Verzug. Denn dann wirken die alten Kräfte der Gesellschaft, die kaum einen Austausch zwischen Milieus und schon gar keinen Ausbruch aus diesen kennen.

Freilich, die Armut in Deutschland ist relativ. So dürfte der von Hunger, Tuberkulose und Flöhen geplagte Bewohner einer brasilianischen Favela den deutschen Langzeiterwerbslosen um dessen Probleme beneiden. Aber sollte das Schicksal der Elenden in den Entwicklungsländern unser Orientierungspunkt sein? Ist wirtschaftliche und soziale Ausgrenzung in Deutschland leichter zu ertragen, wenn man weiß, dass es den Fischern am Victoriasee oder den Menschen in der Sahelzone noch wesentlich schlechter geht? Oder sollte man gerade von einer Wirtschaftsmacht wie Deutschland verlangen können, dass soziale Teilhabe als hohes Gut betrachtet wird?

Verwehrte Aufstiegschancen

Nicht nur die Unterschiede zwischen Arm und Reich sind gewachsen. Auch ein Aufstieg von unten nach oben ist kaum noch möglich: Die »soziale Mobilität«, also die Möglichkeit für ein Kind aus einer Familie mit geringen Bildungs- und Einkommensstatus aufzusteigen, ist zunehmend eingeschränkt. Den sozialen Reformen der frühen 1970er Jahre in der Bundesrepublik verdanken wir, dass es viele Bildungsaufsteiger und Bildungsaufsteigerinnen gab. Auch Kinder aus einfachen Verhältnissen konnten, mit etwas Glück und viel Energie, studieren und Karriere machen. Leider hat mit Gerhard Schröder ausgerechnet ein Kanzler, der genau von diesen Errungenschaften profitierte, diese nicht ausgebaut. Der Aufstieg von Kindern aus ärmeren Schichten in die Mitte der Gesellschaft oder gar an die Spitze ist inzwischen wieder eine Seltenheit.

Nichts entscheidet heute so sehr über die Entfaltungsmöglichkeiten eines Neugeborenen wie die Gnade oder eben die Ungnade seiner Geburt. Diese bestimmt seine Verankerung in einem Wohnumfeld. Diese bestimmt das Ausmaß der gesundheitlichen Versorgung. Vor allem aber bestimmt die Herkunft in diesem Land, welchen Bildungsweg ein Kind einschlägt. Nichts entscheidet bei uns heute so sehr über die Bildungsmöglichkeiten eines Kindes wie der Geldbeutel, die Bildung sowie die Beziehungen der Eltern. Und die Ungleichheit beginnt bereits im Vorschulalter. Dieser Trend muss – nicht zuletzt im Sinne der Demokratie – gestoppt werden.

Doch unsere Demokratie nutzt ihre Mittel nicht, um dagegen vorzugehen. Dabei böte gerade die staatliche Schulpolitik die Gelegenheit, Nachteile durch die Herkunft wenn nicht zu überwinden, so doch wenigstens auszugleichen. Eine Schule, die auf sozialen Ausgleich orientiert ist, böte die Chance, den gesellschaftlichen Zusammenhalt in unserem Land zu stärken. Bislang jedoch wirkt das Schulsystem sogar noch als Verstärker der sozialen Polarisierung.

Niemand kann sich seine Herkunft aussuchen. Die erste Aufgabe des Bildungssystems wäre es, diese unterschiedlichen Startbedingungen auszugleichen. Bei dieser wichtigen Aufgabe versagt die Schule jedoch. Sie befördert vielmehr die Spaltung der Gesellschaft. Mit der PISA-Studie ist es amtlich: Die soziale Auslese wirkt an deutschen Schulen besonders stark. Die Wahrscheinlichkeit, dass ein Kind aus der oberen Schicht ein Gymnasium besucht, ist rund dreimal höher als die Wahrscheinlichkeit, dass ein

Kind aus einer Facharbeiterfamilie aufs Gymnasium geht.[9] Statt soziale Unterschiede zu überwinden oder zumindest abzufedern, wirkt unser Schulsystem als Verstärker der bestehenden Missstände.

Neulich erzählte mir ein Praktikant, wie schwer es seiner alleinerziehenden Mutter gefallen war, von dem Hartz-IV-Regelsatz den in der Abiturzeit dringend benötigten Taschenrechner mit Integralfunktionen zu bezahlen. Und nicht nur er weiß: Schule kostet Geld. Geld für Kopien, für Lernmittel und zunehmend auch für Bücher. Dies vom Hartz-IV-Regelsatz abzudecken ist alles andere als ein Klacks. Die Bundesregierung tut allerdings so, als würden diese Probleme nicht existieren. In einer Antwort auf eine Kleine Anfrage schreibt sie: »Die Bundesregierung teilt nicht die Auffassung, dass Kinder aus sozial schwachen Familien aufgrund der Ausgestaltung der leistungsrechtlichen Regelung des SGB II nicht die gleichen Bildungsmöglichkeiten wie anderen Kindern offenstehen würden.«[10] Im Klartext: Die Bundesregierung glaubt wirklich, dass Kinder aus Hartz-IV-Familien die gleichen Bildungsmöglichkeiten haben wie andere. Für solch eine Einschätzung bedarf es schon eines großen Maßes an Ignoranz.

Kinder bekommen von ihren Eltern unterschiedliches Kapital mit auf den Weg. Dazu gehört nicht nur die finanzielle Unterstützung, sondern ebenso kulturelles und soziales Kapital. Da sind etwa die unterschiedlichen Beziehungsnetzwerke der Eltern. Kinder, die auf familiären Geburtstagsfeiern regelmäßig auf Freunde der Eltern treffen, die im gehobenen Management arbeiten, können leicht Kontakte knüpfen, die ihnen bei der späteren Suche nach Praktika, Ausbildungsplätzen und Jobs hilfreich sind. Hinzu kommt, dass Kinder im Elternhaus unterschiedliche Verhaltensformen und Sprachmuster vermittelt bekommen. Diese werden zu Codes, an denen die Sprösslinge der obersten Familien sich gegenseitig erkennen. Codes, die der französische

Soziologe Pierre Bourdieu einst die »feinen Unterschiede«[11] nannte.

Diese feinen Unterscheidungsmerkmale erstrecken sich vom Kunstgeschmack und Vorlieben beim Essen über den Kleidungsstil und die Wohnungseinrichtung bis zu Feinheiten in der Sprache. So ist es ein Unterschied, ob man Kitsch, Renoir oder abstrakte Kunst bevorzugt. Den Kennern fällt bei einem Geschäftsessen schnell auf, wenn die ungeschriebenen Regeln, welches Getränk zu welchem Gang bestellt wird, nicht bekannt sind. Solche Codes sind nach wie vor aktuell: »Wirklich Respekt verdient, wer bei IKEA einkauft, ohne dass es wie IKEA aussieht.« Diese Aussage legt der scharfzüngige Sänger Rainald Grebe in seinem Song »Reich mir mal den Rettich rüber« einem Mittelstandspaar in den Mund. Entscheidend ist nicht nur, wo man einkauft, sondern dass man sich bewusst abhebt. Zwar entbehren diese Unterscheidungsmerkmale manchmal nicht einer gewissen Irrationalität oder Komik. Das ändert jedoch nichts an ihrer Wirkungsmächtigkeit. Um in informelle Beziehungsnetzwerke aufgenommen und als gleichwertig anerkannt zu werden, ist das Beherrschen dieser Codes oft Voraussetzung. Da sich aber gerade der Umgang der herrschenden Schichten wiederum durch einen spielerischen Umgang mit jenen Vorschriften auszeichnet, sind diese Codes nicht einfach auswendig zu lernen. Wer sie nicht von klein auf – quasi mit der Muttermilch – verinnerlicht hat, der hat es schwer. Umso wichtiger ist, dass Kinder von klein auf, über ihre Milieugrenze hinweg andere Kinder kennenlernen.

Ausgesperrte Kinder

Vielerorts wird über Kindertagesstätten, besser bekannt als Kitas, vor allem unter dem Blickwinkel der Vereinbarkeit von Beruf und Familie gesprochen – wobei natürlich meistens die mögliche Berufstätigkeit der Mutter gemeint ist. So wichtig diese Vereinbarkeit ist, so unzulässig ist es, durch diese Form der Debatte Kindertagesstätten zu Aufbewahrungsanstalten zu degradieren. Eine Kita erfüllt schließlich weit mehr Aufgaben. Sie wirkt als Ort der Bildung und Förderung in einer Phase, die für die Entwicklung des Kindes von besonderer Bedeutung ist. Sie ermöglicht soziale Integration. Die Kita kann zu einem Ort werden, in dem das Kind des Bankers auf das Kind von Erwerbslosen trifft. Wo sonst noch kommen diese Kinder dazu, zusammen zu spielen? Wo sonst noch können diese Kinder eine gemeinsame Sprache lernen?

Wer die Rolle von Kindergärten allein auf die Vereinbarkeit von Beruf und Familie reduziert, unterstellt, im Stil der berühmten »Rabenmütter«-Argumentation, dass die Kita zwar für die Mutter gut sei, aber für das Kind bestenfalls die zweitbeste Lösung. Dabei ist gerade das Gegenteil der Fall. Eine Kindertagesstätte kann die Bildung von Kindern von klein auf befördern. Die Verengung von Kitas auf die Vereinbarkeitsfunktion führt außerdem angesichts der anhaltenden Finanznot unserer Städte und Kommunen dazu, dass Kindern von Erwerbslosen kein Recht auf einen Kita-Platz eingeräumt wird.

Gemäß dem Motto: Wenn die Erwerbslosen ohnehin zu Hause sind, dann können sie doch auch selber auf ihre Kinder aufpassen und sollten nicht den arbeitenden Eltern einen Platz wegnehmen. Mit diesem Argument und unter Verweis auf die Kassenlage wird in mehreren Kommunen, z. B. im sächsischen Annaberg oder in Bautzen, Kindern von

Erwerbslosen entweder das Recht auf einen Kita-Platz ganz verwehrt oder auf einen halben Kitaplatz eingeschränkt. Diese Kinder dürfen dort nur bis zum Mittag mitspielen, dann müssen sie gehen. Wer jedoch ausgerechnet Kindern von Erwerbslosen den Zugang zur Kita versperrt, der begeht den ersten Schritt, um ihnen insgesamt die Zukunft zu verbauen. Schließlich ist die Kindestagesstätte ein Ort, an dem Kinder unterschiedlicher Herkunft gleiche Erfahrungen machen können.

Von wegen Rabeneltern

Konservative PolitikerInnen, JournalistInnen und WissenschaftlerInnen jammern gerne über den Werteverfall der nachwachsenden Generationen. Die Schuldigen sind dabei stets schnell ausgemacht: die 68er, die Gottlosen, das Internet. Unerwähnt bleibt dabei, dass Kinder und Jugendliche in den letzten Jahrzehnten in immer größerem Umfang den Ansprüchen des Marktes überlassen wurden. Für das Wertebild – unser eigenes, aber besonders das unserer Kinder – hat dies verheerende Folgen.

Nur zu gern wird in Debatten über Kinderarmut der Eindruck erweckt, erwerbslose Eltern würden ihre Kinder in besonderem Maße und vor allem absichtlich vernachlässigen. Schnell wird dabei das Bild von den Eltern, die mit dem Bier in der Hand vorm Fernseher hängen, während das Kind verwahrlost, an die Wand gemalt. Es gibt immer Ausnahmen, aber die übergroße Mehrzahl der Eltern will für ihre Kinder das Beste – egal, ob sie erwerbslos oder Angestellte sind. Die meisten Eltern leiden selbst am stärksten darunter, wenn sie ihren Kindern nicht das nötige soziale Kapital mitgeben können. So ergab die bereits angeführte

Studie der Evangelischen Kirche zu den Auswirkungen von Hartz IV: »Diejenigen, die Kinder haben, leiden vor allem unter den Entbehrungen, die sie ihren Kindern zumuten müssen.«[12] Was sollen sie schon tun, wenn der Regelsatz keinen Besuch im Zoo und kein neues Bastelset hergibt? Was sollen sie tun, wenn die Wohnung so ärmlich ist, dass man sich vor den Freunden schämt?

Erschwerend kommt hinzu: In dieser erwerbsarbeitsfixierten Gesellschaft stehen Erwerbslose unter ständigem Rechtfertigungsdruck. Wer deshalb mit sich selbst hadert, dem fällt es schwerer, dem eigenen Kind positive Impulse zu geben. Eine erfolgreiche Geschäftsfrau hat es da leichter – und das nicht nur aus finanziellen Gründen. Wer sich sorgen muss, dass die Missachtung der Gesellschaft gegenüber Erwerbslosen womöglich vom eigenen Kind aufgegriffen wird, wie soll der noch gegenüber dem Kind Autorität im positiven Sinne ausstrahlen? Wem es also wirklich um das Wohl der Kinder geht, der sollte sich für mehr Kita-Plätze einsetzen. Diffamierende Unterstellungen helfen den Kindern nicht und beleidigen die erwerbslosen Eltern.

Sozialer Hürdenlauf in Schule und Studium

Dreh- und Angelpunkt der staatlich geförderten Polarisierung liegt in der Aufteilung der Kinder nach wenigen Jahren Grundschule – auf Hauptschule, Realschule bzw. Mittelschule und Gymnasium. Das dreigliedrige Schulsystem sorgt zu einem sehr frühen Zeitpunkt dafür, dass die Kinder aufgeteilt werden. Rund vierzig Prozent schaffen es aufs Gymnasium. Oft ist das eine Entscheidung für den Rest des Lebens, denn den restlichen sechzig Prozent wird damit in sehr jungen Jahren der Zugang zur Hochschule faktisch unmöglich gemacht. Gerade die Entscheidung für die Hauptschule geht bei vielen Kindern einher mit dem Gefühl einer Niederlage. Die sächsische Bildungspolitikerin Julia Bonk fasst diese Entwicklung so zusammen: »Nachdem der Kopf der jungen Menschen als ungenügend für Höheres abgestempelt wurde, entdecken sie anderes. Ellenbogen zum Beispiel.«[13] Angeblich trennt das Schulwesen nach Leistung. Aber viele hatten gar nicht die Chance, ihre volle Leistungsfähigkeit zu entfalten. So erfolgt die Trennung letztlich nach sozialen Gesichtspunkten.

Die gesellschaftlichen Folgen sind fatal. Ich rate jedem zu einem kleinen Experiment. Steigen Sie einmal in einen Bus, der sowohl vor einem Gymnasium als auch vor einer Real- oder Hauptschule hält. Jungen und Mädchen, die in der vierten Klasse noch auf dem gleichen Entwicklungsstand und über soziale Schranken hinweg untereinander befreundet waren, haben sich zwei oder drei Jahre später nichts mehr zu sagen. Die Aufteilung wird noch dadurch verstärkt, dass die meisten Schulen in Deutschland nur Halbtagsunterricht anbieten. Viele Städte und Gemeinden sind nicht einmal willens oder in der Lage, nachmittags eine Betreuung anzubieten. Einige Schüler und Schülerinnen können auf Hilfe bei den Hausaufgaben durch Eltern oder privat finanzierte Nachhilfekräfte bauen. Andere Kinder hingegen bleiben auf sich gestellt.

Eine derart aufgeteilte Gesellschaft kann nicht demokratisch sein. Eine ungebildete auch nicht. Schon heute können laut der PISA-Studie 22 Prozent der 15-Jährigen die einfachsten Texte nicht lesen und verstehen. Sollte sich dieser Trend fortsetzen, dann ist bald ein reichliches Fünftel in der Gesellschaft noch nicht einmal in der Lage, politische Berichterstattungen zu verfolgen. Nun kann man einwerfen, Wahlprogramme zu lesen brächte nichts, da sie sich ohnehin durch geringe Haltbarkeit auszeichnen. Aber im Ernst: Wer nicht verfolgen kann, welche politischen Entscheidungen anstehen, ist kaum in der Lage, für seine Rechte einzutreten. Und gerade um die Handlungen der Gewählten kontrollieren oder durch politische Aktionen einfordern zu können, bedarf es der Lesekompetenz. Unsere Schulen sind also nicht in der Lage, die elementare Voraussetzung für gelebte Demokratie zu garantieren. Dies ist blamabel für das Bildungssystem.

Die soziale Auslese in der Schule ist eindeutig nicht nur ein Problem des Einzelnen, sondern der ganzen Gesellschaft. Das Bildungssystem produziert eine »Klasse systematischer Verlierer«.[14] Auf diese Weise werden soziale Verwerfungen und Armutskarrieren vorprogrammiert. Eine solche Entwicklung enthält politischen Sprengstoff. Dieser kann sich schnell – die hohe Zustimmung zu Neonaziparteien unter Jugendlichen deutet dies an – gegen die Demokratie wenden. Ein hoher Preis, der durch das gegliederte Schulsystem mitverursacht ist.

Schule, die soziale Spaltung vorantreibt, hat negative Folgen für die Demokratie. Und wir verschleudern damit enorme Potentiale. Es werden immer weniger Kinder geboren. Von diesen Kindern wird einem Teil von Geburt an der Weg in qualifizierte Berufe verstellt. Wissenschaftliche Bildung bleibt für sie unerreichbar. Der gesamtgesellschaftliche Wissenstransfer wird behindert, da sich verschiedene gesellschaftliche Gruppen ganz einfach nicht verstehen. Kein Wunder also, wenn sich der Pool der möglichen Wissenschaftlerinnen und Forscher in diesem Lande enorm verkleinert. Die selektierende Wirkung des Schulsystems abzubauen ist deshalb mehr als ein moralisches Gebot. Es liegt im ureigensten Interesse aller.

Die Aufspaltung der Gesellschaft endet nicht mit dem Schulsystem. Wer es bis zum Abitur geschafft hat, steht bei der Aufnahme eines Hochschulstudiums vor einer weiteren

Hürde. Wer keine Rücklagen hat, wer nicht auf finanzielle Unterstützung durch die Familie setzen kann, der überlegt sich genau, ob sie oder er in der Lage ist, den jahrelangen Verdienstausfall zu verkraften, den ein Studium bedeutet. Umso ärgerlicher ist es, dass nun viele Bundesländer Studiengebühren einführen. Statt die finanzielle Unterstützung durch ein ordentlich ausgestattetes BAföG zu verbessern, werden weitere Hürden aufgebaut.

Ein gängiges Argumentationsmuster für Studiengebühren lautet: Es kann doch nicht sein, dass die Friseurin, die nur einen Hungerlohn bezieht, mit ihren Steuern das Studium des Arztsohnes finanziert. Dieses Argument ist Ausdruck besonderer Kurzsichtigkeit. Wer möchte, dass die Friseurin mehr Geld in der Tasche hat, der muss sich für einen gesetzlichen Mindestlohn einsetzen. Wer möchte, dass Vermögende stärker an der Finanzierung des Gemeinwesens beteiligt werden, muss sich für höhere Vermögenssteuern einsetzen.

Wenn der viel zitierte Arztsohn – auch dank des gebührenfreien Studiums – später gut verdient, dann kann ihn die Gesellschaft mit höheren Steuern an der Finanzierung des Bildungswesens für die nachkommenden Generationen beteiligen.

Studiengebühren schrecken gerade Kinder aus armen Familien von einem Studium ab. Die sozial selektive Wirkung des Bildungssystems wird noch einmal verstärkt. Und wer sich trotz Studiengebühren für einen Gang an die Universität entscheidet, dem droht schon die nächste Keule: Studierende aus einkommensschwachen Elternhäusern müssen häufiger jobben, um die Gebühren überhaupt aufbringen zu können. Dies wiederum verlängert ihre Studienzeit. In der Folge müssen sie noch länger und nicht selten noch höhere Studiengebühren zahlen. Faktisch zahlen so ärmere Studierende mehr für ihr Studium als ihre wohlhabenden KommilitonInnen.

Studiengebühren befördern zudem die Unterwerfung der Wissenschaften unter die Bedürfnisse der Wirtschaft. Die Erfahrung zeigt: Wo der Staat einmal begonnen hat, sich aus der finanziellen Verantwortung zurückzuziehen, wird er dies bei jeder Gelegenheit ein Stück mehr tun. Universitäten, denen der Geldhahn immer weiter abgedreht wird, werden gezwungen, zahlungskräftige Studierende anzuwerben. Studiengänge, wie Jura und Betriebswirtschaftslehre, die später gute Einkommen in Aussicht stellen, haben es dann leichter. Wohingegen Studiengängen, die der Wirtschaft kein kurzfristig verwertbares »Humankapital« liefern, das Aus droht. Vor allem in den geisteswissenschaftlichen Fakultäten gibt es deshalb berechtigte Ängste vor den langfristigen Folgen der Studiengebühren. Eine Demokratie braucht aber nicht nur schmalspurig ausgerichtete Pragmatiker. Eine demokratische Gesellschaft lebt auch von akademisch ausgebildeten Menschen, die gelernt haben, über den Tag und über ihr Fachgebiet hinaus zu denken. Insofern sind gerade geistes- und sozialwissenschaftliche Studiengänge für eine Gesellschaft unverzichtbar, auch wenn sie sich nicht immer gleich in bare Münze umwandeln lassen.

Aus gutem Grund führen Pläne zur Einführung von Studiengebühren immer wieder zu Protesten. Die Studierendenproteste in Berlin vor einigen Jahren konnten die geplante Einführung von Studienkonten verhindern. In Hessen bewirkte die neue Mehrheit im Landtag nach den Landtagswahlen 2008 die Rücknahme der bereits eingeführten Gebühren. Diese Rücknahme ist auch ein Erfolg der hessischen Studierendenproteste, die von Besetzung der Autobahn über alternative Pressekonferenzen im Ministerium bis zum Gebührenboykott reichten. Der Vielfalt dieser Proteste und ihrem Auf und Ab hat Mario Kessler in seinem Film »Kick it, like Frankreich« ein sehenswertes dokumentarisches Denkmal gesetzt.

Die soziale Auswahl wirkt bereits innerhalb des Bildungssystems. Je höher der Abschluss, desto größer dieser Effekt. Kein Wunder also, dass die privilegiertesten drei Prozent der deutschen Familien die Hälfte aller Doktoranden stellen.[15] Neben einem guten Abschluss sind natürlich auch andere Faktoren wie Auslandsaufenthalte und kurze Studiendauer entscheidend für die Karriere. Mittellose Promovierende können das nicht so einfach umsetzen. Wer neben dem Studium jobben muss, braucht länger. Wer den Auslandsaufenthalt nicht von den Eltern gesponsert bekommt, muss sich stärker ins Zeug legen, um sich ihn trotzdem leisten zu können.

Und selbst das Stipendiensystem mindert diese Benachteiligung von Ärmeren nicht. Im Gegenteil, es verschärft die soziale Ungerechtigkeit. Die Studierenden aus wohlhabenden Elternhäusern erhalten mit mehr als doppelt so hoher Wahrscheinlichkeit ein Stipendium. Unter den sogenannten Leistungseliten mit einem Notendurchschnitt von 1,0 bis 1,4 bekommen aktuell sieben Prozent der Studierenden aus Arbeiterfamilien ein Stipendium. In derselben Leistungsgruppe gelangen immerhin 14 Prozent der Studierenden aus Akademiker-Elternhäusern in den Genuss eines Stipendiums.[16] Für Menschen aus ärmeren Familien werden so das Studium und die Promotion schnell zu einem Hürdenlauf. Dabei müssen sie mit Gleichaltrigen Schritt halten, denen das Vermögen der Eltern die Hürden aus dem Weg räumt. Aber was passiert, wenn ein Doktorand aus einer Arbeiterfamilie diesen Hürdenlauf trotz alledem mit Bravour bestanden hat?

Selbst dann winken mitnichten die gleichen Chancen wie einem Doktoranden mit wohlhabendem Hintergrund. Die soziale Selektion des Bildungssystems wird durch die Rekrutierungsmechanismen der Wirtschaft noch verschärft. Kinder aus Arbeiterfamilien kommen, so die ernüchternde Erkenntnis des Eliteforschers Michael Hartmann, in den seltensten Fällen in eine Spitzenposition in der Wirtschaft – und zwar unabhängig davon, wie gut sie ausgebildet sind.[17] Der Nachwuchs aus den etablierten Kreisen hat eine fünffach höhere Chance als der der »Normalbevölkerung«, es in die oberen Etagen der großen Unternehmen zu schaffen.[18] Im Klartext: Die Eliten schotten sich ab und verteilen die Macht bevorzugt unter sich.

Mythos Chancengleichheit und Mythos Spitzenförderung

Die gesellschaftlichen Schäden, die durch das dreigliedrige Schulsystem gefördert werden, sind offensichtlich. Warum halten wir dann weiter an dieser Aufteilung in Hauptschule, Realschule und Gymnasium fest? Als Antwort auf diese Frage wird von konservativen Bildungspolitikern meist gegen leistungsfeindliche Gleichmacherei gewettert. Gerade so, als ob die Kritiker und Kritikerinnen des dreigliedrigen Schulsystems vorschlagen würden, talentierte Schülerinnen und Schüler an ihrer Entfaltung zu hindern. Dabei ist das Gegenteil angesagt: Es geht darum, junge Menschen darin zu unterstützen, ihre brachliegenden Potentiale überhaupt erst zu erkunden. Mit Gleichmacherei hat das nichts zu tun. Gerade weil Kinder unterschiedliche Fähigkeiten haben, gilt es, sie jeweils in ihren Besonderheiten zu fördern.

Der so oft von Konservativen gehörte Verweis auf die notwendige Chancengleichheit ist irreführend. Um ein Bild aus dem Sport zu bemühen: Nicht alle Kinder, die beim Startschuss an derselben Startlinie stehen, haben tatsächlich die gleichen Chancen. Der Umstand, dass Kinder mit kürzeren und schwächeren Beinen beim Wettlauf gegen große und kräftige Kinder kaum mithalten können, wird ausgeblendet. Es ist verständlich, dass Eltern bei einem Wettrennen vor allem die eigenen Kinder anfeuern. Staat und Gesellschaft sollten hingegen dafür sorgen, dass alle Kinder mit den gleichen Möglichkeiten ausgestattet sind – und das nicht nur beim Startschuss, sondern zu jedem Zeitpunkt des Lernprozesses.

Bei einer Lotterie haben auch alle Spieler die gleiche Chance, den Jackpot zu knacken. Nur nützt diese Chance all denjenigen ohne Sechser im Lotto am Ende gar nichts. Die Gesellschaft ist keine Lotterie, und die Demokratie dürfen wir nicht verspielen. Es reicht also nicht aus, für gleiche Startbedingungen zu sorgen. Die Schule muss ganz andere Fähigkeiten vermitteln als allein die, möglichst Erste in einem ewigen Konkurrenzkampf zu werden. Geht es nicht vor allem um die Fähigkeit, im Team Probleme lösen zu können? Dazu gehört, dass die Schule die Kinder eben nicht auf Wettlauf trimmt. Statt die Kinder aufs Konkurrenzdenken auszurichten, sollte Solidarität vermittelt werden. Gemeinsames Handeln ist letztlich effektiver als permanente, aufreibende Konkurrenz.

Eine zweite Verteidigungslinie konservativer Bildungspolitiker besteht in dem Verweis auf den angeblich notwendigen Aufbau einer Wissenselite. Diese gelte es zu fördern. Lernstarken Kindern sei es nicht zuzumuten, durch die Lernschwäche anderer behindert zu werden. Mich überzeugt dieses Argument schon deshalb nicht, weil eine Schule neben Fachwissen auch soziale Kompetenzen vermitteln soll und auch die sogenannten Lernstarken vom längeren gemeinsamen Lernen profitieren.

Bis zur Wende lernte ich in einer Polytechnischen Oberschule, die von der ersten bis zur zehnten Klasse angelegt war. Ich war zwölf Jahre alt, als die Mauer fiel. Insofern kann ich aus eigenem Erleben nicht das gesamte Schulsystem der DDR einschätzen. Mir liegt es auch fern, das

DDR-Schulsystem nostalgisch zu verklären. Eine positive Erfahrung aus meiner frühen Schulzeit hat mich allerdings sehr geprägt. Da alle Kinder bis zur zehnten Klasse zusammen lernen sollten, ging es nicht darum, allein gute Noten zu schreiben. Vielmehr sollten wir Kinder uns in Lernpatenschaften untereinander helfen. Kinder, die gerne lasen, aber womöglich mit Mathe nicht klarkamen, lernten am Nachmittag mit Kindern, die zwar gute Mathenoten hatten, dafür aber die Rechtschreibung nicht so gut beherrschten. Diese Form des gemeinsamen Lernens hat alle weitergebracht – die sogenannten Lernstarken wie die sogenannten Lernschwachen.

Das Prinzip dieses Erfolgs ist ganz einfach und eigentlich seit langem bekannt: Erst wenn man eine Rechenformel auch anderen erklären kann, hat man sie wirklich verstanden und verinnerlicht. Übrigens muss man nicht in der DDR aufgewachsen sein, um eine solche Erfahrung mit sozial förderlicher Teamarbeit gemacht zu haben. In der alten Bundesrepublik gab und gibt es schon seit Jahrzehnten alternative, freie Schulen, bei denen gemeinsames Lernen und gegenseitige Unterstützung der Schülerinnen und Schüler im Vordergrund stehen.

Hätten die konservativen Befürworter des dreigliedrigen Schulsystems recht, dann müsste sich Deutschland besonders in der Spitzenförderung auszeichnen. Doch davon ist nichts zu spüren. Im Gegenteil: Nur zwanzig Prozent eines Jahrgangs schließen in der Bundesrepublik ein Hochschul- oder Fachhochschulstudium ab. Damit liegen wir weit unter dem OECD-Mittelwert von 34,8 Prozent.[19] Das deutsche Schulsystem versagt also sowohl in der Breiten- als auch in der Spitzenförderung. Bei der angeblichen Eliteförderung im deutschen Schulsystem geht es eben nicht um die Förderung besonderer Begabungen oder besonderer Höchstleistungen. Es geht schlichtweg darum, sozial vererbte Privilegien abzusichern.

Das zweifache Scheitern verwundert nicht, denn es gibt einen Zusammenhang zwischen erlebter Gerechtigkeit und positivem Lernwillen. Die Hallenser Entwicklungspsychologin Claudia Dalbert hat junge Menschen im Alter zwischen neun und siebzehn Jahren nach ihrem Gerechtigkeitssinn befragt.[20] Die Ergebnisse sind bemerkenswert: Die Erfahrung, ernst genommen und angehört zu werden, ist ein wichtiges Startkapital für eine erfolgreiche Schulkarriere. Diese positive Grunderfahrung kann gar nicht hoch genug eingeschätzt werden. Nicht alle Kinder bekommen von ihren Eltern dieses Startkapital mit auf dem Weg. Gerade ihnen müsste die Schule besondere Aufmerksamkeit entgegenbringen und eine Ausgleichsfunktion übernehmen. Dies setzt voraus, dass die Lehrer und Lehrerinnen auch genügend Zeit haben, einzelnen Kindern dieses Grundvertrauen in sich selbst und in andere zu vermitteln. Doch eine Schule, die bereits in der vierten Klasse die Frage nach der Auslese stellt, bietet dafür einen schlechten Rahmen.

Kinder, die mit dem Glauben aufwachsen, dass es im Großen und Ganzen gerecht zugeht, kommen besser in der Schule zurecht als Kinder, die diesen Glauben nicht teilen. Das Gefühl, dass der eigene Erfolg vor allem von Zufällen oder der Stimmung des Unterrichtenden abhängt, wirkt extrem demotivierend. Eine Schule, die soziale Ungerechtigkeit verschärft, vermindert somit die Lernmotivation. Und nicht nur die Lernmotivation wird dadurch getrübt – auch die Bereitschaft zur Teilhabe an Demokratie ist davon negativ betroffen. »Wer darauf vertraut«, so die Entwicklungspsychologin Dalbert, »dass seine Mitmenschen ihn anständig behandeln, ist von vornherein eher bereit, sich selbst aktiv für Gerechtigkeit und Fairness einzusetzen.«[21] Wer hingegen beständig Ausgrenzung erlebt, neigt später dazu, Ungerechtigkeiten, die anderen passieren, als unvermeidlich anzusehen. Wessen erste Lebensjahre von einem Mangel an erlebter Gerechtigkeit und Aufmerksamkeit geprägt waren, der ist später weniger bereit, sich gesellschaftlich oder politisch zu engagieren. Was zu Beginn der Schulzeit versäumt wird, äußert sich später in Distanz zur Demokratie. Unterlassungssünden an Kindern in den ersten Schuljahren werden zum Bumerang für die Demokratie.

Es ist für eine Gesellschaft eine Herausforderung, gesellschaftlichen Zusammenhalt über die tatsächlich vorhandenen Einkommens- und Bildungsunterschiede hinweg zu stiften. Eine materielle Umverteilung kann diesen Unterschieden nur die Spitzen nehmen, sie aber niemals komplett nivellieren. Die gefühlte Ungerechtigkeit potenziert die tatsächlich vorhandenen materiellen Unterschiede noch einmal. Dabei könnte in den ersten Lebensjahren im Bildungswesen mit verhältnismäßig geringem Mitteleinsatz viel bewirkt werden. Es bedürfte einer Schule, die jeden Lehrer bzw. jede Lehrerin in die Lage versetzt, allen Kindern zuzuhören, sie ernst zu nehmen – und ganz besonders jene, die zu Hause diese positive Grunderfahrung nicht erleben. Ein Bildungssystem hingegen, welches von Anfang an auf Auslese setzt, verschüttet Potentiale.

Vier Schritte aus der Polarisierungsfalle

1. Bildung für die Kleinsten

Es gibt natürlich vererbte Veranlagungen. Aber die Bildungsmisere lässt sich nicht mit vererbten Defiziten erklären. Nicht die Gene der Eltern, sondern deren Geldbeutel beeinflussen die Bildungschancen. Das Problem liegt in der Unfähigkeit des Bildungssystems, diese Nachteile auszugleichen. Die Leseschwäche eines reichlichen Fünftels der Teenager ist keine gottgegebene Größe und kein unverrückbares Naturereignis. Sie ist ein hausgemachtes Problem. Um das bei uns zu ändern, muss niemand das Rad neu erfinden. Die Praxis in den skandinavischen Ländern zeigt, dass es auch anders geht. Dort kommen in den Kitas selbstverständlich studierte und hochqualifizierte Erzieher zum Einsatz. Das Ergebnis kann sich sehen lassen. Zwar gibt es in allen Ländern einen Zusammenhang zwischen den Lernerfolgen der Kinder und ihrer Herkunft. In den skandinavischen Ländern, vor allem in Finnland, ist dieser Zusammenhang aber deutlich schwächer ausgeprägt als in Deutschland.

Was Hänschen nicht lernt, lernt Hans nimmermehr, sagt der Volksmund und liegt damit richtig. In der Pädagogik gilt, dass kleinere Kinder sehr viel einfacher und schneller lernen als ältere. Fähigkeiten, die in jungen Jahren leicht zu wecken wären, verschwinden bei Vernachlässigung nur zu schnell. Deshalb ist es dringend erforderlich, das Angebot an Kindertagesstätten auszuweiten. Jedes Kind sollte die Möglichkeit haben, eine solche zu besuchen. Hier haben vor allem die alten Bundesländer im internationalen Vergleich einen gewaltigen Nachholbedarf. In vielen westdeutschen Städten müssen sich Eltern glücklich schätzen, wenn sie ihr Kind für drei Stunden am Tag in einer Kita unterbringen können. Wer dies einmal französischen Freunden erzählt, erntet nur ungläubiges Staunen über die deutsche Rückständigkeit.

Neben einer quantitativen Ausweitung bedarf es ebenso einer qualitativen Offensive. Kindertagesstätten müssen mehr sein als ein Aufenthaltsort, an dem freundliche Erzieherinnen lediglich darauf achten, dass die Kinder keine Dummheiten machen. Ein Umdenken ist bereits im Gange, vielerorts bieten Kitas Kindern und Eltern ein deutlich breiteres Angebot. Doch der Kindergarten sollte sich überall zu einem Ort des frühen Lernens entwickeln – spielerisch, aber doch pädagogisch begleitet. Dazu müssen Erzieherinnen und Erzieher in ihrer Ausbildung stärker pädagogische und didaktische Fähigkeiten vermittelt bekommen. Auch reicht es nicht aus, nur in neue Gebäude zu investieren. Wenn wir die Qualität der Kindertagesstätten verbessern wollen, müssen wir mehr Erzieher und Erzieherinnen einstellen, ihnen Gelegenheit zur Fortbildung geben – und sie für ihre gesellschaftlich so wichtige Aufgabe ordentlich entlohnen.

2. Länger gemeinsam lernen

Es ist an der Zeit, das selektive dreigliedrige Schulsystem abzuschaffen. »Länger gemeinsam lernen« heißt die Gegenformel. Diese haben wir in Deutschland viel zu lange ignoriert. Die Formel gilt sowohl für die Anzahl der Schuljahre als auch für die Zahl der Stunden pro Tag: Gemeinschaftsschule und Ganztagsschule gehören zusammen. Ganztagsschule bedeutet dabei nicht, dass der Blockunterricht nun einfach um einige halbherzige Arbeitsgemeinschaften am Nachmittag oder Hausarbeiten unter Aufsicht erweitert wird. Viel mehr kommt es auf eine andere Gestaltung des Schultags an. Das Mehr an Stunden pro Tag in der Schule sollte für ein Mehr an Projektarbeit, für ein Mehr an aktiver Beteiligung der Kinder genutzt werden.

In meinem Wahlkreis in Dresden wird das an der »Freien Alternativschule« seit Jahren erfolgreich praktiziert. Die 1992 aus einer Elterninitiative entstandene Schule will Kindern und Jugendlichen ermöglichen, »sich in altersgemischten Gruppen zusammenzufinden, welche das soziale Lernen ohne unmittelbare Einwirkung Erwachsener fördern.«[23] Das Lernen »untereinander und voneinander«, so heißt es weiter in dem Schulkonzept, »ist eine ernst zu nehmende und gleichberechtigte Lernebene.« Der Unterricht erfolgt an dieser Schule nicht nach starren Stunden-plänen, sondern in sogenannten Lernzeiten, in denen den Schülerinnen und Schülern in Lerngruppen projektbezogen Wissen vermittelt wird.

Hier handelt es sich nicht um das zu Papier gebrach-te Konzept einiger Spinner, sondern um eine anerkannte Schule, die die Schülerinnen und Schüler inzwischen zu allen Schulabschlüssen der sächsischen Mittelschule führt. Während sich die staatliche Schule von heute durch dop-peltes Versagen auszeichnet, kann eine solche Schule so-wohl die besonderen Qualitäten und Begabungen fördern als auch soziale Nachteile stärker ausgleichen.

3. Mehr Zeit für den Einzelnen

Je mehr Schülerinnen und Schüler in einer Klasse sitzen, desto weniger Zeit und Aufmerksamkeit können die Un-terrichtenden für den Einzelnen aufbringen. Meist sind die Klassen heute viel zu groß. Individuelle Förderung ist bei dieser Personalausstattung unmöglich. Wenn alle »länger gemeinsam lernen« sollen, dann geht das nicht allein mit traditionellem Frontalunterricht. Unsere Schulen sollen besser werden – also muss die Gesellschaft auch bereit sein, dafür mehr Lehrerinnen und Lehrer zu bezahlen. Dies gilt umso mehr, wenn der Schule eine gesamtgesellschaftliche Verantwortung zugewiesen wird, die über Auswendigler-nen hinausgeht. Es wird im Leben von Schülerinnen und Schülern immer Situationen geben, in denen sie auf beson-dere Sensibilität und Unterstützung angewiesen sind. Sei es, weil die Eltern gerade eine Scheidung durchleben oder weil die einst beste Freundin nun einer anderen den Vorzug gibt. Diese menschliche Komponente kann beim Lernen nicht gänzlich ausgeklammert werden. Um auf die besonderen Problemlagen und Ansprüche der Kinder eingehen zu können, braucht der oder die Unterrichtende mehr Zeit für den Einzelnen. Hinzu kommt, dass die Schule eine Kompensationsfunktion hat. Gerade bei jenen Kindern, die zu Hause nicht die notwendige Aufmerksamkeit und Hilfe erfahren, sollte die Schule ausgleichend wirken. Kleinere Klassen heben die Qualität des Unterrichts und ermöglichen den Pädagogen, sich mit ihrer Tätigkeit zu identifizieren.

Selbstverständlich kann durch ein neues Bildungssystem allein die Polarisierung unserer Gesellschaft nicht überwunden werden. Dazu sind die sozialen Ungerechtigkeiten in unserem Lande zu groß. Aber die Schule lässt sich so verändern, dass sie weniger als bislang zu dieser frühen Polarisierung beiträgt.

4. Volkshochschule statt Assessment

Um verschüttete Potentiale zu aktivieren, müssen wir zudem über den engen Rahmen konventioneller Bildungspolitik hinausdenken. Wer sich beständig um sein Auskommen und das seiner Kinder sorgen muss, wer sich die vom Arzt verschriebene Medizin in der Apotheke nicht abholt, weil er die Zuzahlung nicht aufbringen kann, der wird sich schwer damit tun, seine brachliegenden intellektuellen Potentiale zu erkennen. Wer sich nicht traut, seinen Mund aufzumachen, weil man inzwischen wieder an den Zähnen erkennen kann, welchem Milieu ein Mensch angehört, der begibt sich nicht auf Entdeckungsreise nach seinen Fähigkeiten. Wer sich an den Tafeln der Wohlfahrtsverbände anstellen muss, um sich Nahrungsmittel mit ablaufendem Haltbarkeitsdatum abzuholen, der wird sich schwer damit tun, aus seinen Fähigkeiten eine positive Sicht auf das Leben zu entwickeln.

Die Art und Weise, wie in den Jobcentern mit Langzeiterwerbslosen umgegangen wird, hilft leider wenig, dies zu ändern. Diese sitzen im Rahmen von angeordneten Bewerbungstrainingskursen mit zig anderen Desillusionierten in einem Raum, um sich auf ein sogenanntes Assessment-Verfahren vorzubereiten – auf einen Einstellungstest, der nicht stattfinden wird, für eine Stelle, die es nicht geben wird. Wer sich dieser fragwürdigen Veranstaltung verweigert, dem droht, wie weiter oben beschrieben, die Kürzung der ohnehin spärlichen Unterstützung. So schafft der Staat kein Umfeld, in dem die Menschen ihre Potentiale optimal nutzen. So wird keine Perspektive vermittelt. Wie wäre es aber, wenn man Erwerbslosen stattdessen die Gelegenheit böte, Dinge auszuprobieren, die sie schon immer interessiert haben? Warum finanziert man diesen Menschen nicht jährlich einen Kurs ihrer Wahl an einer Volkshochschule? Solch ein Kurs wird nicht automatisch zu einem Arbeitsplatz führen, aber er kann helfen, dem eigenen Leben Sinn und Bewandtnis zu geben. Dort kämen sie unter Menschen, die freiwillig da sind und gemeinsam Spaß an einer Sache haben. Dort könnten sie Selbstvertrauen schöpfen. Dort könnten sie erfahren, dass auch sie spezielle Fähigkeiten haben, dass auch sie Dinge können – Dinge, von denen sie bislang gar nicht wussten, dass sie erlernbar sind.

Wie wäre es z. B. mit einem literarischen Schreibkurs? Nun wird nicht aus jedem schriftstellerisch Spätberufenen ein Theodor Fontane. Das muss auch nicht sein. Aber vielleicht können die KursteilnehmerInnen die erworbenen Fähigkeiten anwenden, um im Erwerbslosencafé ihre tagtäglichen Erlebnisse in kleinen Kurzgeschichten zu verarbeiten. Was spricht dagegen, dass Erwerbslose die über die Jahre eingestaubte Gitarre hervorholen und ihre verschüttet geglaubten musikalischen Fähigkeiten in einem Kurs auffrischen? Womöglich können sie danach ihren Kindern bei ihrer Entdeckungsreise in den Bereich der Musik eher zur Seite stehen. Oder, wie wäre es mit einem selbstgewählten Sprachkurs oder Computerkurs? Wofür auch immer sie sich entscheiden werden, das dabei gewonnene Selbstvertrauen würde in vielen Fällen nicht nur ihnen selbst nutzen. Denn nur wer die Lust zu lernen erfahren hat, kann dieses Gefühl auch an die nächste Generation weitergeben.

VIII. Grundrechte in Gefahr

> Es scheint, als würde Angst nicht durch
> tatsächliche Umstände ausgelöst. Sie ist
> immer schon da und sucht sich ihre Ur-
> sachen selbst. Raubritternde Angst und
> Demokratie sind allerdings nur begrenzt
> kompatibel.[1]
>
> (*Juli Zeh*: Verbotene Familie)

Jahrelang hatten sich in der DDR Ärger und Frust auf das
System angestaut. Und plötzlich ist die Hoffnung auf Veränderung größer als die Angst. Tausende gehen auf die Straße zu Montagsdemonstrationen – in Leipzig, Dresden, Berlin und schließlich in der ganzen Republik. Wir schreiben
das Jahr 1989, und der Wendeherbst nimmt seinen Lauf. Im
November fällt die Mauer. Einige Wochen später stürmen
in verschiedenen Städten unzählige aufgebrachte Menschen
die Stasi-Zentralen. Auch in meiner Heimatstadt Dresden
ist die Stürmung des Stasi-Quartiers auf der Bautzener
Straße eine wichtige Etappe der friedlichen Revolution. Die
Stasi, der Geheimdienst der DDR, galt vielen Menschen als
der Inbegriff der Unterdrückung. Nicht wenige im Osten
verbanden mit dem Neuaufbruch nach 1989 nicht nur die
Hoffnung auf ein geeintes Deutschland, sondern auch die
Hoffnung auf ein Deutschland, in dem man Freiheit groß-
schreibt, und auf eine Gesellschaft, in der die Meinungs-
freiheit nicht mehr durch die Willkür der Stasi bzw. durch
das politische Strafrecht ausgehöhlt wird.

Unvergessen ist für mich in diesem Zusammenhang die
Geschichte eines Mannes, mit dem ich am Rande eines
politischen Kongresses in Berlin ins Gespräch kam. Er erzählte mir, dass seine Akten für ihn eine böse Überraschung

bereitgehalten hätten. Jahrelang war jemand, von dem er glaubte, er sei sein bester Freund, als IM, als Inoffizieller Mitarbeiter der Stasi, auf ihn angesetzt gewesen. In den Berichten an die Staatssicherheit hatte der angebliche Freund sein Vertrauen genutzt, um Informationen über seine emotionalen Schwachstellen abzuliefern. »Er sei nur an einer Stelle greifbar«, so die Berichte des Spitzels, »und zwar in der Angst um das Besuchsrecht für sein Kind, von dessen Mutter er getrennt lebe.« Er habe lange gebraucht, um über diese menschliche Enttäuschung hinwegzukommen. Schon dieses Schicksal – eines von vielen ähnlich gelagerten – gibt all jenen recht, die sich in der Wendezeit für eine Gesellschaft ohne Stasi einsetzten.

Von dieser Hoffnung, aber auch von der darauffolgenden Enttäuschung, zeugt der Aufruf »Wir haben es satt« aus dem Jahre 2001 von Bürgerrechtlern und Bürgerrechtlerinnen der DDR. Der Aufruf wurde anlässlich der nach dem damaligen Bundesinnenminister benannten Schily-Pakete verfasst, die auf eine Verschärfung der Überwachung abzielten. Mehrere Gründungsmitglieder von Bürgerrechtsbewegungen bzw. Parteien, die sich in der Wendezeit in der DDR in Opposition zur SED herausbildeten wie das Neue Forum und Demokratie Jetzt, schlossen sich dem Aufruf an. Darunter waren Persönlichkeiten wie der Pfarrer der in der Wendezeit zu Berühmtheit gelangten Leipziger Nicolai-Kirche Christian Führer, der Studentenpfarrer Hans-Jochen Vogel und Wolfgang Ullmann, der in der Wendezeit Minister ohne Geschäftsbereich war. In dem Aufruf heißt es:

»Wir haben nicht vergessen, wie die Gummiparagraphen des politischen Strafrechts der DDR uns die Luft abgeschnürt haben. Wir greifen uns jetzt an den Hals, wenn wir lesen, mit welcher Leichtfertigkeit das Terrorismusbekämpfungsgesetz [...] Gummistricke dreht, die wir glücklich losgeworden zu sein gehofft hatten.«[2]

»Das Leben der Anderen«, Teil 2

Zu sehen, wie sehr diese Hoffnung enttäuscht wurde, stimmt nachdenklich. Davon zeugt auch der Fall von Andrej H.: Minutiös notieren die Spitzel, wie oft Andrej aus dem Haus geht, ob er alleine ist, ob er ein Kind oder zwei Kinder dabeihat. Der Aufzeichnungsbericht enthält dabei so »wertvolle« Informationen wie: »Um 16 Uhr verlässt er gemeinsam mit zwei Kindern und Leergut das Haus. Eine halbe Stunde später kehrt er mit zwei Kindern und ohne Leergut zurück.« Wenn seine Freundin Anna und er mit den Kindern spazieren gehen, fallen ihnen immer wieder jüngere Männer in sportlicher Kleidung auf, die sich scheinbar unmotiviert in ihrer Nähe aufhalten. Ein Mann mit Helm auf dem Kopf wienert schon minutenlang den Sitz seines Motorrads. Jedes ihrer Telefonate wird abgehört. Sie versuchen, all das zu ignorieren und ein ganz normales Leben zu führen. Doch kein Schritt des Familienvaters entgeht den auf ihn angesetzten Beobachtern des Verfassungsschutzes.

Dies alles klingt wie Szenen aus dem Film »Das Leben der Anderen«, ein Film über die Stasi-Methoden in der DDR. Doch es ist bittere Realität in Deutschland im Jahre 2007. Andrej ist ein aktiver bekennender Linker. Als promovierter Soziologe nutzt er in seinen Texten Fachtermini wie Prekarisierung und Gentrification. Für ihn wurde zum Verhängnis, dass eine militante Gruppe in ihrem Bekennerschreiben nach einem Brandanschlag die gleichen Wörter verwendete. Verwendung von gleichlautenden Fachbegriffen in Verbindung mit politischem Engagement – dies reicht für den Verfassungsschutz, um Andrej unter Dauerbewachung zu stellen.[3] Welch ein Skandal für die Demokratie!

Als ein junger Mann beim Versuch, einen LKW der Bundeswehr in Brand zu stecken, festgenommen wird und sich herausstellt, dass Andrej immerhin zwei Mal mit diesem Mann geredet hat, zieht der Überwachungsstaat alle Register. Die Bundespolizei stürmt seine Wohnung, mit gefesselten Händen muss er auf dem Boden liegen. Drei Wochen sitzt er in Einzelhaft. Nur eine Stunde Hofgang pro Tag. Dann wird er freigelassen. Inzwischen hat der Bundesgerichtshof entschieden, dass seine Haft rechtswidrig war. Doch die drei Wochen sind nicht mehr rückgängig zu machen. Als seine Haft für rechtswidrig erklärt und er freigelassen wird, holt ihn seine Mutter ab. Um seine Habseligkeiten nach Hause zu transportieren, bringt sie einen Beutel mit. Später am Tag telefonieren sie miteinander, und sie erinnert ihn daran, ihr den leeren Beutel beim nächsten Besuch mitzubringen. Dummerweise war der Beutel schwarz, und so fällt beim Telefonat der Begriff »schwarzer Beutel«. Kurz darauf stehen wieder Beamte vor Andrejs Tür und wollen wissen, was es mit dem schwarzen Beutel auf sich habe.

Das alles und noch viel mehr geschah unter Rückgriff auf den Paragraphen 129a des Strafgesetzbuches, ein Relikt aus Zeiten der RAF-Verfolgung. Dieser Paragraph regelt die Verfolgung von Personen, die unter Verdacht stehen, einer terroristischen Vereinigung anzugehören. Eine Strafverfolgung nach diesem Paragraphen bedeutet nicht nur, dass härtere Strafen von bis zu zehn Jahren Haft drohen. Sie bedeutet vor allem: Wenn erst einmal wegen Terrors ermittelt wird, dann haben die Ermittler freie Bahn. Heribert Prantl, bekannter Publizist und Leiter des Innenressorts der »Süddeutschen Zeitung«, vergleicht deswegen den Paragraphen 129a zu Recht mit einem Blaulicht. Ist dieses einmal angeschaltet, müssen alle anderen Regeln zur Seite springen. Diese Ermittlungen haben Vorfahrt[4] – koste es, was es wolle.

Andrej ist übrigens kein Einzelfall. In nur rund 15 Prozent aller Verfahren nach Paragraph 129a kommt es überhaupt zu einer Anklage.[5] Rund 85 Prozent aller Ermittlungen nach Paragraph 129a werden im Nachhinein eingestellt. Von 260 Verfahren in den Jahren 2001 bis 2004 wurden nur 37 Fälle tatsächlich zur Anklage gebracht. Doch zuvor müssen Personen, die lediglich unter Verdacht stehen, viel ertragen. Der Verfassungsschutz bedient sich gern des Paragraphen 129a. Dieser eröffnet ihm die Möglichkeit, ungehindert die linke Szene zu überwachen. Doch in vielen Akten, auf denen 129a draufsteht, ist keine wirkliche Terrorismusgefahr drin, sondern nur politisch unliebsamer Protest. Mir kommt es vor, als diene der Paragraph 129a weniger der konkreten Aufklärung drohender terroristischer Anschläge als der Einschüchterung politischer Aktivisten.

Nun mag man einwenden, auch bei politischen Protestaktionen komme es immer wieder zum Bruch von Gesetzen, im Extremfall auch zu Gewalt gegen Fahrzeuge oder Zäune. Es gibt jedoch einen eindeutigen Unterschied zwischen Terrorismus und – rechtswidriger – Sachbeschädigung: Terroristische Anschläge nehmen die Tötung von Menschen nicht nur in Kauf, sondern zielen geradezu darauf ab. Ziviler Ungehorsam richtet sich hingegen, wenn überhaupt, gegen Gegenstände. Nun kann man geteilter Meinung darüber sein, ob politischer Protest die Gesetze verletzen darf. Dazu gibt es in der Rechtsphilosophie eine lange Debatte. Am bekanntesten ist dabei die Radbruch'sche Formel, benannt nach Gustav Radbruch (1878–1949), Jurist, SPD-Politiker und in den 1920er Jahren Justizminister in der Weimarer Republik. Die unter dem Eindruck der Nazi-Verbrechen geprägte Formel besagt, wenn Recht zu Unrecht wird, sei Gesetzesbruch wenn nicht legal, so doch legitim. Doch selbst wenn man sich dieser Definition nicht anschließen mag, ist rechtswidrige Sachbeschädigung in keiner Weise gleichzusetzen mit terroristischen Anschlägen todeswilliger Djihadisten. Die Anwendung des Paragraphen 129a auf politisch unliebsamen Protest oder auf Aktionen, die rechtswidrige Sachbeschädigung in Kauf nehmen, ist nach meinem Dafürhalten ein Missbrauch.

Im Vorfeld des G8-Gipfels in Heiligendamm machten Schäuble und Co. rege Gebrauch von den Möglichkeiten der Verfolgung nach 129a. Wenige Tage vor dem Gipfel durchsuchten 900 Beamte bundesweit vierzig Wohnungen, Büros und linke Treffpunkte. Dabei musste nicht nur Andrej mit gefesselten Händen auf dem Boden liegen. Computer und andere wichtige Unterlagen wurden beschlagnahmt und damit einigen Betroffenen wochenlang die Arbeitsgrundlage entzogen.

Im Zuge der Verfahren wurden nicht nur die Verdächtigen observiert und überwacht. Vielmehr hat man von allen möglichen Personen, mit denen die Verdächtigen in Kontakt standen, die Daten festgehalten – darunter nicht nur Freunde; sondern ebenso Arbeitskollegen und -kolleginnen. Auch wurden in einem Fall die Vorstrafen aller Menschen abgefragt, die lediglich im selben Haus wohnen. Alle Internetnutzerinnen und -nutzer, die die Homepage eines der Verdächtigen besuchen, werden vom Bundeskriminalamt ermittelt. Die Erfassung erstreckt sich also auch auf Personen, die den Betreffenden gar nicht kennen: Es kann also JournalistInnen, die für einen Artikel zum Thema 129a verschiedene Stimmen einfangen wollen, ebenso treffen wie einen Schüler, der einfach im Netz für ein Referat recherchiert.

Ist man erst als Verdächtiger registriert, gibt es kaum eine Möglichkeit, seine Unschuld zu beweisen. Selbst wenn eine jahrelange, umfangreiche Überwachung keine Hinweise bringt, die den Anfangsverdacht bestätigen, wird dies nicht als Beweis der Unschuld gewertet. Vielmehr gilt es als Beweis der besonderen Konspirativität der Verdächtigen. Dies wiederum erhärtet den Verdacht und führt eher dazu, die Ermittlungen auf Kontaktpersonen auszuweiten. Ein Jahr nach den Hausdurchsuchungen gegen die linke Szene am 9. Mai 2007 fand eine Pressekonferenz linker Bürgerbewegter statt. Der Rechtsanwalt Alexander H. berichtete dabei von jungen Antifa-Aktivisten, die das Bundeskriminalamt im Vorfeld verdächtigte, während des G8-Gipfels Anschläge zu planen. Da diese sich aber eher antifaschistisch betätigen als aktive Globalisierungskritik auszuüben, fuhren sie gar nicht zum Gipfel nach Heiligendamm. Doch in den Akten stand, sie seien besonders konspirativ vorgegangen und hätten Handlanger nach Heiligendamm geschickt – eine Unterstellung, für die es keinerlei Indizien gab.

Im Nachhinein stellte der Bundesgerichtshof in einem Urteil die Rechtswidrigkeit der Razzien aufgrund 129a im Mai 2007 fest. Der Bundesgerichtshof verneinte, dass in diesen Fällen der Terrorismusparagraph 129a anwendbar gewesen sei. Die Haftbefehle wurden aufgehoben. Die Richter entzogen bereits Ende 2007 einige Verfahren der Zuständigkeit der Bundesanwaltschaft und wiesen an, die Akten an die örtlichen Staatsanwaltschaften zu übergeben. Doch dort kamen sie lange Zeit nicht an. Die Urteile des Bundesgerichtshofs ignorierend, vernahm die Bundesanwaltschaft weiter Zeugen in eben jenen Fällen, deren Zuständigkeit ihnen durch das Gericht entzogen wurde. Angesichts dessen drängen sich mindestens zwei Fragen auf: Ist es wirklich zu viel verlangt, dass sich die Bundesanwaltschaft an das geltende Recht hält? Sollten sich nicht gerade die Stellen, deren Aufgabe in der Verteidigung des Rechts besteht, bei dieser Arbeit auch an das Recht halten?

Doch der Angriff auf Grund- und Freiheitsrechte beschränkt sich nicht auf die willkürliche Verfolgung unter dem »Blaulicht 129a«. Der G8-Gipfel brachte einen weiteren Tabubruch mit sich. Die Rede ist vom Einsatz der Bundeswehr im Inneren. 3000 Soldaten bzw. Soldatinnen und viel Technik der Bundeswehr wie Panzerspähwagen kamen um Heiligendamm herum zum Einsatz. Es gab sogar Tiefflüge von Tornados.[6]

Nun ist laut Verfassung der Einsatz der Bundeswehr nur in wirklich dringenden Fällen erlaubt – namentlich bei Naturkatastrophen oder einem schweren Unglücksfall. Weder das eine noch das andere trifft auf den G8-Gipfel zu. Wenn allerdings immer wieder die Grenzen für einen Bundeswehreinsatz im Inneren überschritten werden, schafft die Regierung einen Gewöhnungseffekt und höhlt so systematisch die Trennung von Polizei und Bundeswehr aus. Doch gerade diese Trennung von Polizei und Bundeswehr ist eine wohlweislich gezogene Lehre aus dem dunkelsten Kapitel deutscher Geschichte. Diese Lehre sollten wir nicht einfach so sang- und klanglos entsorgen.

Übrigens hieß es hinterher, die Tiefflüge des Tornados seien ein unabgestimmter Alleingang des Piloten gewesen. Solche Ausreden rufen geradezu nach einer ironischen Replik: Klar, die Bundeswehr ist dafür bekannt, dass sie auf spontane Privatinitiativen setzt. Befehlsketten und Disziplin, ach wo – doch nicht bei der Bundeswehr. Oder was soll man sonst von diesem Verweis auf die Eigenmächtigkeit des Piloten halten?

Ganz im Ernst: Ein unberechtigter Einsatz der Bundeswehr im Inneren stellt einen Verfassungsbruch dar und ist beileibe keine Lappalie. Insofern wäre es mehr als angemessen gewesen, die Vorgänge während des Gipfels einem Untersuchungsausschuss vorzulegen. Und sei es, um falsche Beschuldigungen zu widerlegen. Doch dieses Anliegen, vorgebracht von meiner Partei im Landtag von Mecklenburg-Vorpommern, wurde von allen anderen demokratischen Parteien blockiert. Bezeichnend war dabei das Agieren der FDP. Sie, die sich sonst gern als Partei der Verfassung präsentiert, votierte gegen einen Untersuchungsausschuss. Offensichtlich gehören die Gipfelkritikerinnen nicht zur Klientel der FDP, weswegen weitere Nachforschungen ihr unnötig erschienen. Hier zeigt sich, wie recht Hannah Arendt hatte, als sie sagte: »Inkonsequenz war immer die Achillesferse liberalen Denkens.«[7]

Schnüffeln auf Vorrat – das BKA auf der Festplatte

In punkto Abbau von Grundrechten wird seit Jahren vom jeweiligen Innenministerium eine Aktion nach der anderen gestartet. Im November 2007 beschloss der Bundestag auf Initiative des Bundesinnenministeriums das Telekommunikationsüberwachungsgesetz – eher bekannt unter dem Begriff Vorratsdatenspeicherung. Danach sollten alle Kommunikationsbewegungen, egal ob es sich um einen Anruf oder eine SMS handelt, generell ein halbes Jahr gespeichert werden. Und das Ganze ohne Verdacht und ohne Anlass. Begründet wird auch dies mit der Abwehr von Terrorismus. Allerdings ist völlig unklar, wie all diese Daten bewältigt werden sollen. Angesichts der Datenflut stellt sich die Frage, ob diese flächendeckende Auslieferung von Grundrechten wirklich sachgerecht und zielführend ist. Gibt es keine effektiveren Mittel zur Gefahrenabwehr? Gibt es nichts, was besser geeignet wäre? Wir werden später auf diese Fragen zurückkommen.

Das Bundesinnenministerium bringt beständig neue Mittel zur Terrorbekämpfung ins Gespräch. Angesichts von deren Vielzahl könnte man den Eindruck gewinnen, die für Sicherheit zuständigen Stellen seien bisher komplett amputiert gewesen. Als hätten die bisher für die Ermittlung zuständigen Stellen keinerlei Instrumente in der Hand gehabt. Doch dieser Eindruck ist falsch. Schon vor der Verabschiedung des Telekommunikationsüberwachungsgesetzes war Überwachung möglich. 2006 wurden laut Bundesnetzagentur rund 36 000 Mobiltelefone und rund 5000 Festnetzanschlüsse überwacht. 94 000 Verbindungsdaten von Internetbenutzenden haben die Behörden unter die Lupe genommen.[8] Der Datenschutz ist bereits in einem Maße unters Messer gekommen, dass das, was übrig ist, eher an Hackfleisch erinnert. Hier einige Beispiele: Wer auf das Arbeitslosengeld II angewiesen ist, muss 150 persönliche Daten hinterlegen. So fragt die »Anlage zur Feststellung des Umfangs der Hilfebedürftigkeit« bei Haushaltsgemeinschaften Verpflegungs- und andere Leistungen von Angehörigen ab, die man zusätzlich erhält. In der Konsequenz wird die Oma, die regelmäßig Mittag kocht und spendiert, ein Fall fürs Formular. Wortwörtlich heißt es: »Wenn ja, geben Sie hier bitte an, um welche weiteren Zuwendungen es sich handelt (z. B. Kleidung) und ob Sie diese regelmäßig (in welchen Abständen?) erhalten.«

Das von Schäuble geführte Innenministerium scheint nicht ruhen zu können, solange es noch wasserdichte Datenschutzregelungen gibt. Wenige Wochen nach Verabschiedung des Telekommunikationsüberwachungsgesetzes verlängerten CDU und SPD im Bundestag in einer Nacht- und Nebelaktion die Speicherfrist für alle Aufzeichnungen für öffentliche Videokameras. Bisher sollten diese nur für zwei Tage gespeichert werden. Diese Frist wurde auf einen Monat verlängert.

Die Gesetzesänderung erfolgte mit einem bereits im ersten Kapitel dieses Buches geschilderten Trick. Mittels eines in letzter Minute eingebrachten Änderungsantrags wurden die üblichen Fristen, die eigentlich eine öffentliche Debatte ermöglichen sollen, umgangen. Da platzte sogar dem Bundesdatenschutzbeauftragten Peter Schaar der Kragen. Ein solches Verfahren habe er in seiner ganzen Amtszeit noch nicht erlebt. Auch kritisierte Schaar den Paradigmenwechsel in der Sicherheitspolitik: »Statt einem konkreten Verdacht nachzugehen, sind die Behörden dazu übergegangen, mehr und mehr Daten unabhängig von konkreten Vorwürfen zu speichern.«[9] Aber die Daten von Bürgerinnen und Bürgern unterliegen dem Datenschutz und sollten nur dann erhoben werden, wenn ein begründeter Verdacht vorliegt.

Ein im Hinblick auf den Datenschutz ebenfalls kritisch zu betrachtendes Instrument ist die Online-Durchsuchung. So wie in der antiken Sage Odysseus mit einem Trick das hölzerne Pferd in Troja einschleuste, so sollten – wenn es nach Innenminister Schäuble geht – digitale Trojaner auf private Rechner angesetzt werden. Doch die Bundestrojaner wären weit gefährlicher als ihr antiker Namensgeber. Während das Trojanische Pferd immerhin für alle sichtbar war, wenn auch nicht in seiner Funktion sofort erkennbar, könnten die Bundestrojaner vom Nutzer unbemerkt den kompletten Computer ausspionieren. Diese Form der Durchsuchung wäre besonders sensibel, weil der Computer inzwischen für viele Menschen der Ort ist, an dem sie ihre persönlichsten Dokumente und Gedanken ablegen. Tagebuchnotizen, Gedankenskizzen, Adressbücher, Kalender, Kontovorgänge – all dies läuft heute über den Computer. Er nimmt regelrecht die Funktion eines ausgelagerten Gehirns ein. Ein einmal eingeschleuster Trojaner könnte nicht nur den gesamten PC ausspionieren. Mit einem Trojaner ließe sich der Computer zudem aus der Ferne steuern, z. B. hätte das Bundeskriminalamt ohne Wissen des Benutzers die Möglichkeit, eine Webkamera zu aktivieren. Zum Glück hat ein Urteil des Bundesverfassungsgerichts zu Online-Durchsuchungen diesem Trojaner-Projekt erst einmal Zügel angelegt. Dem obersten Gericht zufolge besteht ein Grundrecht auf Vertraulichkeit und Integrität informationstechnischer Systeme. Anders ausgedrückt, der Computer, in seiner Eigenschaft als ausgelagertes Gehirn, genießt einen besonderen Schutz. Und dies ist nicht das einzige Gesetz der Bundesregierung, das wegen Unverträglichkeit mit der Verfassung durch das Bundesverfassungsgericht gestoppt werden musste.

Dennoch sind weitere Schritte zum Umbau der Sicherheitsarchitektur bereits im Gange. »Gesetz zur Abwehr von Gefahren des internationalen Terrorismus durch das Bundeskriminalamt«, so lautet der offizielle Titel des Gesetzentwurfs aus dem Hause Schäuble. Inzwischen wird es überall nur noch als BKA-Gesetz bezeichnet. Dem Titel und der Begründung des Bundesinnenministeriums zufolge geht es wieder einmal um Terrorabwehr. Konkret zielt das Gesetz darauf ab, dass das Bundeskriminalamt (BKA) nun auch geheimdienstliche Befugnisse erhalten soll. Damit soll es zu einer Art Geheimdienst-Bundespolizei entwickelt werden. Der Paragraph 20 des Gesetzentwurfes listet 25 neue Befugnisse und Instrumente für das BKA auf. Darunter das Recht, den privaten Wohnraum zu überwachen oder eine Spionagesoftware heimlich auf private Rechner zu spielen.

Bisher gilt in unserer Verfassung, dass Polizei und Geheimdienst organisatorisch sowie von ihren Aufgabenbereichen her getrennt sein müssen.[10] Dieses Trennungsgebot resultierte aus den schlimmen Erfahrungen mit der Gestapo zu NS-Zeiten, die sowohl mit Polizei- als auch mit geheimdienstlichen Rechten ausgestattet war. Ebenfalls aus diesen Erfahrungen erwuchs das Zentralitätsverbot bei der Polizei. Demzufolge sind die Bundesländer zuständig für die Polizeiarbeit. Der nun vorliegende Gesetzentwurf weicht dies auf, indem er eine Quasi-Weisungsbefugnis des BKA gegenüber den Länderpolizeien enthält. Immer dann, wenn das BKA selbst seine Zuständigkeit feststellt, kann es tätig werden.

Bisher galt, dass Abgeordnete, Seelsorger und StrafverteidigerInnen nicht abgehört werden dürfen. Dafür gibt es gute Gründe. Es gehört zum Grundcharakter der Gewaltenteilung, dass die Abgeordneten die Regierung bzw. die Exekutive kontrollieren und nicht umgekehrt. Wenn erst einmal eine Instanz, die der Regierung direkt untersteht, das Recht zum Abhören von Abgeordneten hat, kann dies nur zu schnell missbraucht werden – etwa um Abgeordnete, die der Regierung zu kritisch sind, mit Informationen, die beim Abhören gewonnen wurden, unter Druck zu setzen. Der Gesetzentwurf sieht nun vor, dass im Zweifelsfall das BKA auch die oben genannten Berufsgruppen abhören darf. Noch einmal zur Erinnerung: Angeblich soll das BKA-Gesetz helfen, geplante islamistische Terroranschläge zu verhindern. Inwieweit das Abhören von Abgeordneten oder Seelsorgern dabei behilflich sein soll, bleibt das Geheimnis des Innenministeriums. Rechnet ernsthaft jemand damit, dass Terroristen, die einen Anschlag planen, vorher die Bürgersprechstunde eines Abgeordneten aufsuchen?

Auffällig ist in jedem Fall, dass gerade jene Berufsgruppen, die der Regierung besonders unbequem werden können, nun doch abgehört werden dürfen. Es sind Abgeordnete, die die Regierungspolitik besonders öffentlichkeitswirksam kritisieren können. Es sind kritische Juristen, die ab und zu verfassungswidrige Gesetze durch Klagen vor dem Bundesverfassungsgericht zu Fall bringen. Kritischer Journalismus ist außerdem darauf angewiesen, dass ihm gelegentlich Gesetzentwürfe oder Informationen übermittelt werden. So können Medien eine Öffentlichkeit schaffen, die in einer lebendigen Demokratie unverzichtbar ist. Man fragt sich also: Geht es womöglich eher darum, unter der Fahne der angeblichen Terrorismusabwehr politisch unbequeme Personen besser kontrollieren und Informationsquellen der Medien ermitteln zu können?

Wer nichts zu verbergen hat …

Unsere Gesellschaft befindet sich auf dem besten Wege in Richtung eines autoritären Überwachungsstaats. Die neue Sicherheitsarchitektur, die mit dem BKA-Gesetz ihre traurige Krönung erfährt, zeichnet sich durch drei zentrale Merkmale aus: erstens durch die Aufweichung des Zentralitätsverbotes bei der Polizei. Zweitens durch die Aufhebung der Trennung zwischen Polizeiarbeit und Geheimdienstarbeit bzw. zwischen Bundeswehr und Polizei. Und drittens wird der Übergang vom Bürger zum Feind immer fließender. Allein der zufällige Kontakt mit Verdächtigen kann reichen, um über die »Kontaktschuld« selbst als Verdächtiger eingestuft zu werden. Ist eine Überwachung erst einmal angelaufen, zieht man beispielsweise auch Dienstleister wie E-Mail-Anbieter mit ihren Kundendateien heran. Dadurch werden sogar Daten von Personen, die mit den Verdächtigen nur im losen Kontakt stehen, durchleuchtet.

Zur Beschwichtigung von BürgerrechtlerInnen verweist das Bundesinnenministerium gerne auf gewisse Schutzmaßnahmen. So hieß es bei der geplanten Online-Durchsuchung, dass hierfür eine richterliche Genehmigung erforderlich sei. Doch leider kann fast jede Einschränkung unterlaufen werden. Der Richtervorbehalt lässt sich beispielsweise umgehen, wenn gerade Wochenende ist und die Polizei genau dann Handlungsbedarf sieht. Desgleichen betont das Bundesinnenministerium, dass eine Online-Durchsuchung nur für drei Monate befristet sei. Wahr ist jedoch, dass diese Anordnung mehrmals hätte wiederholt werden können.[11]

Der Bundesinnenminister agiert, als sei das Grundgesetz nicht mehr als Altpapier. Unter dem Deckmantel der Terrorismusabwehr findet eine Grundrechtseinschränkung nach der anderen statt. Hier einige Zahlen, um die Dimensionen zu vergegenwärtigen: In den vergangenen zwölf Jahren wurden 160 Sicherheitsgesetze verschärft. Die komplette Überwachbarkeit des Menschen, wie es sie bisher nur in literarischen Dystopien, also Anti-Utopien, wie in dem Roman »1984« von George Orwell, oder in Hollywoodfilmen wie »Minority Report« zu sehen gab, ist womöglich bald Realität. »Minority Report« spielt in einer Gesellschaft, in der durch das Scannen der Augeniris jeder Mensch quasi überall auffindbar ist. Im Film kommt es – wie könnte es bei einem amerikanischen Blockbuster mit Tom Cruise auch anders sein – natürlich zu einem Happy End. Doch können wir uns auch auf ein solches glückliches Ende verlassen?

Bei der Einführung der Sicherheitsarchitektur bedienten und bedienen sich Otto Schily, Wolfgang Schäuble und ihresgleichen gewiefter Argumentationen. Entweder geht es um Terrorabwehr, oder die Lokalisierung von Personen per Handy soll dazu dienen, um im Notfall helfen zu können. Und im Zweifelsfall gilt eben nicht mehr »Im Zweifel für den Angeklagten«, sondern: Wer kein Terrorist ist, habe von den Aufzeichnungen nichts zu befürchten und viel Sicherheit zu gewinnen. Diese Argumente scheinen auf den ersten Blick recht plausibel. Doch halten sie einer kritischen Prüfung stand?

Die Erfahrung zeichnet ein anderes Bild. Der Abbau von Grundrechten, der angeblich nur dem Schutz vor Terror diente, wird plötzlich für andere, für Bagatellstraftaten angewandt: So geschehen mit der Kontrolle aller Bankbewegungen. Inzwischen werden Studierende, die einen BAföG-Antrag stellen, damit konfrontiert.[12] Falls sie bei der Beantragung des BAföG nicht alle Vermögenswerte angeben, droht ihnen eine Strafanzeige wegen Betrugs. Auch die Vorratsdatenspeicherung dient angeblich nur der Terrorabwehr. Doch zunehmend werden die Vorgänge im Internet auch beobachtet, um Menschen belangen zu können, die Musik aus dem Netz herunterladen. Nun verstößt dies tatsächlich gegen Urheberrechtsgesetze. Aber eine solche Ordnungswidrigkeit ist dennoch nicht mit der Planung eines terroristischen Anschlags zu vergleichen, zu dessen Bekämpfung die Vorratsdatenspeicherung einst eingeführt wurde.

Ganz so einfach ist es also nicht mit der Unterstellung, wer nichts zu verbergen habe, habe auch nichts zu befürchten. Eine treffliche Replik auf diese Argumentation lieferte neulich die Schriftstellerin und Juristin Juli Zeh in einem Interview in dem Magazin »prager frühling«. Juli Zeh klagt gegen den Ex-Innenminister Otto Schily wegen der Verletzung von Datenschutzrechten. Gefragt, was sie Menschen erwidere, die meinen, wer nichts zu verberge habe, habe nichts zu befürchten, antwortete sie: »Ihnen muss ich leider sagen, dass sie sich perfekt zu Untertanen in einem totalitären System eignen würden. Die Erfahrung mit der Stasi liegt erst kurz zurück. [...] Wer glaubt, es ginge im Leben nur darum, ein ›good guy‹ oder ein ›bad guy‹ zu sein, und der Staat habe zu entscheiden, wer die ›bad guys‹ sind, [...] der hat nichts verstanden von Demokratie.«[13]

Und Juli Zeh ist zum Glück nicht die Einzige, die sich gegen die Auslieferung unserer Grundrechte zur Wehr setzt. Gegen die Vorratsdatenspeicherung regt sich bundesweit Widerstand. Rund 34 000 Bürgerinnen und Bürger haben beim Bundesverfassungsgericht Verfassungsbeschwerde dagegen erhoben. In Berlin finden Partys statt, die anlässlich dieses Angriffs auf den Datenschutz das Motto »Keine Stasi 2.0« tragen. Immer wieder kommt es zu Demonstrationen.

Schon in den 1980er Jahren führte eine bundesweite Volkszählung zu einer breiten gesellschaftlichen Bewegung für den Datenschutz. Unzählige Menschen riefen zum Boykott dieser Volkszählung auf. Das Thema inspirierte auch einige KünstlerInnen. Manchmal kann ein Kunstwerk ein Problem auf eine Art und Weise veranschaulichen, die weit mehr bewirkt als rein rationale Argumentation. Wer sich davon einen Eindruck verschaffen will, dem sei ein Besuch der Berliner Kunstausstellung im Hamburger Bahnhof empfohlen. Dort ist die Installation »Die Volkszählung« von Anselm Kiefer ausgestellt. Dieses Kunstwerk versetzt den Betrachter bzw. die Betrachterin in die Mitte eines metallenen, überdimensionierten Vierseitenregals voller Akten. Regal und Akten sind übersät von zigtausend Erbsen. So nimmt der Künstler die »Erbsenzähler« aufs Korn. Doch dieses Kunstwerk vermittelt mehr als Spott – von ihm geht auch eine gewisse Bedrückung aus.

Datenschutz ist keine Lappalie

Was ist so schlimm an der staatlichen Speicherung von Daten, dass sie zu so viel Widerstand und künstlerischem Engagement motiviert? Einige sind der Überzeugung, die pure Speicherung von Daten stelle noch keinen Eingriff in die Bürgerrechte dar. Doch Datenschutz und damit das Grundrecht auf informelle Selbstbestimmung kommen nicht erst dann zum Tragen, wenn es um die Verwendung von Daten geht. Schon deren Erhebung und Speicherung bedeuten einen Eingriff. Und das aus einem einfachen Grund: Der Bürger und die Bürgerin müssen nicht nur vor möglichen Terroristen geschützt werden, sondern auch vor einem möglichen Missbrauch der Daten von staatlicher Seite. Nun sollte man erwarten, dass von staatlicher Seite kein Missbrauch droht. Doch erstens gibt es keine Garantie dafür, dass einzelne Staatsangestellte den Zugang zu Daten nicht zur individuellen Erpressung nutzen oder anderweitig missbrauchen. Wenn es einer Behörde möglich ist, sämtliche Telefonverbindungen einzusehen, dann kann man beispielsweise schnell den Familienvater mit Anrufen bei fragwürdigen Hotlines erpressen. Und zweitens beweist die Geschichte, wie notwendig Abwehrrechte des Bürgers gegenüber dem Staat sind. Autoritäre Staaten haben immer wieder Daten der Bevölkerung zur generellen Einschüchterung und zur gezielten Kriminalisierung von politisch unbequemen Menschen genutzt. Nun leben wir ohne Zweifel in einer Demokratie. Aber auch die beste Demokratie kann in einen autoritären Sicherheitsstaat umkippen, wenn ihre Staatsbürgerinnen und Staatsbürger nicht aufpassen. Deshalb gilt: Wehret den Anfängen.

Ein Urteil des Bundesverfassungsgerichts aus dem Jahre 1983 bringt die Notwendigkeit des Datenschutzes treffend auf den Punkt. Die Rede ist vom sogenannten Volkszählungsurteil. Darin heißt es, Bürgerinnen und Bürger, die nicht mehr wissen oder wissen können, wer was über sie weiß, seien nicht mehr souverän. Wer nicht mehr souverän ist, kann kein Souverän sein. Eine Demokratie ohne Souveräne aber ist unvorstellbar. Wortwörtlich besagt dieses Urteil im etwas komplizierten Juristendeutsch:

»Wer nicht mit hinreichender Sicherheit überschauen kann, welche ihn betreffenden Informationen in bestimmten Bereichen seiner sozialen Umwelt bekannt sind, und wer das Wissen möglicher Kommunikationspartner nicht einigermaßen abzuschätzen vermag, kann in seiner Freiheit wesentlich gehemmt werden. [...] Wer unsicher ist, ob abweichende Verhaltensweisen jederzeit notiert und als Information dauerhaft gespeichert, verwendet oder weitergegeben werden, wird versuchen, nicht durch solche Verhaltensweisen aufzufallen. Wer damit rechnet, daß etwa die Teilnahme an einer Versammlung oder einer Bürgerinitiative behördlich registriert wird und daß ihm dadurch Risiken entstehen können, wird möglicherweise auf eine Ausübung entsprechender Grundrechte (Art. 8, 9 GG) verzichten. Dies würde nicht nur die individuellen Entfaltungschancen des Einzelnen beeinträchtigen, sondern auch das Gemeinwohl, weil Selbstbestimmung eine elementare Funktionsbedingung eines auf Handlungsfähigkeit und Mitwirkungsfähigkeit seiner Bürger begründeten freiheitlichen demokratischen Gemeinwesens ist.«[14]

Datenschutz ist eben tatsächlich keine Lappalie, sondern ein ernst zu nehmender Grundsatz in einer freiheitlich-demokratischen Gesellschaft.

Eine beliebte argumentative Methode beim Abbau von Grundrechten besteht darin, ein Horrorszenario, z. B. im Bereich organisierte Kriminalität oder Terrorismus, an die Wand zu malen, welches nur durch Regelübertretung abgewendet werden könne. Angesicht der dann drohenden Gefahr für Leib und Leben erscheinen verfassungsrechtliche Bedenken als Luxus, den man sich einfach nicht leisten kann. Für diese Argumentation sind die meisten von uns empfänglich. Und Hand aufs Herz, wer kennt solche Gedanken nicht? Mitten im schönsten Krimi wird der sympathische Kommissar an einer dringenden Untersuchung gehindert, weil irgendein Richter seine Einwilligung zu einer Hausdurchsuchung nicht geben will. Spätestens dann ist man geneigt, bei der Überschreitung von Grundrechten ein Auge zuzudrücken. Ein solcher Reflex ist zwar menschlich, aber nicht immer der beste Ratgeber. Denn die Stärkung des Bürgers gegenüber dem Staat, der Schutz der Freiheits- und Grundrechte ist Pflicht, nicht Kür.

Der Schutz der Grundrechte und die Einhaltung verfassungsmäßig verbriefter Rechte wie informationelle Selbstbestimmung sind elementare Voraussetzungen für eine funktionierende Demokratie. Und wer durch Krimis mit sympathischen Kommissaren in dieser Überzeugung erschüttert wird, dem seien als Gegenmittel Filme wie »V wie Vendetta« oder der bereits erwähnte Buchklassiker »1984« empfohlen. Der von Joel Silver produzierte und im Jahr 2006 erschienene Film »V wie Vendetta« geht auf einen gleichnamigen Comic zurück. Darin wird exemplarisch durchgespielt, wie vermeintliche Terroranschläge genutzt werden, um einen Überwachungsstaat einzurichten und Grundrechte außer Kraft zu setzen. Im Film mündet dies letztlich in einer Diktatur, die die Protagonisten des Filmes erst nach jahrzehntelangem Widerstandskampf überwinden.

Zweifelsohne ist jeder Anschlag, jeder Mensch, der verwundet oder sogar getötet wird, eine Katastrophe und unbedingt zu vermeiden. Die Notwendigkeit, diese Anschläge zu verhindern, darf auf keinen Fall kleingeredet werden. Es stellen sich jedoch in diesem Zusammenhang einige Fragen. Erstens: Wie sachgerecht sind die flächendeckenden Grundrechtseinschränkungen? Da die Arbeit der Geheimdienste – wie der Name schon sagt – der Geheimhaltung unterliegt, ist eine umfassende Analyse nicht so einfach. Aber folgende bereits erwähnte Umstände stimmen doch nachdenklich: In nur rund 15 Prozent aller Verfahren nach Paragraph 129a kommt es überhaupt zu einer Anklage. Und kaum eine dieser Klagen bezieht sich auf geplante Anschläge auf das Leben von Menschen, sondern höchstens auf Sachbeschädigungen. Das BKA-Gesetz, das terroristische Gefahr abwenden soll, erlaubt das Abhören von Abgeordneten. Maßnahmen, die einst nur zur Terrorabwehr eingesetzt wurden, werden schnell für Bagatellfälle oder kleinere Straftaten verwendet.

In der Rechtsprechung gilt, dass bei Grundrechtseingriffen immer zu prüfen ist, inwieweit diese tatsächlich geeignet sind, das anvisierte Ziel zu erreichen, und ob nicht ein milderes Mittel existiert. Wie können also Gefahren abgewehrt werden, ohne Grundrechte flächendeckend auszuliefern? In diesem Zusammenhang war ein klassischer Polizeieinsatz vor nicht allzu langer Zeit sehr erfolgreich. Dieser Einsatz verhinderte einen von der Sauerland-Gruppe geplanten Anschlag. Ausschlaggebend für den Erfolg war eine seit Jahren bestehende Regelung, wonach die Käufe von bestimmten Chemikalien registriert werden. Fazit: Mehr Polizisten und eine bessere Mittelausstattung bei der Polizei würden womöglich den gleichen sichernden Effekt erzielen – und zwar ohne flächendeckende Grundrechtseinschränkung. Eine finanzielle Aufstockung bei der Polizei wäre also folgerichtig. Doch da passiert nichts. Aus irgendeinem Grund ist die flächendeckende Grundrechtseinschränkung bei den regierenden Parteien beliebter als die Mittelaufstockung bei der Polizei.

Zweitens stellt sich eine – zugegeben provokante – Frage: Sind die Gefahren für Leib und Leben, die von Terroranschlägen drohen, wirklich so viel größer als andere Gefahren? Ist nicht statistisch gesehen das Risiko, aufgrund von Umweltgiften an Krebs zu erkranken und in einem monatelangen schweren Kampf daran zugrunde zu gehen, deutlich höher als die Gefahr, Opfer eines Terroranschlags zu werden? Warum wird nicht alle Energie daran gesetzt, bei Autos und Fabriken das Austreten von Umweltgiften zu unterbinden? Warum werden nicht alle Gefahren für Leib und Leben so ernst genommen wie mögliche Terroranschläge? Weil es beim Anti-Terrorkampf »nur« den Grundrechten an den Kragen geht und er den Staatshaushalt nicht belastet? Während der Kampf gegen Umweltgifte die umweltverschmutzenden Unternehmen, vor allem die lobbystarke Autoindustrie, tangieren würde? Ich kenne keine definitive Antwort auf diese Fragen. Aber ich finde, Nachdenklichkeit und unbequeme Fragen sind angebracht, wenn Grund- und Freiheitsrechte für ein vermeintlich höheres Ziel geopfert werden sollen.

Denn es droht nicht nur von Seiten der Terroristen Gefahr, auch der autoritäre Sicherheitsstaat kann für den Einzelnen zur Gefahr werden. Wer einmal unter Beobachtung der Staatssicherheit in der DDR stand, kann davon beeindruckend berichten – ebenso wie in neuester Zeit Andrej

H. Wer sich einen Eindruck davon verschaffen möchte, wie stark allein die Bespitzelung einem Menschen an die Substanz gehen kann, dem sei das Buch »Was bleibt« von Christa Wolf empfohlen.[15] Diese Erzählung handelt von einem Tag im Leben einer Ostberliner Schriftstellerin, deren Wohnung und deren beruflichen Aktivitäten von der Stasi offen observiert werden.

Auffällig erscheint mir, dass der Ausbau des Überwachungsstaats mit einem Abbau des Sozialstaats zusammenfällt. Der soziale Kahlschlag und ein ausgrenzendes Bildungssystem haben mit dazu beigetragen, dass zunehmend mehr Menschen keine Perspektiven mehr für sich sehen. Soziale Not und Perspektivlosigkeit können so zu einem Pulverfass werden, zumindest aber zu einer Radikalisierung führen. Dienen womöglich all diese Maßnahmen, die jetzt unter der Fahne der Terrorismusabwehr eingeführt werden, auch für den Fall, dass sich Menschen entschließen, energischer als bisher gegen den sozialen Kahlschlag zu protestieren?

Drei Wege aus dem Überwachungsstaat

1. Klassische Polizeiarbeit und Entwicklungszusammenarbeit

Es ist verwunderlich, dass dieselben Parteien, namentlich SPD und CDU, die im Bund im Namen der Sicherheit eine Grundrechtseinschränkung nach der anderen in Kauf nehmen, auf Landesebene bei der Polizei fleißig Stellen abbauen. Vielerorts fehlt es der Polizei an Ausrüstung für ihre alltägliche Arbeit. Sogar die Gelder fürs Benzin sind zum Teil so sehr gekürzt wurden, dass Streifenfahrten extrem eingeschränkt werden müssen. Klassische Polizeiarbeit kann reale Erfolge in der Gefahrenabwehr vorweisen. Zusätzlich wird durch die Präsenz ein Sicherheitsgefühl vermittelt. Doch von Seiten der Regierung wird eher die Angst geschürt. Je größer die Angst, desto günstiger die Bedingungen für mehr Überwachung und einen weiteren Abbau von Grundrechten.

Auch die Privatisierung der Flugsicherung hat das Sicherheitsrisiko verschärft. In ihrer Folge arbeiten die Menschen dort zu Hungerlöhnen. Kein Wunder, wenn die Qualität der Sicherheitsüberprüfungen nachlässt, wie manche Prüfungen bestätigten. Doch das Credo öffentlicher Sicherheitspolitik sollte besser Menschen statt Technik lauten. Statt flächendeckende Datensammelei zu praktizieren, sollte lieber die Polizei gut ausgerüstet werden. Statt im Zeichen vermeintlicher Terrorabwehr auch noch die Computer auszuschnüffeln, sollte im Sinne einer besseren Sicherheitsüberprüfung an den Flughäfen die Privatisierung der Flugsicherung rückgängig gemacht werden.

Und dann fehlt der Blick über den Tellerrand: Wer terroristische Anschläge nachhaltig verhindern will, der muss sich mit den Ursachen von Terrorismus auseinandersetzen. Das Moment der Demütigung einer ganzen Kultur, einer ganzen Religionsgemeinschaft ist dabei nicht zu unterschätzen. Wer verhindern will, dass Terroristen weiteren Zulauf erhalten, der muss alles tun, um weitere Demütigungen zu verhindern. Hier ist die Bundesregierung gefragt, innerhalb der Europäischen Union sowie innerhalb der Vereinten Nationen für eine andere Außenpolitik zu werben. Eine nachhaltige Terrorismusabwehr ist ohne den Ausbau von Entwicklungszusammenarbeit und ziviler Konfliktlösung undenkbar. Das postulierte auch Günter Grass in seinen Merkzetteln an die SPD-Fraktion im Januar 2008: »Wer den Terrorismus eindämmen will, der sollte den Nord-Süd-Bericht zur Hand nehmen und in Armut, in Hungerstatistiken und in nachkolonialer Bevormundung und Demütigung die Ursachen für Gewalt [...] erkennen.«[16]

Sicherlich kann ein Entwicklungsprojekt, das heute begonnen wird, keinen bereits aktiven Terroristen bekehren. Aber zivile Konfliktlösung und respektvolle Entwicklungszusammenarbeit können vielleicht verhindern, dass sich weitere Menschen für den Weg des Terrorismus entscheiden. Jede Bombe hingegen, die unschuldige Zivilisten tötet, schafft einen Nährboden, der Terroristen die Rekrutierung von Mitstreitern erleichtert. Eine Außenpolitik im Zeichen des Antimilitarismus ist somit die beste Prävention vor Terrorismus.

2. Grundrechte stärken

Unter dem Banner der Terrorismusabwehr hat die Mehrheit im Bundestag den gefährlichen Kurs in Richtung Überwachungsstaat eingeschlagen. Dieser Marsch muss gestoppt werden. Grundrechte dürfen nicht leichtfertig für ein vermeintlich höheres Ziel geopfert werden. Stattdessen ist es wichtig, Grund- und Freiheitsrechte nachhaltig zu stärken. Wenn der Kampf gegen die Feinde der Demokratie zu einem massiven Abbau von demokratischen Rechten führt, dann haben die Feinde der Demokratie bereits einen Sieg errungen. Eine Gesellschaft, die politisches Engagement kriminalisiert, verliert ihren demokratischen Charakter. Und immer noch gilt, was der amerikanische Politiker, Naturwissenschaftler und Schriftsteller Benjamin Franklin einst sagte: »Wer die Freiheit aufgibt, um Sicherheit zu finden, wird am Ende beides verlieren.«

3. Verfassungsschutz abschaffen

Zu den Wegen aus der Überwachungsfalle gehört auch die kritische Auseinandersetzung mit dem deutschen Inlandsnachrichtendienst, dem Bundesamt für Verfassungsschutz. Es gibt gute Gründe dafür, das Amt für Verfassungsschutz abzuschaffen. Ein zentraler Aufgabenbereich des Verfassungsschutzes besteht nach eigenen Angaben im Geheimschutz. Geheimdienste neigen von ihrem Wesen her zur Verselbständigung. Der Schutz einer demokratischen Verfassung kann hingegen nicht im Geheimen passieren. Er muss, wenn er erfolgreich sein soll, von den Bürgerinnen und Bürgern getragen werden. Der Schutz der Verfassung kann eben nicht an einen Geheimbund outgesourct werden.

Die überzeugendsten Argumente für seine Abschaffung liefert jedoch der Verfassungsschutz selbst. Zum einen ist die Effizienz geheimdienstlicher Tätigkeit deutlich in Frage zu stellen. So hat das Wirken des Verfassungsschutzes nicht dazu geführt, dass Neonazis in ihren Aktivitäten behindert worden sind. Im Gegenteil, aufgrund der faktischen Nichtkontrollierbarkeit der V-Leute besteht immer die Gefahr der Verflechtung. Auf diese Weise können V-Männer zu staatlich finanzierten Aufbauhelfern für Nazistrukturen werden. Von dieser Verstrickung von V-Leuten innerhalb der NPD zeugt das Scheitern des NPD-Verbotsverfahrens beim Bundesverfassungsgericht. Das Gericht konnte nicht eindeutig feststellen, welche Aussagen V-Männern und welche Aussagen originären NPD-Mitgliedern zuzuschreiben waren.

Auch ist die Prioritätensetzung des Verfassungsschutzes mehr als fragwürdig. Dies belegt eine Vielzahl von Beispielen, wo der Verfassungsschutz auf politische Initiativen angesetzt wurde, die vielleicht unbequem sind, von denen aber keine Gefahr für diese Gesellschaft und schon gar nicht für die Verfassung ausgeht. Leider ist keine konkrete Aussage darüber möglich, wie viel Prozent der V-Leute auf Neonazi-Strukturen, wie viele auf unbequeme Globalisierungskritiker und wie viele auf potentielle Terroristen angesetzt sind. Die Arbeit des Verfassungsschutzes unterliegt bekanntlich der Geheimhaltung. Und das Gremium des Parlaments, das für die Kontrolle zuständig ist, unterliegt ebenfalls der Schweigepflicht.

Ende der 1990er Jahre versuchte beispielsweise der Verfassungsschutz in Dresden, einen jungen Umweltaktivisten anzuwerben. Ihm wurde ein stattliches Einkommen zugesichert, vorausgesetzt, er würde Informationen über die Anti-Atombewegung liefern. Außerdem sollte ihm, so der auf ihn angesetzte Werber, eine »Freundin«, eine schon länger beim Verfassungsschutz tätige Frau, zur Seite gestellt werden. Zum Glück ließ sich der Dresdner Umweltaktivist nicht darauf ein und machte die ganze Sache öffentlich. Dazu hatte er mehrere Leute eingeladen, die seine Absage bezeugen sollten. Geplant war, dass ein Treffen am Straßenrand stattfindet. Als wir uns an jenem Morgen mit einer versteckten Fotokamera und als möglichst unauffällig wirken wollende Passanten auf den Weg machten, um im entscheidenden Moment der Begegnung beizuwohnen, musste ich an die Geschichte jenes Mannes denken, dessen bester Freund aus DDR-Zeiten sich als Stasi-Spitzel entpuppte. Wenn der Umweltaktivist auf das unmoralische, aber lukrative Angebot eingegangen wäre, so hätte er womöglich auch Berichte aus dem Freundeskreis liefern müssen.

Auch das 2003 gegründete Berliner Sozialforum geriet ins Visier des Verfassungsschutzes. Das aus der globalisierungskritischen Bewegung stammende Forum versteht sich selbst als eine Art offener Raum für Diskussionen und politischen Austausch. Es beteiligte sich an verschiedenen Aktionen in Berlin, z.B. an einer Mahnwache anlässlich eines rassistischen Mords in Berlin-Marzahn sowie an einem Aktionstag gegen Hartz IV. Seit seiner Gründung bis zum Sommer 2006 wurden insgesamt fünf V-Leute auf das Sozialforum angesetzt. Vier der fünf konnten enttarnt werden und sind seitdem in politischen Kreisen nicht mehr in Erscheinung getreten.[17] Dem Berliner Sozialforum ist es gelungen, politische Gruppen zusammenzubringen, die früher kaum zusammengearbeitet hatten, z. B. Gruppen aus der radikalen Linken mit Erwerbslosen- und Bürgerinitiativen bzw. mit gewerkschaftlichen Gruppen. Und genau das reichte aus, um vom Verfassungsschutz ins Visier genommen zu werden. Als ob von sozialen Aktivisten und Umweltschützern tatsächlich Gefahr für die Verfassung ausgehen würde!

Ebenso absurd ist der Aufwand, den der Verfassungsschutz betreibt, um Politiker und Politikerinnen der LINKEN seit Jahren zu beobachten. Faktisch die gesamte Bundestagsfraktion der LINKEN wird erfasst. In mindestens zwölf Fällen gibt es sogar umfangreiche Akten. Dazu gehören u. a. Gregor Gysi, der Fraktionsvorsitzende, und Petra Pau, die Bundestagsvizepräsidentin. Auch über mich gibt es einen Bericht. Der liest sich ganz amüsant. So beinhaltet der Bescheid zu meiner Person u. a. Informationen wie die folgende: »Des weiterem ist dem Bundesamt für Verfassungsschutz bekannt, dass Sie an politischen Veranstaltungen – insbesondere an diversen Parteitagen – der PDS bzw. ›Linkspartei.PDS‹ teilnahmen.« Eigentlich nicht sehr verwunderlich, dass jemand, der immerhin stellvertretende Vorsitzende einer Partei ist, an Parteitagen ebendieser Partei teilnimmt.

Irgendjemand muss sich auch die Mühe gemacht und alle meine Artikel in Parteizeitungen gelesen haben. Da wird z. B. festgehalten, dass ich unter der Überschrift »Die Busse des Jugendwahlbüros rollen wieder durchs Land« einen Bericht über den Jugendwahlkampf geschrieben habe. Nun könnte ich es mit Humor nehmen und mich über die

Aufmerksamkeit freuen. Aber irgendwie überwiegt doch der Ärger über die Verschwendung von Steuergeldern. Immerhin werden Leute dafür bezahlt, dass sie das alles auswerten und archivieren.

Bodo Ramelow, jahrelang Wahlkampfleiter der LINKEN, konnte nachweisen, dass er seit Jahren systematisch beobachtet wird.[18] Der Grund dafür lag nicht etwa darin, dass man ihn verdächtigte, er bereite Terroranschläge vor. Vielmehr legte man ihm zur Last, dass er für die Partei PDS und später für DIE LINKE führende Positionen übernommen hatte. Die »Gefahr«, die von ihm ausgeht, besteht also darin, dass er als erfolgreicher Wahlkämpfer anderen Parteien Stimmen streitig macht, bzw. darin, dass sein organisatorisches Geschick maßgeblich zur Vereinigung von WASG und PDS beigetragen hat? So etwas ist vielleicht ein Fall für die interne Wahlkampfplanung der SPD und CDU, aber doch nicht für den Verfassungsschutz!

Für Abgeordnete einer oppositionellen Partei mag die Erwähnung im Verfassungsschutzbericht vielleicht noch amüsant oder sogar schmeichelhaft sein. Für Menschen jedoch, die auf Jobsuche sind, oder für Studierende, die sich auf eine wissenschaftliche Karriere vorbereiten, kann diese Erwähnung verheerende Folgen nach sich ziehen, womöglich sogar das berufliche Aus bedeuten. Zwar gibt es kein offizielles Berufsverbot, aber wer einmal im Verfassungsschutzbericht stand, hat es schwer, jemals an eine Universität berufen zu werden. Insofern ist es erschreckend, wie willkürlich der Verfassungsschutz linke Gruppen überwacht und deren Aktivisten in seinen Berichten auch benennt. Der eigentliche Skandal besteht für mich darin, dass der Verfassungsschutzbericht vor allem als Mittel zur Kriminalisierung und Diffamierung von politisch aktiven Menschen missbraucht wird. Dies ist nicht im Sinne unserer demokratischen Verfassung, sondern widerspricht eindeutig ihrem Geist. Als große Anhängerin der Grundrechte in unserer

Verfassung betone ich: Es gilt, die Verfassung vor den angeblichen Verfassungsschützern zu schützen. Deswegen plädiere ich für die Abschaffung des Verfassungsschutzes. Das Geld, das dabei eingespart wird, kann beispielsweise in der antifaschistischen Jugendarbeit zum Einsatz kommen. So kriegt man die Gefahr von rechts sicherlich besser in den Griff.

Das bewegendste Plädoyer für die Abschaffung des Verfassungsschutzes liefert jedoch der bereits erwähnte Aufruf »Wir haben es satt«:

»Wir haben in der Revolution von 1989 Kopf und Kragen riskiert, um das System von Bütteln und Spitzeln in der DDR zu überwinden. Wir hatten erwartet, dass nach dem Ende des Kalten Krieges auch die westlichen Geheimdienste abrüsten. Keiner von uns hat jedoch damit gerechnet, dass nach Beendigung des Kalten Krieges die Telefonabhöraktivitäten steil ansteigen, dass die von uns abgerissenen Stasi-Videokameras nur durch neue ersetzt werden.«[19]

Es gibt geschichtliche Erfahrungen und Lehren, denen man sich nicht verschließen darf. Dazu gehören die Erfahrungen der DDR. Diese haben eines mehr als deutlich gemacht: Es ist kreuzgefährlich für eine Gesellschaft, wenn Grund- und Freiheitsrechte auf dem Altar vermeintlicher Sicherheit geopfert werden. Deshalb kommt es heute darauf an, Wege aus der Überwachungsfalle einzuschlagen. Diese Gesellschaft braucht keine Stasi 2.0!

IX. Die Hälfte muss draußen warten

> Ein Mann kann schwer ermessen, wie au-
> ßerordentlich groß die Bedeutung sozia-
> ler Diskriminierungen ist, die von außen
> unerheblich erscheinen, deren moralische
> und intellektuelle Auswirkungen aber auf
> die Frau so tief gehen, dass es den An-
> schein haben kann, sie entsprängen ihrer
> Urnatur.[1]
>
> (*Simone de Beauvoir*: Das andere
> Geschlecht – Sitte und Sexus der Frau)

Von wegen halbe-halbe –
die Benachteiligung von Frauen

»Nicht zum Falten der Wahlzettel sind die Hände der
Frauen geschaffen, sondern dafür geküsst zu werden, ehr-
furchtsvoll, geküsst, wenn es die Hände der Mutter sind,
voll inniger Liebe, wenn es die der Ehefrauen und Ver-
lobten sind: [...] bezaubern und Mutter sein, dafür ist die
Frau geschaffen.« Was wie ein schlechter Scherz klingt, hat
der französische Senator Alexandre Bérard bei einer Debatte ums Frauenwahlrecht Anfang des 20. Jahrhunderts
zum Besten gegeben.[2] Seine Worte stehen exemplarisch für
ein Argumentationsmuster, wonach die Beteiligung an der
Politik der weiblichen Natur widerspreche. Und mit dieser
Auffassung stand er lange Zeit wahrlich nicht allein.

In dem feministischen Klassiker »Das andere Geschlecht«
gibt die Philosophin und Schriftstellerin Simone de Beauvoir einen Überblick über die Einwände gegen das Frauenwahlrecht: Es hieß, die Frau würde ihren Charme verlieren,

wenn sie wählte. Sie beherrsche doch den Mann auch ohne Stimmzettel. »Der Platz der Frau sei das Heim; politische Diskussionen würden zu Auseinandersetzungen zwischen den Eheleuten führen.«[3] Oder: »Wenn sie frei sein wollten, dann sollten sie sich doch erst einmal von ihrer Schneiderin befreien.«[4] Es ist schon erstaunlich, dass trotz der Dürftigkeit dieser Behauptungen den Frauen der Zugang zum Wahlrecht so lange verweigert wurde. Heute mögen uns solche »Argumente« abstrus erscheinen. Doch jahrhundertelang waren sie extrem wirkungsmächtig, um Frauen das gleiche Recht auf Beteiligung an den Wahlen abzusprechen. Erst vor neunzig Jahren etablierte man in Deutschland das Frauenwahlrecht. Dass heute solche Argumente nicht mehr ziehen, sondern nur diejenigen diskreditiert, die sie aussprechen, ist das Ergebnis langer harter Kämpfe.

1791 forderte Olympe de Gouges in Frankreich in ihrer »Déclaration des droits da la femme et de la citoyenne«, ihrer Erklärung der Frauen- und Bürgerinnenrechte, das Wahlrecht für Frauen. Erst rund hundert Jahre später, im Jahr 1893, führte Neuseeland als erster Staat eben jenes Recht ein, und es dauerte weitere hundert Jahre, begleitet von harten Kämpfen, bis 1984 das letzte Land in Europa, Liechtenstein, endlich das allgemeine Wahlrecht für Frauen festschrieb. Im Jahr 2007 ist nur noch ein Land übrig, in dem ausschließlich die Männer die Herrschaft bestimmen, wählen und regieren: Saudi-Arabien. Es ist ein großer Sieg der Frauenbewegung, dass im Laufe des 20. Jahrhunderts weltweit Frauenrechte wie das Wahlrecht errungen wurden. Nun, zu Beginn des 21. Jahrhunderts, besteht die Herausforderung darin, dafür zu sorgen, dass die Frauen weltweit diese Rechte auch tatsächlich wahrnehmen. Was das anbelangt, gibt es leider keinen Grund, sich beruhigt zurückzulehnen.

Weltweit sind magere 16 Prozent aller Abgeordneten weiblich. Das männliche Geschlecht, das rund 46 Prozent der Weltbevölkerung entspricht, ist also im Besitz von 84 Prozent aller Mandate. Im Deutschen Bundestag sind in der 16. Wahlperiode, also von 2005 bis 2009, 68 Prozent aller Mandate von Männern besetzt. Das ist etwas besser als der weltweite Durchschnitt, aber immer noch beachtlich von einer hälftigen Repräsentation entfernt. Und auf der Länderebene sieht es nicht besser aus. In den Landtagen schwankt der Frauenanteil zwischen einem Viertel und einem Drittel. Noch katastrophaler steht es international um die Zahlen für Spitzenämter. In gerade einmal vier Prozent der Länder befindet sich eine Frau an der Spitze der Regierung.[5] Die Führungsgremien in Wirtschaft und Medien sind erst recht immer noch vor allem eine Männerdomäne. Keiner der hundert größten Konzerne hat eine Chefin. Nur 7,5 Prozent der Aufsichtsratssitze der 200 größten deutschen Aktiengesellschaften werden von Frauen besetzt. Wenn die reichliche Hälfte der Bevölkerung nicht die gleichen Teilnahmemöglichkeiten hat, so ist das Ausdruck eines demokratischen Defizits. Und dies ist nur ein Aspekt auf der breiten Klaviatur der Benachteiligung bzw. Diskriminierung von Frauen. Diese lässt sich, auch zu Beginn des 21. Jahrhunderts, leider überall in der Gesellschaft beobachten – bei den Löhnen, bei der alltäglichen Gewalt gegen Frauen, bei der ungerechten Verteilung von Hausarbeit und vielem anderen mehr.

So liegt der Lohn von Frauen in der Bundesrepublik im Durchschnitt zu mehr als einem Fünftel unter dem Lohn von Männern. Immer noch übernehmen die Frauen einen Großteil der Haus- und Erziehungsarbeit. Die Zeitbudgeterhebung des Statistischen Bundesamtes kam zu folgender Erkenntnis: »Frauen leisten mehr unbezahlte Arbeit und wenden mehr Zeit für soziale Kontakte auf, dagegen stehen bei den Männern Erwerbsarbeit sowie Spiele und die Mediennutzung stärker im Vordergrund.«[6] Traditionell »weibliche Aufgaben« wie putzen (zu 74,6 Prozent), Wäsche waschen (zu 85,6 Prozent) und bügeln (zu 86,6 Prozent) werden auch weiterhin überwiegend von den Frauen erledigt.[7]

Rückkehr der Dienstmädchen

Den hart erkämpften und stets prekären Fortschritten in punkto Emanzipation stehen auch in unserer Gesellschaft problematische Tendenzen in Richtung eines geschlechterpolitischen Roll-Back gegenüber. Ein Beispiel dafür sind die neuen Dienstmädchen: Frauen, nicht selten mit einem unsicheren Aufenthaltsstatus, die als Haushaltshilfen ihren Lebensunterhalt fristen. Meist handelt es sich dabei um Migrantinnen aus Osteuropa, Asien oder Afrika, für die diese Arbeit die einzige Möglichkeit darstellt, ihre Familie, ihre eigenen Kinder angemessen zu ernähren. Die entwürdigenden Umstände, in denen Dienstboten bzw. Dienstmädchen bis ins 19. Jahrhundert leben mussten, sind vielen von uns aus bewegenden Filmen oder Bücher wie »Der Streik der Dienstmädchen«[8] bekannt. Mit der Gesindeordnung von 1918 wurden dem feudalen Dienstbotenwesen klare Regeln auferlegt. Was wir gegenwärtig, immerhin zu Beginn des 21. Jahrhunderts, beobachten können, ist eine Rückkehr der Dienstmädchen unter quasi feudalen Bedingungen. Migrantinnen, denen eine restriktive Einwanderungspolitik einen legalen Aufenthaltsstatus verweigert, treibt die Not in die Arme von Menschen, die Dienstmädchen beschäftigen. Schätzungen zufolge sind bis zu 2,4 Millionen Menschen in diesem Lande in privaten Haushalten beschäftigt. Nicht alle von ihnen werden ausgebeutet, einige Pflegekräfte verfügen über ein sozialversicherungspflichtiges, geregeltes Arbeitsverhältnis.

Doch bei einem beträchtlichen Teil der Arbeiterinnen in

privaten Haushalten sind die Arbeits- und Lebensbedingungen extrem prekär. Nur ein kleiner Teil von ihnen ist sozialversicherungspflichtig beschäftigt. Sie sind unterbezahlt, arbeiten oft fast rund um die Uhr. Nicht selten sind sie schutzlos gegen männliche Übergriffe. Ohne Papiere, ohne legale Arbeitserlaubnis sind sie der Willkür ihrer Hausherren ausgeliefert. Eine Anklage würde letztlich nur zu ihrer Ausweisung führen. Sie leben im »doppelten Niemandsland von Privatem und Illegalität«.[9]

Die Arbeit von RESPECT, einem Netzwerk zur Unterstützung von MigrantInnen, kann hier einige Abhilfe schaffen. Doch das Leben in der Illegalität erschwert die Vernetzung und mindert die Wehrhaftigkeit der Migrantinnen. Um die Situation dieser Frauen zu verbessern, ist vor allem eines nötig: die Legalisierung ihres Aufenthaltsstatus. Eine Liberalisierung des Zuwanderungsgesetzes ist also auch im Sinne der Gleichstellung dringend erforderlich. Frauen wie Männer, die sich dafür entscheiden, längerfristig hier zu leben und zu arbeiten, müssen die Möglichkeit bekommen, die deutsche Staatsbürgerschaft zu erwerben. Das Mindeste, was ihnen zusteht, ist das Recht, einer Arbeit nachzugehen, wenn sie die Absicht haben, ihren Lebensmittelpunkt nach Deutschland zu verlegen. Wer Menschen, die hier arbeiten und leben wollen, dies verweigert, treibt sie in die Illegalität sowie in die Schutzlosigkeit und befördert außerdem die Schattenwirtschaft.

Problemfall Rollenklischees

Eine besonders subtile, aber dennoch folgenreiche Form der Diskriminierung kommt in einem scheinbar harmlosen Gewand daher – im Gewand der klassischen Rollenklischees. Deren freiheitseinschränkende Wirkung ist nicht zu unterschätzen.

Noch immer wird in vielen Familien erwartet, dass der Mann den Großteil des Geldes nach Hause bringt und damit die »Ernährer-Rolle« einnimmt, während die Frau für die Kindererziehung und den Hinzuverdienst zuständig ist. Scheinbar sind wir heute gleichberechtigt, aber spätestens dann, wenn jemand dieses Muster deutlich durchbricht, bekommt er die Wirkungsmächtigkeit der festgeschriebenen Rollen zu spüren. Ein bei einer Bank beschäftigter Bekannter erzählte mir, er habe sich entschieden, nach der Geburt seiner Tochter zu Hause zu bleiben und das Elterngeld in Anspruch zu nehmen. Während man bei seinen schwangeren Arbeitskolleginnen selbstverständlich davon ausging, dass diese für eine Weile von der Erwerbsarbeit pausierten, reagierten seine Vorgesetzten auf seine Entscheidung mit deutlichem Unmut. Ob das denn sein müsse, wo es doch schon ohnehin so viel Personalausfall gäbe? Könne nicht seine Frau …? Ein anderer Bekannter, der sich bereits vor Jahren entschied, Hausmann und Vater zu sein, berichtet, wie er immer noch auf Spott und Unverständnis stößt: »Als ob das Dasein als Hausmann eine Kastration voraussetzen würde.« Und das nur, weil er sich für einen Lebensweg entschieden hat, der eher mit Frauen in Verbindung gebracht wird.

Sicherlich, es wurde einiges erreicht. Zunehmend mehr junge Paare streben eine gleichberechtigte Aufteilung der Erziehungsarbeit an. In Lifestyle-Magazinen häufen sich Berichte über die neuen Männer. Die Frauenzeitschrift »Brigitte« veröffentlichte im Frühjahr 2008 eine Studie mit dem Titel »Auf dem Sprung« über das neue Selbstbewusstsein der Frauen. Diese Studie, entstanden unter der wissenschaftlichen Leitung der Soziologin Prof. Jutta Allmendinger, zeigt viel Interessantes. So gaben mehr als achtzig Prozent der befragten Frauen an, dass sie sowohl eigenes Geld verdienen als auch eine Familie haben wollen.[10] Doch inwieweit hat sich dieser Wunsch schon in der Realität umgesetzt? Die Erhebungen der Bundesregierung zur Berufstätigkeit von Müttern im aktuellen Armuts- und Reichtumsbericht zeichnen diesbezüglich ein trauriges Bild: Auch heute noch gehen zwei Drittel aller Frauen mit Kindern unter drei Jahren keinerlei Arbeit nach.[11] Offensichtlich klaffen bezüglich der Vereinbarkeit von Beruf und Familie Wunsch und Wirklichkeit noch weit auseinander.

Berufstätige Mütter sind leider immer noch zu oft mit dem Vorwurf konfrontiert, eine Rabenmutter zu sein. Man könnte meinen, schiefe Blicke und offene Anschuldigungen gegenüber Müttern, die nach der Geburt wieder voll berufstätig sind, seien Geschichte. Dass dem nicht so ist, berichteten erst kürzlich erfolgreiche Geschäftsfrauen im »Spiegel«: Nichts habe sie so genervt wie die Schnapptür in der Kita ihres Sohnes – so Angelika Clifford, die im Management von Microsoft arbeitet. »Kommt sie [Angelika Clifford] nur wenige Minuten zu spät, schnappen Tür wie Kindergärtnerin ein. Dann muss sie klingeln und darf in die vorwurfsvollen Gesichter der Erzieherinnen und pünktlichen Mütter schauen.«[12]

Zwar nehmen zunehmend mehr Väter die im Rahmen der Elternzeit ausgeschriebenen Vätermonate wahr. Aber allein der Umstand, dass ein solch enormer finanzieller Anreiz notwendig ist, um Männer dazu zu bewegen, sich nach der Geburt des Kindes bewusst eine berufliche Auszeit – und sei es nur für zwei Monate – zu gönnen, zeigt, wie weit es noch bis zur wirklichen Gleichstellung ist. Die Frauenbewegung hat viel erreicht, aber sie hat noch viel mehr vor sich.

Nun ist nichts dagegen einzuwenden, wenn sich eine Frau aus innerer Überzeugung fürs Zuhausebleiben entscheidet. Meine Kritik setzt dann an, wenn sie durch gesellschaftliche Normen oder aufgrund finanzieller Zwänge in eine Rolle gedrängt wird, die gar nicht ihrem inneren Bedürfnis entspricht. Die freie Wahl des eigenen Lebensweges setzt voraus, dass man um die Vielfalt der möglichen Lebenswege weiß. Wenn Männer von klein an auf die Rolle des Familienernährers eingestimmt werden, wird ihnen die Wahl der Rolle als Vater und Hausmann verbaut. So werden überkommene Rollenklischees zementiert und Männer wie Frauen an ihrer Selbstentfaltung behindert.

Immerhin erobern sich Frauen mittlerweile nach und nach die Bastionen der Männer und durchbrechen die klassischen Rollenzuschreibungen. Entscheidend ist nun, dass auf die allmähliche Emanzipation der Frau auch eine Emanzipation des Mannes folgt. Soll heißen: Zu einer wirklichen Überwindung der Rollenklischees gehört eine gerechtere Verteilung aller Arbeiten. Zum einen muss mehr prestigeträchtige und mehr gestaltende Arbeit von Frauen übernommen werden. Das heißt für die Männer, Einfluss und Prestige abzugeben. Und im Gegenzug muss deutlich mehr Haus- und Erziehungsarbeit von Männern übernommen werden. Das Ausfallrisiko Kinder muss auf Männer und Frauen gleichermaßen verteilt werden. Die Erziehungsarbeit ist neu zu verteilen – und zwar fair zwischen beiden Geschlechtern. Die väterlichen Pflichten begrenzen sich nicht auf das gemeinsame Fußballspiel mit den Kindern am Wochenende. Dass die Väter eine Pflicht bei der Kindererziehung haben, ist inzwischen wohl *common sense*, also Gemeingut. Spätestens jedoch, wenn ich diese generelle Einsicht mit der nur konsequenten Forderung übersetze, dass im Durchschnitt jede zweite Windel vom Vater gewechselt werden sollte, hält sich die Begeisterung in Grenzen.

Als ich neulich auf einer Familienfeier über diese Vorstellungen sprach, bekam ich von einem Bekannten meiner Eltern zu hören: »Ach, Katja, du willst immer Männer und Frauen gleichmachen, aber die Mutterliebe ist nun einmal durch nichts zu ersetzen, man kann die Natur nicht einfach außer Kraft setzen.« Da war sie wieder, die These von der Naturhaftigkeit der Unterschiede. Immer erneut abgewandelt, wird sie über all die Jahrhunderte hinweg vorgeschoben, um die ungerechte Aufteilung der Haus- und Erziehungsarbeit zwischen den Geschlechtern zu begründen. Diejenigen, die von der ungerechten Aufteilung der Erziehungsarbeit profitieren, reden sich mit der Natur raus. Was für ein durchsichtiges Manöver! Doch die Unterschiede im Verhalten sind nicht von der Natur bestimmt, sondern durch Erziehung und gesellschaftliche Erwartungshaltungen antrainiert. Und abgesehen davon bekommt ein Kleinkind bestimmt keinen psychischen Knacks, wenn die Windel nicht mit Mutter-, sondern mit Vaterliebe gewechselt wird.

Wenn in politischen Debatten die Rede auf dieses Thema kommt, greift ein anderes Abwehrmuster. Dann heißt es meistens: »Das muss jede Familie, jede Wohngemeinschaft unter sich klären. Der Staat kann sich ja nicht überall reinhängen.« Diese Argumentation lässt jedoch einen Punkt völlig außer Acht: Bisher hängt sich der Staat auch rein – nur unter anderen Vorzeichen. Da ist zum Beispiel die geltende steuerliche Regelung des Ehegattensplittings. Sie unterstützt schließlich genau jene Arbeitsteilung zwischen den Eheleuten, wonach einer Haupt- und eine die Dazuverdienerin ist. Infolgedessen bleiben in einer übergroßen Mehrzahl der Fälle die Frauen, sobald sie Mütter sind, entweder ganz zu Hause oder arbeiten nach der Geburt ihrer Kinder nur noch in Teilzeit.

Die Folgen einer solchen Arbeitsverteilung sind für alle Beteiligten zumeist alles andere als angenehm. Viele Mütter haben bei aller Freude über ihr Kind ein Problem damit, dass sich ihr gesamter Tag nur noch um den Nachwuchs dreht. Eine Schulfreundin, die sich sehr auf ihr Kind gefreut hatte, berichtete mir, wie sie in den ersten Wochen nach der Geburt unter einem intellektuellen Einbruch litt: »Wenn du den ganzen Tag nur auf das Kind fixiert bist, reduziert sich dein Gesprächsstoff, dein Denkhorizont in Windeseile. Man merkt es, aber kommt da kaum raus, solange man den ganzen Tag von dem Kind auf Trab gehalten wird.« Dies spüren am Abend dann auch die Väter. Und es gilt als offenes Geheimnis, dass bei nicht wenigen Vätern nach der Geburt des Kindes die Arbeitszeit im Büro zu- statt abnimmt, trotz aller vorherigen anderslautenden Bekundungen. Die Pflichten am Schreibtisch sind offenbar nicht so stressig wie die Situation zu Hause.

Meine Freundin und ihr Freund entschieden sich aufgrund dieser Erwägungen und Erfahrungen, die Erziehungszeit zu teilen. Beide nahmen jeweils sieben Monate das Erziehungsgeld in Anspruch, und zwar zusammen. So konnten sie diese wunderschöne Zeit, die ersten Monate im Leben ihres Kindes, gemeinsam erleben. Und hatten beide neben der Kinderbetreuung auch noch Luft für ihre persönliche Weiterbildung.

Automatische Kompetenzzuschreibung

Eigentliche müsste Andrea Ypsilanti, die Landesvorsitzende der hessischen SPD, die Hoffnungsträgerin der SPD sein. Sie hatte zu den Landtagswahlen 2008 ihre Partei zu einem historisch guten Wahlergebnis geführt und den Amtsinhaber Ronald Koch ziemlich schlecht aussehen lassen. Sie hatte – schon bevor es in der SPD wieder Mode war, sich sozialer zu geben – den Kurs des Sozialabbaus unter Gerhard Schröder kritisiert. Damit war sie parteiintern eine Trendsetterin. Es sprach im Sommer 2008 also viel dafür, dass Andrea Ypsilanti als erfolgreichste Politikerin der SPD angesehen wurde. Doch das in den Medien von ihr vermittelte Bild trägt andere Züge.

Hier empfiehlt sich ein kleines Experiment: Jeder bzw. jede frage sich einmal ganz spontan, wie die erste Assoziation lautet, wenn der Name Andrea Ypsilanti fällt? Denkt man an ein gutes Wahlergebnis, an ihre Kritik an der Agenda 2010 oder zuerst an Machthunger bzw. Chaos? Meine und nicht nur meine Beobachtung[13] ist, dass sie von den Medien inzwischen vor allem als eine Frau dargestellt wird, die Konfusion auslöst. Dabei gäbe es gute Gründe für eine andere Betrachtungsweise. Doch dies findet in Presseberichten kaum seinen Niederschlag, vielmehr wurde sie von den Macho-Journalisten als machtversessene Chaosverursacherin inszeniert. Ein trauriges Lehrstück in punkto Emanzipation.

Zu den gängigen Geschlechterklischees, die eine wirkliche Gleichstellung immer noch gewaltig behindern, gehört eine unbewusste Kompetenzzuschreibung. Diese passiert meist unbewusst und affektiv. Selbst überzeugte Feministinnen sind dagegen nicht immer gefeit. Dazu gehört zum einen, dass – wie der Fall Andrea Ypsilanti zeigt – von Frauen geführte inhaltliche Richtungsauseinandersetzungen schnell psychologisiert werden. Somit beraubt man diese Auseinandersetzungen ihres rationellen und damit gewichtigen Gehaltes. Ein psychologisierter Konflikt passt hingegen besser zum Klischee von der Frau als emotionalem, zu Hysterie neigendem, von der Natur bestimmtem Wesen. Jeder Journalist, der eine Politikerin als Chaosstifterin inszeniert, bedient diese Zuschreibung.

Männern hingegen wird eher die Sphäre des Rationalen zugeschrieben – und damit automatisch auch mehr Fachkompetenz. Wie unbewusst und doch zuverlässig diese Zuschreibung funktioniert, kann jeder wunderbar an sich selbst beobachten. Man muss nur einem Streitgespräch zwischen einem Mann mit entsprechend männlicher Stimme und einer Frau mit einer höheren, womöglich schrilleren Stimme (leider neigen Frauen gerade in hitzigen Auseinandersetzungen dazu) verfolgen, in dem beide sich widersprechende Zahlen nennen. Wem wird man wohl eher glauben? Wem mehr Kompetenz zuschreiben? Unser unterschwelliges Verständnis von Autorität ist immer noch stark mit Männlichkeit verbunden. Solange diese affektiven Zuschreibungen von Kompetenz tief in unserem kollektiven Unterbewusstsein verankert sind, ist wirkliche Gleichstellung kaum machbar. Dies aufzulösen ist eine wahre Herausforderung.

Während der Vorwahlkämpfe in den USA zu den Präsidentschaftswahlen kämpfte am Ende innerhalb der Demokratischen Partei Hillary Clinton gegen den charismatischen Barack Obama. Gerade die Befragungen von Wählern zu Hillary Clinton waren eine wahre Fundgrube für Belege, wie tief die Rollenklischees noch verankert sind. »Wenn Hillary zu energisch auftritt, bekommen die Männer Angst und lehnen sie ab. Und wenn sie schwach wirkt, fallen sowieso alle über sie her« – so eine Frau auf der Straße. Ein US-Amerikaner wird noch deutlicher: »Der Tonfall in der letzten Talkshow, den haben alle Ehemänner schon mal gehört. Das ist der Tonfall, den die eigene Ehefrau anschlägt, wenn sie fragt: ›Und deine Eltern wollen also wirklich das ganze Wochenende über bleiben?‹ Dies möchte man nicht unbedingt auch noch an der Spitze des Landes haben.« Solange allein der Klang der Stimme an die eigene Ehefrau erinnert und man der eigenen Frau offensichtlich zwar zumutet, den Haushalt zu schmeißen, aber nicht zutraut, die Geschäfte des Landes zu leiten, so lange ist es noch ein weiter Weg für die Gleichstellung von Frauen. Nun gäbe es an Hillary Clinton einiges zu kritisieren. Mich persönlich haben ihre inhaltlichen Aussagen nicht überzeugt. Aber es ist schon auffällig, dass die Kommentare zu ihrer Präsentation sich vor allem um den Klang ihrer Stimme drehen.

Ein weiteres Beispiel gefällig, wie die Medien in diesem Lande sich fleißig an der Bewahrung von Rollenklischees beteiligen? Man lese nur ein beliebiges Interview mit der Familienministerin Ursula von der Leyen. Irgendwann kommt darin mit großer Wahrscheinlichkeit die offensichtlich unvermeidliche Frage nach dem schlechten Gewissen der Mutter. So fragte der »stern« am 25. Januar 2006: »Haben Sie eigentlich als Mutter auch manchmal ein schlechtes Gewissen, wenn Sie in Berlin sind und die Familie in Hannover ist?« Und auf die von ihr erzählte nette Geschichte, wie sie ihre Tochter, als sich diese verlaufen hatte, einmal per Handy durch Hannovers U-Bahn-Netz lotste, folgte natürlich sofort die Gegenfrage, ob sie an dem Tag zu spät ins Kabinett gekommen wäre. Offensichtlich gibt es aus diesem Dilemma kein Entrinnen. Wenn eine Politikerin viel Zeit im Job verbringt, wird ihr ein schlechtes Gewissen wegen der Kinder gemacht. Kümmert sie sich um ihre Kinder, wittert man wiederum Pflichtvernachlässigung im Amt. Auffällig ist nur, dass Politiker so selten nach ihren Kindern gefragt werden – als ob es in der Politik keine Väter gäbe.

Solche Interviews sind allerdings noch harmlos im Vergleich mit einem Kommentar in der BILD-Zeitung zu der SPD-Politikerin Andrea Nahles vom 2. November 2005. Der Kommentator Franz Josef Wagner schreibt da auf Seite zwei über die SPD-Linke: »Stellen wir uns einen ahnungslosen Mann vor, der sich in Frau Nahles verliebt. Entweder wird er von ihren Schraubstockhänden erdrückt, totgequasselt von ihren Freundinnen – oder aber er macht ein Kätzchen aus ihr. Frau Nahles braucht einen Mann.« Ich musste diese Zeilen zweimal lesen, weil ich anfangs meinen eigenen Augen nicht traute. Unglaublich, dass im Jahr 2005 ein Kommentator sich in solch geschmackloser, sexistischer und übrigens auch ganz unwitziger Weise über eine Politikerin äußern darf. Anlass für diesen Kommentar war übrigens Folgendes: Andrea Nahles hatte im Vorstand der SPD für das Amt des Geschäftsführers kandidiert und die Wahl gewonnen, obwohl der damalige Parteivorsitzende Franz Müntefering dort lieber einen anderen Kandidaten gesehen hätte. Eigentlich sollte so etwas innerhalb einer demokratischen Partei möglich sein. Doch Franz Müntefering reagierte auf das für ihn unbefriedigende Ergebnis sehr abrupt und trat als Vorsitzender zurück. Die BILD-Zeitung machte daraufhin aus Andrea Nahles die »Münte-Mörderin«. Welch ein Paradebeispiel für patriarchale Deutungsmuster. Ein machtgewohnter Mann reagiert über, und schuld an dem ganzen Vorgang ist nicht der Mann, sondern die Frau, deren Vergehen allein darin bestand, dass sie sich weigerte, sich dem Willen des Mannes unterzuordnen. Die BILD-Zeitung sollte ihren Kolumnisten Wagner schleunigst zu einem kostenlosen Praktikum bei »Emma« verpflichten. Weiterbildung in punkto Feminismus hat noch keinem geschadet.

Derzeit haben wir mit Angela Merkel in der Bundesrepublik eine Frau an der Spitze der Regierung. Von außen lässt sich nur erahnen, wie viel mehr Arbeitsaufwand und Selbstdisziplin im Gegensatz zu ihren männlichen Vorgängern sie an den Tag legen muss, um in dieser Position bestehen zu können. So vermitteln es jedenfalls nahezu alle Reportagen und Texte über sie. Nun teile ich die meisten politischen Standpunkte von Frau Merkel nicht. Auch ist zu kritisieren, dass sie ihren Einfluss als Bundeskanzlerin nicht für eine gleichstellungspolitische Offensive nutzt. Doch trotz alledem ist es ein Fortschritt für die Gleichstellung, dass dieses Land eine Frau im höchsten politischen Amt erlebt. Dies kann durchaus dazu beitragen, unsere Rollenbilder zu verändern, z. B. dass unsere automatische Assoziation von Führungsstärke mit Männlichkeit nach und nach aufgelöst wird. Womöglich trägt es dazu bei, dass kleine Mädchen auf die klassische Frage »Was willst du einmal werden, wenn du groß bist?« nicht mehr »Krankenschwester« oder »Balletttänzerin« antworten, sondern »Bundeskanzlerin«. Und dies kann helfen, die Rollenklischees nach und nach in die Mottenkiste verschwinden zu lassen – wo sie auch hingehören.

Wie schreibt Hannah Arendt so treffend über die Antike: »Frauen und Sklaven gehörten zusammen, zusammen bildeten sie die Familie, und zusammen wurden sie im Verborgenen gehalten, aber nicht einfach weil sie Eigentum waren, sondern weil ihr Leben ›arbeitsam‹ war, von den Funktionen des Körpers bestimmt und genötigt.«[14] Diese Muster hatten Tausende von Jahren Zeit, sich tief im kollektiven Gedächtnis der Menschheit zu verankern. Diese Rollenbilder haben die Weltsicht unzähliger Generationen geprägt. Insofern werden die Rollenklischees sich nicht über Nacht auflösen. Dazu bedarf es noch vieler Schritte und vieler Frauen in Führungspositionen – in Politik und Wirtschaft. Die Rollenklischees bröckeln langsam. Aber noch ist bei den meisten von uns die Vorstellung von Führungsqualität stärker mit männlichen Attributen verbunden. Insofern hat ein Mann, der gegen eine Frau antritt, wenn beide ansonsten gleich gut qualifiziert sind, immer noch die besseren Aussichten, die Wahl zu gewinnen.

Nicht jeder, der bei einer Wahl das Kreuz bei dem männlichen Kandidaten setzt, ist sich dessen bewusst. Meist wird er oder sie überzeugt sein, einfach den besseren Kandidaten zu wählen. Aber im Unterbewussten wirken die Rollenklischees meist zugunsten des männlichen Kandidaten. Hinzu kommen ganz praktische Hürden, vor denen Frauen in der Politik stehen. Spitzenpolitiker haben meist eine Frau, die ihnen zu Hause den Rücken freihält. Das gilt als selbstverständlich. Andersherum – das zeigen die Fragen nach dem schlechten Gewissen an Frau von der Leyen – ist es alles andere als selbstverständlich. Insofern sind Frauen in der Politik fast immer doppelt belastet. Der Wettbewerbsvorteil von Männern qua Geschlecht ist also sehr real und nicht zu unterschätzen. Und dieser Wettbewerbsvorteil der Männer wird für Frauen zu einem Nachteil. Sie müssen immer noch mehr leisten, um die gleiche Anerkennung zu erzielen.

Sechs Etappen in Richtung Gleichstellung

Es gibt in punkto Gleichstellung noch viel zu tun. Diese Gesellschaft braucht eine klare Offensive zur Stärkung der Frauenrechte. Sie muss von der Stärkung der Frauenhäuser über ein Erziehungsgeld, welches Eltern ermuntert, die Elternzeit gemeinsam zu nehmen, bis hin zur Liberalisierung des Einwanderungsgesetzes reichen.

1. Ehegattensplitting abschaffen

Immer wieder höre ich von Männern die Aussage: »Aufgrund der steuerlichen Regelungen würde es uns finanziell schlechter gehen, wenn meine Frau plötzlich Vollzeit arbeiten würde.« Tatsächlich befördert die steuerliche Regelung des Ehegattensplittings innerhalb der Ehen eine Aufteilung in Haupternährer und Hinzuverdienerin. Gelegentlich bekomme ich den Einwand zu hören, dieses Problem sei doch längst gelöst. Frauen, die nach der Geburt der Kinder komplett die Arbeit aufgeben, gäbe es höchstens noch in bayrischen Dörfern. Doch noch einmal zur Erinnerung: Nur jede dritte Frau mit Kindern unter drei Jahren geht entweder Voll- oder Teilzeit arbeiten. Das heißt, rund zwei Drittel aller Mütter mit Kindern unter drei Jahren sind nicht erwerbstätig. Das ändert sich zwar mit zunehmendem Alter der Kinder etwas. Aber selbst wenn die Kinder sechs Jahre und älter sind, steht im Durchschnitt jede dritte Mutter nicht im Erwerbsleben. Rund die Hälfte arbeitet Teilzeit. Von den Mütter mit Kindern unter drei Jahren arbeiten zwölf Prozent voll und 21 Prozent Teilzeit. Von den Müttern mit Kindern ab sechs Jahren arbeiten 17 Prozent Vollzeit und 48 Prozent Teilzeit. 34 Prozent sind komplett nicht erwerbstätig.[15]

Der Rückzug der Frauen in den Bereich des Häuslichen hat Folgen: Auf ihnen lastet im Gegenzug hauptsächlich die weniger prestigeträchtige Hausarbeit. Die Kinder wachsen dann in einer Welt auf, in der Mutti abwäscht und Vati Geld verdient. So wird geschlechtsspezifische Arbeitsteilung weitergegeben, so werden Rollenbilder zementiert. Erschwerend kommt hinzu: Das Ehegattensplitting ist nicht nur gleichstellungspolitisch verheerend, es kostet auch viel zu viel. Zwanzig Milliarden Euro gehen dem Haushalt jedes Jahr wegen dieser steuerlichen Regelung verloren. Für diese Milliarden gäbe es bessere Verwendungszwecke.

2. Frauenhäuser stärken

Die sexuelle Gewalt gegen Frauen ist nach wie vor ein enormes Problem. Jede siebte Frau in Deutschland zwischen zwanzig und 59 Jahren wird einmal vergewaltigt. Die seelischen Verletzungen, die dabei entstehen, brauchen Jahre, bis sie verheilen, und manchmal scheitert an diesen Narben selbst die Zeit, die ansonsten bekanntlich alle Wunden heilt. In drei Vierteln aller Fälle kommt der Täter aus dem engeren Bekanntenkreis oder der Familie. Jede fünfte Frau wird Untersuchungen zufolge mindestens einmal im Leben Opfer irgendeiner Form von Gewalt. In 91 Prozent der Fälle ist der männliche Partner der Täter.[16] Diese Zahlen deuten an, wie notwendig es war, dass selbst innerhalb der Ehe die Vergewaltigung als Straftatbestand anerkannt wird. Auch diese Rechtslage musste erst in harten Auseinandersetzungen erstritten werden. Noch 1966 zählte ein deutsches Gericht es zu den ehelichen Pflichten der Frau, ihrem Mann die »Beiwohnung« zu gewähren, »ohne Gleichgültigkeit oder Widerwillen zur Schau zu tragen.«

Was hat das Thema Vergewaltigung mit dem Thema Gleichstellung zu tun, mögen jetzt einige fragen. Die Antwort: Sexuelle Gewalt ist nicht nur ein Fall für die individuelle Strafverfolgung, sondern auch ein Fall für die gesellschaftliche Auseinandersetzung. Zum einen ist eine Vergewaltigung meist mehr als nur ein Gewaltakt. Sie ist ebenso ein bewusster Prozess der Einschüchterung, womöglich ein Versuch, die in Gefahr geratenen Machtverhältnisse zwischen einem Mann und einer Frau wieder zu seinen Gunsten festzuzurren. Auch enthüllen die gesellschaftlichen Reaktionsmuster auf solche schrecklichen Ereignisse oft tief verwurzelte Rollenklischees.

Noch immer ist der Mythos von der angeblich nicht beherrschbaren Sexualität des Mannes lebendig. Noch immer neigen viele – zumindest unterschwellig – dazu, dem Opfer einen Teil der Schuld zu geben. Als hätte eine hochgeschlossene Bluse, ein längerer Rock oder ein vorsichtigeres Verhalten die Gewalttat verhindern können. Davon zeugt der Bericht der französischen Philosophin Susan Brixon. Als sie 1990 in Frankreich vergewaltigt wurde, diskutierte man danach in der Universität über mögliche Sicherheitsvorkehrungen. »Einige der Studenten schlugen dabei ernsthaft vor, eine Sperrstunde für Frauen einzurichten. Dabei hatten die Männer die Gewalt verübt. Hier zeigt sich wieder einmal, wie viele Menschen immer noch meinen, man müsse dem Problem der sexuellen Gewalt begegnen, indem man das Leben der Frauen einschränkt.«[17] Solche Wege führen in die Irre. Schon allein deswegen, weil nirgendwo so häufig Gewalt gegen Frauen auftritt wie in der häuslichen, familiären Sphäre.

Frauenschutzhäuser und Beratungsstellen für Opfer se-
xualisierter Gewalt sind also unbedingt auszubauen und zu
unterstützen. Auf gar keinen Fall dürfen diesen Einrichtungen die Mittel gekürzt werden. Zumal heutzutage mit der
zunehmenden sozialen Not auf die Mitarbeiterinnen dieser
Einrichtungen neue Probleme einstürzen. So berichten einige von ihnen, wie sie wiederholt während der Arbeit mit
vergewaltigten oder geschlagenen Frauen feststellen, dass
einige der Opfer Hunger leiden, seit Tagen nichts gegessen
haben. Also wurden erst einmal die Frühstücksbrote geteilt,
bevor die Bewältigung des Traumas in Angriff genommen
werden konnte.

3. Gleicher Lohn für gleiche Arbeit

Gerade Frauen profitieren von einem gesetzlich garantierten Mindestlohn. Zudem sind die Gewerkschaften gefragt,
sich verstärkt für gute Arbeitsbedingungen von Frauen einzusetzen. Dies ist umso nötiger, als die konkreten Ergebnisse der gewerkschaftlichen Arbeit doch gelegentlich den
Verdacht nahelegen, dass *Mann* auch an der Spitze dieser
Organisationen auf dem gleichstellungspolitischen Auge
wenn nicht zu Blindheit, dann doch zumindest zum Grauen
Star neigt.

So gibt es auf der Ebene der Europäischen Union den
»Sozialen Dialog Elternurlaub«. In diesem Gremium sitzen Abgesandte der Wirtschaft und der Gewerkschaften.
Wenn der Rat sich nicht einig ist, aber der »Dialog« einen
gemeinsamen Vorschlag erarbeitet hat, kann (muss aber
nicht) dieser Vorschlag eingebracht werden. So geschehen
bei den Regelungen zur Elternzeit. Nur leider fiel das Ergebnis eher im Interesse der Unternehmen aus. Befristete
Arbeitsplätze werden vorangebracht. Flexibilität im Sinne
der Bereitschaft für den sogenannten Arbeitgeber wird

groß-, Schutz und Selbstbestimmung der Eltern hingegen kleingeschrieben. Schuld daran ist vermutlich ein gewisses Desinteresse in gleichstellungspolitischen Fragen an der Spitze des Europäischen Gewerkschaftsbundes. Damit muss Schluss sein. Für neue Erkenntnisse ist es nie zu spät. Da sollte sich doch die Gewerkschaft ihrer gleichstellungspolitischen Schwäche stellen können.

4. Rollencheck für Lehrpläne

Geschlechterklischees sind tief in unserem Bewusstsein und unserem Unterbewussten verankert. Sie führen – wie oben an Beispielen dargelegt – zu Erwartungshaltungen, die wiederum Männer wie Frauen in einer selbstbestimmten Entfaltung behindern. Die meisten als typisch männlich oder weiblich geltenden Verhaltensweisen sind jedoch nicht naturbedingt, sondern vielmehr durch Erziehung und gesellschaftliche Erwartungen antrainiert. So glaubt man landläufig, dass technische Berufe klassische Männerberufe sind. An einem Girls-Day, einem Tag, an dem junge Mädchen von der Schule freibekommen, um bewusst in männertypische Berufe reinzuschnuppern, besuchte ich mit Kolleginnen einen mechatronischen Ausbildungsbetrieb. Dort erfuhren wir von dem Ausbilder Überraschendes: »Meine Erfahrung ist, die Mädchen, die zu uns in die Lehre kommen, sind technisch mitnichten weniger geschickt, ganz im Gegenteil.« Ein Händchen für Technik ist also keine Frage, die durch die Geschlechtschromosomen entschieden wird.

Der Girls-Day ist inzwischen in vielen Schulen zu einer alljährlichen festen Einrichtung geworden. Das ist zu begrüßen. Allerdings reicht ein Tag im Jahr allein nicht aus, um die klassischen Rollenmuster abzuwerfen, wenn ansonsten die Lehrmittel altbekannte Klischees bedienen. Ein Freund erzählte mir vor kurzem von seinem Französischunterricht und sang mir ein Liedchen vor, welches er noch in der Schule singen musste. Das Lied beginnt wie folgt: Où est Madame Roussel?/ Elle est dans la cuisine./ Que fait Madame Roussel?/ Elle prépare le repas ... Übersetzt lautet der Text wie folgt: »Wo ist Frau Roussel?/ Sie ist in der Küche./ Was macht Frau Roussel?/ Sie bereitet das Essen vor.« Natürlich ist es die Frau, die all diese Dinge tut. In der nächsten Strophe des Liedes taucht dann der Herr Roussel auf. Er hält sich – wenig überraschend – nicht in der Küche, sondern im Garten auf, und repariert gemeinsam mit seinem Sohn Marc den Kassettenrekorder. So werden »ganz spielerisch« Geschlechterklischees zementiert.

Auf ein weiteres Beispiel für das hartnäckige Vorhandensein von Geschlechterklischees stieß ich im Internet. Eine Webseite mit der Erklärung von Kommaregeln bringt folgenden Satz zur Verdeutlichung: »Teils spielt Susi mit ihren alten Puppen, teils schminkt sie sich wie ein Model. Ob sie mit Puppen spielt, ob sie sich schminkt – süß ist sie allemal.«[18] Dabei hätte man die Regel auch mit einem Satz über ein Mädchen, das mit Bausteinen spielt, erläutern können.

Wenn wir ernsthaft die Rollenklischees in die Mottenkiste entsorgen wollen, dann müssen alle Lehrbücher und Unterrichtsmaterialen einem Rollencheck unterzogen werden. Es spricht schließlich nichts dagegen, wenn Herr Roussel als Hausmann und Frau Roussel als Technikexpertin dargestellt werden.

5. Elterngeld – aber richtig

Das Erziehungsgeld ist ein erster Schritt in die richtige Richtung. Es setzt Anreize dafür, dass unterhalb einer bestimmten Grenze der besser verdienende Elternteil zu Hause bleibt. Und bekanntlich ist das in den meisten Fällen der

Vater. Doch immer noch pausiert überwiegend die Mutter. Und der Mann nimmt lediglich die zwei Vätermonate. Wenn nur einer zu Hause bleibt, schleifen sich schnell Gewohnheiten ein. Und ist es erst mal zur Gewohnheit geworden, dass die Frau den Großteil der Hausarbeit leistet, ändert sich das später nicht so schnell. Wenn sich jedoch Mutter und Vater von Anfang an die Kindererziehung teilen, wird die gerechte Aufteilung der Haus- und Erziehungsarbeit eher eine Selbstverständlichkeit. Wer sich wie meine Schulfreundin und ihr Partner dafür entscheidet, die Elternzeit zu teilen, steht aber schon bald vor der Frage, wie es nach den sieben Monaten weitergehen kann. Ein ideales Elterngeld sollte also besonders Modelle fördern, bei denen Mutter und Vater zusammen zu Hause bleiben bzw. bei denen beide zugleich auf Teilzeit gehen.

Nicht jedes Kind wächst in einer traditionellen Kleinfamilie auf. Auf jede zweite Eheschließung kommt bekanntermaßen eine Scheidung.[19] Die Zahl der Alleinerziehenden steigt. Insofern müssen auch für Patchwork-Familien und für Alleinerziehende adäquate Lösungen gefunden werden. So kann es in einigen Fällen sinnvoller sein, wenn nicht der biologische Vater, sondern der neue Lebenspartner oder eine andere enge Bezugsperson bei Alleinerziehenden gemeinsam mit der Mutter eine Teilzeitstelle antritt.

6. Von Norwegen lernen

Die Geschlechterquote, wonach eine feste Prozentzahl aller Plätze in einem Gremium für Frauen vorgesehen ist, kann helfen, die Benachteiligung von Frauen in der Politik einzudämmen. Und dieses Instrument muss nicht allein auf die Politik begrenzt werden, sondern lässt sich auch in der Wirtschaft anwenden. Norwegen hat es vorgemacht. Dort wurden per Gesetz alle Unternehmen verpflichtet, ihre Vorstände zu mindestens vierzig Prozent mit Frauen zu besetzen. Falls ein Unternehmen diese Vorgabe nicht einhält, drohen harte Strafen. Nach mehrmaliger Mahnung kann dies sogar zur Zwangsauflösung führen.

Und das Gesetz zeigt seine ersten Wirkungen. Mittlerweile liegt der Anteil von Frauen in norwegischen Vorständen bei 38 Prozent. Wir erinnern uns: In Deutschland beträgt der Anteil gerade mal 7,5 Prozent für die 200 größten Aktiengesellschaften. Natürlich lief das in Norwegen nicht immer reibungslos. Anfangs gab es viel Unmut. Einzelne Unternehmen meinten, es gäbe nicht genügend Frauen, die dafür geeignet seien. Daraufhin veröffentlichte die Regierung Listen mit kompetenten Frauen im Internet, um das Gegenteil zu beweisen. Sicherlich gibt es immer noch schwarze Schafe, die nach Ausweichmöglichkeiten suchen. Aber alles in allem ist innerhalb kurzer Zeit die grundsätzliche Kritik an der Quote in Norwegen fast gänzlich verstummt. Und das aus gutem Grund.

Eigentum verpflichtet – so steht es im Grundgesetz der Bundesrepublik Deutschland. Und Eigentum verpflichtet auch dazu, seinen Beitrag zur Gleichstellung der Geschlechter zu leisten. Die norwegische Regelung ist eine schöne Konkretisierung dieses Anspruchs. Deutschland ist gut beraten, die norwegische Regelung aufzugreifen – und zwar umgehend und am besten mit einer Fünfzig-Prozent-Quote.

Machiavelli für Frauen

Mehr Frauen in Führungspositionen, in Medien, Politik und Wirtschaft – das ist alles andere als ein Selbstzweck. Denn, um in diesem Zusammenhang einmal Karl Marx zu bemühen: Das Sein bestimmt das Bewusstsein. Diese Sentenz lässt sich auch auf die Geschlechter beziehen. Solange die Gesellschaft durch patriarchale Mechanismen geprägt ist, erleben Frauen immer wieder Diskriminierungen, die Männer maximal vom Hörensagen kennen. Aus diesem unterschiedlichen Erfahrungshintergrund erwächst gelegentlich eine unterschiedliche politische Prioritätensetzung.

Beispielsweise ergab eine Umfrage, dass Frauen überproportional die Einführung einer vor Altersarmut schützenden Grundrente für alle befürworten würden. Dies dürfte damit zusammenhängen, dass Frauen aufgrund der Brüche in ihren Erwerbsbiographien und der geringeren Löhne besonders von Altersarmut betroffen sind. Nicht jeder Mutter gelingt die Rückkehr in den Beruf – die Folge sind auch hier geringere Rentenanwartschaften. Eine Grundrente, die alle sicher vor Altersarmut schützt, könnte da helfen.

Männliche Sozialpolitiker neigen hingegen verstärkt dazu, das Problem der Altersarmut geringzuschätzen. Dieses Phänomen erlebe ich auch immer wieder in den politischen Diskussionen der eigenen Fraktion. Es waren stets die Männer, die in unserem Rentenkonzept die lebensstandardsichernde Wirkung der gesetzlichen Rente in den Mittelpunkt stellten. Erst die Debatte in Partei und Gesellschaft über die zunehmende Angst vor Altersarmut bewirkte, dass dem Thema Altersarmut nun ebenso viel Bedeutung im Rentenkonzept der LINKEN beigemessen wird. Und dieser Dualismus von Lebensstandardsicherung und Schutz vor Altersarmut ist notwendig, denn Lebensstandardsicherung ist zwar ein Gewinn für all jene, die einen hohen Lebensstandard haben. Für diejenigen, die nur Hungerlöhne oder gar keine Löhne beziehen, bedeutet sie vor allem eins: die Zementierung von Armut. Deswegen reicht Lebensstandardsicherung nicht aus, sondern muss von einer Grundrente für alle flankiert werden.

Oder betrachten wir die Debatten um Hartz IV. Setzten sich Männer in Talkshows kritisch damit auseinander, dann geschah dies fast ausschließlich aus dem Blickwinkel des männlichen Facharbeiters, der nach jahrzehntelangem Schuften auf das Niveau des Arbeitslosengeldes II fällt. Sicher ein Skandal, aber zu den Opfern von Hartz IV gehören gleichfalls unzählige Frauen, die ihr Leben lang gewohnt waren, von eigener Arbeit existieren zu können. Nach dem Verlust ihres Broterwerbs erhielten sie jedoch nach einem Jahr noch nicht einmal das mickrige Arbeitslosengeld II, weil ihr Mann zu viel verdiente. Und plötzlich waren bzw. sind sie gezwungen, ihren Mann um Taschengeld zu bitten. Diese Schicksale gehören ebenso in die Talkshows wie die der männlichen Facharbeiter.

Dies sind nur zwei Beispiele von vielen, die deutlich machen, wie unterschiedliche Lebenswelten Auswirkungen auf politische Prioritäten haben. Wer möchte, dass die Politik sensibler für frauenspezifische Problemlagen wird, muss dafür sorgen, dass Frauen dort mehr zu sagen haben. Und da dies erfahrungsgemäß nicht ganz ohne Machtkämpfe und Auseinandersetzungen vonstattengehen wird, kann etwas Machiavelli für Frauen nicht schaden.

1. Überzeugungstäterin sein

Gelegentlich werde ich von Frauen oder von JournalistInnen auf meine schnelle Karriere angesprochen und gefragt, was ich jungen Frauen empfehlen könne. Ob es einen allgemein gültigen Generalplan für eine Frauenkarriere in der Politik gibt, vermag ich nicht zu sagen. Für mich jedoch steht am Anfang aller Überlegungen eine Frage: Was ist mir wichtig, für welche Projekte und Ziele kann ich mich selber begeistern?

Als Kind wollte ich gern Schauspielerin werden. Irgendwann konnte ich mich jedoch nicht mehr vor der Erkenntnis verschließen, dass meine schauspielerischen Fähigkeiten sehr begrenzt sind, und musste diesen Berufswunsch aufgeben. Während meines Studiums arbeitete ich ein Vierteljahr in den USA bei einer Umweltorganisation. Als *Canvasser* (Werber) musste ich dabei in Chicago von Haustür zu Haustür ziehen und Spenden für den Umweltschutz einsammeln. Und obwohl meine englische Aussprache eher katastrophal ist, war ich dabei sehr erfolgreich. Innerhalb weniger Wochen ernannte mich mein Chef zu seiner Vertretung.

Was für ein Glück, dass ich so für die Ökologie brenne. Wenn ich Versicherungen oder Staubsauger hätte verkaufen müssen, wäre ich wahrscheinlich gescheitert. Offensichtlich kann ich andere Menschen nur von etwas überzeugen, von dem ich selber überzeugt bin. Insofern bin ich Überzeugungstäterin und bin damit gut gefahren.

2. Netzwerke bilden

Innerhalb eines größeren Arbeitszusammenhangs wie einer Partei oder einer Firma kann ich allen Frauen nur empfehlen, Frauennetzwerke zu bilden und diese als regelmäßige Frauentreffen oder Frauenplena zu verankern. In der Linksfraktion gibt es beispielsweise ein Frauenplenum, das bei allen Entscheidungen, die Frauen in besonderer Weise betreffen, ein Vetorecht hat. Natürlich bedeutet Frausein nicht immer, die gleiche Meinung zu haben. Aber in Konfliktfällen können solche Gremien eine hilfreiche Plattform darstellen. Wenn die Männer damit ein Problem haben, können sie natürlich ein Männerplenum ins Leben rufen. Aber meist brauchen sie das nicht. Ihre Netzwerke funktionieren abends beim Bier, beim kumpelhaften Gespräch von Mann zu Mann.

Ein interessantes Beispiel für Frauennetzwerke sind die BücherFrauen e. V., ein berufliches Netzwerk für Frauen aus Buchhandel, Verlagen, Agenturen und allen anderen Arbeitsbereichen rund ums Buch. In vielen Städten finden regionale Stammtische der BücherFrauen statt. 1990 gegründet, bündelt der Verein die Interessen von 800 deutschen Verlagsfrauen, Buchhändlerinnen, Übersetzerinnen, Agentinnen, freien Lektorinnen und allen anderen Frauen, die rund ums Buch tätig sind.[20] Innerhalb dieses Netzwerkes gibt es Mentoringprogramme zur gezielten Förderung junger BücherFrauen. So kann eine Frau in leitender Position, z. B. im Verlagswesen, ihren Einfluss nicht nur für ihre eigene Karriere nutzen, sondern darüber hinaus für andere Frauen nutzbar machen.

Frauen setzen leider immer noch zu sehr auf den Weg, sich bei den mächtigen Männern durch Fleiß und Loyalität Anerkennung zu verschaffen, in der Hoffnung, sich so ins Gespräch zu bringen. Die Erfahrung lehrt jedoch: Dies wird womöglich von den Vorgesetzten mit Lob und Komplimenten honoriert. Die Spitzenpositionen hingegen werden trotzdem innerhalb der Männer ausgehandelt. In den informellen Hierarchien bleibt *Mann* doch eher unter sich.

In einer Gesellschaft, in der Männer vorrangig untereinander die Führungsposten verteilen, sollten sich Frauen nicht scheuen, sich zu verbünden, und ihrerseits untereinander klären, wer um welchen Posten kämpft. Dies ist nicht die transparenteste aller Lösungen. Doch solange Männernetzwerke so verlässlich funktionieren, handelt es sich bei Frauenbünden schlichtweg um reine Notwehr. Erst wenn es ein Gegengewicht zu den Männerklüngeln gibt, kann eine Aushandlung der Personalfragen im öffentlichen Raum eingefordert werden. Dazu gehört auch, dass wir Frauen selbstbewusster werden und unsere »natürliche« Zurückhaltung ablegen. Politisch engagierte Leser bzw. Leserinnen dürften solche Situationen kennen: Man ist bei Freunden eingeladen und die Männer unterhalten sich über Politik, während die Frauen sich um die Kinder kümmern oder andere Gesprächsthemen wählen. Hier gilt: einmischen – nicht abschalten.

Die chilenische Präsidentin Michelle Bachelet hat einmal gesagt: *Eine* Frau in der Politik verändert vor allem die Frau. Erst *viele* Frauen in der Politik verändern die Politik. Insofern sind Frauen gut beraten, die von ihnen errungene Position zu nutzen, um weitere Frauen voranzubringen. Dazu gehört auch, bewusst die Rolle als Mentorin einzunehmen und den eigenen Einfluss zur Förderung anderer Frauen zu nutzen.

3. Für ein neues Wir-Gefühl

Eine Schwalbe macht bekanntlich noch keinen Sommer, und eine Frau in einem Spitzenamt allein kann maximal eine Vorbotin zunehmender Gleichberechtigung sein. So hilfreich Frauen in gehobenen Positionen zum Durchbrechen von Rollenmustern sind, so sehr kann der Kampf um Gleichstellung nur erfolgreich sein, wenn er einhergeht mit einem neuen Wir-Gefühl, einer Solidarität zwischen Frauen der verschiedenen Generationen und Schichten. Eine solche Solidarität, ein solches Wir-Gefühl ist wahrlich keine Selbstverständlichkeit. Die Geschichte der Emanzipation belegt, dass sich die Frauen eher mit ihrer Schicht oder den wirtschaftlichen Interessen ihrer Männer verbunden fühlten als mit anderen Frauen. Sie haben es damit dem Patriarchat leicht gemacht. Und auch heute sind Frauen nicht vor dieser Falle gefeit. Zu ambivalent sind die »Verstrickungen mit den Unterdrückern und den Orten der Unterordnung«.[21] Nicht ganz ohne Grund denkt die Frau, die als mithelfende Ehefrau in einem kleinen Familienbetrieb unter miserablen Arbeitsbedingungen tätig ist, zuerst an den Erhalt des Unternehmens, schon allein aus Liebe zu ihren Kindern und ihrem Mann und nicht zuletzt, weil davon auch ihre – wenn auch schlechtbezahlte – berufliche Existenz abhängt. Nicht ganz ohne Grund denkt eine Bundeskanzlerin an den Erfolg ihrer Partei, von der ihre Wiederwahl abhängt, und stellt diesen womöglich vor Fortschritte in punkto Gleichstellung.

Doch ohne ein solches Wir-Gefühl werden wir nur wenig erreichen. Ohne dieses Wir-Gefühl und ohne diese Solidarität wird die alleinerziehende Verkäuferin, deren Gehalt ein Viertel unter dem Gehalt eines Verkäufers liegt und kaum zum Leben reicht, nur wenig davon haben, wenn eine Frau an der Spitze des Landes steht. Ohne dieses Wir-Gefühl wird aber auch die Top-Managerin womöglich erleben müssen, dass die Sekretärinnen in ihrer Firma den Männern in der Spitzenetage deutlich emsiger zuarbeiten als ihr.

An der Tür der Frauenreferentin meiner Fakultät hing lange Zeit eine bezeichnende Karikatur. Zu sehen war ein Großraumbüro. Eine Frau in verantwortlicher Position schaut zu ihrer Tür heraus und fragt die Sekretärin:»Können Sie mir bitte eine Antwort auf diesen Brief entwerfen?« Über der Sekretärin schwebt eine Denkblase:»Kann die nicht ihre Briefe selber beantworten?« Auf der anderen Seite kommt ein Mann, ebenfalls in gehobener Position herein. Ihm ruft die Sekretärin fröhlich zu:»Darf ich Ihnen Ihren Kaffee rüberbringen?« An dieser Karikatur ist ganz sicher etwas dran. Anfangs musste ich darüber nur grinsen. Als ich dann selber in einem größeren Arbeitszusammenhang diesen Mechanismus erlebte, dass Frauen eher Männern zuarbeiten als Frauen, verging mir die Freude.

Ausgelöst durch zwei Bücher über Alphamädchen[22] läuft in den Feuilletons seit einiger Zeit eine Debatte über den neuen Feminismus, auch F-Klasse-Feminismus genannt. Der F-Klasse-Feminismus ist vor allem ein Loblied auf die starken Frauen, die ganz allein den Weg nach oben schaffen. Er gibt sich kämpferisch, der Kampf ist allerdings vor allem individuell. Ein Loblied auf Frauen, die die Fesseln der Bescheidenheit sprengen, ist toll. Verheerend wäre jedoch, wenn aus den einzelnen Erfolgsgeschichten das Fazit gezogen wird, es bedürfe keiner gezielten Frauenförderung. Einzelne positive Beispiele sind noch lange kein Beleg dafür, dass es keine Benachteiligung gibt.

Spätestens beim zweiten Blick auf die Erfolgsgeschichten einiger Frauen offenbart sich meist, mit wie viel Einsatz sie sich ihren Erfolg erkämpfen mussten bzw. wie sehr sie an anderen Stellen für diesen Erfolg bezahlen müssen. Unter den Frauen im Bundestag kursiert ein scherzhafter Spruch: »Gleichberechtigung herrscht erst, wenn es in einer Regierung genauso viel weibliche wie männliche Pfeifen gibt.« Doch Spaß beiseite – noch immer müssen Frauen, die an die Spitze wollen, mehr leisten als Männer. Darüber können auch einzelne Erfolgsgeschichten nicht hinwegtäuschen. Wir erinnern uns an die Geschäftsfrau, die bei Microsoft arbeitet und der regelmäßig die Schnapptür an der Kita ihres Kindes die Nerven raubt. In ihrer Firma hatte sie sich offensichtlich ihren Platz erkämpft. Aber wenn sie nachmittags ihr Kind abholt, wird ihr aufgrund einiger Minuten Verspätung regelmäßig ein schlechtes Gewissen wegen ihrer Berufstätigkeit gemacht. Gleichstellung kann nur erfolgreich sein, wenn sie die gesamte Gesellschaft durchdringt und nicht lediglich einzelne Bereiche.

4. Die Pressestelle besetzen

Ein weiterer Tipp unter der Rubrik »Machiavelli für Frauen« lautet: Besetzt oder erobert die Pressestelle und den Bereich Öffentlichkeitsarbeit. Die Medienlandschaft ist alles in allem recht patriarchal geprägt. Ein Pressesprecher, der sich im Konfliktfall lieber mit Journalisten verbrüdert, kann Frauen das Leben oft genug zur Hölle machen. Das trifft nicht nur auf den politischen Bereich zu, auf den aber besonders. Wer sich für den Weg in die Politik entschieden hat, braucht Öffentlichkeit, um für seine Ziele werben zu können. Dies bedeutet gelegentlich auch, Inhalte »leicht verdaulich« zu vermitteln. Problematisch wird es jedoch, wenn ein Porträt oder eine Homestory Politikerinnen nicht als Akteure, sondern als Objekte oder schlimmer noch als Küken darstellt. Hier ist viel Fingerspitzengefühl gefragt.

Ich erinnere mich noch gut an eine Aktion der BILD-Zeitung, die mit Fotos von jungen Kandidatinnen der verschiedenen Parteien auf die Attraktivität des Wahlkampfes hinweisen wollte. Nun gibt es gute Gründe, die gängige Wahrnehmung, Politik sei nur etwas für ältere Männer, zu durchbrechen, schon um andere junge Frauen zu ermuntern, sich selbst einzumischen. Insofern kann die Beteiligung an einer solchen Aktion durchaus sinnvoll sein. Ich wog also ab. Der Pressesprecher, der damals eigentlich meine Arbeit unterstützen sollte, machte sich bei der Vermittlung der Anfrage nicht die geringsten Gedanken über die mögliche Wirkung. Erst eine Beraterin brachte mich auf die Idee, dass es eigentlich zum Job eines Pressesprechers gehört, erst einmal bei der Redaktion genauere Erkundigungen über solch einen Beitrag einzufordern. Als ich den Pressesprecher dann genau darum bat, hielt sich seine Begeisterung in Grenzen. Aber da ich beharrlich blieb, griff er doch zum Hörer.

Ich fuhr also mit meinem Rad zum vereinbarten Treffpunkt im Dresdner Zwinger. Anlässlich des *Fotoshootings* hatte ich einen meiner Lieblingspullis angezogen – leuchtend lindgrün, aber langärmelig und hochgeschlossen. Der Fotograf gab mir eindeutig zu verstehen, dass etwas sommerlichere Kleidung ihm durchaus lieber gewesen wäre. Doch damit nicht genug. Als es ans Fotografieren ging, meinte er, die Frauen in eher erotischen Posen darstellen zu müssen: »Könnten Sie sich nicht vielleicht etwas lasziv zurücklehnen oder die Arme über den Kopf nehmen?« Wie erklärt man nun einem Fotografen, der sich die Attraktivität der Politik nur über billige Posen vorstellen kann, dass man auf keinen Fall an einem weiteren Kapitel der banalen Geschichte »Wir reduzieren Frauen auf ihre Rolle als Objekt« mitmachen wird? »Wissen Sie, die Bilder, die Sie wollen, vermitteln ein Bild von Frauen, die andächtig warten. Aber ich bin u. a. deswegen in die Politik gegangen, weil ich eben nicht einfach warten möchte, sondern mich mit einmischen möchte …«, begann ich meinen Exkurs in punkto Emanzipation. Ich hatte mich schon darauf eingestellt, nun aus dem Beitrag rauszufliegen, wollte aber wenigstens einige Argumente an den Mann bringen. Schließlich meinte er: »Okay, dann holen Sie mal Ihr Rad. Wir machen einfach ein Foto in Aktion, Sie beim Radfahren.«

Die Entscheidung, welche Interviews man gibt, welche Fotos man zulässt, nimmt einem am Ende niemand ab. Aber es gibt Situationen, wo es hilft, wenn in der Pressestelle nicht männliche Gedankenlosigkeit, sondern weibliche Solidarität anzutreffen ist. Wo *frau* darauf Einfluss hat, sollte sie dafür sorgen, dass die Pressestelle und der Bereich Öffentlichkeitsarbeit nicht nur von Männern besetzt werden. Auch hilft es, wenn alle Mitarbeiter gezielt auf die besonderen Fallen, die Frauen drohen, achten und zudem geschult werden, die Potentiale von Frauen besonders zu unterstützen.

5. Patriarchats-Check:
die taktischen Evergreens der Männer

Für die Auseinandersetzung um wichtige Funktionen ist es hilfreich, sich die Manöver männlichen Machterhalts, die im Grunde taktische Evergreens sind, noch einmal zu vergegenwärtigen. Zu diesen Evergreens gehört vor allem, dass Männer Personalfragen unter sich ausmachen – und das ganz selbstverständlich. Während Frauen diesbezüglich immer noch durch Zurückhaltung glänzen.

Ich erinnere mich noch gut, wie ich vor dem Gründungsparteitag der LINKEN ein Interview im »Spiegel« gab. Letztlich äußerte ich darin nichts als die Binsenweisheit, dass eine Partei, die sich selbst in ihrem Programm als feministisch deklariert, eigentlich auch Frauen in der Führung bräuchte. Natürlich wurde dieses Thema Gegenstand einer hitzigen Debatte in der Fraktion. Dabei kamen die drei üblichen Taktiken zur Abwehr von Frauenansprüchen zur Anwendung. Erstens wurde all jenen, die sich für eine Frau in der Doppelspitze aussprachen, unterstellt, es ginge ihnen nur um die eigene Karriere. Als ob Männer nie an ihre Karriere denken würden. Und als ob nicht allgemein bekannt wäre, dass gerade das Ansprechen dieses Problems bekanntermaßen alles andere als karriereförderlich ist.

Die zweite Abwehrtaktik bestand darin, zu unterstreichen, Frau zu sein sei an sich kein Qualitätsmerkmal. Als ob wir nicht genügend Frauen in unserer Fraktion und Partei hätten, die durch Kompetenz überzeugen können. Eine verantwortliche Personalpolitik sollte in Rechnung stellen, dass es Männern in einer patriarchalen Welt leichter fällt, sich zu profilieren. Wer möchte, dass Frauen bekannter werden, muss deswegen früh anfangen, ihnen auch die entsprechenden Möglichkeiten einzuräumen.

Und drittens kam dann noch der unvermeidliche Appell an die Geschlossenheit, die man doch zeigen müsste. Nun halte ich es in dieser Frage eher mit Christa Wolf. Sie fragte sich einst auf einem Schriftstellerkongress in den 1980er Jahren, wie man in Zeiten des Kalten Krieges und der Aufrüstung noch schreiben soll. Ihre Antwort lautete damals, man müsse so schreiben, dass es der Partei und dem eigenen Land am meisten nützt, und das bedeutet immer noch kritisch. Ich bin überzeugt, dies gilt auch noch heute.

Eine kritische, offene Einstellung nützt der eigenen Partei bzw. dem eigenen Verein oder der Firma mehr als Kadavergehorsam.

Der Appell an Geschlossenheit wäre ja noch nachvollziehbar, wenn all jene, die ihn in Fragen der Geschlechtergleichstellung erheben, sich selber immer daran halten würden. Ich schätze meinen Kollegen Klaus Ernst sehr für sein rhetorisches Geschick und sein gewerkschaftliches Engagement. Aber in der Frage der Geschlossenheit misst er mit zweierlei Maß. Nach meinem »Spiegel«-Interview forderte mich keiner so laut und energisch auf, im Sinne des Friedens in der Partei nicht mehr in der Öffentlichkeit über Frauen an der Spitze zu reden, wie er. Wenige Tage vor dem Gründungsparteitag sah er jedoch für sich die Chance, durch einen öffentlichen Brandbrief gegen unseren Bundesgeschäftsführer sein Wahlergebnis zu verbessern. Eine Chance, die er ergriff und die ihre Wirkung nicht verfehlte. Der Nebeneffekt war, dass am Vortag des Vereinigungsparteitages die Presseleute nur noch Augen und Ohren für diesen Streit hatten. Der Appell an Geschlossenheit war offensichtlich vergessen.

Kurzum: Es ist durchaus amüsant zu beobachten, mit welcher Vorhersehbarkeit Männer immer wieder ihre altbewährten Strategien einsetzen, wenn es darum geht, die wirklichen Spitzenposten unter sich aufzuteilen und Frauen außen vor zu lassen. Es kann schon helfen, sich diese kleinlichen Manöver vor Augen zu führen und als das zu benennen, was sie sind: taktische Evergreens des Patriarchats.

6. Vorsicht Falle: Galanterie

Eine Falle, auf die *frau* unbedingt vorbereitet sein sollte, ist das sogenannte »Gender-Rising«. Dieser englische Begriff lässt sich nur schwer übersetzen. Früher hätte man dieses

Phänomen mit Galanterie beschrieben. Gemeint ist ein Verhaltensmuster, wonach mitten in inhaltlichen Auseinandersetzungen plötzlich Frauen ihr »typisch weiblicher« Platz zugewiesen wird, und zwar meist ganz charmant. Jeder kennt Situationen, in denen Gender-Rising auftritt: Mann und Frau streiten sich. Sie redet sich gerade so richtig in Form, findet gute Argumente. Und er fällt ihr ins Wort mit der Bemerkung: »Du siehst wunderschön aus, wenn du dich so aufregst.« Nun ist gegen ein ernst gemeintes Kompliment nichts einzuwenden. Doch dazu gehört auch der passende Zeitpunkt. Wer jedoch mitten in einer Diskussion den Argumenten der Gesprächspartnerin nur ein Kompliment entgegensetzt, bewirkt vor allem eins: Die Argumentierende ist wieder in ihre Rolle als schönes Wesen versetzt worden. Von dem, was sie vorbringt, wurde geschickt abgelenkt. »Diese Masche ist nicht neu, sondern vielmehr seit Jahrhunderten Methode des Patriarchats. Simone de Beauvoir beschreibt in ihrem Buch »Das andere Geschlecht«, wie Antifeministen gezielt die Galanterie einsetzen, um die benachteiligte Situation von Frauen zu zementieren: »Die Frauen werden zu Sklavinnen der Küche und des Haushalts, ihr moralisches Verhalten wird ängstlich überwacht, und man zwängt sie in rituelle Manieren, die jeden Versuch der Selbstständigkeit im Keim ersticken. Zum Ausgleich ehrt man sie und umgibt sie mit ausgesuchter Höflichkeit.«[23]

Teilweise wird diese Methode völlig unbewusst angewandt. Beim Gespräch am Rande wird *frau* vor allem auf ihre Kleidung oder ihre Ohrringe angesprochen. Um Missverständnisse zu vermeiden: Mode kann ein durchaus unterhaltsames Thema sein. Und es ist auch nichts gegen einen angenehm oberflächlichen Smalltalk im Fahrstuhl über das, was einem so an Kleidung gefällt, zu sagen. Auffällig ist nur, wenn sich die Gespräche mit Frauen ausschließlich auf vorpolitische Themen wie Mode reduzieren, während von Mann zu Mann schnell die nächste Spitzenkandidatur verhandelt wird.

Der Schriftsteller Heinrich Mann soll einmal gesagt haben:»Für die dummen Frauen hat man die Galanterie. Aber was macht man mit den klugen Frauen? Da ist man hoffnungslos aufgeschmissen.« Manchmal kann ich mich des Eindrucks nicht erwehren, dass auch linke Politiker heute diesbezüglich nicht viel weiter gekommen sind als Heinrich Mann. Und so greift *mann* auch gegenüber klugen Frauen aus lauter Ideenlosigkeit gern einmal in den Instrumentenkoffer der Galanterie.

7. Fesseln der Bescheidenheit sprengen

Eines haben mich die Auseinandersetzungen in der Politik gelehrt: Bescheidenheit von Frauen ist keine Tugend, sondern eine Sünde an der Gleichstellung. Klappern und Von-sich-reden-machen gehören unbedingt zum Geschäft! Wenn wir Frauen die Fesseln der Bescheidenheit ablegen und endlich mehr über unsere Erfolge reden, dann tun wir nicht nur etwas für uns. Wir helfen damit, klassische Rollenbilder zu durchbrechen, und wirken dem Verschweigen der Frauen entgegen. Wir schaffen damit auch für andere Frauen und für nachfolgende Generationen bessere Möglichkeiten zur Selbstverwirklichung. Sich als Frau für einen Platz in der ersten Reihe zu entscheiden ist nichts Ehrenrühriges, sondern auch ein möglicher Beitrag zur Gleichstellung. Wir »unbescheidenen« Frauen haben vor allem eines zu verlieren: die Fesseln der einschränkenden Rollenklischees.

8. Ein erneuerter Feminismus

Ein erneuerter Feminismus, der für Frauen aller Schichten und Generationen attraktiv ist, muss nicht bei null anfangen. Er sollte vielmehr auf die Erfahrungen der bisherigen feministischen Kämpfe zurückgreifen – vor allem auf die Erkenntnis, dass Geschlechterverhältnisse Produktionsverhältnisse sind. Nicht zu vergessen die Kultur des Widerständigen, das Organisieren von Politik von unten. Zugleich aber sollte er sich für neue Entwicklungen öffnen. Interessanter als der F-Klasse-Feminismus der Alpha-Mädchen für die Neubegründung des Feminismus sind Ansätze, die aktuell vor allem im (alltags-)kulturellen Bereich auftreten.

»Feuchtgebiete« von Charlotte Roche, ein Roman, der in punkto Körperflüssigkeiten bis ins letzte Detail geht, ein Roman voller Schilderungen über Rasierwunden im Intimbereich, über selbstgebastelte Tampons und Stuhlgang nach Operationen, wird zum Verkaufsschlager. Währenddessen tourt die Rapperin Lady Bitch Ray, die mit ihren sexuell freizügigen Texten, die sie als Vagina-Style bezeichnet, nicht nur Konservative schockiert, durch die Talkshows. Sie schafft, dass sogar der sich sonst so abgebrüht gebende Entertainer Harald Schmidt kurz sprachlos wirkt. Als der Film »Sex and the City« anläuft, ziehen junge Frauen scharenweise ins Kino. Man muss keine intime Kennerin der Kultserie sein, um zu wissen, dass es darin vor allem um Sex und Mode geht.

Lady Ray in den Talkshows, Charlotte Roche auf den Bestsellerlisten und volle Kinosäle bei »Sex and the City«. Einst kämpften Frauen dagegen, durch Pornographie zum Sexobjekt degradiert zu werden. Man denke nur an die PorNo-Kampagne vor rund dreißig Jahren. Haben sich die Frauen von heute etwa vom Feminismus abgewandt? Haben sie sich mit der Rolle als Sexobjekt abgefunden? Eine solche Analyse wäre zu oberflächlich. Gründlicher betrachtet, stellt sich die Lage anders dar.

Auch heute noch haben Frauen gegen die Degradierung zum Objekt zu kämpfen. Auch heute verhindern patriarchale Rollenbilder und Herrschaftsstrukturen die Selbstverwirklichung. Doch mit den Rollenbildern ist es nicht so einfach: Die Rollen, die einer Frau nach patriarchalem Verständnis zur Verfügung stehen, sind limitiert: Nonne, Mutter oder Hure. Alle drei stellen Frauen vor allem in Beziehung zum Mann dar: die Nonne als Braut Jesu, die Mutter als Ehefrau eines Mannes, die Hure als »Braut« vieler Männer. Schon Simone de Beauvoir schreibt: »Die Frau wird ausschließlich in ihrer Beziehung zum Mann definiert.«[24] Die Herausforderung der Emanzipation besteht darin, diese männerfixierten Rollen abzulegen und als selbstbestimmte Akteurinnen in Erscheinung zu treten. Die PorNo-Kampagne hat damals geholfen, gegen eine bestimmte Rolle zu rebellieren. Das war ein Verdienst. Doch wer meint, der feministische Königsweg bestünde darin, jede Bedienung eines männlichen Schönheitsideals zu vermeiden, der irrt. Letztlich wählt *frau* damit nur eine andere Rolle: die der Nonne. Und diese Rolle ist genauso patriarchal vorgezeichnet.

So freimütig die Protagonistin des Romans »Feuchtgebiete« von ihren Sexabenteuern berichtet, so sehr Lady Ray mit Sexsymbolen spielt, so wenig lassen sich diese Frauen auf eine Rolle reduzieren. Lady Ray ist nicht nur Rapperin, sondern schreibt gerade ihre Doktorarbeit. Ihr »Vagina-Style« ist nicht einfach nur Sex-Slang, sondern vor allem eine weibliche Replik auf den männlichen Porno-Rap, wie er bei Sido und anderen Stars der Rap-Szene gang und gäbe ist. Charlotte Roche widersetzt sich dem Enthaarungswahn und besteht darauf, ihre Achselhaare nicht zu entfernen. Welche Frau kann das von sich sagen? Simone de Beauvoir beschreibt in »Das andere Geschlecht« einen fundamentalen Bestandteil des patriarchalen Mythos Frau: »Seit dem Mittelalter wurde die Tatsache, einen Körper zu haben, bei der Frau als Schande betrachtet.«[25] Daraus resultieren bis heute Komplexe im Umgang mit dem eigenen Körper. Charlotte Roche bricht in »Feuchtgebiete« mit diesem Mythos – und das gründlich. Sie beschreibt den weiblichen Körper und die Körperflüssigkeiten in allen schillernden Details. Selbst die Faszination, die von »Sex and the City« ausgeht, beruht mehr auf der verlässlichen Freundschaft zwischen vier Frauen als auf all den Männergeschichten, die letztlich nur kommen und gehen.

Womöglich sind Charlotte Roche und Lady Ray Vorbotinnen einer neuen feministischen (Pop-)Kultur. Diese ist nicht vordergründig feministisch, und sie ist auch nicht leicht zu fassen. Einerseits bedient sie manches Klischee – aber immer mit einem übermütigen, spielerischen Gestus, nah an der Grenze zur Karikatur. Andererseits arbeitet sie mit schockierenden Effekten und führt somit zu Irritationen.

Noch fehlt dieser sich nur vage abzeichnenden neuen feministischen (Pop-)Kultur jegliche programmatische Unterfütterung. Verlockend allerdings die Vorstellung, es könnte gelingen, diese kulturelle Vielschichtigkeit und Ambivalenz mit einem Feminismus in Verbindung zu setzen, der programmatisch auf grundlegende Veränderungen der Verhältnisse in Politik und Wirtschaft zielt. Das wäre ein Feminismus, der kulturell wie inhaltlich anspricht. Denn es geht darum, das große Ganze umzuwälzen und nicht nur eine Nische zu schaffen.[26] Letztlich geht es um einen neuen Gesellschaftsvertrag zwischen den Geschlechtern. Ein solcher müsste mit der bisherigen Arbeitsteilung zwischen Männern und Frauen aufräumen – und zwar gründlich.

Wertvolle Impulse für einen solchen Gesellschaftsvertrag liefert die Vier-in-einem-Perspektive der Feministin Frigga Haug.[27] Sie sieht vier Arbeitsbereiche: erstens die Erwerbsarbeit; zweitens die Reproduktionsarbeit, besser bekannt als Hausarbeit und Fürsorgearbeit an anderen; drittens gesellschaftliches, politisches Engagement; und viertens die Arbeit an sich selbst, vorstellbar als Kultur, Weiterbildung, Wellness oder einfach Muße. Ein idealtypischer Arbeitstag teilt sich dann in jeweils vier Stunden für jeweils alle vier Bereiche. Die Vier-in-einem-Perspektive zielt auf ein neues Leitbild für beide Geschlechter. Dies mag heute, wo Überstunden im Job auf der Tagesordnung stehen und Muße als Luxus gilt, illusionär klingen. Und doch eröffnet diese Perspektive die Möglichkeit, die Arbeitsteilung neu zu denken.

Ein erneuerter Feminismus braucht zwingend ein neues Wir-Gefühl, braucht neue »solidarische Verbindungslinien« zwischen den Frauen der verschiedenen Schichten und Generationen, wie Lena Kreck und Kolja Möller in einem Kommentar im Magazin »prager frühling« einfordern.[28] Frigga Haug mahnt zu Recht, Feminismus bedeute nicht, dass lediglich die Frauen in der ersten Klasse auf der Titanic einen besseren Platz im Rettungsboot abbekommen, während die Frauen aus der vierten Klasse es noch nicht einmal aufs Deck schaffen.[29] Ein erneuerter Feminismus sollte vielmehr dazu beitragen, dass es erst gar keine vierte Klasse mehr gibt, und vor allem, dass die Titanic erst gar nicht den Eisberg rammt. Aber Feminismus heißt eben auch, dafür zu kämpfen, dass nicht nur ein Mann für den Kapitänsposten in Frage kommt, sondern auch eine Frau. Vielleicht sieht sie den Eisberg ja rechtzeitig.

X. Die entpolitisierte Gesellschaft

> Wir leben in einer ökonomischen Welt-
> ordnung. Wertvoll ist, was Geld bringt.
> Doch die totale Ökonomisierung des
> Geistes, auf die wir zusteuern, wird letzt-
> lich zur Abschaffung desselben führen.[1]
> *(Hans Weingartner, Regisseur von »Die*
> *fetten Jahre sind vorbei«)*

Der politische Raum ist eine kulturelle Leistung, eine Konstruktion, die ständig mit Leben erfüllt werden muss.[2] Anknüpfend an diese Erkenntnis von Hannah Arendt müssen wir uns die Frage stellen, inwieweit wir uns heute darum bemühen, den politischen Raum mit Leben zu erfüllen. Die weiter vorne beschriebene Selbstentmachtung des Parlaments, die schleichende Zerstörung des Öffentlichen, die wachsende Polarisierung der Schichten – all dies befördert die Entpolitisierung unserer Gesellschaft. In einem Klima der Entpolitisierung gedeiht die Freude an demokratischer Teilhabe nur schlecht. Die Zeichen für einen Vitalitätsverlust der Demokratie häufen sich. Sie sind in verschiedenen Bereichen zu beobachten – besonders in den Medien sowie im Bildungswesen.

Soapisierung der Medien

Unsere Verfassung sieht im Artikel 5 einen besonderen Schutz der Pressefreiheit vor – und das aus gutem Grund: Eine unabhängige Presse ist eine wichtige Voraussetzung für die Information der Öffentlichkeit. Sie kann Missstände bekannt machen und über politische Alternativen informieren. Den Medien kommt also in einem demokratischen Gemeinwesen eine unverzichtbare Aufgabe zu. Nicht wenige Journalisten und Journalistinnen tragen mit ihrer Arbeit zur Füllung des politischen Raums bei, indem sie stur einen Missstand bis an seine Wurzeln verfolgen oder indem sie verständlich und korrekt über unterschiedliche Lösungsansätze, etwa im Umgang mit dem Problem Erwerbslosigkeit, berichten. Auch gibt es in Deutschland Menschen, die mit vollem Einsatz investigativen Journalismus betreiben. Man denke nur an die Undercover-Reportagen von Günter Wallraff oder Markus Breitscheidel. Günter Wallraff deckte beispielsweise getarnt als Michael G. mangelnde Hygiene und fehlende Sicherheitsbestimmungen in einer Brotfabrik auf. In den 1980er Jahren arbeitete er verkleidet als türkischer Gastarbeiter bei verschiedenen Unternehmen, und vier Monate war Wallraff unentdeckt in der BILD-Redaktion angestellt, wo er so manchen Missstand enthüllte.

Im Großen und Ganzen jedoch gilt für die breite Medienberichterstattung: Wenn Politik zum Thema in den Massenmedien wird, dann zum einen in Form vorpolitischer Begleiterscheinungen. Sei es die Frisur oder das Dekolleté von Angela Merkel, das Privatleben von Horst Seehofer oder andere klischeereiche Oberflächlichkeiten – Geschichten, die nicht einmal Regisseure billiger Serien so plump inszenieren würden. Politische Willensbildungsprozesse sind aber keine belanglosen Vorabendserien.

Die andere Form, in der Politik in den Massenmedien zum Thema wird, sind Personal-Querelen. Also etwa Berichte darüber, wie gerade am Stuhl eines Vorsitzenden gesägt wird. Nicht selten wird ein solcher Vorgang durch die Berichterstattung noch befördert. Davon zeugt der Fall Kurt Beck, der nach einem monatelangen verbalen Beschuss sowohl aus den eigenen Reihen als auch in den Medien sein Amt als Vorsitzender der SPD recht abrupt hinwarf. Wenn irgendeine Nominierung ansteht, möchte jeder Journalist der Erste sein, der den Namen vorab enthüllen kann. Es herrscht ein Wettlauf zwischen den unterschiedlichen Zeitungen. Dieser entbehrt nicht einer gewissen Absurdität. Denn welcher Zeitungsleser vergleicht schon morgens alle Tageszeitungen daraufhin, welche zuerst Personal-Interna vermelden konnte. Die Zahl der Personen, die ihre Abonnement-Entscheidung davon abhängig machen, dürfte sich stark in Grenzen halten.

Im Sommer 2008, im Vorfeld der Kandidatenaufstellung zur Bundespräsidentenwahl, war dieser Wettlauf besonders deutlich zu beobachten. Heerscharen von JournalistInnen telefonierten sich die Finger wund, um vor der offiziellen Bekanntgabe zu erfahren, welchen Kandidaten DIE LINKE aufstellen werde. Wenn wir hingegen an einem alternativen Rentenkonzept oder an einem Programm gegen Neofaschismus arbeiten, bleiben die Telefone stumm. Dabei ist klar, dass ein Kandidat oder eine Kandidatin der Linken angesichts der Mehrheitsverhältnisse keine Chance hat, das Bundespräsidentenamt zu bekommen. Kurzum: Die politische Berichterstattung erinnert immer mehr an Soap Operas, an Seifenopern. Kein Wunder, wenn neben all den Berichten über allzu Privates sowie über Personalquerelen nur wenig Raum für Fragen nach langfristigen Konzepten bleibt. Infolgedessen erscheint die Politik ebenfalls immer mehr als Seifenoper.

Was aus dieser Soapisierung folgt, hat der französische Philosoph Jacques Derrida treffend beschrieben: Wenn man den BerufspolitikerInnen nicht mehr respektiere, dann liege das nicht nur an dieser oder jener persönlichen Unzulänglichkeit.»Es liegt vielmehr daran, dass der Politiker in zunehmendem Maß, ja einzig und allein, auf die Rolle einer medialen Repräsentationsfigur reduziert wird.« Wie groß auch immer seine persönliche Kompetenz sein möge, der Berufspolitiker tendiere heute dahin – ich erwähnte diese Zuschreibung bereits –, »strukturell inkompetent« zu sein.[3] Selbst wenn er viel weiß, hat er immer weniger Entscheidungskompetenz. Die Soapisierung der Berichterstattung trägt also entscheidend zu einer Entpolitisierung der Öffentlichkeit bei.

Die Verflachung der politischen Berichterstattung kann nicht ohne Folgen auf die demokratische Teilhabe bleiben. »Und denkt an die alte WYRIWYW-Weisheit: What you read is what you write«, wurde mein Englischprofessor an der Universität nicht müde uns vorzuhalten. Damit wollte er uns ermuntern, möglichst viele hochwertige englische Texte zu lesen, denn dies würde unseren eigenen Schreibstil positiv beeinflussen. Beim Aneignen einer Fremdsprache gilt also, dass die Lektüre guter Texte den eigenen Ausdruck befördert. Im Umkehrschluss bedeutet dies: Wer keine oder nur Texte in schlechtem Sprachstil liest, tut sich schwer damit, Texte in gutem Englisch zu verfassen. Womöglich gibt es einen solchen Zusammenhang auch zwischen der Qualität der täglichen Presselektüre und der politischen Urteilskraft.

Journalisten und Journalistinnen haben in einer Demokratie bekanntlich die Aufgabe, über inhaltliche Diskussionen zu informieren. Sie dürfen nicht in die Rolle des Drehbuchautors für inhaltsleere Seifenopern gedrängt werden. Schon deshalb ist es wichtig, kritischen, investigativen Journalismus zu fördern. Günter Wallraff hat dazu vor kurzem einen interessanten Vorschlag unterbreitet, der aufgegriffen werden sollte. Er, dessen couragierte Form der Reportage zwar in Skandinavien viel, in Deutschland aber bisher nur wenig nachgeahmt worden ist, regte kürzlich an, die Gewerkschaften sollten eine Stiftung gründen, die junge Undercover-AutorInnen unterstützt.[4]

Ein weiteres Hindernis für kritischen Journalismus besteht in dem Trend, Stellen in Redaktionen zu befristen oder nur noch auf freie Mitarbeiter und Mitarbeiterinnen zu setzen. Frei meint dann vor allem eines: Es gibt nur dann Geld, wenn der Artikel gedruckt wird. Bessere Arbeitsbedingungen und sichere Arbeitsplätze für Journalisten und Journalistinnen sind insofern nicht nur ein soziales Anliegen, sondern auch notwendig, um kritische Berichte und Reportagen zu befördern. Zudem sollte sich in allen Redaktionen durchsetzen, dass in den Redaktionsstatuten die Unabhängigkeit der Redakteure garantiert wird, also die Verlagsspitze nicht das Recht haben darf, einzelne Beiträge nach ihrem Gusto zu verändern. Diese Maßnahme löst zwar das Problem nicht komplett, kann es aber abmildern.

Schule – häufig eine Demokratie-Bremse

Wir alle wissen, dass unsere Einstellung zur Politik und zur Demokratie nicht unwesentlich durch Schlüsselerlebnisse in unserer Kindheit und Jugend geprägt wird. Ob am Abendbrottisch auch über Politik geredet wird, ob man auf engagierte Lehrerinnen und Lehrer trifft, ob man mit Gleichaltrigen in der Freizeit konkrete Erfolge bei einem Projekt erlebt, all dies ist ausschlaggebend für die Bereitschaft, sich politisch einzubringen. Während der Schulzeit und vielleicht noch zu Beginn des Studiums werden meist die Weichen gestellt. Hier entscheidet sich, ob ein Mensch sich als »Citoyen« bzw. als »Citoyenne«, als sich einbringender Staatsbürger bzw. sich einbringende Staatsbürgerin fühlt oder ob sich in punkto Politik eher eine Null-Bock-Stimmung breitmacht. Der Schule kommt insofern eine große Bedeutung zu. Wo, wenn nicht dort, könnte der Kurs unserer Gesellschaft in Richtung Entpolitisierung umgekehrt werden.

An sich sollte die Schule jungen Menschen Appetit auf Politik machen, sie zum Engagement ermuntern. Doch nur zu oft ist der schulische Alltag alles andere als eine Werbeveranstaltung fürs Einmischen ins demokratische Gemeinwesen. In dem amerikanischen Kriegsfilm »Crimson Tide« weist ein Offizier seinen maulenden Untergebenen mit folgendem Satz zurecht: »Wir sind hier, um die Demokratie zu verteidigen, nicht um sie zu praktizieren!« Diese Szene erinnert mich nur zu gut an ein entsprechendes Erlebnis während meiner Schulzeit: Stadtnahe Autobahn: ja oder nein? Diese Frage erhitzte damals nicht nur im Dresdner Stadtrat die Gemüter. Ein Bürgerentscheid stand an. Nun können bei solch einem Bürgerentscheid nur Erwachsene abstimmen. Die Auswirkungen jedoch werden vor allem die nachfolgenden Generationen zu spüren bekommen. Deswegen hatte die Mehrheit im Stadtrat eine Umfrage unter Jugendlichen zum geplanten Autobahnbau beschlossen. Der mit einem CDU-Parteibuch ausgestattete Oberbürgermeister konnte die Ausführung dieser Umfrage jedoch mit seinem Veto verhindern. Daraufhin leiteten engagierte Schüler und Schülerinnen eine solche Umfrage mit Hilfe der PDS selbst in die Wege.

Mich begeisterte diese Aktion aus zweierlei Gründen. Erstens empfand ich die Befragung von Jüngeren als eine Entschädigung dafür, dass wir beim Bürgerentscheid nicht mit abstimmen durften. Zweitens war eine solche Umfrage für mich natürlich ein willkommener Anlass, um mit Gleichaltrigen über die Auswirkungen der geplanten Autobahn auf den Lebensraum Dresden zu diskutieren. Noch bevor ich so richtig loslegen konnte, erfuhr die Direktorin davon. Sie rief mich daraufhin umgehend in ihr Büro, blickte mich streng an, zeigte auf einen vor ihr liegenden Umfragebogen und meinte: »Ich muss dich bitten, diese Umfrage zu unterlassen. Wie du weißt, haben Parteien in der Schule nichts zu suchen.« Ich hoffte, mit Argumenten etwas bewirken zu können: »Aber diese Umfrage wurde doch von der Mehrheit des Stadtrats beschlossen. ...« Ich kam nicht allzu weit mit meinen Erläuterungen. In diesem Fall gab es offensichtlich nichts zu diskutieren. »Die Umfrage ist einzustellen, ansonsten sehe ich mich gezwungen, entsprechende Konsequenzen einzuleiten.« So hatte ich meine Direktorin noch nicht erlebt. Wenn es um Faschingsfeiern oder Schuldiskos ging, war ich als Schulsprecherin bei ihr bisher immer auf offene Ohren gestoßen. Doch nun, wo ich eine politische Aktion plante, war sie wie ausgewechselt, als ob sie den Schülerrat eher als einen Elferrat sah, der in erster Linie ein Belustigungskomitee ist.

Nun hat mich diese versuchte Einschüchterung nicht vom politischen Engagement abgehalten. Und mein Appell lautet: Wenn sich schon mal eine Schülerin für Politik interessiert, sollte dieses zarte Pflänzchen auch befördert werden. Dies kann ja durchaus kritisch vonstattengehen. Wenn es der Schulleitung etwa darum gegangen wäre, die Debatte um die Autobahn auf pluralistischere Füße zu stellen, so hätte es andere Reaktionsmöglichkeiten als das Androhen schwerer Konsequenzen gegeben. Die Schulleitung hätte die Schülervertretung darin unterstützen können, ein überparteiliches Diskussionsforum zur Autobahn abzuhalten – gern auch mit neutraler Moderation und abschließendem Votum. Doch nichts dergleichen geschah. Die ganze Episode erinnerte mich an einen Ausspruch von Kurt Tucholsky: »Der gute Schüler ist in Deutschland stets der gehorsame Schüler und meistens ein Duckmäuser.«[5]

Zum Glück gibt es auch DirektorInnen und LehrerInnen, die in solchen Situationen andere Wege einschlagen. Später, als ich schon Landtagsabgeordnete war, lernte ich eine Dresdner Lehrerin kennen. Diese hatte ihre Klasse für die Idee eines SchülerInnentickets begeistert. In Anlehnung an das Semesterticket warben Schülerinnen und Schüler für ein Ticket zu einem besonders günstigen Preis. Es war mir eine besondere Freude, dieses Anliegen aufzugreifen und in den Landtag einzubringen. Der zuständige Verkehrsausschuss im Sächsischen Landtag musste sich – aufgrund unserer Initiative – in einer Anhörung mit diesem Projekt auseinandersetzen. Dabei benannte meine Fraktion eine Schülerin aus der Projektgruppe als Sachverständige für die Ausschussanhörung. Diese junge Frau warb souverän für ihr Anliegen. Aus Parteiräson stimmte leider trotzdem die Mehrheit im Landtag gegen unseren Antrag. Immerhin konnte die Projektgruppe möglichst authentisch für ihr Projekt werben. Zudem durchbrach die Benennung dieser jungen Frau das klassische Bild der Sachverständigen – meist Männer in Anzügen. Statt Expertenmeinungen rückten wir den Sachverstand von Menschen, die in ihrem Alltag mit dem Schulverkehr konfrontiert sind, in den Mittelpunkt.

Lehrerinnen wie diese leisten einen großen Dienst an der Demokratie. Sie tragen dazu bei, dass Politik aktiv und persönlich erlebbar wird. Es sind solche Projekte, die bei jungen Menschen Interesse an unserem Gemeinwesen erwecken. Lehrerinnen wie sie sind zu bewundern. Zumal zumindest das sächsische Schulsystem nicht dazu motiviert, mit den Jugendlichen in einen politischen Dialog zu treten.

So hatte beispielsweise das zuständige Ministerium die Schulleitung angewiesen, alle Lehrerinnen und Lehrer zu melden, die gemeinsam mit ihren Klassen an einer Demonstration gegen Schulschließungen teilnahmen. Um die Tragweite dieser Anweisung zu erfassen, sollte man Folgendes wissen. Schulschließungen haben in Sachsen in den letzten zehn Jahren in einem großen Ausmaß stattgefunden. Als Folge drohten deutlich längere Schulwege und der Verlust des Zusammenhalts der Kinder. In einigen Orten musste die letzte noch verbliebene Schule zumachen. Dies führte immer wieder zu bewegenden Aktionen für den Erhalt der

Schule: Schülerinnen und Schüler kämpften Seite an Seite mit Oma, Vati und Lehrerin für ihre Schule. Von wegen: »Hurra, hurra, die Schule brennt«.

Unabhängig davon, wie man die Schulschließungen bewertet – eines steht fest: Für viele Jugendliche war das die erste konkrete Erfahrung mit der Politik. Zum ersten Mal hatte eine politische Entscheidung ihr Leben direkt beeinflusst. Insofern führte die Diskussion um Schulschließungen zu einer Politisierung. Eine Regierung, der wirklich an demokratischer Teilhabe liegt, hätte dieses aufgekommene Interesse an Politik positiv aufgefangen. Nicht so die sächsische. Sie setzte auf Einschüchterung der LehrerInnen und nötigte die DirektorInnen zur Denunziation ihrer Kolleginnen und Kollegen. Kein schönes Signal für den Stellenwert von demokratischer Teilhabe.

Auch die Suspendierung einer Lehrerin nach dem 11. September 2001 steht in der Tradition der politischen Einschüchterung. Am Tag nach dem Angriff auf das World Trade Center in New York hatte eine Lehrerin mit ihrer Klasse das schreckliche Ereignis diskutiert. Wir erinnern uns: In jenen Tagen trieb uns alle dieser Anschlag um. Neben all dem Entsetzen sprach man in vielen Wohnzimmern und Kneipen zudem über politische Hintergründe und mögliche Folgen. In solch einer Situation ist es verständlich und sogar lobenswert, wenn auch in der Schule nicht einfach stur zur Tagesordnung übergegangen, sondern Zeit zum gemeinsamen Diskutieren eingeräumt wird.

Zum Problem wurde die Angelegenheit, weil sich eben jene Lehrerin besonders kritisch über die US-amerikanische Politik geäußert und die Anschläge in einen Zusammenhang mit der imperialen Politik der USA gebracht hat. Als Kinder ihre Äußerungen abends zu Hause wiedergaben, begann ein Prozess, der zur einstweiligen Suspendierung der Lehrerin führte – später kam es dann zu einer Einigung zwischen ihr und dem Land. Es geht an dieser Stelle nicht darum, die – möglicherweise auch noch unglücklich formulierten – Aussagen der Lehrerin inhaltlich zu bewerten. Entscheidend ist allerdings, welche Lehren andere LehrerInnen aus diesem Vorgang ziehen. Was passiert, wenn eine inhaltliche Positionierung zu einem bewegenden Thema so schnell arbeitsrechtliche Konsequenzen hat? Wer bringt zukünftig noch die Courage auf, politische Diskussionen aufzugreifen, wenn er fürchten muss, selbst das versehentliche Umwerfen einer Dose Coca-Cola könne als antiamerikanisches Verhalten ausgelegt werden? Der Kurs der Einschüchterung macht Schule zunehmend zu einem entpolitisierenden Raum.

Ein Problem, das mich schon als Schulsprecherin beschäftigte, war das Recht auf ungeöffnete Briefe. Gelegentlich bekommt die Vertretung der Schülerschaft Post, z. B. vom Stadtschülerrat oder vom Landesschülerrat. Diese Briefe kommen in der Regel im Sekretariat der Schule an. Nun wäre es eigentlich eine Selbstverständlichkeit, dass man diesen Brief der Schülervertretung umgehend aushändigt – und zwar ungeöffnet. Schließlich gibt es ja das Postgeheimnis. Und immerhin handelt es sich bei der Schulsprecherin bzw. dem Schulsprecher um eine gewählte Interessenvertretung. Doch was selbstverständlich klingt, war in sächsischen Schulen mitnichten üblich. Nur zu oft erhielten wir die Briefe geöffnet. Offensichtlich hatten die Briefe noch den Umweg übers Direktorat gemacht.

Wenn Grundrechte wie das Briefgeheimnis in der Schule mit solcher Selbstverständlichkeit verletzt werden, wie soll dann Schule den Wert dieser Rechte glaubhaft vermitteln können? Während meiner Schulzeit konnte dazu keine landesweite Regelung gefunden werden. Eine spätere Umfrage des Landesschülerrates brachte es ans Licht: Ein Drittel aller Briefe wird geöffnet. Als die PDS-Fraktion im Sächsischen Landtag dieses Thema problematisierte, antwortete der zuständige Minister wie folgt:

»Gemäß Art. 10 des Grundgesetzes sind das Briefgeheimnis sowie das Post- und Fernmeldegeheimnis unverletzlich. Dies gilt auch für die an die Schülervertreter gerichteten Briefe, Postsendungen und Telefonate. Posteingänge werden dem Empfänger (Schülervertreter) gemäß Nr. 59 Abs. 2 Dienstordnung für die Behörden des Freistaates Sachsen, die auch für Schulen Anwendung findet, ungeöffnet zugeleitet, wenn sie mit den Zusätzen wie ›persönlich‹ oder ›vertraulich‹ gekennzeichnet sind. An die Behörde (Schule) gerichtete Sendungen mit Zusätzen (zum Beispiel ›zu Händen von …‹) werden von der Behörde (Schule) geöffnet weitergeleitet.«[6]

In den Schulalltag übersetzt, bedeutete dies: Steht »An die Schülervertretung« in der zweiten Zeile, dann gilt das Briefgeheimnis nicht. Welch Spitzfindigkeit! Man könnte meinen, ein solches Handeln entspringt dem Kopf eines extrem eifersüchtigen Ehegatten. Doch wir haben es hier mit der offiziellen Politik einer verantwortlichen und hochbezahlten Ministerialbürokratie zu tun!

Als Schulsprecherin und später als Landtagsabgeordnete hatte ich vor allem mit der sächsischen Schule Kontakt. Insofern stammen die diesbezüglichen Beispiele in diesem Buch vorrangig aus Sachsen. Dies ist schon deshalb erwähnenswert, weil die Schulpolitik jeweils in der Hoheit der Bundesländer liegt. Darunter sind auch solche, in denen die Rechte der Schülermitbestimmung besser ausgebaut sind. Jedoch zeichnet sich auch in anderen Bundesländern, beispielsweise in Hessen, in punkto Schülermitbestimmung ein Roll-Back, eine Zurücknahme bereits erreichter Rechte ab.

Entpolitisierung und Cäsarismus an der Uni

Die Einschüchterung von politisch Engagierten ist nicht auf die Schule begrenzt. An den Hochschulen wird sie sogar auf die Spitze getrieben. Die Botschaft der dortigen Personalpolitik ist eindeutig: Wer kritisch ist, wer sich engagiert und linke Positionen vertritt, hat schlechte Karten. So wurde die geplante Besetzung der Juniorprofessorenstelle für Politikwissenschaften Nordamerikas im John-F.-Kennedy-Institut der Freien Universität Berlin aus politischem Kalkül behindert. Die Berufungskommission hatte den in Fachkreisen sehr geschätzten Albert Scharenberg vorgeschlagen, der sich überdies als Chefredakteur der »Blätter für deutsche und internationale Politik« einen Namen machen konnte. Hintergrund für die Behinderung seiner Berufung war seine Tätigkeit im Kuratorium der Rosa-Luxemburg-Stiftung. Dabei handelt es sich bei dieser Stiftung ebenso wie bei der Friedrich-Ebert-Stiftung oder der Friedrich-Naumann-Stiftung um eine der offiziell anerkannten parteinahen Stiftungen, die vom Bundestag gefördert werden. Das Kalkül ist offensichtlich: Studierende, hört die Signale. Wenn ihr beruflich Erfolg haben wollt, werdet nicht gesellschaftlich aktiv – zumindest nicht in linken Kreisen. Wer solche Signale aussendet, versündigt sich an der Demokratie.

Diese besorgniserregende Personalpolitik wird durch die laufende Reorganisation der Hochschulen noch verschärft. Zum Umbau in der Hochschullandschaft gehört, dass die einzelnen Hochschulen mehr Autonomie bekommen, was zunächst gut klingt, in der Praxis jedoch problematische Ausprägungen annimmt. Denn es bedeutet nicht mehr Autonomie für die Hochschule, sondern lediglich mehr Vollmachten für die Hochschulleitungen und die Universitäts- oder Hochschulräte. In diesen Räten sitzen wiederum häufig einflussreiche Vertreter der Wirtschaft. Die scheinbare Freiheit der Hochschulen geht schließlich meist mit einer Knappheit der Mittel einher. Infolgedessen richten sich die Universitäten stärker auf die Wirtschaft aus. Offenbar nutzen viele Hochschulen die neugewonnenen Gestaltungsspielräume vor allem dazu, diese umgehend wieder an Private abzutreten. Neben finanziellen Kompetenzen nehmen die Hochschulleitungen Einfluss auf die Wahl der Dekane und auf die Zusammensetzung der Berufungskommissionen. Sie sind es, die die Berufung von Professorinnen und Professoren aussprechen. Der Wissenschaftler Alex Demirovič fasst diese Entwicklung folgendermaßen zusammen: »Nahezu unkontrolliert durch kollegiale Gremien ist es angesichts einer solchen Machtfülle nicht abwegig, dass sich bei den Funktionsträgern an der Spitze der Wahn der Allkompetenz und Cäsarismus ausbildet. Fachbereiche oder Fakultäten, gar die einzelnen Hochschullehrerinnen haben in diesem Prozess kaum noch Einfluss.«[7]

Noch gelten Hochschulen als Orte, an denen sich besonders viele kritische Köpfe tummeln. Aber wie lange noch? Auch ich erlebte im Zuge der Studierendenproteste 1997/98 ein Beispiel für die Entpolitisierung der Universität. Das Protestbüro, in dem ich damals mitwirkte, wollte nach der großen landesweiten Protestdemonstration vor dem Landtag weitermachen. Konkret planten wir, im kommenden Semester eine Veranstaltungsreihe über alternative Hochschulpolitik und über notwendige Reformen der aktuellen Bildungspolitik anzubieten. Schließlich stand uns der Sinn danach, die Situation an den Unis nachhaltig zu verändern, da konnten wir uns nicht mit einer Demonstration zufriedengeben.

Wir beabsichtigten, eine solche Reihe im Rahmen des Studium generale anzubieten. Unter diesem Dach versammeln sich Vorlesungsreihen, die eher der Allgemeinbildung dienen. Dieses Vorlesungsangebot soll bewusst über den Horizont des jeweiligen Fachstudienganges hinausweisen und ist daher fachübergreifend angelegt. In Dresden mussten zu meinen Studienzeiten die Studierenden bis zur Zwischenprüfung den Besuch von mindestens zwei Vorlesungsreihen aus diesem allgemeinbildenden Angebot nachweisen. Das damalige Studium generale sah u. a. eine Vorlesungsreihe über Marketingstrategien vor. Spaßeshalber und weil es in meinen Stundenplan passte, besuchte ich diese Veranstaltungen. Meist verliefen sie wie folgt: Ein Marketing-Vertreter einer Firma kam und berichtete von den Erfolgsstrategien seines Unternehmens. Ein bisschen Schleichwerbung, ein bisschen Kritik an der Konkurrenz durfte dabei natürlich nicht fehlen – alles in allem war das manchmal amüsant und manchmal erhellend.

Was die können, können wir schon lange, dachten wir im Protestbüro und machten uns an die Planung einer Vorlesungsreihe über alternative Hochschulpolitik. Doch wir erlebten eine herbe Enttäuschung. Die Universitätsverwaltung gab uns keine Erlaubnis, unsere Veranstaltung im Rahmen des Studium generale anzubieten. Nichts gegen einige kurzweilige Einblicke in die Welt des Marketings. Aber es mutet schon eigenartig an, wenn an einer Hochschule Firmen ausreichend Raum für Eigenwerbung bekommen, während eine Reihe zu alternativer Bildungspolitik nicht zugelassen wird. Eine kleine weitere Etappe auf dem Weg Richtung entpolitisierte Gesellschaft. Und dieses Beispiel dürfte bezeichnend sein. Während politische Diskussionen kleingehalten werden, erhalten VertreterInnen der Wirtschaft zunehmend mehr Einfluss im Bildungssystem. Die Entpolitisierung unserer Gesellschaft und die Landnahme des Bildungswesens durch die Wirtschaft gehen Hand in Hand.

Landnahme durch die Wirtschaft

»Aber Katja, das ist doch nur ein überholter klassenkämpferischer Reflex«, bekam ich vor einiger Zeit auf einer Familienfeier zu hören, als ich meine Bedenken über den wachsenden Einfluss der Wirtschaft an der Uni äußerte. Was folgte, war eine heiße Diskussion über die Frage, ob es so schlimm sei, wenn die Wirtschaft alle gesellschaftlichen Bereiche durchdringt. Es war gar nicht einfach, diese Frage so zu beantworten, dass sie auch für die Familienmitglieder, die nicht Anhänger der Linken sind, nachvollziehbar war. Einige Zeit später saß ich in der Oper und lauschte den Melodien von Giuseppe Verdi. Und da – mitten in der Handlung von »Rigoletto« – fand ich meine Antwort.

Gestattet sei also ein kleiner Exkurs in die Welt der Oper: In diesem Werk (nach dem Versdrama von Victor Hugo) aus dem Jahre 1851 hat der bucklige Rigoletto, Hofnarr eines Herzogs, einen Auftragsmörder angeheuert. Sein Ziel ist, sich am Herzog, einem notorischen Frauenhelden, für die Verführung seiner Tochter zu rächen. Als Maddalena, die Kumpanin und Schwester dieses Auftragsmörders – geplagt von Mitgefühl mit dem schönen jungen Opfer –, ihrem Bruder vorschlägt, das Geld einzustecken, ohne den jungen Mann zu töten, reagiert dieser empört. Er sei doch kein Schuft und kein Verbrecher. Ein Vertrag sei ein Vertrag und ein Geschäft sei ein Geschäft.

Aus der puren Geschäftslogik heraus erschien das auftragsgerechte Töten ehrenwerter als die Rettung eines Menschenlebens. Im Rahmen dieser von schmissigen italienischen Melodien geprägten Oper wirkte diese Episode eher amüsant. Sie deutet jedoch auf ein grundlegendes Dilemma hin: Die Grundsätze des Geschäftes können in einem unvereinbaren Widerspruch zu den humanistischen Grundsätzen stehen.

Ein ähnliches Dilemma bringt Bertolt Brecht in dem Theaterstück »Mutter Courage« auf die Bühne. Die als Marketenderin mit einem kleinen Wagen durchs Land ziehende Mutter Courage hat durch den Krieg beide Söhne verloren, und ihre Tochter wurde im Krieg verunstaltet. Sie hätte also allen Grund, ein Ende des Krieges herbeizusehnen. Doch aus reinem Geschäftssinn heraus klagt sie wehleidig, wenn es heißt, der Krieg sei aus: »Ich lass mir den Krieg von euch nicht madig machen. Es heißt, er vertilgt nur die Schwachen, aber die sind auch hin im Frieden. Nur der Krieg nährt seine Leut' besser.«[8]

Auch wenn sich die Formen gewandelt haben, gilt heute ungemindert: Die Grundsätze des Geschäfts können in einen unvereinbaren Widerspruch zu den Grundsätzen des Humanismus geraten. Daraus folgt: Die Regeln der Wirtschaft dürfen niemals pur, ohne Abfederung oder Einschränkung, zum Zuge kommen. Dies ist ein humanistisches Gebot! Daraus folgt, dass gerade jene gesellschaftlichen Bereiche, in denen die Entwicklung junger Menschen besonders geprägt wird, wie Schulen und Hochschulen, nicht einfach den Gesetzen des Geschäfts untergeordnet werden. Vielmehr muss die Vermittlung humanistischer Grundsätze unterstützt werden. Vor diesem Hintergrund stimmt es bedenklich, wenn an Universitäten und Schulen gesellschaftspolitische Fächer zu rein betriebswirtschaftlichen umgewandelt werden.

An der Frankfurter Goethe-Universität existierte beispielsweise vor wenigen Jahren eine Professur für Verteilung und Sozialpolitik. Diese wurde in die Professur für Labor Economics umgewandelt. Inzwischen ist sie als »Angewandte Mikroökonomie« ausgeschrieben. Hier hat sich innerhalb kürzester Zeit ein Wandel von einer Professur mit gesellschaftlichem Schwerpunkt zu einer mit rein betriebswirtschaftlichem Fokus vollzogen. Und noch ein Beispiel aus der Schule: In Hessen wandelte sich das Fach

Gemeinschaftskunde in das Fach Politik und Wirtschaft. Damit ging eine entsprechende Veränderung des Lehrplans einher. An sich ist nichts dagegen einzuwenden, wenn junge Menschen sich mit den Wirkungsweisen der Wirtschaft auseinandersetzen. Wenn jedoch die ökonomische Ausbildung aus einer rein mikroökonomischen – also nicht aus einer volkswirtschaftlichen – Perspektive geschieht, wird es problematisch, fallen dann doch die gesellschaftlichen Belange schnell unter den Tisch. Noch problematischer ist es, wenn die Beschäftigung mit Wirtschaft vor allem dazu genutzt wird, um deren Allmacht unhinterfragt zu bejahen. Der folgende Werbetext auf der Homepage einer Münchner Schule für das Fach Wirtschaft und Recht sollte Demokratinnen und Demokraten zu denken geben:

»Die Bedeutung, um nicht zu sagen die Allmacht der Wirtschaft in unser aller Leben wird niemand leugnen wollen und müsste allen bewusst sein. Selbst die Politik ist in ihren Entscheidungen weniger frei denn je – zu stark ist die Vermischung.«[9]

All diese Beispiele unterstreichen, wie recht der österreichische Publizist Robert Misik hat, wenn er von den »Angriffen des Total-Ökonomismus« schreibt.[10] Er beobachtet, dass die Nischen, in denen das Ökonomische noch nicht dominiert, ständigen Kolonisierungsangriffen ausgesetzt sind. Die Politikwissenschaftlerin Rahel Jaeggi spricht in diesem Zusammenhang von einer Zeit der universellen Käuflichkeit,[11] in der wir leben. Kaum ein Bereich ist davon ausgespart. Auch im Bildungswesen ist diese Kolonisierung durch die Wirtschaft im vollen Gange. »Selbst die Grundschulen«, so die Frankfurter Lehrerin Angelika Wahl, »sind jetzt dem Trend der Ökonomisierung ausgesetzt.«[12] Vorangetrieben wurde diese bedenkliche Entwicklung vor allem durch einen Akteur – die Bertelsmann-Stiftung.

Der Fall Bertelsmann-Stiftung

Die Bertelsmann-Stiftung widmet sich vor allem der Politikberatung – und das recht intensiv. Seit Jahren arbeitet diese Stiftung mit verschiedenen Bildungsministerien zusammen. Auf den ersten Blick klingt dies geradezu selbstlos und edel. Doch inzwischen häufen sich bei den Gewerkschaften ver.di und GEW Kritiken am konkreten Wirken der Stiftung – aus gutem Grund. Die Bertelsmann-Stiftung ist keine neutrale Beratungsinstanz. Sie hat vielmehr eine Mission, und die lautet: weniger Staat sowie weniger Steuern. Die »selbstlose« Beratung der Stiftung an Universitäten und Schulen hat dazu beigetragen, das Leitbild der Eigenverantwortlichkeit zu etablieren. In der Praxis bedeutet die angebliche Eigenverantwortlichkeit aber letztlich, dass den Bildungseinrichtungen ein Sparzwang auferlegt und den Beschäftigten Mehrarbeit zugemutet wird. Infolge des Sparzwangs wiederum sind die Hochschulen besonders auf das Anwerben von Drittmitteln aus der Wirtschaft angewiesen. Genau darauf zielt auch die Bertelsmann-Stiftung. Ihr geht es letztlich darum, die Kooperation der öffentlichen Bildungseinrichtungen mit Geldgebern aus der Wirtschaft voranzutreiben. Erfahrungsgemäß wollen Unternehmen, die Geld geben, auch über den Inhalt des Unterrichts bzw. der Forschung mitbestimmen. Dann sind die Forschungen gefragt, die sich schnell in bare Münze umwandeln lassen. Andere, wie die Grundlagenforschung, drohen somit auf der Strecke zu bleiben.

In den USA gibt es bereits Schulen, die einen Hauptsponsor wie Coca-Cola haben. Ob an solchen Schulen im Gemeinschaftskundeunterricht über politisch bewussten Konsum und in dem Zusammenhang über den erfolgreichen Coca-Cola-Boykott[13] in Indien diskutiert wird? Wohl kaum. Belegt ist auf jeden Fall, dass ein Schüler, der eines schönen Morgens mit einem T-Shirt, auf dem Werbung für Pepsi-Cola prangte, zur Schule kam, für diesen Tag Hausverbot bekam. Von solchen Umständen sind wir zum Glück in Deutschland weit entfernt – doch wie lange noch? Letztlich zielt das Wirken der Bertelsmann-Stiftung auf eine Vermarktlichung der Hochschulen. Hochschulen werden nicht mehr als Orte angesehen, an denen es vor allem um Bildung im Sinne der Aufklärung und Mündigkeit geht, entscheidender ist die Übertragung betriebswirtschaftlicher Strukturen aufs Bildungswesen. Um dies voranzutreiben, hat der Stiftungsgründer Reinhard Mohn 1994 das Centrum für Hochschulentwicklung (CHE) gegründet. An dieses angeblich unabhängige Zentrum fließen jährlich zwei Millionen Euro vom Bertelsmann-Imperium. In seinem Bestreben, Studiengebühren mehrheitsfähig zu machen, ging eben jenes CHE alles andere als zaghaft vor und schreckte vor unwissenschaftlichen Manipulationen nicht zurück. »Studierende jetzt mehrheitlich für Studiengebühren«, so lautete die Botschaft einer Studie des CHE. Unkritische oder überforderte JournalistInnen übernahmen reihenweise eben jene Schlagzeile. Dabei hätte ein zweiter Blick gereicht, um zu offenbaren, dass die bewusste Umfrage höchst manipulativ angelegt war. Das CHE hatte die Studierenden nur befragt, welche Studiengebührenmodelle sie bevorzugen würden. Der Fragebogen sah überhaupt nicht die Möglichkeit vor, sich generell gegen Studiengebühren auszusprechen. Mit solch fragwürdigen Mitteln werden Botschaften produziert, die von den Massenmedien – zu einem beachtlichen Teil ebenfalls Angehörige des Bertelsmann-Imperiums – unhinterfragt aufgegriffen werden. Schlagzeilen wie diese verfehlten ihre Wirkung nicht. Inzwischen haben mehrere Bundesländer Studiengebühren eingeführt.

Die Bertelsmann-Stiftung begrenzt ihre Beratungstätigkeit mitnichten auf das Bildungswesen, sondern bringt ihre Ideologie auch in der öffentlichen Verwaltung an. Auf kommunaler Ebene wurde unter kräftiger Mitwirkung der Stiftung eine Verwaltungsreform eingeleitet, mit dem Ziel, ein neues Modell zur Steuerung der Verwaltung zu etablieren. Infolgedessen müssen Kommunen nun ihren Haushalt wie eine Wirtschaftsbilanz abbilden. Ein schöner Nebeneffekt: Private Unternehmen können so ablesen, welche Bereiche besonders profitträchtig sind, bei welchen man also auf eine Privatisierung drängen sollte.

Diese Stiftung macht also vor allem eins: pure Lobby-Arbeit – und zwar im Interesse von privaten Unternehmen. Erwähnenswert in diesem Zusammenhang ist, dass 76 Prozent der Stiftungsanteile der Familie Mohn gehören. Faktisch kann also eine Familie die komplette Strategie der Stiftung bestimmen. Die Zahl der Ministerien, Hochschulen und Kommunen, auf deren Politik die Bertelsmann-Stiftung inzwischen aktiv einwirkt, ist beeindruckend. Und diese Familie, die mit ihrer Lobbyarbeit so starken Einfluss hat, wurde von niemandem gewählt, ist keiner Öffentlichkeit rechenschaftspflichtig.

Kommunale Verantwortliche und Landesministerien räumen den Lobbyisten der Bertelsmann-Stiftung immer wieder viel Einfluss ein. Währenddessen werden Studierende, die Veranstaltungsreihen über kritische Hochschulpolitik anbieten wollen, abgewiegelt. Schülerinitiativen, die sich für ein günstiges Busticket engagieren, werden nicht gehört, und kritische Lehrende bekommen einen Maulkorb verpasst bzw. man lässt sie erst gar nicht an den Universitäten zu. Kein Wunder, wenn angesichts solcher Diskrepanzen die Demokratie verkümmert und das Desinteresse an der Politik zunimmt.

Dies wäre an sich schon ärgerlich. Besonders brisant wird diese Entwicklung durch einen ungewollten Nebeneffekt. Vom sinkenden Ansehen der Demokratie profitieren nicht zuletzt die Neonazis. Sicherlich beabsichtigt ein Bürgermeister, der den letzten Jugendclub aus Geldmangel schließt, nicht, die Neonazis zu stärken – ebenso wenig wie eine Direktorin, die ihren Angestellten einen Maulkorb verhängt. Insofern geht es hier nicht um individuelle Schuldzuweisungen. Vielmehr möchte ich auf einen strukturellen Zusammenhang hinweisen: Räume, die von den DemokratInnen verlassen werden, nutzen die Neonazis nur allzu gerne – und sei es durch Diffamierung der Demokratie.

Neonazis – die Profiteure der Entpolitisierung

Wann immer neofaschistischen Parteien der Einzug ins Parlament gelingt, fällt die Betroffenheit wie Feinstaub auf das demokratische Lager. Plötzlich werden die Demokratie und der Parlamentarismus laut beschworen. Ich erinnere mich noch gut an den Wahlabend in Sachsen im Jahr 2004, als die NPD mit 9,2 Prozent in den Landtag kam. Sie lag damit nur 0,6 Prozent hinter der SPD – später der kleine Koalitionspartner. An jenem Wahlabend zeigten sich die meisten Parteienvertreter und -vertreterinnen schockiert und überrascht. Hatten sie wirklich nicht mit diesem Siegeszug gerechnet?

Natürlich hofft man an solchen Abenden bis zuletzt. Aber wer Augen hatte, um zu sehen, und Ohren, um zu hören, der musste in Sachsen doch bemerkt haben, wie sich die Neonazis gerade im ländlichen Raum ausgebreitet hatten. Es war kaum zu übersehen, wie sie vom schleichenden Rückgang öffentlicher Räume profitiert und die Schulhöfe erobert hatten. Jahrelang wurden im Sächsischen Landtag unsere Versuche, das Problem anzusprechen, von der CDU, die 15 Jahre lang in Sachsen allein regierte, abgewiegelt – mit dem Verweis auf linksradikale Gewalt, die ebenfalls ein Problem darstelle. Abgesehen davon, dass dies allein von der Gewichtung her nicht stimmt, könnte man das absurde Verhalten der Staatsregierung wie folgt persiflieren: »Wir werden nichts für den Hochwasserschutz tun, solange nicht alle Menschen ein Schlauchboot besitzen.« Für mich ist immer noch unklar, ob politisches Kalkül oder tatsächliche Ignoranz hinter diesem Ablenkungsmanöver steckte. Das Ergebnis jedoch ist verheerend. Und dabei sind die hohen Wahlergebnisse der NPD nur die Spitze des Eisbergs. Darunter wächst die zunehmende Verankerung neofaschistischer Strukturen bei der Jugend vor allem im ländlichen Bereich.[14]

Zwar ist glücklicherweise ihr Vorhaben, ausgehend von dem Erfolg in Sachsen bundesweit den Sprung ins Parlament zu schaffen, bisher gescheitert. Das ist allerdings kein Grund zur Entwarnung, denn der Zulauf zu rechten Kameradschaften unter jungen Leuten ist ungebrochen. Zudem verankert sich die NDP nicht nur in Sachsen durch wiederholt hohe Wahlergebnisse bei Kommunalwahlen. Vor allem die große Zustimmung bei ErstwählerInnen ist mehr als nur ein Warnsignal. Es zu überhören wäre grob fahrlässig. Um den wachsenden Zulauf zu den Neonazis zu stoppen, bedarf es einer übergreifenden gesamtgesellschaftlichen Kraftanstrengung. Fatalerweise wirken die Verantwortlichen in Politik und Schule leider nur zu oft überfordert und reagieren kontraproduktiv.

Dem Erstarken der NPD begegnet man bisher leider nicht mit einer besonders intensiven demokratischen Praxis, sondern eher mit Entpolitisierung und Totschweigen. Statt die Demokratie für junge Menschen erlebbar zu machen, wird die Parteipolitik ganz aus den Schulen verbannt – und zwar mit der Begründung, die Neonazis von der Schule fernhalten zu wollen. Nach dieser Logik müsste man die Kinder vom Wasser fernhalten, um sie vor dem Ertrinken zu schützen. Wäre es bezogen auf diese Absicht nicht sinnvoller, ihnen das Schwimmen beizubringen? Die

Praxis lehrt übrigens, dass die Neonazis trotz alledem einen Weg finden, ihre Weltsicht zu verbreiten. Und sei es, wie in Sachsen geschehen, in Form einer Musik-CD mit Neonazi-Texten, die NPD-Anhänger auf Schulhöfen verteilten. Demokratische politische Positionen hingegen sickern selten an die Schülerschaft durch.

Dieses Argumentationsmuster, man müsse die Politik raushalten, um die Umtriebe der Neonazis einzuschränken, greift bedauerlicherweise nicht nur an Schulen. Selbst der Sächsische Landtag machte sich teilweise diese absurde Logik nach dem Einzug der NPD zu eigen. Früher konnte jede Fraktion einmal im Jahr eine öffentliche Veranstaltung im Plenarsaal durchführen. Meine Fraktion nutzte diese Möglichkeit, um im Rahmen eines Fraktionsjugendtages junge Menschen ins Parlament einzuladen. So konnte, wer wollte, auf den Stühlen, wo sonst nur Ministerinnen und Abgeordnete sitzen, mit uns über seine Vorstellungen von Politik diskutieren. Um nun zu verhindern, dass die NPD ihre Leute in den Landtag bitten kann, verbot das Landtagspräsidium allen Fraktionen, zukünftig die Öffentlichkeit in den Plenarsaal einzuladen. Zwar ist diese Einladungs-Regelung keine große Angelegenheit. Sie steht allerdings wie das Raushalten von Parteien aus der Schule exemplarisch für einen Weg der Entpolitisierung. Fraglich ist nur, ob dieser Weg erfolgreich ist. Denn wenn praktizierte Demokratie nirgends mehr als positiv erlebbar ist, wie soll da einer den Wert von Demokratie verinnerlichen?

Auf jeden Fall kommt den Neonazis eines zugute – die Kürzungen im Bereich Jugendhilfe. Wie bereits im zweiten Kapitel angesprochen, sind es die Ultrarechten, die vom Rückzug des Öffentlichen profitieren. Sie holen die Jugendlichen an den Tankstellen ab und ernten letztlich die Früchte einer von Kürzungen bestimmten Politik. Die Folgen sind alles andere als harmlos. Zunehmende Überfälle auf Menschen, die nicht ins neofaschistische Bild vom »sauberen« Deutschland passen, sind die Folge. Seit 1989 starben mindestens 138 Menschen durch rechte Gewalt.[15] Hinzu kommen unzählige Körperverletzungen. Die Kriminalstatistik vieler Bundesländer verzeichnet eine deutliche Zunahme rechtsextremer Straftaten. In Thüringen beispielsweise stiegen die registrierten Straftaten von 611 im Jahr 2006 auf 753 im Jahr 2007. Bei der Auswahl ihrer Opfer sind die, die sich so gern als »Saubermänner« darstellen, alles andere als zimperlich. Im Sommer 2008 drangen Neonazis im Morgengrauen in ein Zeltcamp der Linksjugend. solid im hessischen Schwalm-Eder-Kreis ein und droschen mit einer Bierflasche auf ein 13-jähriges Mädchen ein, welches in einem der Zelte schlief. Die Verletzungen waren so schlimm, dass das Mädchen einige Zeit in Lebensgefahr schwebte. Hier zeigt sich: Rechte Brutalität ist für Ost und West ein Problem.

Offensichtlich gibt es einen Zusammenhang zwischen der Zunahme rechter Brutalität und dem Zuspruch für neonazistische Ideologien in der Gesellschaft. So berichtete Anfang 2008 der Berliner Innensenator Ehrhart Körting bei der Vorstellung einer Studie über rechte Gewalt davon, dass die spontanen Einzeltaten zunehmen, während früher Neonazis vor allem in Gruppen angriffen. In jenen Bezirken, in denen die NPD es in die Bezirksversammlungen geschafft hat, ist eine besondere Zunahme der Gewalt zu verzeichnen.

Senator Ehrhart Körting zieht folgendes Fazit: »Einzelne Leute fühlen sich offenbar durch ein gesellschaftliches Klima ermuntert.«[16] Erreicht also die Ablehnung gegen eine bestimmte Gruppe, wie Menschen mit anderer Hautfarbe oder Menschen mit bunten Haaren, in der Gesellschaft eine gewisse Intensität und wird diese Abneigung zusätzlich von einer Partei deutlich artikuliert, dann sinkt die Hemmschwelle für körperliche Gewalt gegen diese Menschengruppe.

Die Zunahme rechter Gewalt ist ein Warnsignal, das wir

nicht überhören dürfen. Es ist nicht egal, ob wir die Demokratie verteidigen oder nicht. Es ist nicht egal, ob wir weghören und wegsehen, wenn rassistische und faschistische Propaganda verbreitet wird. Eine breite Gegendemonstration vor einem Laden, in dem Nazi-Musik vertrieben wird, kann eine Bedeutung haben, die über den Tag hinausgeht. Zivilcourage und breite Bündnisse gegen Rechts können helfen, ein gesellschaftliches Klima zu schaffen, das rechte Brutalität diskreditiert.

Umso ärgerlicher ist es, wenn die Verantwortlichen weghören oder sogar das Klima der Zivilcourage behindern. Leider gibt es dafür nur allzu viele Beispiele. Von einem besonders peinlichen Fall berichtet Melanie Halter, eine Aktivistin aus dem Wurzener Netzwerk Demokratie, in dem Dokumentarfilm »Neuland«. Da in der sächsischen Kleinstadt Wurzen die Überfälle von Neonazis zunahmen, beschlossen junge Menschen vom Netzwerk Demokratie etwas zu unternehmen. Sie starteten die Aktion »Nazis ausladen!«. Das Netzwerk sprach Einwohnerinnen und Einwohner aus Wurzen an und bat sie, für einen Film den Satz »Nazis ausladen!« aufzusagen und sich somit zu einer antifaschistischen Grundhaltung zu bekennen. Viele Menschen, junge wie alte, Männer wie Frauen, beteiligten sich daran. Nicht jedoch der Bürgermeister. Er meinte nur: »Das sollen die Bürger machen.« Ist ein Bürgermeister etwa kein Bürger? Schlimm, wenn ein Amtsträger so wenig Zivilcourage hat.

Doch nicht nur der Wurzener Bürgermeister versagte komplett beim Engagement gegen Nazis. Das »Neue Deutschland« berichtete von einem Fall, in dem sich einzelne Berliner Polizisten alles andere als mit Ruhm bekleckert haben. Dabei ging es um Folgendes: Zunehmend setzen die Neonazis auf die gezielte Einschüchterung von Personen, die sich antifaschistisch engagieren. Das geht von Scheibeneinwerfen bei Läden, die antirassistische Plakate aufhängen, bis hin zu Morddrohungen gegen antifaschistische Aktivisten. Eine solche erhielt z. B. im Sommer 2008 der stellvertretende Juso-Landesvorsitzende Berlin. Beliebt sind auch Aufkleber, auf denen »Wir denken an Dich« neben dem Foto eines Linken zu lesen ist. Angesichts der Morddrohungen und der sonstigen Gewaltexzesse der Neonazi-Szene sollte eine solche Drohung ernst genommen werden. Doch als Freunde eines Betroffenen mit einem solchen Aufkleber zur Polizei gingen, bekamen sie keine Hilfe angeboten, sondern nur Hohn und Spott zu hören. »Ein Beamter meinte nur, er denke auch manchmal an seine Frau.«[17] Diese Form von unterlassener Hilfeleistung und Verharmlosung rechter Gewalt ist unentschuldbar. Eine solche Einstellung, wie sie eben jener Polizeibeamte und der Wurzener Bürgermeister an den Tag legen, spielt den Neonazis in die Hände und gefährdet die Demokratie.

Was zu tun ist – fünf Maßnahmen gegen Entpolitisierung

1. Bildung im Zeichen der Mündigkeit

In dem Buch »Erziehung zur Mündigkeit« wehrt sich der Philosoph Theodor W. Adorno gegen den Mechanismus der Unmündigkeit und meint, keine normale Demokratie könne es sich leisten, auf eine Aufklärung über Zusammenhänge, auf eine Erziehung zur Mündigkeit zu verzichten.[18] An diesen Anspruch aus den 1960er Jahren kann und sollte Bildung heute gleichfalls anknüpfen. Schule sollte junge Menschen ermuntern, kritische Fragen zu stellen, sich eine eigene Meinung zu bilden und dafür auch dann einzustehen, wenn es mal unbequem wird. Mehrere Jahrzehnte später äußert sich der Wissenschaftler Oskar Negt ebenfalls über die enge Verbindung zwischen Demokratie und Bildung. Er spricht sich gegen eine Bildung aus, deren Ziel der allseitig verfügbare Mensch sei, der leistungsbewusste Mitläufer in der Gesellschaft. Denn:

»… es ist eine große Gefahr für die Demokratie, wenn unser Bildungssystem einen solchen Menschentyp produziert, wenn in der Schule und der Universität die schnelle Anwendbarkeit von Informationen vermittelt wird und nicht mehr Bildung als eine Art Vorrat an Möglichkeiten des Menschen.«[19]

Kurzum, Schule muss im Zeichen der Mündigkeit und der Selbstermächtigung stehen. Das ist nicht nur für die Entfaltung des Einzelnen von Bedeutung, sondern eine elementare Voraussetzung für ein demokratisches Gemeinwesen.

Damit die Schule ein Ort wird, in dem Demokratie mit Freude angeeignet werden kann, darf sie kein neutralisierter Raum sein. Demokratische Parteien müssen in den Bildungsprozess eingebunden werden. Schließlich sind sie es, die für die gesellschaftliche Willensbildung Verantwortung tragen. Sie sind es, die verantwortlich für die Lebenslagen der SchülerInnen sind – ob nun im positiven oder negativen Sinne. Deswegen brauchen wir einen Klimawandel an den Schulen. Die Schule darf nicht zu einem politischen Vakuum werden. Wer dies zulässt, befördert die Abneigung gegenüber der Demokratie als Gesellschaftsmodell!

Schule dient nicht nur dem Erwerb von Fachwissen. Und selbst innerhalb der Wissenslogik ist die Wirkung des sturen Paukens sehr fragwürdig. So stellt der Hirnforscher Gerhard Roth, Professor im Fachbereich Biologie der Universität Bremen, fest:

»Wissen kann nicht übertragen werden; es muss im Gehirn eines jeden Lernenden neu geschaffen werden. Am wichtigsten ist also das Gegenteil von Pauken, nämlich das selbständige Durchdringen des Stoffes. Dies bedeutet im Gedächtnis, dass bei der Konsolidierung der entsprechenden Gedächtnisinhalte Verbindungen zu anderen Wissensschubladen hergestellt und sogar neue Schubladen angelegt werden, in denen das Wissen abstrahiert, systematisiert und damit viel leichter auf andere Fälle übertragbar wird. Intelligenz ist zum großen Teil angeboren, Expertenwissen kann man sich anpauken, klug wird man nur durch hochgradige Vernetzung des eigenen Wissens.«[20]

Diese wissenschaftlichen Erkenntnisse dürfen wir nicht ignorieren. Wir benötigen Lehrpläne, die Raum für demokratische Praxis einräumen. Wer Demokratie lediglich von Schautafeln kennt, wird kaum zu einem glühenden Demokraten oder einer glühenden Demokratin werden. Das Einmischen muss praktisch erprobt werden dürfen. Es sind doch gerade die persönlichen Erfahrungen, die Lust auf mehr machen. Schule muss im Zeichen der Selbstermächtigung stehen. Politik muss sinnlich erlebbar sein. Allein die pure Beschreibung der Zutaten eines Kuchens weckt nur selten den Appetit. Erst der Duft von Frischgebackenem lässt uns das Wasser im Munde zusammenlaufen. Die Werbebranche weiß um die Wirkung von Kostproben. Die Schule sollte sich diese Erkenntnis zu eigen machen. Sie sollte dazu beitragen, dass junge Menschen in den Genuss von Kostproben der Demokratie kommen. Das macht mehr Appetit auf demokratische Teilhabe als das Büffeln von Definitionen. Schule muss Lust auf demokratische Praxis machen.

2. Schülerrat stärken, Recht auf Schulstreik festlegen

Schülervertretung ist für viele junge Menschen die erste Form von real praktizierter Interessenvertretung. Schülermitbestimmung ist real erlebbare demokratische Praxis. Sie kann einen Beitrag zur Politisierung leisten. Die Rechte des Schülerrates sollten deswegen ausgebaut werden. Wichtig ist, dass die Lehrerinnen und Lehrer diese Form der Mitbestimmung nicht behindern, sondern unterstützen.

Die Schülervertretungen haben vielerorts gegen widrige Arbeitsbedingungen zu kämpfen. Dazu gehört, dass ihnen Arbeitsmaterial und Räume nur unzureichend zur Verfügung gestellt werden. Auch die Erstattung von Fahrtkosten, die bei Treffen des Schülerrates, des Landesschülerrates oder bei der Teilnahme an politischen Veranstaltungen anfallen, ist nicht abgesichert. Im ländlichen Raum, wo höhere Fahrtkosten anfallen, behindert dies besonders stark die Vertretungs-Arbeit. Dies muss sich ändern. Wer heute bei der praktizierten Demokratie spart, muss später im Kampf gegen die Ausbreitung von Neonazi-Gedankengut doppelt draufzahlen.

Um die Wehrhaftigkeit von Gewerkschaften zu verbessern, wird gegenwärtig über das Recht auf Generalstreik diskutiert. Vielleicht sollten wir eine Stufe früher anfangen – mit dem Recht auf einen Schulstreik. Der Schülerrat sollte in begründeten Fällen die Möglichkeit haben, zu einem Schulstreik aufzurufen. Natürlich müsste einem solchen Aufruf eine Abstimmung unter der Schülerschaft vorausgegangen sein. Ein inhaltlich begründeter Schulstreik könnte jungen Menschen praktische Erfahrungen in kollektiver Wehrhaftigkeit vermitteln. Solche Erfahrungen in der Jugend stärken die Wehrhaftigkeit im Beruf.

Der bei einem Schulstreik zu erwartende Unterrichtsausfall ist nach meiner Ansicht zu verschmerzen – ist er doch gering im Vergleich zu dem Unterrichtsausfall, der jedes Jahr aufgrund von Krankheiten von LehrerInnen und durch unbesetzte Stellen stattfindet. Die Sorge um den möglichen Unterrichtsausfall ist also kein gutes Argument gegen das Recht auf Schulstreik. Wer ernsthaft Unterrichtsausfall reduzieren will, sollte für bessere Vertretungsregelungen sorgen und die bereits heute auftretenden Ausfälle vermindern.

Zur Stärkung der Schülermitbestimmung gehört bereits heute das Gremium Schulkonferenz. LehrerInnen, SchülerInnen und Eltern beraten darin gemeinsam Belange der Schule. Die Schulkonferenz braucht mehr reale Kompetenzen. Denkbar wäre beispielsweise, dass die standardisierten Lehrpläne einen gewissen Freiraum beinhalten. Die konkrete Ausgestaltung dieses Freiraums sollte der Schulkonferenz obliegen. Es bietet sich an, die Schülerschaft vorab über mögliche Varianten zu informieren und von ihr ein Meinungsbild einzuholen. Es reicht dabei nicht, die Beschlüsse nur zu verkünden. Im Sinne demokratischer Praxis kommt es darauf an, die Schüler und Schülerinnen an der Meinungsbildung zu beteiligen. Dann kann die Schulkonferenz dazu beitragen, den besagten und dringend erforderlichen Appetit auf demokratische Teilhabe zu wecken.

3. Weiterbildung für Lehrende

Wir leben in einer sich schnell verändernden Gesellschaft. Neue Erkenntnisse werden gewonnen, die während der Ausbildung eines Lehrers bzw. einer Lehrerin noch nicht auf dem Plan standen. Hätte man beispielsweise vor zwanzig Jahren auf die Frage der Physiklehrerin, mit welchem technischen Gerät man die Realität im Bilde festhalten kann, geantwortet: »Mit dem Telefon!«, hätte die gesamte Klasse etwas zu lachen gehabt. Die SchülerInnen von heute verschicken mit ihren mobilen Telefonen hingegen munter Fotografien. Neue Techniken tauchen auf, die vor einigen Jahren undenkbar waren und nun im Schul- und Berufsalltag nicht mehr wegzudenken sind. Dies kann zur Folge haben, dass die Schülergeneration gegenüber dem Lehrenden in punkto Technikkompetenz um Welten voraus ist – eine wahre Herausforderung für den Unterrichtenden. Solche Situationen sind noch vergleichsweise harmlos.

Schlimm wird es hingegen, wenn in der Schule Kleidung mit neofaschistischer Symbolik getragen wird und die Lehrenden dies nicht erkennen – im Gegensatz zu den Jugendlichen, die diese Zeichen sehr wohl zu deuten wissen. Fatal, wenn die Jugendlichen in den Pausen Musik mit ultrarechten Texten hören und keiner einschreitet, weil für die Ohren eines Erwachsenen alle moderne Musik schrecklich klingt. Noch fataler ist es, wenn junge Neonazis im Unterricht rechtsradikale Argumente einbringen, die sie in ihren Kameradschaften gelernt haben, die Lehrenden aber moderner Naziargumentation inhaltlich und rhetorisch nicht gewachsen sind. Als sie ihre Ausbildung absolvierten, gab es schließlich solche Formeln wie »Ethnopluralismus« noch nicht. Diese Figur im Diskurs der neuen Rechten besagt, dass alle Völker und Ethnien ihre eigene Kultur ruhig ausleben können, nur eben auf ihrem Gebiet. Nur wenn die Kulturen der Völker getrennt blieben, sei die Reinheit des Volkes abzusichern. Auf solche Denkmuster muss man heutzutage als Lehrerin bzw. Lehrer vorbereitet sein.

Ebenso kann es vorkommen, dass Einzelne aus der Klasse im Unterricht verbreiten, Ausländer würden »uns« die Arbeit wegnehmen. Dieses Denken in den Kategorien »wir« und »die« ist schon deswegen inakzeptabel, weil es mit einem humanistischen Weltbild unvereinbar ist. Und davon abgesehen stimmt diese Behauptung ganz einfach nicht. Nicht wenige Menschen mit Migrations-Hintergrund gründen kleinere Unternehmen, die sogar Arbeitsplätze schaffen. So betreiben MigrantInnen in Deutschland mittlerweile 600 000 Betriebe, meist Kleinbetriebe im Bereich Handel, Gastronomie und Dienstleistung. Beschäftigungspolitisch geht die Integrationsbeauftragte der Bundesregierung, Maria Böhmer, dabei von einem Effekt von etwa zwei Millionen Arbeitsplätzen aus.[21] Wirtschaftlich sind die Umsätze solcher Unternehmen inzwischen wichtiger Bestandteil des deutschen Bruttosozialprodukts. In Berlin betrug am Anfang dieses Jahrtausends allein der jährlich durch türkischstämmige Unternehmen erwirtschaftete Umsatz rund 2,3 Milliarden Euro,[22] in Nordrhein-Westfalen rund 6,4 Milliarden Euro.[23] Nichtsdestotrotz verbreitet die NPD in Sachsen die Lüge von der Konkurrenz der MigrantInnen um die wenigen Arbeitsplätze. Hier reicht ein einfacher Zahlenvergleich: In Sachsen sind gerade zwei bis drei Prozent der Bevölkerung Migranten. Die Arbeitslosenquote lag aber lange Zeit zwischen 15 und zwanzig Prozent. Und drei Prozent können schon allein nach Adam Riese nicht für zwanzig Prozent Arbeitslosigkeit verantwortlich sein. Die von Neonazis angeführten Zahlen lassen sich also entkräften, man muss nur vorbereitet sein.

Häufig genug vermittelt die NPD auch den Eindruck, sie sei die einzige rechtschaffene Partei und alle anderen seien Abzocker. Falls ein Schüler oder eine Schülerin diese Behauptung in der Schule kundtut, ist es hilfreich, etwas über Straftaten von NPD-Funktionären zu wissen. Ein sächsischer NPD-Abgeordnete wurde beispielsweise wegen Fördermittelbetrugs angeklagt. Konkret ging es um EU-Gelder für landwirtschaftliche Flächen, die stillgelegt werden. Dumm nur, dass die bewusste Fläche gar nicht stillgelegt wurde. Für die NPD war das doppelt peinlich. Zum einen macht sie Stimmung gegen die EU. Das hindert ihre Mitglieder aber offensichtlich nicht daran, die Fördergelder der EU für sich in Anspruch zu nehmen. Zum anderen zeigt sich hier, dass es mit der Redlichkeit der Nazi-Abgeordneten nicht weit her ist. Und dies ist kein Einzelfall. Der NPD-Schatzmeister wirtschaftete über eine halbe Million der Parteigelder unrechtmäßig in seine eigene Tasche.

Solche und weitere Fakten könnten jeweils aktualisiert und pädagogisch aufgearbeitet bei Weiterbildungen vermittel werden, um die Unterrichtenden auf mögliche Auseinandersetzungen mit rechter Propaganda in der Schule vorzubereiten. Schon im Hinblick auf den sich ausbreitenden Neofaschismus ist die regelmäßige zeitgemäße Weiterbildung von Lehrerinnen und Lehrern unverzichtbar.

4. Drei-Wege-Strategie gegen Neonazis

Um die rechten Schläger insgesamt zu stoppen, bedarf es einer Drei-Wege-Strategie. Erstens sollten sich Polizei und Staatsanwaltschaft viel intensiver als bisher um die Aufklärung rechtsextremer Verbrechen bemühen. Der sächsische Oberstaatsanwalt Jürgen Schär, der sich z. B. in Prozessen gegen die Rädelsführer der inzwischen verbotenen »Skinheads Sächsische Schweiz« (SSS) besonders verdient gemacht hat, berichtete bei einer Veranstaltung in der Dresdner Universität im Jahr 2008 davon, dass Polizei, Staatsanwaltschaft und Gerichte ihre Arbeitszeit zu einem beachtlichen Teil für die Aufklärung von Bagatellfällen verwenden. Seiner Meinung nach sollten sie sich aber vordringlich mit der Bekämpfung jener Kriminalität beschäftigen, von der die größte Gefahr für ein Gemeinwesen ausgeht, und das sei die rechtsradikale Gewalt. Der Generalstaatsanwalt Scherer brachte seine Überzeugung wie folgt auf den Punkt:»Gegen die Ausbreitung rechter Brutalität braucht es nicht nur den berühmten Aufstand der Anständigen, sondern auch vor allem einen Aufstand der Zuständigen wie Polizei und Staatsanwaltschaft.«

Der Kampf gegen die Ausbreitung der Neonazis darf zweitens das gesellschaftliche Klima nicht außer Acht lassen. Wie die Beobachtungen des Berliner Innensenators zeigen, befördert die offene Zustimmung zu menschenverachtenden Einstellungen die Bereitschaft zu Gewalt. Das Problem beginnt also damit, dass Rassismus, Heterophobie (also das Nichtzulassen von Andersartigkeit, z. B. Homosexualität, anderer Religionen oder Behinderungen) und Antisemitismus bis weit in die berühmte Mitte der Gesellschaft reichen. Wie etwa die Studie »Ein Blick in die Mitte« zeigt,[24] sind rechtsextreme Einstellungen in allen gesellschaftlichen Gruppen und in allen Bundesländern vertreten. Rassistische Aussagen erreichten Zustimmungsquoten von bis zu vierzig Prozent.[25]

Drittens ist es erforderlich, den rechten Kameradschaften das Gewinnen von neuen Mitgliedern so schwer wie möglich zu machen. Hier bedarf es des gezielten Einsatzes von Fördermitteln, um im Jugendbereich alternative Angebote durchführen zu können. Zudem müssen die Angebote für Menschen, die von rechten Schlägern bedroht werden, flächendeckend ausgebaut und stabilisiert werden. Kurzfristige Civitas-Projekte helfen da nur bedingt. Um den Zulauf zu den Neonazis zu reduzieren, braucht es vor allem einen langen Atem. Insofern sollten die Gelder für antifaschistische Jugendarbeit in langfristige Projekte fließen, die auf diese Arbeit spezialisiert sind.

5. Planungszellen statt Bertelsmann

Stiftungen, die wie die Bertelsmann-Stiftung klare Lobbyarbeit im Sinn von Konzernen betreiben, sollten keine öffentlichen Beraueraufträge mehr im Bildungsbereich bekommen. Denn sie beraten den Staat darin, wie er sich selbst am besten abbaut, und bekommen dafür auch noch Geld. Das erinnert doch stark an den berühmten Kakao, durch den man gezogen wird und von dem Erich Kästner sagt, niemand könne ihn, den Dichter, dazu bringen, diesen auch noch zu trinken. Doch die öffentliche Hand trinkt diesen Kakao offensichtlich nicht nur, sie bezahlt ihn auch noch.

Wenn Kommunen oder Ministerien meinen, sie bräuchten Sachverstand von außen, so kann man sich diesen auch auf andere Weise beschaffen – etwa mittels der Durchführung einer Planungszelle. Die Planungszelle ist ein Ende der 1960er, Anfang der 1970er Jahre von dem Wuppertaler Soziologieprofessor Peter C. Dienel entwickeltes Beratungsverfahren, das Planungsentscheidungen verbessern soll. Das Modell der Planungszelle sieht vor, dass zufällig ausgewählte Bürgerinnen und Bürger ein Gutachten zu einem Problem erstellen. Wichtig ist, dass die Auswahl der Vier-Tages-Jury nicht nach Proporz, sondern durch einen Zufallsgenerator erfolgt. Zuerst werden die Beteiligten umfassend über das Problem informiert, am Anfang können auch mögliche Fachleute mit unterschiedlichen Ansätzen zu Wort kommen. Anschließend beraten die Bürgerinnen und Bürger unter sich in Kleingruppen, deren Zusammensetzung auch wechseln sollte. Am Ende wird das Ergebnis der Debatten in einem BürgerInnen-Gutachten festgehalten. Für die Dauer der Planungszelle stellt man die Beteiligten von ihren alltäglichen Verpflichtungen frei, d. h. Verdienstausfall wird vergütet und für die Kinderbetreuung steht eine Aushilfe zur Verfügung. Diese Form des Bürgergutachtens wurde in den letzten dreißig Jahren vielfach angewandt. Beispielsweise erstellte man auf diese Weise im Jahr 2002 in Regensburg eine Expertise über Perspektiven für die Stadt, und in Aachen setzte sich eine Planungszelle im Jahr 2008 mit Abfallgebühren auseinander.

Ein häufiger Einwand gegen diese Form der Partizipation lautet, man solle solche Gutachten doch lieber den Fachleuten überlassen. Die Erfahrung mit Planungszellen zeigt jedoch, dass das Alltagswissen der Beteiligten eine gute Arbeitsgrundlage ist. Wenn die notwendigen Informationen solide und neutral aufgearbeitet zur Verfügung stehen, arbeiten sich die Bürger und Bürgerinnen schnell in die Problematik ein. So bekommt die öffentliche Hand ein Gutachten von Personen, die über den Verdacht der Betriebsblindheit erhaben sind. Der zweite große Vorteil dieser Beteiligungsmethode besteht darin, dass man die an der Planungszelle beteiligten »Fachleute des Alltags« kurzfristig und per Zufallsgenerator ausgewählt hat. Lobbyisten dürfte das Eindringen in dieses Gremium demnach schwerfallen.

XI. Eine neubegründete Linke

Für die Überwindung von sozialen Spaltungen ist eine umfassende Demokratisierung aller Lebensbereiche die Bedingung.
(Aus dem programmatischen Gründungsdokument der LINKEN)

Die politische Klasse führt einen Entmachtungsfeldzug gegen sich selbst und gegen das demokratische System. Das Politische wird zur Magd des Marktes. Privatisierungen beschneiden die Gestaltungsmöglichkeiten des demokratischen Souveräns. Das Öffentliche schrumpft, und damit die Möglichkeit zur politischen Partizipation. Die Schule befördert eher soziale Auslese und den Einsatz der Ellenbogen als demokratische Mündigkeit. Die Sozialpolitik behindert politische Teilhabe der Ärmeren. Der Überwachungsstaat kriminalisiert politisches Engagement. Und die etablierten Parteien tragen mit ihrer Austauschbarkeit zur Demokratieapathie bei.

Diese – in den vorangegangenen Kapiteln gesichteten – die Demokratie gefährdenden Tendenzen können nicht von Einzelnen gestoppt werden. Sie sind so umfassend, dass eine politische Gruppierung sie nicht im Alleingang korrigieren kann. Dennoch, bei aller gebotenen Bescheidenheit, sehe ich die Gründung der Partei DIE LINKE als wichtigen Teil des notwendigen Prozesses gegen die beschriebene Entdemokratisierung unserer Gesellschaft. Unsere Demokratie braucht eine Partei, die befähigen und aufklären will, eine Partei als Bildungszusammenhang, eine Partei, die Menschen zum selbstbestimmten politischen Engagement ermuntert, eine Partei, die Selbsthilfe und Wehrhaftigkeit der Betroffenen unterstützt. Dies ist es, was mich in den

vergangenen Jahren dazu motiviert hat, die Neugründung
– und die NeuBEgründung – der LINKEN aktiv mitzuge-
stalten.

Letztlich geht es dabei auch – und dies ist mein Vorschlag für die anstehende Programmdiskussion – um eines
der Anliegen der Französischen Revolution. Gefragt ist der
»Citoyen«,[1] der Staatsbürger also, der im Geist der Aufklärung lebt, die »Citoyenne«, die Staatsbürgerin, die aktiv am öffentlichen Leben teilnimmt. Der Citoyen bzw. die
Citoyenne sind stolz, Träger und Trägerin der erkämpften
Freiheitsrechte zu sein. Diese starke Bezugnahme auf Freiheit kennt der deutsche Begriff des »Bürgers« nicht, erst
recht nicht der duckmäuserische Privatbürger der neuen
Bürgerlichkeit. Ich bin davon überzeugt, dass die Wieder-
entdeckung und Weiterentwicklung des »Citoyens« als
Leitbild eine zentrale Mission der neuen Partei DIE LINKE
darstellt. Die Zeit war längst reif für eine Partei, die sich
dem radikaldemokratischen Aufbruch verpflichtet fühlt.
Eine neue Erzählung von links steht an – nicht gegen, sondern für Demokratie und Freiheit.

Die Gründung der Partei DIE LINKE ist eine Antwort
auf die fortschreitende Entdemokratisierung, deren Merkmale ich in den vorherigen Kapiteln dargelegt habe. Doch
auch der Prozess der Parteigründung selbst war für alle
Beteiligten eine urdemokratische Erfahrung. Schließlich
kommt es nicht alle Tage vor, dass die Parteienlandschaft
um eine ernstzunehmende bundesweite Kraft erweitert
wird. Mehrere Versuche, wie z. B. derjenige der Demokratischen Sozialisten Anfang der 1980er Jahre, eine neue Partei
links der Sozialdemokratie zu etablieren, sind kläglich gescheitert. Der Gründung der GRÜNEN Ende der 1970er
Jahre gingen immerhin die gesellschaftlichen Umwälzungen
als Folge der 1968er-Bewegung voran. Ohne die damals
entstandenen Umwelt-, Friedens- und Frauenbewegungen
gäbe es diese Partei heute nicht. Der demokratische Um-

bruch 1989 und der Beitritt der DDR zur Bundesrepublik Deutschland ergänzten die Parteienlandschaft um die PDS. Diese neue Partei schaffte es zwar in den Bundestag, blieb aber doch vor allem im Osten verankert. Die sozialen Verwerfungen zu Beginn des 21. Jahrhunderts bereiteten schließlich den Boden für die Gründung der neuen LINKEN. Diese Gründung ist ein Ereignis, das nicht nur für Linke, sondern für alle Demokraten und Demokratinnen von Interesse ist.

Der linken Neugründung ging die nahezu kritiklose Übernahme der neoliberalen Ideologie durch die anderen Parteien voraus. Diese manifestiert sich an dem politischen Kurswechsel, den ausgerechnet Sozialdemokraten und Grüne mit der Verabschiedung der sogenannten Agenda 2010 und der Hartz-IV-Gesetze vollzogen. Die Protestbewegungen, die sich dagegen formierten, machten die Gründung der LINKEN erst möglich. Eingebettet war ihr Entstehungsprozess aber auch in den europaweiten und globalen Protest gegen den Neoliberalismus. Für diesen Protest war ausschlaggebend, dass sich viele Menschen nicht länger dem Diktat der Wirtschaftskreise unterwerfen wollten. Sie fürchteten sowohl um die bestehenden sozialen Sicherheiten als auch um die demokratischen Errungenschaften.

Die Gründung der LINKEN war ein Prozess, dessen Gelingen lange nicht sicher schien. Ist die Etablierung einer Partei an sich schon mühsam, so ist die Bündelung linker Kräfte erst recht eine Herausforderung: Treffen sich zwei Linke, so witzelt man pointiert, gründen sie vier Parteien. Üblicherweise sind der Drang zur Spaltung und eine gewisse Vorliebe für kleine Zirkel innerhalb linker Gruppen ziemlich ausgeprägt. Dass die Parteineugründung der LINKEN am 16. Juni 2007 gelang, war also keine Selbstverständlichkeit. Ihr gingen zähe Verhandlungen und die ein oder andere Irritation voraus. Am besten, wir begeben uns direkt ins Handgemenge.

Wie alles begann

Jahrelang sind Kameraleute bei Pressekonferenzen der PDS eine seltene Spezies. Und plötzlich wird das Karl-Liebknecht-Haus, die Geschäftsstelle der PDS in der Kleinen Alexanderstraße in Berlin, von JournalistInnen und TV-Teams umlagert: Sie wollten unbedingt erlauschen, wo denn nun die erste Verhandlungsrunde zwischen der PDS und der WASG, der Wahlalternative für Arbeit und Soziale Gerechtigkeit, stattfinden soll. Wir schreiben den 30. Mai 2005. Das Gespenst einer neuen Linkspartei bewegt die Republik. Vor wenigen Tagen erst hatte Kanzler Gerhard Schröder vorgezogene Neuwahlen ausgerufen. Jetzt stehen JournalistInnen, technisches Gerät und Autos bereit, um die Verfolgungsjagd zur ersten Verhandlung von PDS und WASG an einem geheimen Ort aufzunehmen. Um die Medienmeute in die Irre zu führen, teilen wir uns in zwei Gruppen auf. Im Rückblick ein dilettantischer Versuch. Offensichtlich fehlt uns die notwendige Erfahrung im Abschütteln von Paparazzi. Wie auch? Bisher hatten wir eher den Eindruck, die Presse ist gut darin, uns abzuschütteln. Ein Kamerateam hängt sich in wilder Verfolgungsjagd an das Auto, in dem der Parteivorsitzende Lothar Bisky sitzt. Doch Biskys Fahrer ist geschickt. Er wartet an einer Ampelkreuzung bei Grün. Erst kurz bevor die Ampel von Gelb auf Rot schaltet, gibt er Gas. Das gewagte Manöver gelingt. Die Verfolger sind abgeschüttelt. Plötzlich wird uns bewusst, dass nun andere Spielregeln gelten. Die bundesdeutsche Öffentlichkeit verfolgt, was wir tun. Daraus erwächst neue Verantwortung. Wir sind zum Erfolg verpflichtet.

Am Vorabend der ersten Gesprächsrunde hatte ich mich in ein Kreuzberger Internetcafé gesetzt, um noch einmal im Netz die Positionen der WASG zu studieren. Es sind nicht nur die sommerlichen Außentemperaturen, die mich bei dieser Recherche ins Schwitzen bringen. Noch vor dem ersten Treffen der Verhandlungsgruppe gibt es eine rege Diskussion im Internet über einen möglichen gemeinsamen Wahlantritt von WASG und PDS. Der PDS wäre es am liebsten, dass nur sie antritt und dafür einzelne WASG-Mitglieder auf ihren Listen antreten dürfen. Die WASG besteht jedoch auf ihrer Eigenständigkeit. Hinterher schreibe ich in mein Notizbuch:»Bin schockiert über die klare Ablehnung der WASG eines möglichen Beitritts oder der Beteiligung an offenen Listen. Ob das was wird mit dem gemeinsamen Wahlantritt?« Und tatsächlich prallen in der ersten Runde die Vorstellungen aufeinander. Die WASG will eine dritte neue Partei gründen. Doch wir wissen, welche Hürden aufgrund des deutschen Parteienrechts ein solcher Schritt zur Folge hätte und wie schwer diese zu nehmen wären: Man müsste viele Tausende Unterschriften bis zu den in wenigen Monaten stattfindenden Bundestagswahlen sammeln. Eine neue Partei hätte keinen Cent für den Wahlkampf, denn die PDS dürfte der neuen Partei laut Parteienrecht kein Geld übertragen. Unsere Stiftung, die Rosa-Luxemburg-Stiftung, würde ihren Status als Stiftung einer im Bundestag vertretenen Partei verlieren. Das wäre das Aus für viele Stipendien und Arbeitsplätze.

Die Neugründung einer dritten Partei ohne geklärte Rechtsnachfolge scheidet demnach für uns aus. Das Angebot der PDS, WASGler auf den offenen Listen der PDS zu den Wahlen antreten zu lassen, stößt wiederum auf den Widerstand der WASG. Sie wollen, verständlicherweise, nicht geschluckt werden. Als Partei, die sich erst vor kurzem gegründet hat, verfügen sie über die innere wie äußere Kraft des Aufbruchs, und die wollen sie nicht dadurch aufgeben, dass sie sich einer etablierten Partei einfach unterordnen. Irgendwann, als es mir besonders verfahren erscheint, bringe ich das Modell»Offene Listen de luxe« ins Gespräch. Endlich kommt Bewegung in die Verhandlungen. Dieses Modell meint: Die PDS öffnet ihre Wahllisten für Kandidaten und Kandidatinnen, die nicht der Partei angehören. Zusätzlich, sozusagen als Ausdruck der Bereitschaft zur Selbstveränderung, gibt sich die PDS auch einen erweiterten Namen und möglicherweise auch ein neues Programm.

In einer Auszeit erzählt Bodo Ramelow, später der Parteineubildungsbeauftragte, unserer Verhandlungsgruppe, wie sich während der Pause Thomas Händel aus der WASG-Verhandlungsgruppe an ihn herangepirscht habe. Er wollte eruieren, ob für uns eine Umbenennung in »Demokratische Linke« vorstellbar ist. Meine erste Lektion in punkto gewerkschaftlicher Verhandlungsart hatte ich gelernt: Mögliche Kompromisse werden zuerst am Rande – auf der Toilette oder bei einer Zigarette – ins Spiel gebracht.

Die zweite Verhandlungsrunde tagt am Freitag, den 3. Juni 2005 in Fürth. Sie beginnt mit einem Rückschritt. Die beinah erreichte Verständigung auf das Modell »Offene Listen de luxe« scheint hinfällig. Wir verhandeln faktisch ohne Ergebnis. Zwischenzeitlich schlagen die Emotionen hoch. Es fällt die Aussage, das Kürzel PDS sei »politische Störkraft« für die Kooperation. Am Ende ist offen, ob zu den vorgezogenen Neuwahlen im September 2005 nicht doch WASG und PDS getrennt antreten. Aber für zweimal fünf Prozent wird es nicht reichen. Im Anschluss müssen Lothar Bisky und ich nach Weimar zu einer Bildungskonferenz der PDS. Während das Auto durch die Nacht Richtung Weimar fährt, legt sich Schweigen über uns – weniger aus Müdigkeit, mehr aus Nachdenklichkeit. Wird es uns noch gelingen, den gordischen Knoten zu lösen? An diesem Abend spricht Lothar von einem möglichen Scheitern der Gespräche.

In Telefonaten zwischen den offiziellen Verhandlungsrunden findet dann doch eine Annäherung statt. Zu Beginn der dritten Verhandlungsrunde am 9. Juni 2005 erscheint folgende Option wahrscheinlich: Die Gründung einer neuen Partei wird geplant, allerdings erst nach den Bundestagswahlen eingeleitet. Zu den Bundestagswahlen im September 2005 tritt die PDS mit offenen Listen an und verändert ihren Namen. Doch auch nach Klärung des Grundsätzlichen sind nicht alle Streitfragen gelöst. Die Namensfrage scheint unüberbrückbar. Die WASG besteht darauf, komplett auf das Kürzel PDS im Namen zu verzichten. Vor allem bei der PDS im Osten gilt dies jedoch als zu großes Risiko: Vielen erscheint es unvorstellbar, dass die Wählerinnen und Wähler in wenigen Monaten einen neuen Namen mit uns verbinden. Hinzu kommt die Sorge mehrerer PDS-Mitglieder, die Aufgabe des Namens als Partei des Demokratischen Sozialismus könnte mit der programmatischen Aufgabe des demokratischen Sozialismus einhergehen. Viele befürchteten damals, ein Verzicht auf das Kürzel PDS im Parteinamen sei Symptom dafür, dass aus einer sozialistischen Partei eine sozialdemokratische Partei werde.

Die Stimmung in der eigenen Partei ist gereizt. Ich suche das Gespräch mit einem sächsischen Journalisten und nenne ihm die unterschiedlichen Namensvarianten – was dann prompt in einer Zeitungsmeldung auftaucht. Es folgt eine Vielzahl empörter Anrufe: Wie kannst du nur! Ein neuer Name ohne PDS – das erscheint zu dem Zeitpunkt vielen wie politischer Selbstmord. Nach und nach mehren sich in beiden Parteien die Stimmen für ein Zusammengehen beider Parteien. Diese Begeisterung an der Basis wird zum wichtigen Kitt, der über kritische Stellen im Verhandlungsmarathon hinweghilft.

Wir verhandeln in der dritten Runde am 9. Juni in Berlin bis nach Mitternacht. Alles scheint endgültig an der Namensfrage zu scheitern. Dann machen wir den Versuch, uns wenigstens auf ein inhaltliches Programm zu verständigen. Eine kleine Gruppe bleibt zurück, um dem Programm den letzten Schliff zu geben. Aber angesichts des drohenden

Scheiterns der Verhandlungen sind Dagmar Enkelmann, die heutige Parlamentarische Geschäftsführerin unserer Bundestagsfraktion, Axel Troost, heute Bundestagsabgeordneter der LINKEN, und ich nur halb bei der Sache. Da meine WG-Mitbewohner in Dresden die ganze Zeit mitfiebern, schicke ich ihnen per SMS mein Fazit: »Im entscheidenden Punkt war keine Einigung möglich. Es sieht schlecht aus.«

Am nächsten Tag klingelt mich mein Mitbewohner aus dem Bett: »Du musst unbedingt Nachrichten hören. Überall wird von dem entscheidenden Schritt zur Einigung zwischen WASG und PDS gesprochen.« Plötzlich greift der Effekt der selbsterfüllenden Erfolgsprophezeiung. An sich hatten wir nur mit diplomatischen Formulierungen zum gemeinsamen Programm vom Scheitern in der eigentlichen Streitfrage ablenken wollen. Doch die Medien schreiben die Erfolgsgeschichte der linken Einigung einfach weiter.

Den Beteiligten bleibt letztlich nichts übrig, als eben diese Erfolgsgeschichte auch umzusetzen. Am Ende einigt man sich sogar in der Namensfrage. Die PDS benennt sich bundesweit um in »Die Linkspartei.PDS«. Es obliegt den Landesverbänden, ob sie den Zusatz PDS wählen oder nicht. Wobei man anstrebt, in den alten Bundesländern darauf zu verzichten. Im Rückblick frage ich mich, ob den betreffenden JournalistInnen eigentlich bewusst war, über welch gefährliche Klippe sie die Verhandlungen mit ihren Erfolgsberichten hinweggetragen haben.

Die Einigung in der Namensfrage wurde noch einmal durch ein absurdes Intermezzo unterbrochen. Punkt oder Bindestrich – das war hier die Frage. Konkret ging es darum, ob zwischen Linkspartei und PDS ein Bindestrich oder ein Punkt steht. Ja, manchmal zeichnen sich die Stolperfallen in großen Prozessen durch amüsante Banalität aus. Ursprünglich war ein Bindestrich vorgesehen, er war sogar schon vom Parteivorstand beschlossen. Doch dann ergab ein juristisches Gutachten, dass alles, was nach einem Bindestrich steht, unveränderlicher Bestandteil des Parteinamens ist und deswegen nicht in einzelnen Bundesländern weggelassen werden kann. Für einige war dies ein Grund, die Einigung noch mal aufzukündigen, so legte man z. B. bei der WASG Bayern großen Wert darauf, zu den Bundestagswahlen in Bayern nur als Linkspartei – ohne das Kürzel PDS – auf dem Wahlzettel anzutreten. Also ein Punkt. Jetzt galt es, die Basis zu überzeugen. Kurz nachdem der Parteivorstand die Namensänderung beschlossen hatte, fahre ich nach Chemnitz. Dort wartet ein voller Saal auf mich. Rund 500 Genossinnen und Genossen, darunter viele mit weißen und grauen Haaren, sind gekommen. Diesen Stadtverband vom neuen Namen zu überzeugen erscheint mir keine leichte Aufgabe. Hier wird sich entscheiden, ob der Landesverband Sachsen den Kurs mitträgt. Das Durchschnittsalter in meinem Landesverband liegt bei über 68 Jahren. Es wäre also kein Wunder, wenn sie von ihrer Partei vor allem eines erwarten: ein Ort zu sein, an dem man sich in seiner bekannten Basisorganisation bei Kaffee und Kuchen zum politischen Gespräch in aller Vertrautheit trifft. Viele der Anwesenden haben schon so manchen politischen Umbruch mitgemacht. Es wäre also nur zu menschlich, wenn sie sich gegen weitere fundamentale Veränderungen mit ungewissem Ausgang sträuben würden.

Meine Erleichterung ist groß, als ich merke, wie ich den Saal gewinnen kann. Die spontane Bereitschaft der älteren Mitglieder, sich auf einen neuen Weg einzulassen, begeistert mich. Nach mir spricht Hans Lauter, ein alter Antifaschist und KZ-Häftling im Moorlager. Wenn er jetzt gegen die Umbenennung votiert, kann die Stimmung wieder kippen, denke ich noch. Doch dann berichtet er davon, wie in der Weimarer Republik Kommunisten und Sozialdemokraten gegeneinander vorgingen und sie das damals im antifaschistischen Kampf geschwächt hat – unverzeihlich, wie er

285

heute meint. Alle sind bewegt. Das Wort von der historischen Chance machte in diesen Wochen sehr oft die Runde. Doch an keinem Punkt war die historische Dimension der aktuellen Ereignisse für mich so spürbar wie während der Rede von Hans Lauter.

Was dann folgt, ist bekannt. Die Linkspartei.PDS tritt zu den Bundestagwahlen im September 2005 an und holt 8,7 Prozent der Stimmen. Eine Weile noch existieren beide Parteien parallel. Doch wir sitzen schon in einer gemeinsamen Fraktion im Parlament. WASG und Linkspartei.PDS leiten nach den Bundestagswahlen offiziell den Prozess der Neugründung ein. Ein Fahrplan dafür wird vereinbart. Dieser sieht vor, dass in beiden Parteien die gesamte Basis jeweils in einer Urabstimmung über die anstehende Neugründung mitentscheiden soll. Um den Parteibildungsprozess zu begleiten, trifft sich regelmäßig eine Steuerungsgruppe. Zudem werden Arbeitsgruppen eingesetzt, die für die neue Partei die Gründungsdokumente – Satzung, Finanzordnung und programmatische Eckpunkte – erarbeiten. Nach durchaus kontroversem Hin und Her einigt sich die Steuerungsgruppe schließlich auf die Gründungdokumente. Diese liegen auf Parteitagen der noch getrennten Parteien jeweils zur Abstimmung vor. Einerseits sollen die Parteitagsdelegierten die Möglichkeit haben, die vorliegenden Dokumente noch per Antrag verändern zu können. Andererseits müssen beide Parteitage schlussendlich die gleichen Dokumente beschließen. Also einigen wir uns auf ein spezielles Verfahren: Wann immer ein Änderungsantrag auf einem Parteitag eine Mehrheit bekommt, muss er am nächsten Tag auf dem anderen Parteitag noch einmal zur Abstimmung gestellt werden. Erst wenn ein Änderungsantrag sowohl auf dem Parteitag der WASG als auch auf dem der Linkspartei.PDS eine Mehrheit gefunden hat, gilt er als angenommen.

Im März 2007 schließlich finden die bewussten Parteitage in Dortmund parallel statt. Sie sind nur durch eine dünne Schallwand getrennt. Im Laufe des Tages schauen nicht wenige aus Neugier beim Parteitag der jeweils anderen Partei vorbei. Am Ende des ersten Tages scheint fast alles geklärt, die letzten Gefechte sind ausgetragen. Bei der PDS ist man schon in Feierabend- und Feierlaune. Biere werden gezapft. Plötzlich kommt ein Genosse alarmiert aus dem WASG-Saal, wo noch getagt wird: SOS! Ich denke gerade: ›Was heißt hier SOS, die einzige Katastrophe, die ich heute Abend noch beheben wollte, ist die leere Tanzfläche.‹ Dann kommt die Information: Die Delegierten der WASG haben der Beitragsordnung die Zustimmung verweigert. Die vorgeschlagenen Mitgliedsbeiträge sind der WASG zu hoch. Das ist freilich ein richtiges Problem, denn die Beitragstabelle ist – juristisch gesehen – Bestandteil der Gründungdokumente. Ohne diese kann die Urabstimmung zur Neugründung nicht eingeleitet werden. Die Beitragstabelle legt fest, wie hoch die Beiträge bei welchem Einkommen sind. Der monatliche Mindestbeitrag beträgt demnach 1,50 Euro. Wer 1000 Euro netto verdient, dem wird ein Beitrag von 20 Euro empfohlen. Wer aber über 2500 Euro verdient, der sollte vier Prozent seines Netto-Einkommens in die Parteikasse zahlen. Da alle Mitglieder selbständig ihren Beitrag festlegen, hat die Tabelle sowieso nur einen empfehlenden Charakter. Kein Schatzmeister kann überprüfen, ob der Beitrag auch dem tatsächlichen Einkommen entspricht. Wird die Zustimmung zur neuen Partei tatsächlich an unterschiedlichen Auffassungen zur Beitragstabelle scheitern? Auch historische Ereignisse entbehren offensichtlich nicht einer gewissen Absurdität.

Zumindest für die Steuerungsgruppe hieß dies, eine weitere Nachtschicht einzulegen. Die schon gezapften Biere blieben stehen, und die Tanzfläche bekam ich an diesem Abend nicht mehr zu Gesicht. Irgendwann nach Mitternacht einigten wir uns dann auf einen eher faulen Kompromiss. Für WASG-Mitglieder sollte für eine Übergangszeit ihre alte niedrigere Beitragstabelle weiter gelten. Vollkommen übernächtigt und immer noch mit dem schalen Nachgeschmack des nächtlichen Kompromisses kämpfend, schleppte ich mich am Sonntag früh zur morgendlichen Sitzung des Parteivorstands. Dieser zeigt sich alles andere als begeistert über unsere nächtlichen Ergebnisse, es kam zu einer zweiten Nachverhandlung. Noch einmal drohte die Zustimmung zur Neugründung zu kippen, letztlich stimmte dann doch eine Mehrheit für den Kompromiss.

So spektakulär der Auftakt der Verhandlungen zwischen WASG und PDS war, so steinig war später der Weg der Einigung. WASG und PDS standen oft vor dem Scheitern. Schließlich aber siegte die Vernunft. Wohl auch und vor allem, weil sich viele von außerhalb der Partei, viele Sympathisantinnen und Sympathisanten, in den Prozess einmischten. Sie machten in Aufrufen, auf zahlreichen Veranstaltungen und in den Medien deutlich, dass sie eine gemeinsame Linke wollten. Am 16. Juni 2007 sind dann tatsächlich alle organisatorischen und rechtlichen Klippen überbrückt. Die Urabstimmung hat in beiden Gruppierungen ein klares Votum für die Neugründung erbracht. Im Hotel Estrel im Berliner Bezirk Neukölln gründet sich die neue Partei DIE LINKE.

Die Wurzeln der neuen Linken

Die Partei DIE LINKE ist noch jung. Doch ihre aufgeschriebene Geschichte hat schon eine klare Richtung, die verbreiteten Erzählungen haben eines gemeinsam: Sie handeln von einer Handvoll Männer. Es klingt oft so, als ob ein kleiner Kreis lebenserfahrener Männer die ganze Sache unter sich ausgefochten und Differenzen abends beim Wein geklärt hätte. Die Fortsetzung einer großen Erzählung wird wieder einmal auf einen kleinen Männerkreis reduziert.

Zwar hat die Ankündigung von Oskar Lafontaine am Dienstag nach der Verkündung der vorgezogenen Neuwahlen durch Gerhard Schröder den Druck auf beide Parteivorstände, sich zu Verhandlungen zu treffen, enorm erhöht. Und ohne die klare Entscheidung von Lothar Bisky, in der PDS für einen neuen Namen zu werben, wäre es nicht zur Fusion gekommen. Zudem war die Bekanntheit von Gregor Gysi und Oskar Lafontaine ein unverzichtbares Plus im kurzfristigen Wahlkampf.

Ich sehe es dennoch als meine Aufgabe, die gängige Geschichtsschreibung zu ergänzen. Ich habe das Entstehen dieser Partei von Anfang an aus nächster Nähe begleitet. Richtig ist: Einige Männer haben in entscheidenden Momenten die richtige Entscheidung gefällt – wie übrigens auch einige Frauen. Viel ausschlaggebender sind jedoch die gesellschaftlichen Prozesse, die dazu führten, dass die überall zitierten Männer überhaupt zu dem Punkt gelangen konnten, an dem sie vor diesen Entscheidungen standen.

Im konkreten Fall heißt das: Die Grundlage für das Entstehen einer neuen linken Partei wurde vor allem durch die sozialen Bewegungen geschaffen. Es waren die bundesweiten Protesttage gegen die Agenda 2010, die im November 2003 und im April 2004 deutlich machten: Der Zeitgeist verändert sich. Neoliberale Deutungsmuster verlieren langsam ihre Deutungshoheit – auch an den Stammtischen. Zu den wichtigen, leider oft ausgeblendeten Etappen auf dem Weg Richtung neue Linkspartei gehören vor allem die Europäischen Sozialforen und der Perspektivenkongress Mitte Mai 2004 in Berlin. Rund 1500 Menschen kamen zu diesem Kongress, um über Alternativen zu Sozialraub und Privatisierung zu diskutieren. Auf dem europäischen Sozialforum im November 2003 in Paris trafen sich Linke, sozial Bewegte, engagierte ChristInnen und Angehörige von Nichtregierungsorganisationen (NGO), um sich für ein anderes Europa einzusetzen. Die Gewerkschaft ver.di ließ ihren Vorsitzenden Frank Bsirske zum Treffen der deutschen Gruppen am Rande des Europäischen Sozialforums einfliegen. Der Geist der Veränderung lag in der Luft und war nicht zu ignorieren.

Die Unzufriedenheit mit der Politik der rot-grünen Regierung hatte eine kritische Masse erreicht. Die PDS galt vielen allerdings als zu ost-zentriert und zu hausbacken: keine Partei, die das Erbe der SPD antreten könnte, und auch keine Partei neuen Typs. Hier breitete sich eine Stimmung aus, die nach einem neuen Akteur verlangte. Gemeinsam riefen Gewerkschaften und neue soziale Bewegungen am 3. April 2004 zu zentralen Demonstrationen gegen Sozialabbau auf. In Köln, Stuttgart und Berlin ging eine halbe Million Menschen auf die Straße. Dieser Mobilisierungserfolg gab den Ausschlag, die Gründung der WASG in die Wege zu leiten.

Beim Europäischen Sozialforum in London im Oktober 2004 existierte sie dann bereits – die WASG in Gründung. Das Treffen der deutschen Teilnehmerinnen und Teilnehmer war nicht nur geprägt vom Geist der Veränderung, sondern auch von heftigen Debatten zwischen WASG und PDS. Damals, im Herbst 2004, war an ein Zusammengehen von WASG und PDS noch nicht zu denken, die beiden Parteien sahen sich vor allem als Konkurrenten. Die PDS fragte, inwieweit die WASG wirklich eine linke Partei war: Schließlich reduzierte sie sich programmatisch auf eine Kritik an der Schröder-SPD, wichtige Themen linker Politik wie der Antifaschismus oder der Kampf gegen den Überwachungsstaat spielten kaum eine Rolle. Und die WASG profilierte sich umgekehrt so manches Mal durch Kritik an der PDS, die zu ost-lastig sei und in Regierungsverantwortung Sozialkürzungen mittrage. Trotz aller Debatten erkannte man jedoch, dass sich die gesellschaftliche Stimmung nach links verschiebt. Unbeantwortet war da aber noch die Frage, welcher Akteur diese Veränderung in der Parteienlandschaft umsetzen soll und kann.

Von den Montagsdemos nach Heiligendamm

Die Geschichte der neuen Linken ist undenkbar ohne die Geschichte der Montagsdemonstrationen gegen Hartz IV. Während die Gewerkschaften noch über Pläne für einen heißen Herbst redeten, versammelten sich mitten im Sommer 2004 landauf, landab jeden Montag Menschen zu Demonstrationen. Es war gerade jene Bewegung der Unorganisierten in den kleinen Städten der Republik, die die Politik von Rot-Grün tief ins Mark traf und erschütterte. Keiner der üblichen Verdächtigen hatte diese Welle geplant. Menschen, die jahrelang nichts mit Politik zu tun hatten, gingen plötzlich Woche für Woche auf die Straße.

Sie blieben aber nicht dabei stehen, sondern kümmerten sich über die Grenzen ihrer Kleinstadt hinaus um eine bundesweite Vernetzung. Dabei trafen Menschen aufeinander, wie sie unterschiedlicher nicht hätten sein können. Junge Westberliner Antifa-Aktivisten begegneten Müttern aus dem brandenburgischen Senftenberg. Betagte Professoren, die schon viele Vernetzungstreffen erlebt haben, saßen neben quirligen Frauen, die zum ersten Mal in ihrem Leben Begriffe wie »quotierte Redeliste« hörten. Doch man lernte schnell voneinander, z. B. dass auf einer »quotierten Redeliste« jeder zweite Platz für Frauen vorbehalten wird, um zu verhindern, dass nur Männer reden.

Gelegentlich traten die unterschiedlichen Lebenswelten sehr deutlich zutage. So meinten bei einem Treffen in Leipzig ostdeutsche Erwerbslose, man müsse sich nun überall für die Forderung nach kostenloser Schulspeisung für Kinder aus Hartz-IV-Familien starkmachen. Die Montagsdemonstranten aus Westdeutschland konnten da nur staunen: Kostenlose Schulspeisung sei schön und gut, aber dazu müsste es in den Schulen erst einmal überhaupt so etwas wie Schulspeisung geben. Am Ende einigte man sich auf einen Forderungskatalog, der von Sofortmaßnahmen wie Angleichung des Regelsatzes für das Arbeitslosengeld II in Ost und West bis zu langfristigen Alternativen wie dem bedingungslosen Grundeinkommen reichte.

Gerade in Ostdeutschland versuchten die Neonazis, die Montagsdemonstrationen zu vereinnahmen. Da die meisten Beteiligten politisch recht unerfahren waren, lag darin eine gewisse Gefahr für die noch junge Bewegung. Dass diese Vereinnahmung durch die Neonazis nicht gelang, ist auch dem klugen Agieren antifaschistischer Gruppen zu verdanken. Sie erarbeiteten praktische Leitfäden für den Umgang mit Neonazis und halfen so, die Montagsdemos frei von der NPD und auch frei von rassistischen Ressentiments zu halten.

Innerhalb der entstehenden neuen Partei war der Wunsch zur Zusammenarbeit häufig stärker, als es das offizielle Fusionsprotokoll eigentlich erlaubte. Lange vor der eigentlichen Parteineugründung schlossen sich PDS- und WASG-Kreisverbände zusammen. Doch auch dort, wo man sich an den Zeitplan hielt, wurde – wie beispielsweise bei den Kommunalwahlen in Hessen – die Zusammenarbeit über die Parteigrenzen hinweg zu einer Selbstverständlichkeit. Diese Spontaneität und dieser Optimismus der Basis waren notwendig, weil auch nach der Bundestagswahl so manche Klippe umschifft werden musste. Ob die zentralen Akteure dies ohne den starken Rückenwind aus der Parteibasis geschafft hätten, bleibt zum Glück eine Frage, die nicht in der Realität getestet werden musste.

Wenige Tage vor der Gründung der neuen Linken finden

im Juni 2007 die Gipfelproteste gegen das Treffen der G8-Staaten in Heiligendamm statt. Die Linken treten dabei als organischer Teil der globalisierungskritischen Bewegung in Erscheinung. Viele Mitglieder der erst noch zu gründenden neuen Partei demonstrieren für eine andere Welt, diskutieren auf den Workshops, übernachten auf den Camps. Sie nehmen die stinkenden Dixi-Klos in Kauf, schälen in der selbstorganisierten Volksküche Kartoffeln und beteiligen sich an den Blockaden.

Vorausgegangen war innerhalb beider Parteien eine Kampagne zur Mobilisierung. Diese durchbrach bewusst die übliche Top-down-Praxis, also eine Praxis, bei der an der Spitze beschlossen wird, was ansteht, und die Basis die Beschlüsse umzusetzen hat. Stattdessen trafen sich Basisaktivisten aus den verschiedenen Bundesländern, um die Beteiligung an den Gipfelprotesten vorzubereiten. Chaotisch-kreatives Brainstorming ging dabei Hand in Hand mit gründlichen Planungen. Und das Ergebnis konnte sich sehen lassen. Noch vor ihrer offiziellen Gründung hatte sich die neue LINKE als gesellschaftliche Kraft gezeigt, auf die sich andere verlassen konnten. Die G8-Kampagne überzeugt auch innerhalb der Partei viele, wie wichtig die kontinuierliche Zusammenarbeit mit sozialen Bewegungen außerhalb des Parlaments ist.

Silencing of women

Nicht nur die Rolle der Basis wird in der Geschichtsschreibung der neuen Partei DIE LINKE gerne ausgeblendet. Die Darstellung dieses Prozesses ist auch ein weiteres Beispiel für das, was mit dem Begriff *Silencing of women,*[2] dem Verschweigen der Frauen, beschrieben wird: Gemeint ist, dass wie durch Wunderhand in der Geschichtsschreibung die weiblichen Akteure entweder ganz verschwinden oder einen vorrangig dekorativen Platz zugewiesen bekommen. Wer daran zweifelt, dem empfehle ich die Lektüre eines beliebigen klassischen Geschichtsbuches. Die Geschichte wird dort – von einigen Ausnahmen abgesehen – vor allem als Werk von Männern präsentiert. Frauen kommen als Akteurinnen so gut wie gar nicht vor. Nun stellt sich die Frage, ob dies etwa der tatsächlichen Abfolge der Ereignisse entspricht.

Und wenn Frauen nicht verschwiegen werden, so werden sie zumindest vorrangig über vorinhaltliche Facetten, vorzugsweise über ihr Liebesleben, dargestellt. Kein Reiseführer über Russland, der nicht auf die zahlreichen Liebhaber von Jekatarina II. hinweist. Das Liebesleben der männlichen Zaren jedoch wird auffällig weniger erhellt. Besonders deutlich tritt die Methode, Frauen auf Privates zu reduzieren, bei Alexandra Kollontaj zutage. Sie war die einzige Frau in Lenins Rat der Volkskommissare 1917 und sowohl eine hervorragende Diplomatin als auch eine interessante Schriftstellerin. Sehr früh verband sie den Kampf um soziale Rechte mit Forderungen nach sexueller Befreiung. Wenn man heute nach Büchern über diese schillernde Persönlichkeit sucht, bekommt man vor allem solche angeboten, die von ihr und ihren Liebhabern handeln. Es ist wohl kein Zufall, dass eine Politikerin und Schriftstellerin allein unter dem Blickwinkel ihres Liebeslebens betrachtet wird, während man bei ihren männlichen Zeitgenossen vor allem die Politik beleuchtet. [3]

Bei der Parteineubildung konnte ich zum ersten Mal live erleben, wie Ereignisse, bei denen ich hautnah dabei gewesen bin, in der Berichterstattung nach und nach verdichtet wurden. Und ehe man sich versah, verschwanden die beteiligten Frauen aus den Überlieferungen oder wurden zum schmückenden Beiwerk.

Dass die Beiträge von Frauen verschwiegen werden, ist offensichtlich eine traurige Konstante in der Geschichtsschreibung. Sie findet ihre Fortsetzung in der Darstellung des Gründungsmythos der LINKEN. Als das Zusammengehen von WASG und PDS zwar diskutiert wurde, aber noch nicht endgültig beschlossen war, wurde ich zweimal als offizielle Rednerin der PDS auf einen WASG-Parteitag eingeladen. Das erste Mal sprach ich im Frühsommer 2005 auf dem WASG-Parteitag in Kassel. Um rechtzeitig auf dem WASG-Parteitag, der Ende April 2006 in Ludwigshafen stattfand, anzukommen, musste ich im Morgengrauen in Halle, wo an diesem Wochenende der Parteitag der PDS stattfand, aufbrechen. Nach meiner Rede in Ludwigshafen hieß es schnell wieder ins Auto und zurück nach Halle eilen. Dort stand nämlich an diesem Nachmittag die Wahl der Stellvertreterinnen auf der Tagesordnung. Ich schaffte es gerade noch zu meiner eigenen Vorstellungsrede.

Damals war die Neugründung alles andere als in trocknen Tüchern, und vor allem in der WASG war das »Wie« umstritten. Viele hatten Sorge, von der PDS geschluckt zu werden. Zu diesem Zeitpunkt traute sich kaum ein männlicher PDS-Politiker als Redner auf WASG-Parteitage, bzw. man war bei der WASG der Meinung, dies sei eher schädlich für die Stimmung auf dem Parteitag. Sowohl in Kassel als auch in Ludwigshafen bestachen die WASG-Parteitage durch eine besondere Form der Lebendigkeit, die mich faszinierte und auch ein bisschen neidisch machte. So heiß ging es bei der PDS nur selten zu. Wenn einige Delegierten mit einer Position nicht einverstanden waren, buhten sie schnell los. Höfliches Schweigen war dort eher die Ausnahme. Langeweile kam da kaum auf. Wenn einzelnen Delegierten etwas nicht passte, z. B. die Besetzung des Tagungspräsidiums, rannten sie sofort zum Saalmikrofon, um ihrem Unmut Luft zu machen. Die Kehrseite dieser lebhaften Debatten war, dass man sich auch immer ein bisschen an das berühmte Pulverfass erinnertet fühlte, das leicht hochgehen konnte, sobald etwas Falsches geäußert wurde. In solch einem Klima für die PDS zu sprechen war eine echte Herausforderung.

Durch die Teilnahme an diesen Parteitagen konnte ich recht früh einen unvermittelten Einblick in das Innenleben der WASG gewinnen. Deshalb finde ich es verwunderlich, dass in der einsetzenden Geschichtsschreibung immer nur Männernamen aus den Reihen der WASG auftauchen. Ich hatte bei allen Zusammenkünften hingegen den Eindruck gewonnen, dass ohne den engagierten Einsatz so mancher Frau das Pulverfass entweder explodiert oder die Neugründung im kompletten Chaos untergegangen wäre.

Unvergessen ist für mich, wie die bayrische Gewerkschaftlerin Anny Heike mit einem Telefon-Headset auf dem Kopf den Parteitag in Ludwigshafen managte. Ihr mobiles Telefon befand sich quasi in einer Standleitung. Auf einem Parteitag saß ich neben ihr und hörte auf diese Weise, worum sie sich alles kümmerte: Anträge, die irgendwo verloren gegangen waren, mussten aufgetrieben werden. Für Medienleute mussten AnsprechpartnerInnen gefunden werden. Die Beschäftigten in der Küche mussten um Geduld gebeten werden, weil die Mittagspause sich wegen einer verlängerten Debatte mal wieder verzögerte. Die Leistungen dieser Frau beeindruckten mich. Bei der PDS gab es für jede dieser Aufgaben, die sie so nebenbei erledigte, festangestellte Hauptamtliche. Dass eine junge, frisch gegründete, vorrangig auf ehrenamtlichem Engagement basierende Partei wie die WASG die erste Zeit überstand, ist zu einem nicht unwesentlichen Teil dem Einsatz von Leuten wie Anny Heike zu verdanken. Doch Frauen wie sie tauchen kaum in den Berichten über die wichtigen Etappen der Neugründung auf.

Einige Männer hingegen wurden plötzlich zu Machern der Vereinigung hochstilisiert. Darunter auch solche, die eher von der gesellschaftlichen Stimmung getrieben wurden, als dass sie treibende Akteure waren. Liegt dies allein an den Chronisten und an den Medien? Sicherlich auch. Doch es steht ebenso fest, dass Männer aus WASG und PDS durch ihre Erzählungen die Überbetonung einiger männlicher Akteure und die Unterbetonung der beteiligten Frauen mit vorangetrieben haben. So tauchten in den jeweiligen Danksagungen in Parteitagsreden vor allem immer Männer auf. Das männliche Führungspersonal lobte sich gegenseitig. *Mann* bezog sich halt kumpelhaft aufeinander. Was sicherlich für die Zusammenarbeit psychologisch gut war und das Männernetzwerk stärkte. Aber eben auch den Nebeneffekt hatte, dass das Wirken der Männer durch das gegenseitige Danken und Loben wie durch Wunderhand verstärkt wurde.

Gelegentlich lese ich mit einer Mischung aus Verwunderung und Amüsement meine Mitschriften von den entscheidenden Wochen und vergleiche sie mit den entstehenden Mythen. Und für mich steht fest: Damit das linke Projekt komplett wird, muss die neue linke Partei mit dem Verschweigen der Frauen brechen. Die linken Frauen müssen ihr Schweigen brechen und ihre Stimme deutlicher erheben. In ihrer Autobiographie schreibt die italienische Kommunistin und einstige Aktivistin der Resistance, Rossana Rossanda: »In der Geschichte zählt das, was sichtbar ist.«[4] Wir Frauen sollten uns dies zu Herzen nehmen und dafür sorgen, dass wir zählen. Dazu gehört, dass wir sichtbarer werden.

Von der Neugründung zur NeuBEgründung

Die neue Partei DIE LINKE ist gegründet. Generationen von Linken haben davon geträumt, dass es links von der Sozialdemokratie eine wirkungsmächtige bundesweite Partei gibt. Ich bin ein wenig stolz darauf, von Anfang an als glühende Verfechterin der Parteineubildung dazu beigetragen zu haben. Es ist geschafft, aber noch lange nicht vollendet. Denn nach der organisatorischen Neugründung steht die Partei vor der Aufgabe der inhaltlichen NeuBEgründung.

Nachdem sich WASG und PDS endlich in der Namensfrage geeinigt hatten und die Neugründung angingen, gab es innerhalb der PDS auch Angst vor Veränderung. Unvergessen ist für mich die Aussage eines PDS-Genossen, der meinte, ihm sei es am liebsten, die WASG-Mitglieder im Osten würden sich einfach bei ihrer Basisorganisation anmelden und sich dort eingliedern. Wer so denkt, hat die große Chance, die in der Parteineubildung steckt, nicht begriffen.

Es geht um die große Chance zur Selbstveränderung. Diese ist aus zweierlei Gründen erforderlich. Zum einen, um altlinke Fehler zu überwinden. Zum anderen, da Veränderungen wie der Wandel der Arbeitswelt, die Zunahme prekärer Beschäftigung, die drohende Klimakatastrophe, der Wandel eines regulierten Kapitalismus zum global agierenden Finanzmarktkapitalismus eine Erweiterung und Erneuerung linker Antworten und Schwerpunktsetzungen erfordern. Deswegen darf es kein einfaches »Weiter so« geben. Dies habe ich immer gegenüber meinen Genossinnen und Genossen im Osten vertreten. Aber dieser Grundsatz gilt ebenso für all jene, deren politische Heimat früher die SPD oder der DGB war. Die neue Linke muss mehr sein als eine leicht korrigierte Fortsetzung der SPD-Politik vor Gerhard Schröder, und sie muss mehr sein als der parlamentarische Arm des DGB. Das große Potential der Linken liegt in einer inhaltlichen Neubegründung linker Politik.

Die Frage liegt deshalb nahe, was denn nun eigentlich so neu sei an der neuen Linken. Natürlich sind nicht alle Themen, die mit der Linkspartei verbunden werden, brandneu. Das ist auch gar nicht notwendig, denn Neuheit an sich ist nicht automatisch ein Gütesiegel. Eine Idee ist nicht deshalb gut, nur weil sie neu ist. Ebenso wenig wie nicht alles erhaltenswert ist, nur weil es schon immer so war. Der Erneuerungswahn der sogenannten Reformer, als die sich Neoliberale gerne bezeichnen, ist ebenso dogmatisch wie sturer Konservatismus. In der politischen Landschaft ist es in vielen Fällen allerdings ein großer Fortschritt, wenn vermeintlich altmodische Ideen wie das Eintreten für gesellschaftliche Solidarität überhaupt wieder öffentlich vertreten werden.

Zu Recht wird allerdings gefragt, wie alte linke Werte und Ziele auf die Herausforderungen der heutigen Zeit bezogen werden können. Die Art und Weise, wie DIE LINKE ihre politischen Schwerpunkte kombiniert, muss deshalb in der Tat neu sein. Der Kampf gegen Armut ist heute nicht mehr ohne das Eintreten für Selbstbestimmung zu denken. Konkret: Zur Armutsvermeidung gehört im allerersten Schritt die sofortige Anhebung des Hartz-IV-Regelsatzes. Wenn die Ablehnung eines Ein-Euro-Jobs jedoch sofort zu Strafzahlungen führt, nützt auch ein höherer Regelsatz wenig. Selbstbestimmung bedeutet deswegen in diesem Zusammenhang die Freiheit, zu einem angeboten Ein-Euro-Job nein sagen zu können. Ohne diese Möglichkeit wird die im Grundgesetz festgeschriebene Berufsfreiheit reine Makulatur. Mein Anspruch an Sozialpolitik lautet deshalb, Selbstbestimmung und materielle Absicherung zusammenzubringen. Beides ist notwendig und gehört zusammen. Dabei geht es nicht nur um die Verhinderung von Armut, sondern ebenso um Teilhabe am gesellschaftlichen Leben. Noch wichtiger: Es geht um die Möglichkeit, sich in demokratische Prozesse einmischen zu können.

Die Linke heute – wofür sie steht und wofür sie stehen sollte

1. Eine Linke der Demokratie und Selbstbestimmung

Die Linke versteht sich ausdrücklich als Partei der sozialen Gerechtigkeit. Sie muss aber ebenso die Partei der Grundrechte und der Demokratie werden. Denn: Freiheitsrechte und soziale Rechte bedingen einander. Linke SkeptikerInnen des Freiheitsbegriffs wenden unter Berufung auf Bertolt Brecht gern ein: Was nützt es dem Hungernden, wenn er seine Meinung sagen kann? Darauf antworte ich stets mit einer Gegenfrage: Was nützt es dem Gefolterten, wenn die Henkersmahlzeit besonders üppig ausfällt? Es kann doch nicht ernsthaft darum gehen, unter den Wegen des Leides das kleinste Übel herauszufinden. Man sollte stattdessen die Verbesserung der Lebensverhältnisse für alle anstreben.

Das Bild des Hungernden, dem es nichts nützt, seine Meinung sagen zu dürfen, ist aber ohnehin falsch: Die Möglichkeiten, erfolgreich gegen Hunger zu kämpfen, sind in einer freiheitlichen Gesellschaft eben deutlich größer. Die Aussichten auf einen erfolgreichen Kampf für eine Umverteilung von oben nach unten sind hingegen in einer Gesellschaft, in der Regimegegner mit Repressionen rechnen müssen, deutlich schlechter. Wenn heute internationale Konzerne beispielsweise China als Paradies betrachten, dann liegt das eben auch und vor allem daran, dass die Menschen dort keine Freiheitsrechte genießen, die es ihnen

erlauben würden, gerechte Löhne und humane Arbeitsbedingungen durchzusetzen. Während etwa in Skandinavien sowohl die sozialen Standards vergleichsweise hoch
ausfallen als auch die Mitbestimmungsrechte, also die
demokratischen Rechte der Beschäftigten, vergleichsweise
gut sind.

In Deutschland ist aktuell zu beobachten, wie die Einschränkung von Grundrechten und die Einschränkung von
sozialen Rechten Hand in Hand gehen. Vor einiger Zeit
gerieten die Discounter Lidl und Schlecker in die negativen
Schlagzeilen. Grund dafür war, dass diese Unternehmen
ihre Beschäftigten – in Stasi-Manier – heimlich mit Videokameras ausgespitzelt hatten, und das bis in die Umkleide-
kabinen. Und diese Firmen traten nicht nur das Freiheits-
recht auf informelle Selbstbestimmung mit Füßen. In vielen
Filialen dieser Unternehmen wurde bisher die Gründung
eines Betriebsrats erfolgreich verhindert und damit die
Möglichkeit der Beschäftigten, für bessere Löhne und bessere Arbeitszeiten zu streiten, beeinträchtigt. Hier zeigt sich
beispielhaft, wie stark der Kampf um Freiheitsrechte und
der Kampf um soziale Rechte zusammengehören.

Nicht wenige Linke haben die Propaganda der politischen Gegner verinnerlicht. Statt den dümmlichen Slogan
»Freiheit oder Sozialismus«, mit dem die Unionspartei einst
in den Wahlkampf zog, souverän zurückzuweisen, akzeptie-
ren sie die von der politischen Rechten proklamierte angebliche Alternative. Der 1906 geborene Politikwissenschaftler
Wolfgang Abendroth, der mit seinen zahlreiche Veröffent-
lichungen zur Gewerkschafts- und Parteiengeschichte
sowie zum Staatsrecht wichtige Impulse für die Debatten
innerhalb der Sozialdemokratie und innerhalb der Gewerkschaften gab, war schon vor knapp dreißig Jahren sehr viel
klüger. »Links ist«, proklamierte der bedeutende marxis-
tische Intellektuelle, »wer bereit ist, die durch die Verfas-
sungssysteme garantierten demokratischen und sozialen

Rechte gegen jede Verletzung zu schützen.« Links sei, so Abendroth noch deutlicher, »wer das Grundgesetz gegen seine permanenten Verletzungen durch die Geheimdienste und den Exekutiv-Apparat, durch die Judikative und den einfachen Gesetzgeber zu schützen bereit ist.«[5]

Dieser Appell ist heute aktueller denn je. Es wäre ein Riesenfehler, angesichts des aberwitzigen Ausbaus der Überwachungssysteme durch den Staat wie durch Unternehmen den Freiheitsbegriff dem politischen Gegner zu überlassen. »Freiheit und Sozialismus – Let's make it real«[6] – so heißt ein Papier, das ich mit engen politischen Freunden und Freundinnen im Zuge der Parteigründung vorgelegt habe, um emanzipatorische Denkanstöße zu geben.

Mit dem Bezug auf dieses Begriffspaar haben wir uns der Tatsache gestellt, dass sowohl Freiheit als auch Sozialismus bisher vor allem als Zerrbilder ihrer selbst in Erscheinung getreten sind. Der sogenannte »real existierende« Sozialismus zeichnete sich durch die Geringschätzung der Freiheit des Einzelnen aus. Während die Freiheit, die heute in diesem Lande gern von Meinungsmachern und Meinungsmacherinnen propagiert wird, vor allem eines meint: Die Freiheit des Stärkeren, den Schwächeren auszubeuten. Das doppelte Scheitern von Freiheit und Sozialismus entlässt jedoch niemanden aus der Verantwortung, beide Ideen, beide Begriffe neu mit Leben zu erfüllen. Ihre bisherige Kompromittierung entlässt nicht aus der Pflicht, nach Wegen zu suchen, sie endlich untrennbar zusammenzudenken.

Dazu gehört für mich, dass DIE LINKE zukünftig gleichberechtigt sowohl um die Verfügungsgewalt über Produktionsmittel als auch um die Verfügungsgewalt über das eigene Leben streitet. Zur Verfügungsgewalt über die Produktionsbedingungen gehört natürlich die Eigentumsfrage. Doch nicht nur. Verfügungsgewalt über Produktionsbedingungen zu haben bedeutet auch, dass die Beschäftigten mitbestimmen, was und wie produziert wird. Zur

Verfügungsgewalt über das eigene selbstbestimmte Leben gehört die freie Wahl des Berufs und der Tätigkeit, der man nachgeht, gehört die Mitbestimmung über die Arbeitszeit, gehört die Freiheit, den Wohnort zu wechseln und über den eigenen Körper selbst zu entscheiden. Selbstbestimmung heißt auch, frei darüber befinden zu dürfen, wo und wie man sich engagieren möchte, ohne dafür diskriminiert zu werden.

Leider gibt es gelegentlich bei der Linken die Tendenz, die Verfügungsgewalt über das eigene Leben als zweitrangig einzuschätzen. Da wird so getan, als ob sich alle Probleme in Wohlgefallen auflösten, sobald die Beschäftigten die Verfügungsgewalt über die Produktionsmittel haben. Doch spätestens die Erfahrungen des real existierenden Sozialismus in der DDR haben gezeigt, dass das nicht funktioniert.

Selbst wenn die Arbeiterinnen und Arbeiter Eigentümer der Maschinen, die sie bedienen, wären, sei es über Genossenschaften oder indirekt durch Staatsbesitz, hieße dies noch lange nicht automatisch, dass sie selbstbestimmt arbeiten und leben können. Das hieße noch nicht, dass sie mitbestimmen könnten, was mit den Maschinen produziert wird, z. B. eine Spritschleuder oder ein Solarauto. Es würde auch nicht zwingend bedeuten, dass sie ganz im Sinne der Selbstbestimmung über ihre Arbeitszeit frei verfügen können, dass sie das Recht hätten, sich eine Auszeit zu nehmen. Der Kampf um Verfügungsgewalt über die Produktionsmittel und der Kampf um Verfügungsgewalt über das eigene Leben gehören für mich deshalb untrennbar zusammen. Das Leben ist schließlich kein Anhängsel eines höheren Ziels.

2. Eine Linke der globalen Gerechtigkeit

Zur Neubegründung der Linken muss auch die Einsicht gehören, dass die soziale Frage nicht mehr losgelöst von der ökologischen Frage gedacht werden kann – und umgekehrt. Auf globaler Ebene bedeutet dies: Die Folgen der Klimakatastrophe treffen zuallererst die Menschen in den ärmsten Ländern. Sie verfügen nicht über die finanziellen und technischen Mittel, um ihr Lebensumfeld anzupassen. Gleichzeitig sind diese Länder derzeit noch diejenigen mit dem geringsten Anteil an der Luftverschmutzung. Vergleicht man die Emissionen pro Kopf der Bevölkerung, fällt die Differenz deutlich eklatanter aus. Im Klartext: Diejenigen, die am wenigsten schuld sind an der globalen Erwärmung, sind ungerechterweise zuerst und am stärksten davon betroffen. Insofern ist konsequenter Klimaschutz ein Gebot der globalen Gerechtigkeit – und gehört damit ganz oben auf die Prioritätenliste einer linken Partei.

Generell gilt, die Kämpfe für mehr Gerechtigkeit im eigenen Land müssen mit den Kämpfen um globale soziale Rechte rückgebunden werden. Das ist nicht nur ein moralisches Gebot, weil der Reichtum der westlichen Welt zu einem beachtlichen Teil auf der Ausbeutung ärmerer Länder basiert. Dies ist schlichtweg ebenfalls eine Notwendigkeit. Schließlich leben wir in einer global vernetzten Welt. Die Konzerne agieren weltweit und spielen dabei Beschäftigte der unterschiedlichen Länder gegeneinander aus. Auf diese Globalisierung der Wirtschaft kann es nur eine Antwort gegen: die Globalisierung der sozialen Kämpfe. Für die Linke eigentlich eine Selbstverständlichkeit, gehört doch der Internationalismus zu den besten linken Traditionen.

Zurück zum Klima- und Umweltschutz: Der Zusammenhang der sozialen und ökologischen Frage gilt aber auch für die lokalen Probleme. Es sind immer die Einkommensschwächsten, die der Umweltverschmutzung besonders ausgeliefert sind. Nur wer auf niedrige Mieten angewiesen ist, setzt sich dem Lärmterror einer vielbefahrenen Straße vor der Wohnungstüre aus und erträgt Gesundheitsgefährdungen durch Abgase und Feinstaub. Wer Geld hat, kann sich ein Häuschen im Grünen leisten – und lebt damit in sauberer Luft. Wer Geld hat, macht eher Urlaub in unberührten Regionen. Wenn das Einkommen jedoch nur für das Lebensnotwendigste reicht, bleiben solche Fluchtoptionen versagt.

Ökologische Ansätze, wonach die Ärmsten im Land besonders zur Kasse gebeten werden, ignorieren gerade diesen Zusammenhang. Ein Beispiel, welches symptomatisch ist, erlebte ich im Jahr 2007 im Sozialausschuss des Bundestags. Dort unterbreitete ich den Vorschlag, die steigenden Energiekosten beim Wohngeld stärker zu berücksichtigen. Auf diesen Zuschuss zur Miete haben vor allem Geringverdienende Anspruch. Die leben bekanntlich eher in den billigeren Wohnungen, die nicht nach dem neuesten Stand saniert sind und deswegen besonders hohe Heizkosten verursachen. Ablehnung für diesen Antrag kam auch und vor allem von den Grünen: Wer Heizkosten erstattet bekomme, habe – so der Vertreter der Grünen – keinen Anreiz zum Energiesparen.

Nun bin ich selber ein großer Fan des Energiesparens. Aber eine Politik, bei der Klimaschutz vor allem auf dem Rücken der Armen ausgetragen wird, ist nicht nur sozial ungerecht. Eine solche Politik untergräbt die Akzeptanz für Klimaschutz in der Bevölkerung. Nachhaltiger Klimaschutz muss zunächst bei den Produzenten, also der Verschmutzerindustrie ansetzen. Natürlich müssen auch die von Privathaushalten produzierten Emissionen reduziert werden. Aber dann sollten die Menschen über die dazu notwendigen Mittel verfügen. Eine Aufforderung zum kollektiven Frieren für Arme hat mit nachhaltiger Umweltpolitik nicht zu tun. Wer den Verbrauch von kleinen Privathaushalten begrenzen will, der muss Vermieter dazu verpflichten, für eine bessere Isolation von Wohnungen zu sorgen.

3. Eine Linke ohne Wachstumswahn

Es gibt innerhalb der Linken immer noch Denkbarrieren, die im Sinne des konsequenten Klimaschutzes überwunden werden müssen. Dazu gehört etwa die Wachstumsideologie. »Schneller, höher, weiter«, der kapitalistische Komparativ, ist ökologisch gesehen nicht zum Nulltarif zu haben. Wachstum zielt immer auf ein quantitatives Mehr – und das ist niemals ökologisch neutral. Es kann durch technischen Fortschritt im besten Fall gebremst, aber nicht gestoppt werden. Wenn es um eine qualitative Weiterentwicklung geht, dann sollten wir nicht von Wachstum, sondern von Entwicklung reden. Insofern setzt der ökologische Umbau der Gesellschaft den Bruch mit der Wachstumslogik voraus.

Soweit der kapitalistische Komparativ einer neoliberalen Wirtschaftslehre folgt, ist DIE LINKE sich einig in der Ablehnung. Doch auch die keynesianisch inspirierte Wirtschaftspolitik[7] folgt der Wachstumslogik. Ohne Frage ist der Keynesianismus aus sozialer Sicht ein Fortschritt gegenüber dem Neoliberalismus.[8] Der Wachstumsideologie bleibt er dennoch verhaftet. Er stellt nicht die Systemfrage, sondern vertritt lediglich einen klug geleiteten Kapitalismus.[9] Die Linke muss lernen, wirtschaftspolitisch über den begrenzten Horizont des Keynesianismus hinaus zu denken, wenn sie für einen konsequenten Schutz des Klimas, der Umwelt und der Ressourcen stehen möchte.

Zu den linken Denkbarrieren gehört auch die Neigung, beim Thema Straßenbau der Mehrheit nach dem Munde zu reden. Doch konsequenter Klimaschutz verlangt auch nach einer radikalen verkehrspolitischen Wende. Eine solche Wende muss weniger Verkehr insgesamt und vor allem weniger LKW- und weniger Autoverkehr zur Folge haben. Dazu müssen wir sowohl an den Pull-Faktoren, also den Faktoren, die die Attraktivität der umweltfreundlichen Verkehrsmittel erhöhen, als auch an den Push-Faktoren – jenen Faktoren, die den Autoverkehr benachteiligen – arbeiten. Einerseits sollte der Verkehr mit Bus, Bahn und Rad angenehmer werden, andererseits aber muss auch das Autofahren an Attraktivität verlieren.

Spätestens wenn die verkehrspolitische Wende bedeutet, aktiv gegen neue Autobahnen vorzugehen, setzt bei so manchem politisch Verantwortlichen der Wankelmut ein. Ich erinnere mich noch gut an eine verkehrspolitische Debatte zu den Auswirkungen einer sächsischen Autobahn. Ich hatte damals die Staatsregierung sowohl nach den wirtschaftlichen als auch nach den umweltrelevanten Auswirkungen gefragt. Das Landesministerium konnte mir keinen einzigen Indikator nennen, der nachwies, dass die Autobahn die wirtschaftliche Situation der betroffenen Regionen verbessert hatte. Die ökologische Bilanz hingegen war eindeutig negativ. Durch schnellere Straßenverbindungen geriet das Verkehrsmittel Bahn ins Hintertreffen. Mehr Menschen stiegen aufs Auto um. Ein Mehr an klimarelevanten Abgasen war die Folge. Eine solche Faktenlage hätte an sich zu Nachdenklichkeit führen müssen. Doch davon keine Spur.

Stattdessen machte sich in einer Landtagsdebatte der CDU-Redner darüber lustig, dass sich die PDS mit dem Schmelzen der Pole beschäftige. Die Heiterkeit im Saal unterstrich nur zu deutlich die tiefe Überzeugung, das Schmelzen der Pole habe nichts mit der sächsischen Verkehrspolitik zu tun. Man suhlte sich in der Gewissheit, dass die globale Umweltverschmutzung keinerlei Rückwirkung auf Sachsen habe. Als dann im Jahr 2002 halb Dresden überschwemmt wurde, war die Betroffenheit groß. Und diese Überschwemmung war womöglich nur ein kleiner Vorgeschmack auf die Klimakatastrophen, die uns noch bevorstehen.

4. Eine Linke der Transformation

Wer über eine neue Linke spricht, muss sich auch Gedanken darüber machen, wie sie ihre Ziele umsetzen soll. Der Streit ist alt: Den AnhängerInnen der Revolution auf der einen Seite wird eine heilsartige Fixierung auf ein großes, fernes Ziel nachgesagt. Tatsächlich führt solch eine Ausrichtung zur Vernachlässigung der aktuell zu lösenden Probleme. Auch stellt sich natürlich die Frage, in welcher Form »Revolution« heute zu denken ist, ebenso wie sie demokratisch legitimiert werden kann. Über die ReformerInnen am anderen Ende des Spektrums heißt es hingegen, dass sie in ihrem pragmatischen Bemühen um kleinteilige Verbesserungen, das große Ziel, die grundlegende Veränderung der Verhältnisse aus dem Auge verlieren und deswegen schnell auf den Weg der Anpassung geraten.

Im Versuch, diesen Konflikt zu beheben, fällt gelegentlich der Begriff Transformation – eine Denkfigur, die allein schon wegen ihres spröden Klanges abschreckend wirkt und eher an staubiges Knäckebrot erinnert als an eine fetzige Lösung. Die Fans der Revolution beäugen diesen Begriff misstrauisch in der Sorge, dahinter verstecke sich womöglich doch nur die reformistische Anpassung. Die Reformer tun sich ähnlich schwer mit einer erweiterten Perspektive.

Doch diese Denkfigur hat es verdient, dass man sich gründlicher mir ihr beschäftigt. Meiner Meinung nach trägt sie einen Doppelcharakter. Zum einen wird sie durch eine widerständige, kämpferische, ja radikale Grundhaltung charakterisiert. Die Verhältnisse werden grundlegend hinterfragt, und dabei gibt es keine Scheu vor Widerständen.

Allerdings gehört zum Wesen dieser Grundhaltung der hohe Stellenwert der Frage nach der demokratischen Legitimation der angestrebten Gesellschaftsveränderungen. Zum Zweiten steht Transformation für die strategische Grundsatzentscheidung, die beiden unterschiedlichen Zeithorizonte, die jeweils dem Reform- und dem Revolutionskonzept zugrunde liegen, zusammenzuführen. Es geht also um die Verknüpfung kurzfristig erreichbarer, kleinteiliger Reformschritte mit langfristig angestrebten, grundlegenden Verbesserungen.

Auf der Suche nach treffenden Beschreibungen für diese strategische Seite der Transformation wurde ich in Wolfgang Fritz Haugs »Unterhaltungen über den Sozialismus nach seinem Verschwinden« fündig. »Die Erfahrung lehrt«, so Haug, »dass der reformistische Kampf zur perspektivlosen Anpassung verkommt, wenn er seinen utopischen Horizont aus dem Blick verliert.« »Nahziele«, so sein Fazit, »brauchen Fernziele zur Orientierung.«[10] Umgekehrt brauchen diese Fernziele auch Stützpunkte in der Gegenwart. Wenn das Fernziel am anderen Flussufer liegt, muss man irgendwann anfangen, einen Brückenkopf Richtung Zukunft zu bauen. An Wolfgang Haug anknüpfend, plädiere ich insofern dafür, den alten linken Streit zwischen Reform und Revolution durch ein klares Ja zur Transformation aufzulösen. Dazu gehört für mich jedoch die Verständigung über den Doppelcharakter von Transformation. Die strategische Seite verbindet Fern- und Nahziele und die methodische Seite verbindet eine kämpferische Grundhaltung mit einer radikaldemokratischen Einstellung.

Sich auf den strategischen Weg der Transformation einzulassen bedeutet auch, sich der Debatte um konkrete Projekte zu stellen, die Brückenköpfe für eine andere Gesellschaft werden können. Für mich hat kein Projekt so sehr das Potential dazu wie das bedingungslose Grundeinkommen – ein Einkommen, das jedem Menschen qua Existenz zusteht. Dieses sollte zumindest ein Leben jenseits der Armut ermöglichen und ohne Bedürftigkeitsprüfung und ohne Zwang zur Arbeit ausgezahlt werden. Die Einführung des Grundeinkommens würde die Menschen von Existenzangst befreien und ihre Lebenssituation im Hier und Heute verbessern. Darüber hinaus greift das Grundeinkommen eine entscheidende Voraussetzung der kapitalistischen Ausbeutung an – namentlich die Abhängigkeit derjenigen, die nicht über Produktionsmittel verfügen und nur ihre Ware Arbeitskraft anzubieten haben. Damit ist es auch ein revolutionäres Projekt.

Ein bedingungsloses Grundeinkommen würde diejenigen, die ihre Arbeitskraft anbieten, zwar nicht völlig aus dieser Abhängigkeit befreien. Aber es würde sie in eine deutlich bessere Verhandlungs- und Gestaltungsposition versetzen. Sie wären nicht mehr zwingend auf den sofortigen Verkauf ihrer Arbeitskraft angewiesen. So eröffnen sich neue Möglichkeiten für die Mitbestimmung, für das Erstreiten ökologischer Standards und höherer Löhne oder besserer Arbeitszeiten. Ein Grundeinkommen erleichtert auch die Gründung von Genossenschaften oder anderen Formen der freien Assoziation und kann damit die Voraussetzung für eine allmähliche Vergesellschaftung der materiellen Produktion bieten. Natürlich gibt es keine Garantie dafür, dass mit der Einführung des Grundeinkommens der Kapitalismus überwunden wird. Aber in einer Gesellschaft, in der ein Grundeinkommen erstritten wurde, sind die Voraussetzungen für eine grundlegende Transformation der Gesellschaft auf demokratische Art und Weise deutlich besser.

5. Eine Linke ohne Philisterzopf des Patriarchats

»In der Theorie sind sie schon gleichberechtigt, in der Praxis aber hängt der Philisterzopf den männlichen Genossen noch ebenso im Nacken wie dem ersten besten Spießbürger« – so das Urteil von Clara Zetkin, die lange Zeit in der SPD Mitglied war, später zur KPD wechselte und von 1920 bis 1933 im Reichstag als Abgeordnete wirkte. Mit dieser Erfahrung steht sie nicht allein. Berichte von anderen politisch engagierten Frauen, z. B. von der bereits erwähnten russischen Schriftstellerin und Politikerin Alexandra Kollontaj, liefern bezeichnende Beispiele dafür, wie die Arbeiterbewegung die Frauenfrage nur zu oft vernachlässigt hat.

Die neue LINKE versteht sich selbst – laut den programmatischen Eckpunkten – als feministische Partei. Doch dahin ist noch ein weiter Weg. Das beginnt mit der Quotierung der Listen für den Bundestag. Zwar gilt für alle Wahllisten die Fünfzig-Prozent-Quote für Frauen. In einigen Bundesländern, wie in Hessen und Rheinland-Pfalz, einigte *Mann* sich allerdings recht schnell darauf, wegen der eigenen Unverzichtbarkeit die Quote aufzuheben. Das geht weiter mit der Frage, welche Fotos auf Publikationen zur Familienpolitik abgebildet werden. Muss wirklich immer eine blonde Mutter zu sehen sein, die ihr Kind im Arm hält? Warum kommt die Öffentlichkeitsabteilung nicht von sich aus auf die Idee, einen Vater mit Kind im Arm oder beim Windelnwechseln zu zeigen. Und es endet damit, dass wirklich wichtige Entscheidungen vor allem in Männercliquen getroffen werden. Eine moderne linke Partei muss sich ein für alle Mal vom Philisterzopf des Patriarchats trennen. Dazu gehört, die eigene Praxis, zentrale Entscheidungen in informellen Männercliquen zu treffen, zu verändern.

Diese klare Kritik an der Praxis der eigenen Partei hat mir schon einigen Ärger eingebracht. So mancher mag derart deutliche Worte als Netzbeschmutzung empfinden. Doch schon Sophokles lässt in seinem Drama »Antigone« den Wächter, der König Kreon schlechte Nachricht überbringen muss, sagen: »Weiß wohl, du hörst's nur ungern,

wie ich's sage/ Kein Mensch ja liebt den Boten böser Mär.
[...] Der Täter kränkt dein Herz, ich nur dein Ohr.« Man
verwechsle also nicht die Überbringerin schlechter Nachrichten mit den Verursachern der Probleme.

6. Eine Linke ohne Basta-Sprüche

Neue Inhalte erfordern neue Wege. Zu diesen neuen Wegen gehört ein klarer Bruch mit einer altlinken Sünde der
Dogmatiker: der Neigung zum autoritären Ansagertum.
Die Basta-Politik von Gerhard Schröder funktionierte nach
dem Motto »Ich sage, wo es langgeht, und so machen wir
das auch«. Diese Basta-Politik führte die Sozialdemokratie
in Richtung Agenda 2010 und zudem in eine ihrer tiefsten
Krisen. Die neue Linke, die aus eben jener tiefen Krise der
SPD entstand, sollte nicht nur den Sozialabbau der Agenda
2010, sondern auch die Art und Weise, wie diese Politik in
einer Partei geradezu »durchgedrückt« wurde, ablehnen.
Der autoritären Basta-Politik gilt es, ein gesundes antiauto-
ritäres Politikverständnis entgegenzusetzen. Widerspruch
belebt auch das eigene Denken.

Von den Fehlern der SPD lernen heißt, dafür zu sorgen,
dass die politische Richtlinienkompetenz bei der Partei und
nicht bei der Fraktion liegt. In einer Fraktion sind nur Menschen tätig, die ihren Lebensunterhalt über die Fraktion
verdienen und die damit in einem größeren Maße abhängig sind. In solchen Zusammenhängen kann die Führung
leichter ihre Positionen mehrheitsfähig machen. Zentrale
Grundsatzentscheidungen wie beispielsweise eine mögliche
Regierungsbeteiligung oder grundsätzliche Alternativen,
wie beispielsweise das Rentenkonzept, sollten nicht in der
Fraktion, sondern in der Partei entschieden werden. Dies ist
auch ein Gebot der innerparteilichen Demokratie. An der
Willensbildung in der Partei können sich alle Mitglieder

beteiligen. An der Willensbildung der Fraktion hingegen nur die Abgeordneten und die Mitarbeiterschaft.

Damit die Richtlinienkompetenz tatsächlich bei der Partei liegt, muss sich neben formalen Regelungen noch etwas ändern – und zwar die innere Einstellung und Haltung des Führungspersonals. Auch die besten Redner und Rednerinnen müssen sich auf Prozesse kollektiver Willensbildung, auf das gemeinsame Entwickeln von Ideen und Argumenten einlassen. Teamgeist statt Egomanentum – diese Formel bringt auf den Punkt, welche neue innere Einstellung gebraucht wird.

Wer Sorge hat, dass ein solches Herangehen zu Lasten der Qualität geht, dem sei der Aufsatz »Über die allmähliche Verfestigung der Gedanken beim Reden« von Heinrich von Kleist aus dem Jahre 1805 empfohlen. Schon zu Beginn des 19. Jahrhunderts wusste Kleist, dass Interaktion mit anderen zu erfahren hilft, was man womöglich durch stundenlanges Brüten nicht herauszufinden vermochte. Dieser Erkenntnis sollten wir uns zu Beginn des 21. Jahrhunderts nicht verschließen.

Ebenso interessant für die neue Linke dürften die Schlussfolgerungen sein, die die italienische Kommunistin Rossana Rossanda aus der linken Geschichte des 20. Jahrhunderts zieht. Im Dezember 2007 stellt Rossana Rossanda in Berlin ihre Autobiographie »Die Tochter des 20. Jahrhunderts« vor. Ich frage sie, was sie als Chronistin der linken Geschichte des 20. Jahrhunderts der Linken im 21. Jahrhundert mit auf dem Weg geben würde. Die Antwort der 83-Jährigen erfolgt prompt: Die Autoritätsgläubigkeit sei eine Sache der Rechten und entspräche nicht dem Grundgedanken der Linken. Deswegen lautet ihre zentrale Botschaft: »No leaderismo.« Keinen Kult um Führungspersonen, keine Herrscherallüren.

7. Eine Linke mit Lebenslust

»Tanzen gehört unbedingt auf die Liste der Vergnügun-gen«,[11] schrieb die Kommunistin und Schauspielerin Käthe Reichel in einem ihrer »Windbriefe« an Bertolt Brecht. Diese Briefe nannte sie so, weil sie sie nach dem Tod von Brecht verfasste. Eine Woche vor der Parteineugründung wurde ich auf dem Camp der Gipfelproteste über Umwege an diesen Ausspruch erinnert. »If I cannot dance – it is not my revolution.« Wenn ich dabei nicht tanzen kann, ist es nicht meine Revolution, stand in großen Lettern auf einem Transparent.

Ja, die neue LINKE kann sich von diesem Bekenntnis zu einem guten Leben und zur Lebenslust eine Scheibe ab-schneiden. Für mich war und ist Politik ein fester Bestand-teil des guten Lebens, und ich sitze gern auch einmal 14 Stunden am Tag im Büro, in Sitzungen oder auf öffent-lichen Podien. Aber was mich innerhalb der LINKEN ge-legentlich zur Weißglut treibt, ist eine zur Schau getragene Arbeitswut und eine moralinsaure Unfähigkeit, politische Ereignisse so auszugestalten, dass auch die Sinne auf ihre Kosten kommen.

Die Geschichte der Linken ist voll von Menschen, die die Lebenslust für vermeintlich höhere Ziele geopfert ha-ben. Der russische linksliberale Autor Nikolaj Tscherny-schevskij setzte jenen Asketen schon in seinem Mitte des 19. Jahrhunderts verfassten Schlüsselroman »Was tun?« mit der Figur Rachmetov ein literarisches Denkmal. Dieses Denkmal sei den historischen Revolutionsasketen gegönnt. Die neuen LINKEN sollten jedoch endlich die Versöhnung von politischem Engagement und Lebenslust anstreben. Auf dass in der Politik die Lust größer sei als die Last. Dreh- und Angelpunkt linker Politik ist das Streben nach einem besseren Leben für alle. Schließlich haben wir nur ein Leben und das sollten wir uns weigern aufzugeben.

Die neue LINKE hat in der Phase ihrer Entstehung einige Klippen umschifft. Allen Unkenrufen zum Trotz hat sie die Parteienlandschaft verändert. Sie hat traditionsreiche wichtige Werte wie Gerechtigkeit und Solidarität wieder in den Mittelpunkt öffentlicher Debatten gerückt. Was nun ansteht, ist eine NeuBEgründung linker Politik. Die LINKE hat in ihrer noch kurzen Geschichte viel bewirkt. Wie viel mehr könnte erst eine neuBEgründete Linke bewirken: Eine Linke ohne Basta-Sprüche, aber voller Lebenslust und gelebter Demokratie. Eine Linke, die sich vom Philisterzopf des Patriarchats und von Wachstumswahn verabschiedet. Eine Linke, die den unproduktiven Streit um Revolution oder Reform durch eine transformatorische Perspektive auflöst, die Nah- und Fernziele verbindet. Eine Linke, die gleichermaßen für soziale Rechte wie Freiheitsrechte kämpft, für die Sicherheit und Selbstbestimmung zusammengehören. Eine Linke, die an den besten linken Traditionen, wie dem Streiten für Gerechtigkeit weltweit, anknüpft und in der globalisierungskritischen Bewegung von heute mitwirkt – das wäre doch was!

XII. Die Wiederentdeckung der Langsamkeit – Demokratie braucht Zeit

Ökonomie der Zeit, darin löst sich schließlich alle Ökonomie auf.[1]
(*Karl Marx:* Grundrisse der Kritik der
politischen Ökonomie)

Volksplage Stress

Wer kennt sie nicht – die grauen Herren aus Michael Endes »Momo«, dem Märchen für Groß und Klein. Jedem und jeder reden sie auf die eine oder andere Art ein, durchs Leben zu hetzen – alles mit dem Ziel, Zeit zu sparen. So wird aus einer einst gemütlichen Dorfkneipe ein stark frequentiertes Fast-Food-Restaurant. Und eine gesellige Gemeinschaft zerfällt in gestresste und gehetzte Einzelpersonen. Stress und Hektik sind allgegenwärtig. Aber niemand kommt in den Genuss der angeblich eingesparten Zeit. Ja, die grauen Herren haben ganze Arbeit geleistet – nicht nur in Momos Welt.

Auch wir beladen unsere Tage mit einer wachsenden Zahl von Terminen, als ob irgendwo ein Geschwindigkeitswettbewerb ausgebrochen ist, an dem alle teilnehmen. Doch dieser Wettbewerb kennt keine Gewinner, keine Medaillen, nur Verlierer – zu den größten gehören die Gesundheit und das Wohlbefinden. Damit nicht genug. Wer einfach nur die Pausen zwischen den einzelnen Tätigkeiten durch effektives Zeitmanagement verringert, gilt schon als *old-school*, also als altmodisch. Multitasking, gemeint ist die simultane

Erledigung verschiedener Tätigkeiten, heißt das Gebot der Stunde bzw. der Minute. Geruhsamkeit war gestern. Auch vor dem Tod macht die Beschleunigung nicht halt. Ein findiger Unternehmer hat ein modernes Grabkammersystem entwickelt, welches den Verwesungsprozess beschleunigt und damit die »Ruhezeit« auf zehn Jahre senkt – effektives Flächenmanagement eben.

Zeit ist Geld – und wer verschwendet das schon gerne. Also gilt es Zeit zu sparen, wo immer es geht. Infolgedessen hetzen wir durch unsere immer schneller werdende Welt. Dabei werden wir trotzdem das Gefühl nicht los, nicht mithalten zu können. Um mit diesem leisen Verdacht klarzukommen, schalten wir einfach noch einen Gang höher. Doch die Taktik, Stress mit mehr Stress zu bekämpfen, ist zum Scheitern verurteilt. Alkoholismus lässt sich auch nicht mit noch mehr Alkohol bekämpfen. Einerseits wird alles schneller. Mikrowellen erwärmen Speisen in Sekundenschnelle. Wäsche wird sofort im Trockner getrocknet, anstatt mehrere Stunden an der frischen Luft zu hängen, Fahrzeuge rasen die Straßen entlang. Wir erledigen alles immer zügiger. Und trotzdem haben wir immer weniger Zeit.

Doch es gibt auch eine Gegenbewegung: Seit mehreren Jahren melden sich unter der Überschrift Entschleunigung kritische Stimmen zu Wort. Für den Sozialwissenschaftler Fritz Reheis, aus dessen Feder die Bibel des Entschleunigungs-Diskurses stammt,[2] ist dieser Diskurs vor allem Grundlage einer besonders geruhsamen Kapitalismuskritik. Berühmte Schriftsteller wie Milan Kundera in »Die Langsamkeit«, Noëlle Châtelet in »Die Dame in Blau« sowie Sten Nadolny in »Die Entdeckung der Langsamkeit« feiern in literarischen Werken die Wonnen der Langsamkeit. Der Philosoph André Gorz mahnte schon in den 1990er Jahren an, dass der »Kampf um gesellschaftliche und individuelle Aneignung der freigesetzten Zeit eines der wichtigsten

Konfliktthemen der postindustriellen Gesellschaften« sei.[3] All diese unterschiedlichen Stimmen machen eines deutlich: Der Drang zur Beschleunigung trägt unerfreuliche Früchte. Der temporäre Verdichtungszwang ist Gift für unsere Gesundheit, unsere Umwelt und inzwischen auch für unsere Demokratie.

Dies war nicht immer so. Es gab eine Zeit, da ging der gesellschaftliche Wandel Hand in Hand mit der Etablierung demokratischer Prozesse. Gesellschaftliche Beschleunigung wirkte als ein Mittel, um mit Traditionen und Bräuchen zu brechen, die der Selbstbestimmung im Wege standen. Denn »erst wenn die Effekte gesellschaftlichen Wandels innerhalb dreier gleichzeitig zusammenlebender Generationen bemerkbar werden, kann sich die Idee der politischen Gestaltbarkeit von Gesellschaft etablieren.«[4] In einer Zeit, in der Legitimation nur über Erbfolge herzustellen war, galt Demokratie als Inbegriff der gesellschaftlichen Beschleunigung. Schließlich ermöglichte die demokratische Form der Legitimation einen schnelleren Wechsel von Regierungen. Lange Zeit wirkten deswegen die progressiven Kräfte auf gesellschaftliche Beschleunigung hin, während konservative Kräfte so viel Vergangenheit wie möglich in die Zukunft hinüberretten wollten.

Inzwischen hat die gesellschaftliche Beschleunigung allerdings ein Ausmaß angenommen, das für die Demokratie zum Problem wird. Erreicht der gesellschaftliche Wandel ein bestimmtes Tempo, überfordert er die demokratische Willensbildung. Jede Entscheidungsfindung jenseits von Hinterzimmerzirkeln braucht Zeit, ebenso die Herstellung von Öffentlichkeit und Transparenz. Die Organisation von kollektiven Interessen erfordert ebenfalls Zeit. Und je differenzierter eine Gesellschaft wird, umso mehr Zeit ist dafür notwendig. Ein demokratisches Gemeinwesen funktioniert nun einmal anders als ein Ferrari. Insofern schreibt Hartmut Rosa in seinem Beitrag über die zeitliche Überforderung der Demokratie ganz zu Recht: »Der Demokrat steht auf der Bremse.«[5] Demokratie braucht, soll sie mehr als reine Makulatur sein, ausreichend Zeit. In einer Turbo-Demokratie stehen die Weichen Richtung Crashkurs.

Demonstrative Überarbeitung

Doch ausgerechnet Politikern und Politikerinnen fehlt es meist an einem wichtigen Gut: an Zeit. Davon kann auch ich ein Lied singen. Besonders deutlich wurde mir dies, als ich mir nach den Bundestagswahlen für die Sitzungswochen eine Zweitwohnung in Berlin suchen musste. Nachdem eine solche gefunden war, reiste ich mit Klappmatratze und Schlafsack im Gepäck zu Beginn der Sitzungswoche in Berlin an. Als ich mein Gepäck noch vor der ersten Sitzung in meiner Wohnung abstellte, fiel mir wieder ein, dass in den Zimmern noch keine Glühbirnen installiert waren – abgesehen vom Bad und der Dunstabzugshaube in der Küche. Macht nichts, dachte ich, dann holst du dir kurz vor Ladenschluss noch eine Stehlampe in einem Kaufhaus. Doch mein Einkauf in letzter Minute war zum Scheitern verurteilt. Das Kaufhaus führte Lampen mittlerweile nicht mehr. Nun hatte ich mir aber Unterlagen mit nach Hause genommen, die ich für die Ausschusssitzung am nächsten Morgen durcharbeiten musste. So kam es, dass ich diese Papiere nur stehend am Herd unter der Lampe des Dunstabzuges bzw. auf dem Badewannenrand sitzend studieren konnte.

Solche Geschichten über die – manchmal grotesken – Auswirkung von Zeitmangel werden bestimmt die meisten Abgeordneten beisteuern können. Viele meiner Kolleginnen und Kollegen erklären diese Not zur Tugend. Keine

Zeit zu haben gehört geradezu zum Berufsethos. Zumindest kann ich mich dieses Eindrucks gelegentlich nicht verwehren. »Also, dafür habe ich ja keine Zeit«, bekomme ich gelegentlich zu hören, wenn ich von einem besonders ansprechenden Theaterstück erzähle. Auch ich ertappe mich manchmal dabei, wie ich in das Verhaltensmuster zur Schau getragener Überarbeitung verfalle. Als Gegenmittel hilft mir dann, in Wladimir Kaminers Buch »Mein Leben im Schrebergarten« nachzuschlagen. Da heißt es treffend:

»Ich bin dagegen der Meinung, dass der Faule manchmal mehr erkennt, während der Fleißige in seinem ständigen Tun bloß untergräbt. [...] In Deutschland steht Fleiß ganz oben in den Top Ten der Tugenden. Deswegen sind viele Deutsche dauerhaft schlecht gelaunt. Sie sagen, der frühe Vogel fängt den Wurm, und schimpfen ständig über die Menschen, die gerne länger schlafen. Die Chinesen meinen dazu: Nur der Vogel, der vorne fliegt, wird abgeschossen. Darüber sollten die deutschen Streber einmal nachdenken.«[6]

Manche zur Schau getragene Zeitknappheit kann man also getrost unter der Kategorie »Topos der affektierten Überarbeitung« abbuchen. Doch davon abgesehen, gibt es in dieser Gesellschaft einen Druck zur Beschleunigung, dem man sich kaum entziehen kann.

Solange es um besonders abgefahrene Formen der Beschleunigung, wie beispielsweise Drive-Thru-Funerals, also Beerdigungen im Durchfahrts-Stil, geht, ist die Verweigerung der Beschleunigung noch recht einfach.

Doch selbst die Entschleunigungs-Bewussten unter uns können nicht immer den Versuchungen von Fast Food in Form von Pommes Frites widerstehen. Wer in einer Fernbeziehung lebt und am Freitag nach Hause pendeln muss, der zieht den ICE natürlich dem Bummelzug vor. Jeder Verzögerungsgenuss kennt seine Grenzen. Und wer verzichtet schon freiwillig auf einen DSL-Anschluss zugunsten eines

ISDN-Anschlusses, dem Entschleuniger unter den Internet-
anschlüssen?

Als Hobbyfotografin und Anhängerin der Entschleunigung initiierte ich vor einigen Jahren eine Fotoausstellung,
die als fotografischer Beitrag zum selbigen Thema geplant
war. Keine Ausstellung ohne Eröffnungsfeier. Also entwarf
ich ein Programm, bestellte Getränke und lud viele Leute
ein – der Effizienz halber per E-Mail. Prompt kam die au-
genzwinkernde Replik eines guten Freundes: »Ich komme
gern – auch wenn du dem Thema gemäß eigentlich nicht
per Mail, sondern geruhsam per Post hättest einladen müssen.«

Die Ambivalenz der eigenen Praxis belegt nur, dass der
gesellschaftliche Wandel die Menschen zwingt, ihr eigenes
Lebenstempo zu erhöhen. Gerade deshalb muss unsere Gesellschaft entschleunigt werden. Es ist also an der Zeit, den
Entschleunigungs-Diskurs aufzugreifen und ernst zu nehmen. In aller Ruhe, aber mit allem Nachdruck – im Sinne
unserer Gesundheit, unserer Demokratie und nicht zuletzt
im Sinne des Lebensgenusses.

Runter vom Gas – raus aus dem Hamsterrad

Bei der Suche nach Wegen raus aus dem Hamsterrad zeigen sich schon einige mögliche Ansatzpunkte. Die bereits
bestehenden Initiativen sind von faszinierender Vielfalt.
Sie reichen von Initiativen für Slow Food, der gesunden
Alternative zum Fast Food, über Kampagnen zum Schutz
der Feiertage bzw. Ladenöffnungszeiten bis hin zu Arbeitsgruppen von attac, die sich kritisch mit den Finanzmärkten auseinandersetzen, auf denen das Geld virtuell immer
schneller zirkuliert. So unterschiedlich diese Gruppen kul-

turell sein mögen, so haben sie doch etwas gemeinsam: ihr Engagement für Entschleunigung. Sie können Wege aus der Beschleunigungsfalle weisen.

1. Nimm dir dein Leben – Plädoyer für Arbeitszeitverkürzung

Der Traum vom kürzeren Arbeitstag beschäftigt schon lange die Gemüter. So umfasst in Thomas Morus' aus dem 16. Jahrhundert stammendem Werk »Utopia« der Arbeitstag sechs Stunden, und in dem Anfang des 17. Jahrhunderts verfassten »Sonnenstaat« von Tommaso Campanella herrscht sogar – ebenso wie in dem in den 1970er Jahren entstandenen »Ökotopia« von Ernest Callenbach – der Vierstundentag vor. Doch der reale Trend zu Beginn der 21. Jahrhunderts sieht anders aus. Die allgemeine Wochenarbeitszeit steigt, Überstunden stehen auf der Tagesordnung. Nicht wenige Menschen nehmen einen Zweitjob an, da sie sonst nicht genug Geld zum Leben haben. Und die allgemeine Lebensarbeitszeit wurde gerade bis zum 67. Lebensjahr verlängert.

Wer sich in solchen Zeiten für eine Reduzierung der Arbeitszeit einsetzt, muss wissen, wofür er kämpft, um nicht unterwegs den Mut zu verlieren. Eine treffliche Motivationsquelle für die Auseinandersetzung um Arbeitszeit liefert die Idee von einer »Politik der befreiten Zeit« von André Gorz. Diese Politik soll dazu »einladen, sich ein anderes Leben vorzustellen, wo weniger arbeiten gleichbedeutend wird mit neu leben und anders arbeiten.«[7] Beim Kampf um Arbeitszeitverkürzung geht es also um nichts Geringeres als um Zeit für das eigene Leben, für Familie, Freunde, für sich selbst, für puren Lebensgenuss, und nicht zuletzt für politische Teilhabe. Es geht um die Wiederaneignung der eigenen Lebenszeit – kurz um Zeitsouveränität.

Für jene, die auf betriebswirtschaftliche Rechnungen Wert legen, dürfte von Interesse sein, dass kürzere Arbeitszeiten die Produktivität erhöhen. Zu diesem Fazit gelangt jedenfalls der Arbeitsmarktexperte Hartmut Seifert vom Wirtschafts- und Sozialwissenschaftlichen Institut der Hans-Böckler-Stiftung. Mit Bezug auf die Daten der europäischen Statistikbehörde resümiert Seifert: In den Ländern, in denen Vollzeitbeschäftigte relativ kurze Arbeitszeiten haben bzw. viele in Teilzeit arbeiten wie in Belgien und Frankreich ist die Stundenproduktivität überdurchschnittlich hoch.[8] Im Grund kann es jeder an sich selbst beobachten: Nach einem langen Arbeitstag sieht es nicht gerade gut aus um die Konzentrationsfähigkeit. Im Umkehrschluss heißt das: Fällt die Arbeitszeit kürzer aus, sind Konzentration und Leistungsfähigkeit höher, davon wiederum profitiert die Produktivität. Weniger Fehler bzw. Unfälle sind die positive Folge.

Kürzere Arbeitszeiten erhöhen nicht nur die Sicherheit am Arbeitsplatz, sondern verbessern auch die Vereinbarkeit von Beruf und Familie. Dies bestätigt eine Untersuchung der Hans-Böckler-Stiftung unter 2000 Beschäftigten zur Familienfreundlichkeit von Betrieben. In einem Punkt waren sich die Befragten überwiegend einig: Kürzere Arbeitszeiten, die zudem verlässlich planbar sind, standen ganz oben auf der Wunschliste für familienfreundliche Unternehmen. Die durchschnittlich angegebene Wunscharbeitszeit lag bei rund 30 Stunden die Woche.[9]

Es gibt also gute Gründe für eine Arbeitszeitverkürzung. Stellt sich nur die Frage, wie sie erreicht werden kann. Der klassische Weg zu kürzeren Arbeitszeiten besteht in kollektiven Tarifverträgen, die kürzere Wochenarbeitszeiten vorsehen. Hier gilt es allerdings, auf zwei Stolperfallen gefasst zu sein. Zum einen muss gerade im Bereich geringer Löhne darauf geachtet werden, dass die Arbeitszeitverkürzung nicht dazu führt, dass man mit seinem Lohn nicht mehr über die Runden kommt. Ein Zweitjob aus Geldmangel ist wahrlich nicht im Sinne der »befreiten Zeit«. Insofern ist die Frage nach Arbeitszeitverkürzung eng mit der Frage nach Lohnausgleich verbunden. Die zweite Stolperfalle hängt mit der Arbeitsorganisation zusammen – Stichwort Arbeitsverdichtung. Womöglich wird die Arbeitszeit gesenkt, aber das zu erledigende Arbeitspensum bleibt konstant oder wird sogar noch erhöht. Den Beschäftigten bleibt dann meist nur die Wahl zwischen unbezahlten Überstunden oder einer extremen Intensivierung bzw. Verdichtung ihrer Arbeit. Doch was nützt ein früherer Feierabend, wenn man am Ende des Arbeitstages so ausgelaugt ist, dass man die scheinbar gewonnenen Stunden ausschließlich dazu braucht, um wieder zu sich zu kommen?

Die Aushandlung der Tarifverträge ist und bleibt Angelegenheit der TarifpartnerInnen, also der Vertretung der Beschäftigten und der Unternehmen. Das heißt allerdings nicht, dass die Politik in punkto Arbeitszeitverkürzung gar nichts tun kann. Der Gesetzgeber kann die maximal zulässige Höchstarbeitszeit festlegen. Es liegt also in den Händen des Bundestags, die maximale Wochenarbeitszeit zu begrenzen. Ferner bietet es sich an, sich gründlicher mit dem Problem Überstunden zu beschäftigen. Unternehmen könnten zu Neueinstellungen verpflichtet werden, wenn die Überstundenzahl in ihrem Betrieb konstant hoch ausfällt.

Neben der kollektiven Form der Arbeitszeitreduzierung durch tariflich geregelte Wochenarbeitszeiten gibt es weitere Formen der Arbeitszeitverkürzung: Für Menschen, die überwiegend in Projekten bzw. in der Wissenschaft arbeiten, bieten das Sabbatjahr oder kürzere Auszeiten für Weiterbildung eine geeignete Form der Zeitsouveränität. Als Sabbatjahr bezeichnet man ein Jahr, in dem man eine Auszeit von der Arbeit nimmt, sich persönlich weiterbildet, der Muße nachgeht, sich neuen Gedanken öffnen kann und trotzdem einen Großteil seines Gehaltes weiter gezahlt bekommt. Als ich einer Freundin davon erzählte, war sie zunächst geschockt: »Ja, können wir uns das denn leisten, Leuten einfach so eine Auszeit zu bezahlen?« Gegenfrage: Können wir es uns leisten, dass die Zahl der Menschen mit Burn-out-Syndrom zunimmt? Manchmal ist solch eine Auszeit nicht nur das beste Mittel gegen das Gefühl, dauerhaft ausgebrannt zu sein, sondern auch eine hervorragende Quelle von Inspirationen. Und davon profitieren sowohl der Einzelne als auch die Gesellschaft.

2. Zeit für Beteiligung

Erinnern wir uns an die Ausführungen im ersten Kapitel zum ausgetricksten Parlament. Durch gekonnte Ausnutzung der Geschäftsordnung verhinderte die Koalition, dass Zeit für öffentliche Debatten zu grundlegenden Gesetzesänderungen blieb. Ein solches Vorgehen behindert nicht nur die Opposition, sondern auch die demokratische Öffentlichkeit. Schließlich sollten Entscheidungen, die das Leben vieler Menschen beeinflussen, gründlich in der Öffentlichkeit diskutiert werden. Abgeordnete müssen die Chance haben, geplante Veränderungen in ihren Wahlkreisen mit Betroffenen zu diskutieren. Zum einen können so die Kompetenz und das Alltagswissen derjenigen, die die Suppe auch auslöffeln müssen, in die Willensbildung der Abgeordneten einfließen. Zum anderen schafft ein solches Verfahren Transparenz und Öffentlichkeit, wovon eine Demokratie nie genug haben kann.

Das Führen öffentlicher Debatten wird gern als »Zerreden« von Problemen denunziert. Real sind sie jedoch vor allem eines: ein Zugewinn an Kompetenz. Dies haben inzwischen sogar Politiker erkannt, die nicht im Verdacht stehen, besonders offen für links-alternative Ansichten zu sein. So schrieb der Bundesinnenminister Wolfgang Schäuble im September 2007 an den Bundestagspräsidenten Norbert Lammert einen Brief, in dem er darum bat, die kommunalen Spitzenverbände stärker in Entscheidungen einzubeziehen. Interessant für unsere Überlegungen ist dabei seine Begründung:

»Aus eigener Erfahrung weiß ich, dass nicht immer allen an einem Gesetzesverfahren Beteiligten bei aller Sorgfalt bewusst ist, welche Wirkungen Regelungen entfalten, insbesondere dann, wenn einem die praktische Umsetzung im Detail nicht vertraut ist.«

Diese Argumentation spricht für sich. Sie trifft übrigens nicht nur auf die Belange der Kommunen zu, sondern gleichfalls auf die Situation von Erwerbslosen. Wir halten also fest, öffentliche Debatten, die Betroffenen die Möglichkeit geben, ihre Kritiken und Alternativen ins Gespräch zu bringen, befördern die Qualität von Entscheidungen. Diese Beteiligung setzt eines voraus: Zeit. Grundlegende Gesetzesänderungen mittels Änderungsanträgen in Nacht- und Nebelaktionen, wie im ersten Kapitel beschrieben, durchzubringen, ist damit nicht vereinbar.

Zeit für Beteiligung heißt darüber hinaus, bei grundlegenden Entscheidungen in diesem Land sich nicht davor zu scheuen, die Bürger und Bürgerinnen zu beteiligen. Diese Beteiligung kann in Form einer Planungszelle auf kommunaler Ebene oder auf Bundesebene in Form eines Volksentscheides, der endlich in diesem Land eingeführt werden sollte, erfolgen. Beim Entschleunigungs-Papst Fritz Reheis heißt es zum Zusammenhang von Demokratie und Zeit treffend: »Demokratien brauchen [...] Orte des Innehaltens, gemeinsame Zeitinseln für die Bürger und Bürgerinnen, wenn sie nicht zur Makulatur der ökonomischen ›Sach‹-Zwänge werden sollen.«[10] Sand ins Getriebe des Hamsterrades zu streuen, ist demnach keine Sabotage, sondern eine die Demokratie befördernde Maßnahme. Was beim Hockenheim-Ring gelten mag, gilt nicht für die Demokratie. Beim Ersteren gewinnt, wer am schnellsten rast, während der Demokratie weniger Geschwindigkeit nur allzu gut täte.

Zum Abschluss

Derzeit ist die Demokratie in unserem Land wahrlich nicht auf der Siegerinnenstrecke. Sie wird – dies dürfte an den in diesem Buch aufgeführten Beispielen deutlich geworden sein – in vielen Bereichen vernachlässigt und keinesfalls befördert.

Und dennoch, zu einem ehrlichen Porträt unserer Gesellschaft gehören zum Glück auch die vielen positiven Ansätze. Gemeint sind die vielfältigen zivilgesellschaftlichen Initiativen und engagierten Menschen, die – sei es bewusst oder unbewusst – als StaatsbürgerInnen im besten Sinne des Wortes wirken. Man denke nur an die Erwerbslosengruppe aus Jena, deren Mitglieder in kleinen Erzählungen ihre Erfahrungen mit der Erwerbslosigkeit und der Sozialbürokratie verarbeiten, an die in Köln ansässige Initiative LobbyControl, an die Dresdner Schülerin, die aller Politikverdrossenheit zum Trotz für ein SchülerInnenticket streitet, oder an die Bürgerinitiative in Leipzig, die mittels direkter Demokratie den Verkauf der Stadtwerke verhinderte. Auch von ihnen, von diesen Helden und Heldinnen des demokratischen Alltags, handelte dieses Buch. Nicht zuletzt sie sind es, die Mut machen auf einen radikaldemokratischen Aufbruch. Mögliche Schritte für diesen Aufbruch habe ich in diesem Buch formuliert. Diese Vorschläge für Wege aus der Falle der Entdemokratisierung erheben natürlich keinen Anspruch auf Vollständigkeit. Wichtig ist mir, einen Aufbruch und gesellschaftliche Veränderungen denkbar zu machen. Ein solches Vorhaben bedarf sowohl einer langfristigen Perspektive als auch kurzfristiger, kleinteiliger Ziele. Insofern setzt sich dieses Buch sowohl mit weiterreichenden Modellen wie der Wirtschaftsdemokratie als auch mit konkreten kleinen Schritten auseinander, etwa der Idee, Erwerbslosen Volkshochschulkurse auf freiwilliger Basis anzubieten, anstatt sie zu Assessment-Kursen zu verpflichten.

Kann denn irgendetwas davon Realität werden? Diese Frage bekomme ich in schöner Regelmäßigkeit gestellt. Schaut man, wohin sich diese Gesellschaft im Großen und Ganzen gerade entwickelt, mögen die von mir vorgeschlagenen Alternativen allesamt unrealistisch wirken. Ganz gleich übrigens, ob es sich dabei um die weitreichende Idee des bedingungslosen Grundeinkommens oder um so kleine Lösungen wie das Recht auf einen Schulstreik handelt. Und doch irrt, wer die Vogelstraußlösung wählt. In meinem noch nicht allzu langen Leben habe ich schon zwei Mal erlebt, wie das scheinbar Unmögliche in kurzer Zeit Realität wurde. Ich war gerade elf Jahre alt, als die Wende begann. Wie viele hätten wohl 1987 der Weissagung geglaubt, dass es in zwei Jahren keine Mauer mehr geben würde? Das war der erste gesellschaftliche Umbruch, den ich miterlebte.

Der zweite war nicht ganz so fundamental, dafür konnte ich ihn aktiv mitgestalten. Als ich 2003 zum ersten Mal für die PDS als stellvertretende Bundesvorsitzende kandidierte, bekam ich immer wieder zu hören: »Warum tun Sie sich das an? Bei dieser Partei können Sie doch maximal als Nachlassverwalterin wirken.« Nur zur Erinnerung: Die PDS war 2002 aus dem Bundestag geflogen. Die jahrelangen Bemühungen, im Westen Fuß zu fassen, hatten zumindest bei Wahlen zu keinen nennenswerten Ergebnissen geführt. Das Personal war so zerstritten, dass ein Sonderparteitag einberufen werden musste. Die Medien ignorierten uns, und selbst die sozialen Bewegungen machten sich kaum noch die Mühe, die PDS zu kritisieren, so belanglos erschien sie. Damals konnte ich den nervenden Fragen nur die trotzige Gewissheit entgegensetzen, dass es eine Partei links von der Sozialdemokratie braucht. Nur zwei Jahre später hatte sich die Situation komplett geändert. Freilich, so etwas passiert nicht alle Tage. Aber was wäre die Geschichte ohne Frauen und Männer, die angesichts geradezu bleierner Verhältnisse nicht den Mut aufbringen, immer wieder auf Veränderungen hinzuwirken? Und was wäre unser Alltag ohne die Spielräume dafür, Dinge anders anzugehen? Ein radikaldemokratischer Aufbruch wird nur möglich, wenn wir diese Spielräume wiederentdecken und politisch nutzen. Und wenn wir dabei den Mut aufbringen, die großen Fragen zu stellen. Die Gesellschaft ist von Menschen gemacht und von Menschen veränderbar. Also wagen wir nicht nur Hoffnung, sondern gleichfalls Veränderung!

Literaturverzeichnis

Bücher/ Buchbeiträge

Sascha Adamek, Kim Otto: *Der gekaufte Staat – Wie Konzernvertreter in deutschen Ministerien sich ihre Gesetze selber schreiben.* Köln 2008. Kiepenheuer & Witsch

Theodor W. Adorno: *Erziehung zu Mündigkeit – Vorträge und Gespräche mit Hellmut Becker 1959–1969.* Hg. v. Gerd Kadelbach. Frankfurt am Main 1963. Suhrkamp Verlag

Hannah Arendt: *Vita activa oder Vom tätigen Leben.* München 1981. Piper Verlag

Hannah Arendt: *Macht und Gewalt.* München, Zürich. 1. Auflage 1970. 17. Auflage 2006. Piper Verlag

Simone de Beauvoir: *Das andere Geschlecht – Sitte und Sexus der Frau.* Reinbek bei Hamburg. 1. Auflage 1951. 9. Auflage 2008. Rowohlt Verlag

Ulrich Beck im Gespräch mit Jakob Schrenk. In: *Und jetzt? – Politik, Protest und Propaganda.* Hg. v. Heinrich Geiselberger. Frankfurt am Main 2007. Suhrkamp Verlag

Ronald Blaschke: *Oikos und Grundeinkommen – Ansprüche an Transformation und Emanzipation.* In: *Klimawandel und Grundeinkommen – Die nicht zufällige Gleichzeitigkeit beider Themen und ein sozialökologisches Experiment.* Hg. v. Maik Hosang. Gauting 2008. Verlag Andreas Mascha

Heinz-J. Bontrup, Julia Müller (Hg.): *Wirtschaftsdemokratie.* Hamburg 2006. VSA

Pierre Bourdieu: *Die feinen Unterschiede – Kritik der gesellschaftlichen Urteilskraft.* Frankfurt am Main 1987. Suhrkamp Verlag

331

Pierre Bourdieu: *Zur Aktualität eines Begriffes – Prekarität ist überall.* Auszug aus einem Vortrag 1997 in Grenoble. Abgedruckt in: Gegenfeuer. Konstanz 2004. UVK

Bertolt Brecht: *Mutter Courage und ihre Kinder – Courage Text.* Hg. v. Berliner Ensemble.

Luciano Canforra: *Eine kurze Geschichte der Demokratie.* Köln 2006. PapyRossa Verlag

Jacques Derrida: *Marx' Gespenster.* Frankfurt am Main 2004. Suhrkamp Verlag

Wolfgang Engler: *Bürger, ohne Arbeit – Für eine radikale Neugestaltung der Gesellschaft.* Berlin 2005. Aufbau-Verlag

Holm Friebe, Sascha Lobo: *Wir nennen es Arbeit – Die digitale Boheme oder Intelligentes Leben jenseits der Festanstellung.* München 2006. Heyne Verlag

Ute Fröhling: *Der heimliche Lehrplan – Medienberichterstattung über Gewalt gegen Frauen.* In: *Das Schwarzbuch zur Lage der Frauen – Eine Bestandsaufnahme.* Hg. v. Christine Ockrent. München, Zürich 2007. Pendo Verlag

Erich Fromm: *Psychologische Aspekte zur Frage eines garantierten Einkommens für alle.* In: Gesamtausgabe in zwölf Bänden. München 1999. Deutsche Verlags-Anstalt und Deutscher Taschenbuch Verlag. Band V

Gudrun Funk, Uwe Helmert, Wolfgang Hien, Ralph Joussen, Renate von Schilling, Rolf Spalek: *Ein neuer Anfang wars am Ende nicht – Zehn Jahre Vulkan-Pleite: Was ist aus den Menschen geworden.* Hamburg 2007. VSA

Heinrich Geiselberger (Hg.): *Und jetzt? – Politik, Protest und Propaganda.* Frankfurt am Main 2007. Suhrkamp Verlag

Andrè Gorz: *Arbeit zwischen Misere und Utopie.* Hg. v. Ulrich Beck. Frankfurt am Main 2000. Suhrkamp Verlag

Andrè Gorz: *Wissen, Wert und Kapital – Zur Kritik der Wissensökonomie.* Zürich 2004. Rotpunktverlag

Die Lohnarbeitsgesellschaft ist nicht zu retten – Ein Interview mit André Gorz. In: Martin Kempe: *Zukunftsarbeit – Wege aus der sozialen Krise.* Frankfurt am Main 1995. Büchergilde Gutenberg

Meredith Haaf, Susanne Klingner, Barbara Streidl (Hg.): *Wir Alphamädchen – Warum Feminismus das Leben schöner macht.* Hamburg 2008. Hoffmann und Campe Verlag

Michael Hardt, Antonio Negri: *Empire.* Harvard 2001. Harvard University Press

Michael Hartmann: *Der Mythos der Leistungseliten – Spitzenkarrieren und soziale Herkunft in Wirtschaft, Politik, Justiz und Wissenschaft.* Frankfurt am Main 2002. Campus Verlag

Frigga Haug: *Die Vier-in-einem-Perspektive – Politik von Frauen für eine neue Linke.* Hamburg 2008. Argument Verlag

Wolfgang Fritz Haug, Frigga Haug (Hg.): *Unterhaltungen über den Sozialismus nach seinem Verschwinden.* Berlin 2002. Berliner Institut für Kritische Theorie

Jakob Hein: *Herr Jensen steigt aus.* München 2006. Piper Verlag

Jana Hensel, Elisabeth Raether: *Neue deutsche Mädchen.* Reinbek bei Hamburg 2008. Rowohlt Verlag

Boris Holzer: *Politik im Supermarkt.* In: *Und jetzt? – Politik, Protest und Propaganda.* Hg. v. Heinrich Geiselberger. Frankfurt am Main 2007. Suhrkamp Verlag

Axel Honneth: *Logik der Emanzipation – Zum philosophischen Erbe des Marxismus.* In: *Wege ins Reich der Freiheit – André Gorz zum 65. Geburtstag.* Hg. v. Hans Leo Krämer und Claus Leggewie. Berlin 1989. Rotbuch Verlag

Kareen Jabre, Ségolène Samouiller: *Das allgemeine Wahlrecht und die politische Partizipation von Frauen.* In: *Das Schwarzbuch zur Lage der Frauen – Eine Bestands-*

aufnahme. Hg. v. Christine Ockrent. München, Zürich 2007. Pendo Verlag

Wladimir Kaminer: *Mein Leben im Schrebergarten.* München 2007. Wilhelm Goldmann Verlag. 7. Auflage

Alexandra Kollontaj: *Mein Leben in der Diplomatie.* Hg. v. Heinz Deutschland. Berlin 2003. Karl Dietz Verlag

Frederik Kunath: *Der Coca-Cola-Boykott in Indien.* In: *Und jetzt? – Politik, Protest und Propaganda.* Hg. v. Heinrich Geiselberger. Frankfurt am Main 2007. Suhrkamp Verlag

Karl Lauterbach: *Der Zweiklassenstaat – Wie die Privilegierten Deutschland ruinieren.* Berlin 2007. Rowohlt Verlag

Karl Marx: *Grundrisse der Kritik der politischen Ökonomie.* In: Marx und Engels Werke. Band 42. Berlin 1976. Karl Dietz Verlag

Donella Meadows, Dennis L. Meadows, Jorgen Randers: *Die neuen Grenzen des Wachstums.* München 1994. Deutsche Verlags-Anstalt. 7. unveränderte Auflage

Robert Misik: *Genial dagegen – Kritisches Denken von Marx bis Michael Moore.* Berlin 2006. Aufbau-Verlag

Chantal Mouffe: *Über das Politische – Wider die kosmopolitische Illusion.* Frankfurt am Main 2007. Suhrkamp Verlag

Paul Nolte: *Generation Reform – Jenseits der blockierten Republik.* München 2005. Verlag C. H. Beck

Iris Nowak: *Selbstbestimmung braucht öffentliche Güter – Linke feministische Perspektiven.* Berlin 2005. Karl Dietz Verlag

Michael Opielka: *Sozialpolitik – Grundlagen und vergleichende Perspektiven.* Reinbek bei Hamburg 2004. Rowohlt Verlag

Gudrun Pausewang: *Der Streik der Dienstmädchen.* Ravensburg 1979. Ravensburger Taschenbuchverlag

Fritz Reheis: *Entschleunigung – Abschied vom Turbo-*

kapitalismus. München 2003. Riemann Verlag. 2. Auflage

Käthe Reichel: *Windbriefe an den Herrn b. b.* Leipzig 2006. Faber & Faber Verlag

Rossana Rossanda: *Die Tochter des 20. Jahrhunderts.* Frankfurt am Main 2007. Suhrkamp Verlag

Sarah Schilliger: *Unsichtbare Billigarbeitskräfte ohne Rechte – Immigrierte Hausarbeiterinnen in Deutschland und in der Schweiz.* In: *Das Schwarzbuch zur Lage der Frauen – Eine Bestandsaufnahme.* Hg. v. Christine Ockrent. München, Zürich 2007. Pendo Verlag

Sandrine Treiner: *Vergewaltigungen weltweit.* In: *Das Schwarzbuch zur Lage der Frauen – Eine Bestandsaufnahme.* Hg. v. Christine Ockrent. München, Zürich 2007. Pendo Verlag

Hans Uske: *Das Fest der Faulenzer – Die öffentliche Entsorgung der Arbeitslosigkeit.* Duisburg 1995. Diss Verlag

Susanne Vieser: *Schlechter Lohn für wichtige Arbeit.* In: *Schwarzbuch zur Lage der Frauen – Eine Bestandsaufnahme.* Hg. v. Christine Ockrent. München, Zürich 2007. Pendo Verlag

Stefan Wogawa: *Die Akte Ramelow.* Berlin 2007. Karl Dietz Verlag

Christa Wolf: *Was bleibt.* Berlin 1990. Luchterhand Literaturverlag

Juli Zeh: *Alles auf den Rasen – Kein Roman.* Frankfurt am Main 2008. btb-Verlag

Joachim Zelter: *Schule der Arbeitslosen.* Tübingen 2006. Klöpfer und Meyer Verlag

Artikel, Vorträge

Wolfgang Abendroth: *Was ist heute links in der Bundesrepublik?* Abgedruckt in: Sozialismus 5/2006. S. 54

Ronald Blaschke: *Bedingungsloses Grundeinkommen versus Grundsicherung.* In: Standpunkte 15/2008, Hg. Rosa-Luxemburg-Stiftung

Julia Bonk: *Hauptschule abschaffen.* Unter: http://juliabonk.de/de/hauptschule_abschaffen.html.

Birgit von Criegern: *Grassierende »Testeritis« – Pädagogen kritisieren Einfluss von Bertelsmann bereits an Grundschulen.* In: Neues Deutschland vom 26. Oktober 2007. S. 12

Alex Demirovič: *Hochschulen zwischen Staat und Markt?* In: Das Argument – Zeitschrift für Philosophie und Sozialwissenschaften. Heft 4/2007. S. 531–545

Powerpointpräsentation v. Dagmar Embshoff u. Sven Giegold: *Solidarische Ökonomie im Zeitalter des globalisierten Kapitalismus.* Unter: www.bewegungsakademie.de

Erhard Eppler: *Staat vor privat.* In: Financial Times vom 17. September 2007

Ina Freudenschuß: *Kein 1. Klasse Ticket auf der Titanic.* Unter: http://dieStandard.at vom 18. Oktober 2007

Günter Grass: *Werdet laut und deutlich! – Fünf Merkzettel für die SPD-Bundestagsfraktion.* In: Die Zeit vom 17. Januar 2008. S. 41

Siggi Graumann, Peter Grottian, Wilhelm Fese und Reinhard Schult: *Chronologie der Affäre um die Bespitzelung des Berliner Sozialforums (BSF) durch den Verfassungsschutz.* Unter: www.sozialforum-berlin.de

Steffen Hebestreit: *Opposition fühlt sich geleimt.* In: Frankfurter Rundschau vom 28. November 2007

Rudolf Hickel: *Keynes ist tot – Es lebe die keynessche Theorie. Zum sechzigsten Todestag von John Maynard Keynes.* 2006. S. 5. Unter: www.praxisphilosophie.de/m0806_keynes.pdf

Rahel Jaeggi: *Die Zeit der universellen Käuflichkeit – Vermarktlichung als Problem.* In: POLAR. Heft 2, Frühjahr 2007. S. 145 ff.

Uwe Kalbe: *Kunden zahlen für Überwachung selbst*. In: Neues Deutschland vom 8. November 2007

Klaus Georg Koch: *Das soll links sein?* In: Berliner Zeitung vom 28. November 2007

Jan Korte: Aktuelles Argument zur Online-Durchsuchung. Unter: www.jankorte.de/category/publikationen

Martin Kröger: *Mehr rechte Brutalität auf der Straße*. In: Neues Deutschland vom 8. Februar 2008. S. 1

Kerstin Kullmann: *Abgefärbt*. In: *Neon*. Juli 2007. S. 30 ff.

Ingrid Kurz-Scherf: *Gravierende Fehleinschätzung*. In: die tageszeitung vom 14. März 2008

Antje Lang-Lendorff: *Überweisung in den reichen Westen*. In: die tageszeitung (Berliner Ausgabe) vom 30. November 2007. S. 23

Caren Lay: *Abschied vom Ernährermodell – Überlegungen zur Familien-, Sozial- und Arbeitspolitik der Neuen Linken*. In: Utopie kreativ Nr. 193, November 2006. S. 1013 ff.

Sebastian Leber: *Es ist anstrengend keinen Job zu haben*. In: Der Tagesspiegel vom 18. Januar 2006

Anna Lehmann: *Die Stunde der Ja-Sager*. In: die tageszeitung vom 1. Februar 2007. S. 6

Oskar Negt: *Gewerkschaften – wohin?*. In: HLZ Heft 10–11/2007. S. 3

Alexander Neubacher: *Herkunft schlägt Leistung*. In: Der Spiegel vom 17. September 2007. S. 108

Stefan Otto: *»Wir denken an Dich«*. In: Neues Deutschland vom 15. Juli 2008. S. 3

Heribert Prantl: *129a: Ein kleines »a« zu viel*. In: Süddeutsche Zeitung vom 30. November 2007

Annette Ramelsberger: *Erkundungen in Ostdeutschland*. In: Aus Politik und Zeitgeschichte Nr. 42/2005 vom 17. Oktober 2005. S. 4-8

Cristiane Reymann: *Frauen und das Große Ganze – Ein*

neuer Geschlechtervertrag als Zentrum eines neuen Ge-sellschaftsvertrages. In: disput 02/07

Johanna Romberg: *Fairness lernen.* Unter: www.geo.de/ GEO/kultur/gesellschaft/54880.html

Hartmut Rosa: *Speed – Von der zeitlichen Überforde-rung der Demokratie.* In: polar – Halbjahresmagazin für Politik, Theorie, Alltag. Heft 2, Frühjahr 2007. S. 15–22

Gerhard Roth: *Warum sind Lehren und Lernen so schwie-rig?* Vortrag an der Universität Bremen am 20. Juni 2002. Version vom 14. Juni 2003

Michaela Schiessl: *Eine Sache des Wollens.* In: Spiegel 5/2008. S. 80 f.

Julian Stech: *Ich-AG gehen in Bonn jetzt zu Dutzenden pleite.* In: Bonner Generalanzeiger vom 22. April 2004. Unter: http://www.dhpg.com/img/pressemitteilungen/ BonnerGeneralAnzeigerIchAGgeheninBonnjetztzuDut-zendenpleite

Tom Strohschneider: *»Ohrfeige« für Razzia gegen Linke.* In: Neues Deutschland vom 5./6. Januar 2007. S. 5

Es ist schlimmer als zu Alis Zeiten. Günter Wallraff über seine Undercover-Recherchen. Ein Bericht von Louisa Thomas. In : Netzwerk Recherche vom 13. Juni 2008

Franz Walter: *Diebstahl an Demokratie.* In: Spiegel Online vom 03. November 2006

Jens Wernicke: *Privilegierte Privilegierte privilegiert.* In: Neues Deutschland vom 12. Oktober 2007

Artikel ohne Angaben zum Autor

Aufruf von Bürgerrechtlern der DDR: *Wir haben es satt.* Unter: www.freitag.de/2001/52/01520201.php

Demokratie – Trend zur Bürgerwehr. In: Der Spiegel 17/2008. S. 50

Deutsche vertrauen Ärzten und Lehrern – Politiker abge-schlagen. In: dpa vom 3. August 2007
Kurze Arbeitszeit, hohe Produktivität. In: impuls 17/2007. Hg. v. Hans-Böckler-Stiftung. S. 6
Rechtsextremismus – Weiss rechnet mit der Politik ab. In: Leipziger Volkszeitung vom 25. September 2007. S. 4
Unter den Linden und den Lobbyisten. In: Frankfurter Allgemeine Zeitung vom 13. Februar 2008
Das Volk weiß nicht, was es will. In: Frankfurter Rundschau vom 3. November 2006
Vorsicht, Strandgut! Hg. v. MobB e. V. 2007

Studien, Berichte

Gewaltbereite Politik und der G8-Gipfel – Demonstrationsbeobachtungen vom 2.–8. Juni 2007 rund um Heiligendamm. Hg. v. Komitee für Grundrechte und Demokratie. Köln 2007
Unterrichtung durch die Bundesregierung: *Lebenslagen in Deutschland – Dritter Armuts- und Reichtumsbericht.* Zugeleitet am 30. Juni 2008. Bundestagsdrucksache 16/9915
21. Tätigkeitsbericht 2005–2006 des Bundesbeauftragten für Datenschutz und Informationsfreiheit
Irene Becker: *Armut in Deutschland – Bevölkerungsgruppen unterhalb der ALG-II-Grenze.* Arbeitspapier des Projektes Soziale Gerechtigkeit der J. W. Goethe-Universität in Frankfurt am Main. Oktober 2006
Yasmin Fahimi (IG BCE), Tatjana Fuchs (INIFES), Christian Lauschke (DGB), Peter Kulemann (Büro für Publizistik), Frank Mußmann (Kooperationsstelle Universität Göttingen), Klaus Pickshaus (IG Metall), Hans-Joachim Schulz (ver.di): *DGB-Index Gute Arbeit 2007 – Der Report.* September 2007

Oscar W. Gabriel, Eva-Maria Trüdinger, Kerstin Völkl: *Bürgerengagement in Form von ehrenamtlicher Tätigkeit und sozialen Hilfsleistungen.* In: Alltag in Deutschland – Analysen zur Zeitverwendung. Beiträge zur Ergebniskonferenz der Zeitbudgeterhebung 2001/02 am 16./17. Februar 2004 in Wiesbaden. Hg. v. Statistischen Bundesamt. Band 43

Christina Klenner: *Erwartungen an einen Familienfreundlichen Betrieb – Erste Auswertung einer repräsentativen Befragung von Arbeitnehmerinnen und Arbeitnehmern mit Kindern oder Pflegeaufgaben.* Studie der Hans-Böckler-Stiftung in Zusammenarbeit mit dem DGB und dem BMFSFJ. April 2004

PISA 2006 – Die Ergebnisse der dritten internationalen Vergleichsstudie. Hg. v. PISA-Konsortium Deutschland. Unter: http://pisa.ipn.uni-kiel.de/zusammenfassung_PISA2006.pdf

Wo bleibt die Zeit? – Die Zeitverwendung der Bevölkerung in Deutschland 2001/02. Hg. v. Bundesministerium für Familie, Senioren, Frauen und Jugend, Untersuchung des Statistischen Bundesamtes

Statistisches Bundesamt: *Statistisches Jahrbuch 2007*

Persönliche Lebensumstände, Einstellungen zu Reformen, Potenziale der Demokratieentfremdung und Wahlverhalten. Untersuchung im Auftrag der Friedrich-Ebert-Stiftung. Durchführendes Institut: Gesellschaft für Sozial- und Marktforschung mbH München. 2008

OECD: *Bildungsindikatoren 2006 – Bildung auf einen Blick.* Unter: www.bfs.admin.ch/bfs/portal/de/index/themen/15/22/press.Document.82591.pdf

United Nations: *Report on the World Social Situation 2007 – The Employment Imperative.* Unter: www.un.org./esa/socdev/rwss/media07/index.html

Monitoring der Auswirkung von SGB II auf Frauenhausbewohnerinnen und Frauenhäuser. Veröffentlicht im

Newsletter Nr. 8 im Mai 2007 der Gesellschaft für Sozialwissenschaftliche Frauen- und Genderforschung GSF e. V. und dem Frauenhauskoordinierung e. V. S. 1–16

Privatisierungen in Kommunen – eine Auswertung kommunaler Beteiligungsberichte. Deutsches Institut für Urbanistik. Berlin 2003

Anne Ames: *Erhebung zur Umsetzung der Hartz-IV-Gesetze.* im Auftrag des Zentrums Gesellschaftliche Verantwortung der Evangelischen Kirche in Hessen und Nassau. 2006. Unter: http://www.gegen-hartz.de/nachrichtenueberhartziv/0344e199630503406.php

Irene Becker, Richard Hauser: *Verteilungseffekte der Hartz-IV-Reform – Ergebnisse von Simulationsanalysen.* Forschung der Hans-Böckler-Stiftung. Berlin 2006

Sebastian Bolay, Jan Hendrik Trapp: *Privatisierungen in Kommunen – eine Auswertung kommunaler Beteiligungsberichte.* Berlin 2003. Deutsches Institut für Urbanistik

Sylvia Deckl: *Indikatoren in der Einkommensverteilung Deutschland 2003 – Ergebnisse aus der Einkommens- und Verbrauchsstichprobe.* In: Wirtschaft und Statistik 11/2006. Hg. v. Statistischen Bundesamt. S. 1178 ff.

Oliver Decker, Katharina Rothe, Marliese Weissmann, Norman Geißler und Elmar Brähler (Universität Leipzig): »*Ein Blick in die Mitte – Studie zur Entstehung rechtsextremer und demokratischer Einstellungen in Deutschland*«. Friedrich-Ebert-Stiftung. Mai 2008

Sascha Göttling: *Wird Arbeit von Hartz-IV-Empfängern anerkannt?* Studie am Institut für Psychologie II der Universität Leipzig. Nr. 2007/181. Mehr dazu: http://db.uni-leipzig.de/aktuell/index.php

Wilhelm Heitmeyer: *Gruppenbezogene Menschenfeindlichkeit – Die theoretische Konzeption und empirische Ergebnisse aus den Jahren 2002, 2003 und 2004.* Frankfurt am Main 2005. Suhrkamp Verlag

Interview Wilhelm Heitmeyer am 13. Dezember 2007 mit tagesschau.de. Unter: www.tagesschau.de/inland/studie-langzeitarbeitslose2.html

Stephan Lessenich, Matthias Möhring-Hesse: *Der demokratische Sozialstaat – Eckpfeiler für eine neue Wohlfahrtsarchitektur.* Expertise im Auftrag der Otto-Brenner-Stiftung. 2004

Jochen Monstadt, Ulrike von Schlippenbach: *Privatisierung und Kommerzialisierung als Herausforderung regionaler Infrastrukturpolitik – Eine Untersuchung der Berliner Strom-, Gas- und Wasserversorgung sowie Abwasserentsorgung.* netWORKS-Paper Nr. 20. Berlin 2005. Unter: www.networks-group.de/veroeffentlichungen/index.phtml

Vladimir M. Shkolnikov, Rembrandt D. Scholz, Hans-Martin von Gaudecker, Michael Stegmann, Dimitri Jdanov: *Daten der Deutschen Rentenstatistik zeigen soziale Unterschiede in der Lebenserwartung.* Hg. v. Rostocker Zentrum für Demografischen Wandel. Unter: http://www.zdwa.de/zdwa/artikel/20060823_78458732-W3DnavidW2627.php

Anja Steinbach: *Wie Paare sich die Arbeit teilen.* Unter: www.familienhandbuch.de/cms/Familienforschung-Arbeitsteilung.pdf

Hartz-IV-Reform – Impuls für den Arbeitsmarkt. IAB-Kurzbericht Nr. 19. vom 1. Oktober 2007. Hg. v. Institut für Arbeitsmarkt- und Berufsforschung der Bundesagentur für Arbeit

Anja Kettner, Martina Rebien: *Soziale Arbeitsgelegenheiten – Einsatz und Wirkungsweisen aus betrieblicher und arbeitsmarktpolitischer Perspektive.* IAB Forschungsbericht 2/2007. Hg. v. Institut für Arbeitsmarkt- und Berufsforschung

Kerstin Bruckmeier, Daniel Schnitzlein: *Was wurde aus den ehemaligen Arbeitslosenhilfeempfängern?* IAB Discus-

sionPaper Nr. 24/2007. Hg. v. Institut für Arbeitsmarkt-
und Berufsforschung
Existenzgründungen – Unterm Strich ein Erfolg. Kurzbericht Nr. 10 des Instituts für Arbeitsmarkt- und Berufsforschung der Bundesagentur für Arbeit vom 10. April
2007
GEO-Umfrage *Was ist gerecht?* GEO Magazin Nr. 10/07.
Unter: www.geo.de/GEO/kultur/gesellschaft/54795.
html?t=print

Filme, Webseiten

*Neuland – Eine Reise durch Regionen zwischen Abbruch
und Aufbruch.* Dokumentarfilm von Daniel Kunnle und
Holger Lauinger. 2007
*Kick it, like Frankreich – eine Dokumentation der hessi-
schen Studierendenproteste.* Dokumentarfilm von Mario Kessler. 2007
www.bag-shi.de/sozialpolitik
www.bahn-fuer-alle.de
Webseite des Bertolt-Brecht-Gymnasiums in München:
www.bbg.musin.de
www.buecherfrauen.de
www.destatis.de
www.die-linke-grundeinkommen.de/PDF/BAG_BGE_Kon-
zept_16_07_06.pdf.
www.happyplanetindex.org
www.ipu.org
www.keine-lobbyisten-in-ministerien.de
www.monitor.de
www.mut-gegen-rechte-gewalt.de
www.presseportal.de
www.tagesschau.de

Anmerkungen

I. Ausverkauf der Politik

1 Vgl. dazu: *Rechtsextremismus – Weiss rechnet mit der Politik ab.* In: Leipziger Volkszeitung vom 25. September 2007. S. 4.

2 Franz Walter: *Diebstahl an Demokratie.* In: Spiegel Online vom 03. November 2006. Unter: www.spiegel.de/politik/debatte/0,1518,446234,00.html

3 Jacques Derrida: *Marx' Gespenster.* Frankfurt am Main 2004. Suhrkamp Verlag. S. 114.

4 Die Manuskripte der Sendungen vom 19. Oktober 2006 und 21. Dezember 2006 sind unter www.monitor.de abrufbar. Vgl. dazu: Sascha Adamek, Kim Otto: *Der gekaufte Staat – Wie Konzernvertreter in deutschen Ministerien sich ihre Gesetze selber schreiben.* Köln 2008. Kiepenheuer & Witsch.

5 Bundestagsdrucksache 16/3395 vom 13. November 2006, Bundestagsdrucksache 16/3727 vom 04. Dezember 2006 und Bundestagsdrucksache 16/5406 vom 23. Mai. 2007.

6 Vgl. dazu: *Unter den Linden und den Lobbyisten.* In: Frankfurter Allgemeine Zeitung vom 13. Februar 2008.

7 Vgl. dazu die Webseite der Organisation LobbyControl: www.keine-lobbyisten-in-ministerien.de/index.php/DaimlerChrysler.

8 Das Sozialgesetzbuch (SGB) regelt sowohl die verschiedenen Zweige der Sozialversicherung als auch die steuerfinanzierten Sozialleistungen wie die Sozialhilfe oder das Arbeitslosengeld II. Dabei ist das SGB in verschiedene Bücher unterteilt. Diese betreffen unterschiedliche Bereiche. Während z.B. das SGB VI die Regelungen der gesetzliche Rente enthält, regelt das SGB II vor allem den Bereich des Arbeitslosengeldes II, auf welches Langzeiterwerbslose oder Menschen mit einem besonders niedrigen Einkommen Anspruch haben.

9 Deutscher Bundestag, Stenographischer Bericht, 37. Sitzung, Berlin, 1. Juni 2006, Plenarprotokoll 16/37, S. 3302.

10 Interessante Berichte dazu: *Gesundheitsreform nimmt weitere Hürde.* In: Associated Press vom 31. Januar 2007 bzw. Anna Lehmann: *Die Stunde der Ja-Sager.* In: die tageszeitung vom 01. Februar 2007. S. 6.

11 Sendung vom 09. Mai 2007. Siehe www.tagesschau.de.

12 *Deutsche vertrauen Ärzten und Lehrern – Politiker abgeschlagen.* In: Deutsche Presseagentur vom 03. August 2007.
13 *Das Volk weiß nicht, was es will.* In: Frankfurter Rundschau vom 03. November 2006.
14 Persönliche Lebensumstände, Einstellungen zu Reformen, Potenziale der Demokratieentfremdung und Wahlverhalten – Eine Untersuchung im Auftrag der Friedrich-Ebert-Stiftung. Durchführendes Institut: Gesellschaft für Sozial- und Marktforschung mbH München. Untersuchungszeitraum: 24. 01. bis 04. 03. 2008.
15 Kerstin Kullmann: *Abgefärbt.* In: Neon. Juli 2007. S. 30 ff.
16 Ebd. S. 31.
17 Michel Friedman: *Geistige Kofferträger – Der Kommentar zum Phänomen Nachwuchspolitiker.* In: prager frühling – Magazin für Freiheit und Sozialismus. Mai 2008. S. 28.
18 Chantal Mouffe: *Über das Politische – Wider die kosmopolitische Illusion.* Frankfurt am Main 2007. Suhrkamp Verlag. S. 35.
19 Franz Walter: *Warum Politiker so gern von der »Baustelle Deutschland« reden.* In: Spiegel Online vom 09. Dezember 2007. Unter: www.spiegel.de/politik/deutschland/0,1518,522214,00.html.
20 Vgl. dazu: *Demokratie – Trend zur Bürgerwehr.* In: Der Spiegel 17/2008. S. 50.

II. Die Zerstörung des Öffentlichen

1 Hannah Arendt: *Vita activa oder Vom tätigen Leben.* München 1981. Piper Verlag. S. 81, 83.
2 Luciano Canfora arbeitet in seinem Buch *Eine kurze Geschichte der Demokratie* (erschienen 2006 in Köln beim PapyRossa Verlag) heraus, dass die Gleichung Griechenland = Europa = Freiheit und Demokratie vor allem der Abgrenzung von Persien/Asien, welches mit Sklaverei gleichgesetzt wurde, diente. Zudem argumentiert Canfora gegen eine Überhöhung der politischen Praxis in der griechischen Antike. Schließlich genossen nur die besitzenden Männer im wehrfähigen Alter Bürgerrechte. Canfora weist nach, dass keine Texte attischer Autoren existieren, die die Demokratie hochleben lassen.
3 Hannah Arendt: *Vita activa oder Vom tätigen Leben.* München 1981. Piper Verlag. S. 35.
4 Vgl. dazu: *Existenzgründungen – Unterm Strich ein Erfolg.* Kurzbericht Nr. 10 des Instituts für Arbeitsmarkt- und Berufsforschung der Bundesagentur für Arbeit vom 10. 04. 2007.

5 Julian Stech: *Ich-AG gehen in Bonn jetzt zu Dutzenden pleite.* In: Bonner Generalanzeiger vom 22. April 2004. Unter: www.dhpg. com/img/pressemitteilungen/BonnerGeneralAnzeigerIchAGgehe-ninBonnjetztzuDutzendenpleite

6 Iris Nowak: *Selbstbestimmung braucht öffentliche Güter – Linke feministische Perspektiven.* Berlin 2005. Karl Dietz Verlag. S. 87.

7 Siehe dazu: Holm Friebe und Sascha Lobo: *Wir nennen es Arbeit – Die digitale Bohème oder Intelligentes Leben jenseits der Festanstellung.* München 2006. Heyne Verlag.

8 Damals betrug der Regelsatz für einen alleinlebenden Single, der voll anspruchsberechtigt ist, noch 347 Euro. Inzwischen ist er zwar auf 351 Euro angehoben worden. Die vier Euro mehr decken allerdings mitnichten den Preisanstieg.

9 Deutscher Bundestag: Stenographischer Bericht, 116. Sitzung. Berlin, 21. September 2007, Plenarprotokoll 16/116, S. 12041.

10 Iris Nowak: *Selbstbestimmung braucht öffentliche Güter – Linke feministische Perspektiven.* Berlin 2005. Karl Dietz Verlag. S. 59 ff.

11 Ebd.

12 Mehr dazu unter http://www.bahn-fuer-alle.de.

13 Dabei favorisieren die Kommunen unterschiedliche Rechtsformen wie GmbH, Aktiengesellschaft oder Eigenbetrieb. Auch bezüglich der Höhe des kommunalen Anteils wählen die Kommunen unterschiedliche Strategien von Minderheitenbeteiligung über Mehrheitsbeteiligung bis hin zur 100-prozentigen Beteiligung.

14 Vgl. dazu: Sebastian Bolay, Jan Hendrik Trapp: *Privatisierungen in Kommunen – eine Auswertung kommunaler Beteiligungsberichte.* Deutsches Institut für Urbanistik. S. 44.

15 Mehr dazu unter: www.bmu.de/klimaschutz/internationale_klimapolitik/ipcc/doc/39274.php.

16 Vgl. dazu: Erhard Eppler: *Staat vor privat.* In: Financial Times vom 17. September 2007.

17 Schreiben der Deutschen Justiz-Gewerkschaft an den Landesrechnungshof vom 06. März 2006. Unter: www.deutsche-justizgewerkschaft.de/Bundesleitung/Fachbereiche/Soziale%20Dienste/Landesrechnungshof_Maerz06.pdf.

18 Vgl. dazu: Jochen Monstadt, Ulrike von Schlippenbach: *Privatisierung und Kommerzialisierung als Herausforderung regionaler Infrastrukturpolitik – Eine Untersuchung der Berliner Strom-, Gas- und Wasserversorgung sowie Abwasserentsorgung.* netWORKS-Paper Nr. 20. Berlin 2005. S. 44. Unter: www.networks-group.de/veroeffentlichungen/index.phtml.

19 Vgl. dazu FAZ.Net vom 27. September 2008.
20 Vgl. dazu: Tabellen der OECD unter: www.oecd.org/document/39
/0,3343,de_34968570_34968855_39496103_1_1_1_1,00.html.
21 Dazu zählen die Aufhebung handelspolitischer Vorteile, kein
Betriebsausgabenabzug, die Einführung von Meldepflichten auf
alle Transaktionen sowie die Einführung von Quellensteuern auf
Zahlungen in Steueroasen. Siehe dazu den attac-Aktionsplan
zur Schließung von Steueroasen unter: http://www.attac-netz-
werk.de/fileadmin/user_upload/AGs/AG_Finanzmarkt_Steuern/
Steueroasen_schliessen_lang.pdf.
22 Michael Hartmann: *Der Mythos der Leistungseliten – Spitzenkarrieren und soziale Herkunft in Wirtschaft, Politik, Justiz und
Wissenschaft.* Frankfurt am Main 2002. Campus Verlag. S. 91.
23 Dieser Begriff vom Ende der Geschichte wurde durch das gleich-
namige Buch des Politikwissenschaftlers Francis Fukuyama aus
dem Jahre 1992 geprägt. Fukuyama vertrat darin die These, dass
sich nach dem Zusammenbruch der Sowjetunion der Kapitalismus überall durchsetzen würde.
24 Vgl. dazu: Powerpointpräsentation von Dagmar Embshoff und
Sven Giegold, *Solidarische Ökonomie im Zeitalter des globalisierten Kapitalismus,* unter www.bewegungsakademie.de.
25 In dem 1952 erschienenen Theaterstück »Warten auf Godot«
von Samuel Beckett warten die beiden Landstreicher Wladimir
und Estragon sowie der später zu ihnen stoßende Pozzo mit
seinem Diener auf einen gewissen Godot, der niemals erscheint.
Warum, weshalb sie warten und wer dieser Godot ist, bleibt bis
zum Schluss ungeklärt. Die Sinnlosigkeit des Wartens wird – im
Verlauf des Stückes – durch die sich im Kreise drehenden Gespräche immer offensichtlicher.
26 Aussage des ostdeutschen Soziologen Andreas Willisch im Dokumentarfilm *Neuland*.

III. Politik als Magd des Marktes

1 Vollständige Charta unter: http://weltsozialforum.org/prinzipien/
index.html.
2 21. Subventionsbericht der Bundesregierung. In: Monatsbericht
des Bundesministeriums für Finanzen September 2007. Unter:
www.bundesfinanzministerium.de/nn_4542/DE/BMF_Start-
seite/Aktuelles/Monatsbericht_des_BMF/2007/09/070919-
agmb004,templateId=raw,property=publicationFile.pdf
3 Die Aufarbeitung dieser Zahlen ist Holger Lauinger und Daniel

Kunnle, den Regisseuren des Dokumentarfilms *Neuland – Eine Reise durch Regionen zwischen Abbruch und Aufbruch* aus dem Jahr 2007, zu verdanken.

4 Der Weg nach vorn für Europas Sozialdemokraten – Ein Vorschlag von Gerhard Schröder und Tony Blair (London, 8. Juni 1999).

5 Vgl. dazu: Heinz-J. Bontrup: *Die Wirtschaft braucht Demokratie.* In: *Wirtschaftsdemokratie.* Hg. v. Heinz-J. Bontrup und Julia Müller. Hamburg 2006. VSA Verlag. S. 16.

6 Frederik Kunath: *Der Coca-Cola-Boykott in Indien.* In: *Und jetzt? – Politik, Protest und Propaganda.* Hg. v. Heinrich Geiselberger. Frankfurt am Main 2007. Suhrkamp Verlag. S. 276.

7 Ulrich Beck im Gespräch mit Jakob Schrenk. In: *Und jetzt? – Politik, Protest und Propaganda.* Hg. v. Heinrich Geiselberger. Frankfurt am Main 2007. Suhrkamp Verlag. S. 241.

8 Boris Holzer: *Politik im Supermarkt.* In: *Und jetzt? – Politik, Protest und Propaganda.* Hg. v. Heinrich Geiselberger. Frankfurt am Main 2007. Suhrkamp Verlag. S. 264.

IV. Der gebeutelte Sozialstaat

1 Heribert Prantl: *Kein schöner Land – Die Zerstörung der sozialen Gerechtigkeit.* München 2005. Droemer Knaur Verlag. S. 32.

2 Sendung bei mdr-info am 08. Oktober 2007, kurz vor 7 Uhr.

3 Diese Erhebung erfolgte im Auftrag des Zentrums Gesellschaftliche Verantwortung der Evangelischen Kirche in Hessen und Nassau. Die Ergebnisse sind veröffentlicht unter: http://www.gegen-hartz.de/nachrichtenueberhartziv/0344e199630503406.php.

4 Luciano Canfora: *Eine kurze Geschichte der Demokratie.* Köln 2006. PapyRossa Verlag. S. 35.

5 *Vorsicht, Strandgut!* Hg. v. MobB e. V., 2007.

6 United Nations: *Report on the World Social Situation 2007 – The Employment Imperative.* Unter: www.un.org./esa/socdev/rwss/media07/index.html.

7 Sebastian Leber: *Es ist anstrengend keinen Job zu haben.* In: Der Tagesspiegel vom 18. Januar 2006.

8 Deutscher Bundestag: Stenographischer Bericht, 67. Sitzung. Berlin, 23. November 2006, Plenarprotokoll 16/67, S. 6639.

9 Vgl. dazu: Klaus Georg Koch: *Das soll links sein?* In: Berliner Zeitung vom 28. November 2007.

10 Die Angaben von Clement wurden später von dem Diakonischen Werk der Evangelischen Kirche im Rheinland untersucht. Ergebnis dieser Untersuchung ist eine im Dezember 2006 veröffentliche Expertise von Dr. Michael Seligmann. In dieser Expertise wird u. a. der Frage nachgegangen, in welchem Ausmaß ein Missbrauch der Leistungen nachweisbar vorliegt. Die Expertise kommt dabei zu dem Schluss, dass ein relevanter Missbrauch nicht feststellbar sei. Grundlage dieser Feststellung sind die von der Bundesagentur für Arbeit im Juni 2006 veröffentlichten Zahlen, wonach es in lediglich 60 000 Fällen nicht ausgeschlossen werden konnte, dass Leistungen nicht gemäß der Voraussetzungen des SGB II gezahlt wurden. Diese Fallzahl macht lediglich 2,7 – und nicht wie heraufbeschworen 15 bis zwanzig – Prozent der Leistungsbeziehenden aus. Dazu ist anzumerken, dass diese 2,7 Prozent nicht die Anzahl derer sind, die in einem strafrechtlich relevanten Maß Leistungen beantragt und erhalten haben, sondern die Zahl derer, bei denen dies lediglich nicht auszuschließen ist.

11 Antwort der Bundesregierung auf die Kleine Anfrage zum Thema »Fakten und Positionen der Bundesregierung zur Publikation Report vom Arbeitsmarkt des Bundesministeriums für Wirtschaft und Arbeit vom August 2005.« Drucksachennummer 16/327.

12 Mehr dazu: Hans Uske: *Das Fest der Faulenzer – Die öffentliche Entsorgung der Arbeitslosigkeit.* Duisburg 1995. Diss Verlag.

13 Wilhelm Heitmeyer: *Gruppenbezogene Menschenfeindlichkeit – Empirische Langzeitbeobachtung menschenfeindlicher Einstellungen in der Bevölkerung. April 2002 bis März 2012.* Unter: www.uni-bielefeld.de/ikg/projekt_gmf-survey.html.

14 Vgl. dazu: Interview mit Wilhelm Heitmeyer am 13. 12. 2007 mit tagesschau.de. Unter: www.tagesschau.de/inland/studielangzeitarbeitslose2.html.

15 Bei dem durch eine Zeitung als »Florida-Rolf« getauften Mann handelte es sich um einen ehemaligen Banker, der in Deutschland Sozialhilfe bezog und in Florida lebte.

16 Vgl. dazu die Antwort der Bundesregierung auf die Große Anfrage der Fraktion DIE LINKE zum Thema »Resultate und gesellschaftliche Auswirkungen der Gesetze für moderne Dienstleistungen am Arbeitsmarkt – Hartz-Gesetze – insbesondere von Hartz IV«, Drucksachennummer 16/4210.

17 Vgl. dazu Anja Kettner, Martina Rebien: *Soziale Arbeitsgelegenheiten – Einsatz und Wirkungsweisen aus betrieblicher und arbeitsmarktpolitischer Perspektive.* IAB Forschungsbericht 2/2007. Hg. v. Institut für Arbeitsmarkt- und Berufsforschung.

18 Vgl. dazu Irene Becker, Richard Hauser: *Verteilungseffekte der*

Hartz-IV-Reform – Ergebnisse von Simulationsanalysen. Forschung der Hans-Böckler-Stiftung. Berlin 2006.

19 GEO-Umfrage *Was ist gerecht?* GEO Magazin Nr. 10/07. Unter: www.geo.de/GEO/kultur/gesellschaft/54795.html?t=print.

20 Wolfgang Engler: *Bürger, ohne Arbeit – Für eine radikale Neugestaltung der Gesellschaft.* Berlin 2005. Aufbau-Verlag. S. 151.

21 Karl Lauterbach: *Der Zweiklassenstaat – Wie die Privilegierten Deutschland ruinieren.* Berlin 2007. Rowohlt. S. 180.

22 Gudrun Funk, Uwe Helmert, Wolfgang Hien, Ralph Joussen, Renate von Schilling, Rolf Spalek: *Ein neuer Anfang wars am Ende nicht – Zehn Jahre Vulkan-Pleite: Was ist aus den Menschen geworden.* Hamburg 2007. VSA.

23 Ebenda S. 78.

24 Siehe dazu: www.happyplanetindex.org.

25 Der Begriff *Handeln* bei Arendt ist nicht zu verwechseln mit Handeln im Sinne von Geschäfte machen. In »Vita activa« benennt Arendt drei Grundtätigkeiten: Arbeiten, Herstellen und Handeln. Die Arbeit führt die Lebensnotwendigkeiten dem lebendigen Organismus zu. Herstellen bezieht sich auf die Ebene der Produktion künstlicher Dinge. Das Handeln ist die einzige Tätigkeit, die sich ohne die Vermittlung von Material und Dingen direkt zwischen den Menschen abspielt. Sie stellt – nach Arendt – die höchste Form des Tätigseins dar.

26 Vgl. dazu: Hannah Arendt: *Vita activa oder Vom tätigen Leben.* München 1981. Piper Verlag. S. 250.

27 So kommt eine IAB-Studie zu dem Ergebnis, dass der Anteil der Frauen, die erwerbslos sind, aber keinen Anspruch auf Arbeitslosengeld haben, ca. doppelt so hoch ist wie der Anteil der Männer, die erwerbslos, aber ohne Anspruch auf ALG II sind. Vgl. Kerstin Bruckmeier, Daniel Schnitzlein: *Was wurde aus den ehemaligen Arbeitslosenhilfeempfängern?* IAB DiscussionPaper Nr. 24/2007. Hg. v. Institut für Arbeitsmarkt- und Berufsforschung. S. 17, 28.

28 Caren Lay: *Abschied vom Ernährermodell – Überlegungen zur Familien-, Sozial- und Arbeitspolitik der Neuen Linken.* In: Utopie kreativ Nr. 193, November 2006. S. 1013 ff.

29 Vgl. dazu: Monitoring der Auswirkung von SGB II auf Frauenhausbewohnerinnen und Frauenhäuser. Veröffentlicht im Newsletter Nr. 8 im Mai 2007 der Gesellschaft für Sozialwissenschaftliche Frauen- und Genderforschung GSF e. V. und dem Frauenhauskoordinierung e. V. S. 1–16.

30 Man kann dieses Beispiel selbstverständlich auch mit dem verarmten Ex-Mann einer Millionärin durchspielen.

31 Wolfgang Engler: *Bürger, ohne Arbeit – Für eine radikale Neugestaltung der Gesellschaft.* Berlin 2005. Aufbau-Verlag. S. 30.

32 Stephan Lessenich, Matthias Möhring-Hesse: *Der demokratische Sozialstaat – Eckpfeiler für eine neue Wohlfahrtsarchitektur.* Expertise im Auftrag der Otto-Brenner-Stiftung. 2004.

33 Michael Opielka: *Sozialpolitik – Grundlagen und vergleichende Perspektiven.* Reinbek bei Hamburg 2004. Rowohlt Verlag. S. 90.

V. Hauptsache Arbeit?

1 Wolfgang Engler: *Bürger, ohne Arbeit – Für eine radikale Neugestaltung der Gesellschaft.* Berlin 2005. Aufbau-Verlag. S. 85.

2 Zitiert nach Hannah Arendt: *Vita activa oder Vom tätigen Leben.* München 1981. Piper Verlag. S. 415.

3 Bergpredigt im Matthäusevangelium 6, 26–29.

4 Vgl. dazu: Hannah Arendt: *Vita activa oder Vom tätigen Leben.* München 1981. Piper Verlag; André Gorz: *Arbeit zwischen Misere und Utopie.* Hg. v. Ulrich Beck. Frankfurt am Main 2000. Suhrkamp Verlag.

5 Hannah Arendt: *Vita activa oder Vom tätigen Leben.* München 1981. Piper Verlag. S. 130 f.

6 Donella Meadows, Dennis L. Meadows, Jorgen Randers: *Die neuen Grenzen des Wachstums.* München 1994. Deutsche Verlags-Anstalt. 7. unveränderte Aufl. S. 25 f.

7 Untersuchung des Statistischen Bundesamtes: *Wo bleibt die Zeit? – Die Zeitverwendung der Bevölkerung in Deutschland 2001/02.* Hg. v. Bundesministerium für Familie, Senioren, Frauen und Jugend. S. 11.

8 Um unbezahlte Arbeit von reinen Freizeitaktivitäten abzugrenzen, zieht man üblicherweise das Dritt-Personen-Kriterium heran. Danach spricht man bei Tätigkeiten von unbezahlter Arbeit, soweit sie nicht Erwerbsarbeit darstellen, aber auch von Dritten gegen Bezahlung übernommen werden könnten.

9 Frauen leisten im Durchschnitt wöchentlich 31 Stunden unbezahlte Arbeit, während Männer lediglich 19 Stunden und 30 Minuten dafür aufbringen. Ebenda S. 9.

10 André Gorz: *Arbeit zwischen Misere und Utopie.* Hg. v. Ulrich Beck. Frankfurt am Main 2000. Suhrkamp Verlag. S. 102.

11 Yasmin Fahimi (IG BCE), Tatjana Fuchs (INIFES), Christian Lauschke (DGB), Peter Kulemann (Büro für Publizistik), Frank Mußmann (Kooperationsstelle Universität Göttingen), Klaus

Pickshaus (IG Metall), Hans-Joachim Schulz (ver.di): *DGB-Index Gute Arbeit 2007 – Der Report*. September 2007.

12 Ein IAB-Kurzbericht ermittelte bezogen auf 2005 etwa 130 000 langfristige und 370 000 kurzfristige AufstockerInnen. Vgl. dazu: Kerstin Bruckmeier, Tobias Graf, Helmut Rudolph: *Aufstocker – bedürftig trotz Arbeit*. IAB-Kurzbericht. Analysen aus dem Institut für Arbeitsmarkt- und Berufsforschung der Bundesagentur für Arbeit. Ausgabe Nr. 22 / 30. November 2007.

13 Vgl. dazu Axel Honneth: *Logik der Emanzipation – Zum philosophischen Erbe des Marxismus*. In: *Wege ins Reich der Freiheit – André Gorz zum 65. Geburtstag*. Hg. v. Hans Leo Krämer und Claus Leggewie. Berlin 1989. Rotbuch Verlag. S. 101.

14 Sascha Göttling: *Wird Arbeit von Hartz-IV-Empfängern anerkannt?* Studie am Institut für Psychologie II der Universität Leipzig. Nr. 2007/181. Mehr dazu: http://db.uni-leipzig.de/aktuell/index.php.

15 Davon zeugen mehrere Briefe und Anrufe von verzweifelten Erwerbslosen, die gelegentlich in meinem Büro ankommen.

16 Siehe dazu Antwort der Bundesregierung auf die Kleine Anfrage der Fraktion DIE LINKE zum Thema »Der Hungertod eines Hartz-IV-Empfängers und die Verantwortung des Gesetzgebers«. Drucksachennummer 16/5550.

17 Antwort der Bundesregierung auf die Kleine Anfrage der Fraktion DIE LINKE zum Thema »Zusammenarbeit zwischen Bundesagentur für Arbeit, ARGEN und Bundeswehr«. Drucksachennummer: 16/8012.

18 Bericht von Hendrik Lasch über die Kooperation von Bundeswehr und ARGE Leipzig. In: Neues Deutschland vom 18. Dezember 2007. S. 4.

19 Etwa jeder fünfte Betrieb gab an, dass die Bereitschaft, niedrigere Löhne und schlechtere Arbeitsbedingungen hinzunehmen, gestiegen sei. *Hartz-IV-Reform – Impuls für den Arbeitsmarkt*. IAB-Kurzbericht Nr. 19. vom 01. Oktober 2007. Hg. v. Institut für Arbeitsmarkt- und Berufsforschung der Bundesagentur für Arbeit.

20 Mitteilungsblatt der ARGE Mittweida vom 26. April 2006.

21 Von diesem Beispiel und anderen berichtete das ARD-Politmagazin Report Mainz in seiner Sendung am 27. August 2007. Vgl. dazu auch: Die Kleine Anfrage der Fraktion DIE LINKE zu dem Thema »Der Umgang mit dem Instrument Praktikum im Rahmen von Hartz IV«. Drucksachennummer 16/6375.

22 Verursacht wird der Einsparungsdruck übrigens vor allem durch Leistungsvereinbarungen zwischen den regionalen ARGEn und

der Bundesspitze der Agentur für Arbeit in Nürnberg. Erarbeitet werden die Zielvereinbarungen in Absprache mit dem Bundesministerium für Arbeit und Soziales. Die Zielvereinbarungen für das Jahr 2008 zwingen beispielsweise den örtlichen Trägern Einsparungen beim Arbeitslosengeld II in Höhe von 6,5 Prozent auf.

23 Das SGB III regelt die arbeitsmarktpolitischen Förderinstrumente.

24 Ausführlicher dazu: André Gorz: *Wissen, Wert und Kapital – Zur Kritik der Wissensökonomie.* Zürich 2004. Rotpunktverlag.

25 Pierre Bourdieu: *Zur Aktualität eines Begriffes – Prekarität ist überall.* Auszug aus einem Vortrag 1997 in Grenoble. Abgedruckt in: *Gegenfeuer.* Konstanz 2004. UVK Verlagsgesellschaften.

26 Im Armuts- und Reichtumsbericht der Bundesregierung heißt es dazu: »Empirische Studienergebnisse der vergangenen Jahre in Deutschland zeigen, dass Menschen mit niedrigem sozialen Status generell stärker durch Straßenverkehr und verkehrsbedingte Luftschadstoffe belastet sind.« (Unterrichtung durch die Bundesregierung: *Lebenslagen in Deutschland – Dritter Armuts- und Reichtumsbericht.* Zugeleitet am 30. Juni 2008. Bundestagsdrucksache 16/9915) Insofern ist konsequenter Umweltschutz auch immer ein Gebot der sozialen Gerechtigkeit.

VI. Grundeinkommen als Demokratiepauschale

1 Eine gute Übersicht über die Unterschiede zwischen Grundeinkommen und Grundsicherung liefert der Text von Ronald Blaschke: *Bedingungsloses Grundeinkommen versus Grundsicherung.* In: Standpunkte 15/2008. Hg. v. d. Rosa-Luxemburg-Stiftung.

2 Wolfgang Engler: *Bürger, ohne Arbeit – Für eine radikale Neugestaltung der Gesellschaft.* Berlin 2005. Aufbau-Verlag. S. 351.

3 Yasmin Fahimi (IG BCE), Tatjana Fuchs (INIFES), Christian Lauschke (DGB), Peter Kulemann (Büro für Publizistik), Frank Mußmann (Kooperationsstelle Universität Göttingen), Klaus Pickshaus (IG Metall), Hans-Joachim Schulz (ver.di): *DGB-Index Gute Arbeit 2007 – Der Report.* September 2007.

4 Irene Becker: *Armut in Deutschland – Bevölkerungsgruppen unterhalb der ALG-II-Grenze.* Arbeitspapier des Projektes Soziale Gerechtigkeit der J. W. Goethe-Universität in Frankfurt am Main. Oktober 2006. Gefördert durch die Hans-Böckler-Stiftung.

5 Vgl. dazu Powerpointpräsentation von Irene Becker zum Thema Verdeckte Armut in Deutschland – Ergebnisse zu Ausmaß und

Ursachen anlässlich eines Fachforums der Partei DieLinke.PDS am 16. 11. 2006 in Berlin.

6 Oscar W. Gabriel, Eva-Maria Trüdinger, Kerstin Völkl: *Bürgerengagement in Form von ehrenamtlicher Tätigkeit und sozialen Hilfsleistungen*. In: Alltag in Deutschland – Analysen zur Zeitverwendung. Beiträge zur Ergebniskonferenz der Zeitbudgeterhebung 2001/02 am 16./17. Februar 2004 in Wiesbaden. Hg. v. Statistischen Bundesamt. Band 43.

7 Mehr dazu unter: www.presseportal.de/pm/7861/1048891/gruner_jahr_geo.

8 Vgl. dazu: Ronald Blaschke: *Oikos und Grundeinkommen – Ansprüche an Transformation und Emanzipation*. In: *Klimawandel und Grundeinkommen – Die nicht zufällige Gleichzeitigkeit beider Themen und ein sozialökologisches Experiment*. Hg. v. Maik Hosang. Gauting 2008. Verlag Andreas Mascha.

9 Erich Fromm: *Psychologische Aspekte zur Frage eines garantierten Einkommens für alle*. In: Gesamtausgabe in zwölf Bänden. München 1999. Deutsche Verlags-Anstalt und Deutscher Taschenbuch Verlag. Band V. S. 310.

10 Zu den plausiblen, politisch sinnvollen Finanzierungsmodellen gehört das Modell der Bundesarbeitsgemeinschaft für Erwerbslosen- und Sozialhilfeinitiativen sowie das Modell der Bundesarbeitsgemeinschaft Grundeinkommen in und bei der LINKEN. BAG-SHI: *Unsere Position zu Regelsatz und Existenzgeld*. Osnabrück 2007. Unter http://www.bag-shi.de/sozialpolitik/arbeitslosengeld2/regelsatz-und-existenzgeld bzw. unter http://www.dielinke-grundeinkommen.de/PDF/BAG_BGE_Konzept_16_07_06.pdf.

11 Pierre Bourdieu: *Zur Aktualität eines Begriffes – Prekarität ist überall*. Auszug aus einem Vortrag 1997 in Grenoble. Abgedruckt in: *Gegenfeuer*. Konstanz 2004. UVK Verlagsgesellschaften.

12 Vgl. dazu: Luciano Canfora: *Eine kurze Geschichte der Demokratie*. Köln 2006. PapyRossa Verlag. S. 49.

13 Gerhard Hardel: *Hellas – Geschichten vom alten Griechenland*. Berlin 1975. Kinderbuchverlag. S. 233.

VII. Die Polarisierungsfalle

1 Theodor W. Adorno: *Erziehung zu Mündigkeit – Vorträge und Gespräche mit Hellmut Becker 1959–1969*. Hg. v. Gerd Kadelbach. Frankfurt am Main 1963. Suhrkamp Verlag. S. 133 f.

2 Unterrichtung durch die Bundesregierung: *Lebenslagen in Deutschland – Dritter Armuts- und Reichtumsbericht.* zugeleitet am 30. 06. 2008. Bundestagsdrucksache 16/9915. S. 94.

3 Antje Lang-Lendorff: *Überweisung in den reichen Westen.* In: die tageszeitung (Berliner Ausgabe) vom 30. November 2007. S. 23.

4 Karl Lauterbach: *Der Zweiklassenstaat – Wie die Privilegierten Deutschland ruinieren.* Berlin 2007. Rowohlt. S. 129.

5 Vladimir M. Shkolnikov, Rembrandt D. Scholz, Hans-Martin von Gaudecker, Michael Stegmann, Dimitri Jdanov: *Daten der Deutschen Rentenstatistik zeigen soziale Unterschiede in der Lebenserwartung.* Hg. v. Rostocker Zentrum für Demografischen Wandel. Unter: http://www.zdwa.de/zdwa/artikel/20060823_78458732W3DnavidW2627.php.

6 Sylvia Deckl: *Indikatoren in der Einkommensverteilung Deutschland 2003 – Ergebnisse aus der Einkommens- und Verbrauchsstichprobe.* In: Wirtschaft und Statistik 11/2006. Hg. v. Statistischen Bundesamt. S. 1178 ff.

7 Paul Nolte: *Generation Reform – Jenseits der blockierten Republik.* Bonn 2005. Verlag C. H. Beck. S. 90 f.

8 Vgl. dazu: Alexander Neubacher: *Herkunft schlägt Leistung.* In: Der Spiegel vom 17. September 2007. S. 108.

9 *PISA 2006 – Die Ergebnisse der dritten internationalen Vergleichsstudie.* Hg. v. PISA-Konsortium Deutschland. Unter: http:// pisa.ipn.uni-kiel.de/zusammenfassung_PISA2006.pdf. S. 18.

10 Antwort der Bundesregierung auf die Kleine Anfrage der Fraktion DIE LINKE zum Thema »Sicherung des Kindesbedarfes und des Existenzminimums für Schulkinder«, Drucksachennummer 16/5870, S 4.

11 Vgl. dazu: Pierre Bourdieu: *Die feinen Unterschiede – Kritik der gesellschaftlichen Urteilskraft.* Frankfurt am Main 1987. Suhrkamp.

12 Studie der Sozialwissenschaftlerin Anne Ames im Auftrag des »Zentrums Gesellschaftliche Verantwortung« der Evangelischen Kirche in Hessen. Unter: http://www.gegen-hartz.de/nachrichtenueberhartziv/0344e199630503406.php.

13 Julia Bonk: *Hauptschule abschaffen.* Unter: http://juliabonk.de/ de/hauptschule_abschaffen.html.

14 Karl Lauterbach: *Der Zweiklassenstaat – Wie die Privilegierten Deutschland ruinieren.* Berlin 2007. Rowohlt. S. 176.

15 Michael Hartmann: *Der Mythos von den Leistungseliten – Spitzenkarriere und soziale Herkunft in Wirtschaft, Politik, Justiz und Wissenschaft.* Frankfurt am Main 2002. Campus. S. 56.

16 Jens Wernicke: *Privilegierte Privilegierte privilegiert.* In: Neues Deutschland vom 12. Oktober 2007. S. 12.

17 Michael Hartmann: *Der Mythos von den Leistungseliten – Spitzenkarriere und soziale Herkunft in Wirtschaft, Politik, Justiz und Wissenschaft.* Frankfurt am Main 2002. Campus. S. 56.

18 Ebenda, S. 82.

19 OECD: *Bildungsindikatoren 2006 – Bildung auf einen Blick.* Unter: www.bfs.admin.ch/bfs/portal/de/index/themen/15/22/press.Document.82591.pdf. Kritisch ist hier anzumerken, dass der Hochschulbegriff nicht in allen Ländern identisch ist, was die Vergleichbarkeit der Zahlen erschwert.

20 Johanna Romberg: *Fairness lernen.* 2007. Unter: www.geo.de/GEO/kultur/gesellschaft/54880.html

21 Ebd.

22 *PISA 2006 – Die Ergebnisse der dritten internationalen Vergleichsstudie.* Hg. v. PISA-Konsortium Deutschland. Unter: http://pisa.ipn.uni-kiel.de/zusammenfassung_PISA2006.pdf. Tabelle 5, S. 19.

23 Siehe dazu die Homepage des Freie Alternativschule e. V. in Dresden: www.fas-dresden.de.

VIII. Grundrechte in Gefahr

1 Juli Zeh: *Verbotene Familie.* In: Juli Zeh: *Alles auf den Rasen – Kein Roman.* Frankfurt am Main 2008. btb-Verlag. S. 49.

2 Unter: http://www.freitag.de/2001/52/01520201.php.

3 Über diesen Fall berichtete Polylux in der Sendung vom 01. November 2007.

4 Heribert Prantl: *129a: Ein kleines »a« zu viel.* In: Süddeutsche Zeitung vom 30. November 2007.

5 Vgl. dazu Antwort der Bundesregierung auf eine Kleine Anfrage der Fraktion DIE LINKE zu dem Thema »Straf- und Ermittlungsverfahren nach § 129, § 129a und § 129b StGB in den Jahren 2001 und 2004«. Drucksachennummer 16/49.

6 Einen gut recherchierten und empfehlenswerten Überblick über die Einschränkungen von Demokratie und Grundrechten während des G8-Gipfels liefert der Bericht *Gewaltbereite Politik und der G8-Gipfel* vom Komitee für Grundrechte und Demokratie. Köln 2007.

7 Hannah Arendt: *Macht und Gewalt.* München, Zürich. 1. Auflage 1970. 17. Auflage 2006. Piper Verlag. S. 28.

8 Vgl. dazu: Uwe Kalbe: *Kunden zahlen für Überwachung selbst.* In: Neues Deutschland vom 08. November 2007.

9 Steffen Hebestreit: *Opposition fühlt sich geleimt.* In: Frankfurter Rundschau vom 28. November 2007. S. 11.

10 Eine überzeugende Argumentation, warum das Trennungsgebot dem Rechtsstaatsprinzip zuzuordnen ist und damit der Ewigkeitsgarantie des Artikel 20 Absatz III Grundgesetz unterliegt, liefert der Beitrag von Charles von Denkowski: *Trennungsgebot Polizei – Verfassungsschutz – Grenze für die Gestaltung der Sicherheitsarchitektur.* In: Kriminalistik 3/2008. S. 176–182.

11 Mehr dazu in der Übersicht *Fragen und Antworten zur Online-Durchsuchung* von MdB Jan Korte. Unter: www.jankorte.de/category/publikationen.

12 Vgl. dazu: 21. Tätigkeitsbericht 2005–2006 des Bundesbeauftragten für Datenschutz und Informationsfreiheit. S. 100 ff.

13 *Sonst können wir einpacken* – Interview mit Juli Zeh. In: prager frühling – Magazin für Freiheit und Sozialismus. 2. Ausgabe, Oktober 2008. S. 32 f.

14 Bundesverfassungsgerichtsentscheidung zur Volkszählung aus dem Jahr 1983, Band 65, Seite 26.

15 Christa Wolf beteiligte sich 1976 an einer Unterschriftensammlung gegen die Ausbürgerung Wolf Biermanns aus der DDR. Infolgedessen wurde die seit 1969 bestehende verdeckte Überwachung durch die Stasi in eine offene umgewandelt. Christa Wolf: *Was bleibt.* Berlin 1990. Luchterhand Literaturverlag.

16 Günter Grass: *Werdet laut und deutlich! – Fünf Merkzettel für die SPD Bundestagsfraktion.* In: Die Zeit vom 17. Januar 2008. S. 41.

17 Vgl. dazu: Siggi Graumann, Peter Grottian, Wilhelm Fese und Reinhard Schult: *Chronologie der Affäre um die Bespitzelung des Berliner Sozialforums (BSF) durch den Verfassungsschutz.* Unter: www.sozialforum-berlin.de.

18 Vgl. dazu: Stefan Wogawa: *Die Akte Ramelow.* Berlin 2007. Dietz Verlag.

19 Unter: http://www.freitag.de/2001/52/01520201.php.

IX. Die Hälfte muss draußen warten

1 Simone de Beauvoir: *Das andere Geschlecht – Sitte und Sexus der Frau.* Hamburg 1951. 9. Auflage 2008. Rowohlt Verlag. S. 23.

2 Über Gesetzesvorschläge zum aktiven und passiven Wahlrecht für Frauen 1919, zitiert nach: Kareen Jabre, Ségolène Samouil-

ler: *Das allgemeine Wahlrecht und die politische Partizipation von Frauen*. In: *Das Schwarzbuch zur Lage der Frauen – Eine Bestandsaufnahme*. Hg. v. Christine Ockrent. München, Zürich 2007. Pendo Verlag. S. 425.

3 Simone de Beauvoir: *Das andere Geschlecht – Sitte und Sexus der Frau*. Hamburg 1951. 9. Auflage 2008. Rowohlt Verlag. S. 171.

4 Ebd. S. 172.

5 Vgl. dazu: Femmes en politique: 1945–2005. Unter: www.ipu. org.

6 Vgl. dazu: *Wo bleibt die Zeit? – Die Zeitverwendung der Bevölkerung in Deutschland 2001/02*. Hg. v. Bundesministerium für Familie, Senioren, Frauen und Jugend, Untersuchung des Statistischen Bundesamtes. S. 6. Dass es überhaupt zu einer solchen Erhebung kommt, ist ein Erfolg der Frauenbewegung der 1970er und 1980er Jahre. In der Bundesrepublik focht u. a. die Gießener Haushaltsökonomin Rosemarie von Schweitzer für die statistische Darstellung der in den Privathaushalten geschaffenen Werte.

7 Anja Steinbach: *Wie Paare sich die Arbeit teilen*. Unter: www.familienhandbuch.de/cms/Familienforschung-Arbeitsteilung.pdf.

8 Gudrun Pausewang: *Der Streik der Dienstmädchen*. Ravensburg 1979. Ravensburger Taschenbuchverlag.

9 Sarah Schilliger: *Unsichtbare Billigarbeitskräfte ohne Rechte – Immigrierte Hausarbeiterinnen in Deutschland und in der Schweiz*. In: *Das Schwarzbuch zur Lage der Frauen – Eine Bestandsaufnahme*. Hg. v. Christine Ockrent. München, Zürich 2007. Pendo Verlag. S. 336 f.

10 Mehr dazu: www.brigitte.de/frau/gesellschaft/kind-und-karriere.

11 Siehe dazu: Unterrichtung durch die Bundesregierung: *Lebenslagen in Deutschland – Dritter Armuts- und Reichtumsbericht*. zugeleitet am 30. Juni 2008. Bundestagsdrucksache 16/9915. S. 79.

12 Michaela Schiessl: *Eine Sache des Wollens*. In: Spiegel 5/2008. S. 81.

13 Vgl. dazu: Ingrid Kurz-Scherf: *Gravierende Fehleinschätzung*. In: tageszeitung vom 14. März 2008.

14 Hannah Arendt: *Vita activa oder Vom tätigen Leben*. München, Zürich 1981. Piper Verlag. S. 88.

15 Siehe dazu: Unterrichtung durch die Bundesregierung: *Lebenslagen in Deutschland – Dritter Armuts- und Reichtumsbericht*. zugeleitet am 30. Juni 2008. Bundestagsdrucksache 16/9915. S. 79.

16 Vgl. dazu: Ute Fröhling: *Der heimliche Lehrplan – Medienbe-richterstattung über Gewalt gegen Frauen.* In: *Das Schwarzbuch zur Lage der Frauen – Eine Bestandsaufnahme.* Hg. v. Christine Ockrent. München, Zürich 2007. Pendo Verlag. S. 401.

17 Sandrine Treiner: *Vergewaltigungen weltweit.* In: *Das Schwarz-buch zur Lage der Frauen – Eine Bestandsaufnahme.* Hg. v. Chris-tine Ockrent. München, Zürich 2007. Pendo Verlag. S. 147 f.

18 http://www.udoklinger.de/Deutsch/Grammatik/Kommaregeln.htm.

19 Vgl. dazu: Statistisches Bundesamt: Statistisches Jahrbuch 2007. S. 57. Statistisches Bundesamt zu Eheschließungen und Schei-dungen. Unter: www.destatis.de.

20 Mehr unter: www.buecherfrauen.de.

21 Vgl. dazu: Frigga Haug: *Die Vier-in-einem-Perspektive – Politik von Frauen für eine neue Linke.* Hamburg 2008. Argument Ver-lag. S. 179.

22 Meredith Haaf, Susanne Klingner und Barbara Streidl (Hrsg.): *Wir Alphamädchen – Warum Feminismus das Leben schöner macht.* Hamburg 2008. Hoffmann und Campe Verlag sowie Jana Hensel, Elisabeth Raether: *Neue deutsche Mädchen.* Reinbek bei Hamburg 2008. Rowohlt Verlag.

23 Simone de Beauvoir: *Das andere Geschlecht – Sitte und Sexus der Frau.* Reinbek bei Hamburg 1951. 9. Auflage 2008. Rowohlt Verlag. S. 155.

24 Ebd. S. 194

25 Ebd. S. 225.

26 Vgl. dazu: Cristiane Reymann: *Frauen und das Große Ganze – Ein neuer Geschlechtervertrag als Zentrum eines neuen Gesell-schaftsvertrages.* In: disput 02/07.

27 Frigga Haug: *Die Vier-in-einem-Perspektive – Politik von Frauen für eine neue Linke.* Hamburg 2008. Argument Verlag.

28 Lena Kreck, Kolja Möller: *Solidarische Verbindungslinien – An-forderungen an einen neuen Feminismus.* In: prager frühling – Magazin für Freiheit und Sozialismus. 2. Ausgabe, Oktober 2008. S. 39.

29 Vgl. dazu: Ina Freudenschuß: *Kein 1. Klasse Ticket auf der Tita-nic.* Unter: http://dieStandard.at. Vom 18. Oktober 2007.

X. Die entpolitisierte Gesellschaft

1 Interview mit Hans Weingartner in der Broschüre zur Vorstel-lung des Kinofilms *Free Rainer. Dein Fernseher lügt*, ein Film,

der sich kritisch mit der Quotenfixiertheit der Fernsehsender auseinandersetzt. Hg. v. kahuuna films. 2007.

2 Vgl. dazu: Hannah Arendt: *Macht und Gewalt*. München, Zürich. 1. Auflage 1970. 17. Auflage 2006. Piper Verlag. S. 42.

3 Jacques Derrida: *Marx' Gespenster*. Frankfurt am Main 2004. Suhrkamp Verlag. S. 114.

4 Louisa Thomas: *Es ist schlimmer als zu Alis Zeiten – Günter Wallraff über seine Undercover-Recherchen*. In: Netzwerk Recherche vom 13. Juni 2008.

5 *Tucholsky heute – Deutsche, kauft deutsche Zitronen*. Berlin 2007. Neues Leben Verlag. S. 23.

6 Antwort des Staatsministers für Kultus Steffen Flath auf den Antrag der PDS-Fraktion zum Thema »Situation der Schülervertretung im Freistaat Sachsen«. Drucksachennummer 4/3563.

7 Alex Demirović: *Hochschulen zwischen Staat und Markt?* In: Das Argument – Zeitschrift für Philosophie und Sozialwissenschaften. Heft 4/2007. S. 541.

8 Bertolt Brecht: *Mutter Courage und ihre Kinder – Courage Text*. Hg. v. Berliner Ensemble. S. 7.

9 Webseite des Bertolt-Brecht-Gymnasiums in München: www. bbg.musin.de/index.php?option=com_content&task=view&id= 39&Itemid=49.

10 Robert Misik: *Genial dagegen – Kritisches Denken von Marx bis Michael Moore*. Berlin 2006. Aufbau Verlag. S. 48.

11 Rahel Jaeggi: *Die Zeit der universellen Käuflichkeit – Vermarktlichung als Problem*. In: POLAR. Heft 2, 2007. S. 145 ff.

12 Birgit von Criegern: *Grassierende »Testeritis« – Pädagogen kritisieren Einfluss von Bertelsmann bereits an Grundschulen*. In: Neues Deutschland vom 26. Oktober 2007. S. 12.

13 Siehe dazu die Ausführungen im dritten Kapitel unter der Überschrift »Produzenten hört die Signale – politischer Konsum«.

14 Siehe dazu zum Beispiel: Annette Ramelsberger: *Erkundungen in Ostdeutschland*. In: Aus Politik und Zeitgeschichte Nr. 42/2005 vom 17. Oktober 2005. S. 4-8.

15 Vgl. dazu: http://www.mut-gegen-rechte-gewalt.de/news/chronik-der-gewalt/todesopfer/.

16 Martin Kröger: *Mehr rechte Brutalität auf der Straße*. In: Neues Deutschland vom 08. Februar 2008. S. 1.

17 Stefan Otto: *»Wir denken an Dich«*. In: Neues Deutschland vom 15. Juli 2008. S. 3.

18 Theodor W. Adorno: *Erziehung zu Mündigkeit – Vorträge und Gespräche mit Hellmut Becker 1959–1969*. Hg. v. Gerd Kadelbach. Frankfurt am Main 1963. Suhrkamp Verlag. S. 146.

19 Oskar Negt: *Gewerkschaften – wohin?* In: HLZ Heft 10–11/2007. S. 3.

20 Gerhard Roth: *Warum sind Lehren und Lernen so schwierig?* Vortrag an der Universität Bremen am 20. Juni 2002. Version vom 14. Juni 2003.

21 Siehe dazu Angaben der Integrationsbeauftragten der Bundesregierung: http://www.bundesregierung.de/Content/DE/Magazine/MagazinWirtschaftFinanzen/055/sp-3-erfolgreich-selbststaendige-migrantinnen-und-migranten.html.

22 Siehe dazu Untersuchungen des Zentrums für Türkeistudien der Universität Essen: http://www.zft-online.de/UserFiles/File/Turkischer%20Unternehmen%20in%20Berlin%202005.pdf. S. 36.

23 Ebd. http://www.zft-online.de/UserFiles/File/Turkische%20Unternehmer%20in%20NRW.pdf. S. 42.

24 Vgl. dazu: Oliver Decker, Katharina Rothe, Marliese Weissmann, Norman Geißler und Elmar Brähler von der Universität Leipzig: *Ein Blick in die Mitte – Studie zur Entstehung rechtsextremer und demokratischer Einstellungen in Deutschland.* Im Auftrag der Friedrich-Ebert-Stiftung. Mai 2008.

25 Erschreckend ist auch der Umstand, dass 14 Prozent der folgenden Aussage zustimmen: »Die Juden arbeiten mehr als andere Menschen mit üblen Tricks, um das zu erreichen, was sie wollen«. Immerhin jeder Zehnte stimmt explizit der Aussage zu, es gäbe wertvolles und unwertes Leben.

XI. Eine neubegründete Linke

1 Entscheidend geprägt wurde dieser Begriffe auch in seiner Unterscheidung zum Begriff »Bourgeois«, bei dem das Eigentum an Produktionsmitteln von Bedeutung ist, durch Jean-Jacques Rousseau in seinem Werk »Le Contract Social«.

2 Der originale englische Begriff des »Silencing of women« erfasst neben dem Verschweigen der Frauen noch eine andere Facette. Es geht auch darum, dass Frauen zum Schweigen gebracht werden. Wobei zwischen beiden Facetten starke Wechselwirkungen auftreten.

3 Eine positive Ausnahme bildet dabei jedoch der beim Karl Dietz Verlag erschienene Band Alexandra Kollontaj: *Mein Leben in der Diplomatie.* Hg. v. Heinz Deutschland. Berlin 2003.

4 Rossana Rossanda: *Die Tochter des 20. Jahrhunderts.* Frankfurt am Main 2007. Suhrkamp. S. 2003.

5 Wolfgang Abendroth: *Was ist heute links in der Bundesrepublik?* Erneut abgedruckt in Sozialismus 5/2006. S. 54.

6 Mehr dazu unter: www.emanzipatorische-linke.de

7 Der Keynesianismus ist eine Wirtschaftstheorie, die nach John Maynard Keynes, der diese Theorie in den 1930er Jahren begründete, benannt ist. Sie geht davon aus, dass das freie Spiel der Marktkräfte nicht ausreicht, um die zyklischen Krisen des Marktes auszugleichen. Kernpunkt dieser Theorie ist die antizyklische Nachfragepolitik. Diese meint, der Staat muss gerade in Phasen des wirtschaftlichen Rückgangs besonders aktiv werden, um die Massenkaufkraft wieder zu stärken, die Nachfrage zu erhöhen und somit die Konjunktur anzukurbeln. Gerade dann, wenn es der Wirtschaft schlechtgeht und demzufolge die Steuereinnahmen sinken, soll der Staat besonders stark investieren. Dem Keynesianismus zufolge ist die Ankurbelung der Konjunktur durch finanzpolitische Maßnahmen ein zentrales Mittel zur Reduzierung der Arbeitslosigkeit.

8 Während der Keynesianismus auf gezieltes Engagement des Staates zur Erhöhung der Nachfrage setzt, lehnt der Neoliberalismus antizyklische Interventionen ab. Neoliberale Politik ist stattdessen getragen von der Überzeugung, je weniger Staat und je mehr Markt, umso besser. Zentral für den Neoliberalismus ist der Glaube an den freien Wettbewerb. Neoliberale Politik zielt heutzutage auf die Ausweitung des Niedriglohnsektors und auf die Privatisierung der Sozialsysteme.

9 Wie der Ökonom Rudolf Hickel ganz richtig anlässlich des 60. Todestags von John Maynard Keynes schreibt, hat Keynes »an keiner Stelle seines Werkes für die Abschaffung kapitalistischer Marktwirtschaften plädiert. [...] Schlicht unseriös ist die Behauptung aus Sicht der Angebotslehre, die gesamtwirtschaftliche Nachfragepolitik [also der Keynesianismus] verließe den Rahmen der marktwirtschaftlichen Ordnung.« Rudolf Hickel: *Keynes ist tot – Es lebe die keynessche Theorie. Zum sechzigsten Todestag von John Maynard* Keynes. 2006. S. 5. Unter: www.praxisphilosophie.de/m0806_keynes.pdf.

10 Wolfgang Fritz Haug und Frigga Haug (Hrsg.): *Unterhaltungen über den Sozialismus nach seinem Verschwinden.* Berlin 2002. Berliner Institut für Kritische Theorie. S. 14.

11 Käthe Reichel: *Windbriefe an den Herrn b.b.* Leipzig 2006. Faber & Faber. S. 17.

XII. Die Wiederentdeckung der Langsamkeit –
Demokratie braucht Zeit

1 Karl Marx: *Grundrisse der Kritik der politischen Ökonomie.* In: Marx-Engels-Werke. Berlin 1976. Karl Dietz Verlag. Band 42. S. 105

2 Fritz Reheis: *Entschleunigung – Abschied vom Turbokapitalismus.* München 2003. Riemann Verlag. 2. Auflage.

3 *Die Lohnarbeitsgesellschaft ist nicht zu retten – Ein Interview mit André Gorz.* In: Martin Kempe: *Zukunftsarbeit – Wege aus der sozialen Krise.* Frankfurt am Main 1995. Büchergilde Gutenberg. S. 271.

4 Hartmut Rosa: *Speed – Von der zeitlichen Überforderung der Demokratie.* In: polar – Halbjahresmagazin für Politik, Theorie, Alltag. Heft 2, Frühjahr 2007. S. 18.

5 Ebenda. S. 19.

6 Wladimir Kaminer: *Mein Leben im Schrebergarten.* München 2007. Wilhelm Goldmann Verlag. 7. Auflage. S. 86.

7 André Gorz: *Wissen, Wert und Kapital – Zur Kritik der Wissensökonomie.* Zürich 2004. Rotpunktverlag. S. 273 f.

8 Siehe dazu: *Kurze Arbeitszeit, hohe Produktivität.* In: impuls 17/2007. Hg. v. Hans-Böckler-Stiftung. S. 6.

9 Christina Klenner: *Erwartungen an einen Familienfreundlichen Betrieb – Erste Auswertung einer repräsentativen Befragung von Arbeitnehmerinnen und Arbeitnehmern mit Kindern oder Pflegeaufgaben.* Studie der Hans-Böckler-Stiftung in Zusammenarbeit mit dem DGB und dem BMFSFJ. April 2004. S. 14 ff. Auffällig ist, dass die gewünschte Arbeitszeit bei Frauen etwas niedriger und bei Männern etwas höher als der Durchschnittswert ausfällt. Die patriarchale Arbeitsteilung wirkt eben noch immer.

10 Fritz Reheis: *Entschleunigung – Abschied vom Turbokapitalismus.* München 2003. Riemann Verlag. 2. Auflage. S. 234.

Der Mann, der den
Irak-Krieg auslöste

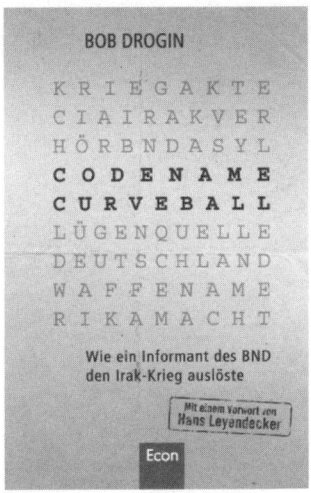

Bob Drogin · **Codename Curveball**
Wie ein Informant des BND den Irak-Krieg auslöste
432 Seiten · Hardcover (mit Schutzumschlag)
€ [D] 22,90 · € [A] 23,60
ISBN 978-3-430-20048-6

Als die USA 2003 in den Irak einmarschierten, ging die deutsche Regierung
auf Distanz. Doch ausgerechnet der BND lieferte den Amerikanern mit
»Curveball« den Zeugen für Saddams angebliches Biowaffen-Programm.
Wie konnten sich BND und CIA so hinters Licht führen lassen?
In seinem glänzend recherchierten, wahren Polit-Thriller gibt
Pulitzer-Preisträger Bob Drogin die Antwort.

»Journalisten wie Drogin und Büchern wie diesem verdanken wir die Hoffnung,
dass wir Dinge ändern können.«
Michael Moore

Medwedew oder Putin –
wer steuert Russlands Kurs?

Boris Reitschuster · **Der neue Herr im Kreml?**
Dmitrij Medwedew
254 Seiten · Klappenbroschur
€ [D] 16,90 · € [A] 17,40
ISBN 978-3-430-20049-3

Dmitrij Medwedew ist der neue russische Präsident, aber ist er auch der neue Herr im Kreml?
Boris Reitschuster bietet erhellende Einblicke in den Moskauer Machtapparat. Wird
Medwedew den Großmachtanspruch des amtierenden Präsidenten aufrechterhalten?
Oder wird er sich abwenden vom politischen Vermächtnis seines Vorgängers? In der aktuellen
politischen Biographie schildert Reitschuster den Werdegang und die Netzwerke des neuen
russischen Präsidenten und zeigt auf, welche Risiken sich aus der geteilten Macht ergeben.

»Reitschuster ist ein ebenso scharfsinniger wie scharfzüngiger Beobachter
der Vorgänge in Moskau.«
Frankfurter Allgemeine Zeitung

Zehn Jahre unter Gangstern

Sudhir Venkatesh · **Underground Economy**
Was Gangs und Unternehmen gemeinsam haben
336 Seiten · Klappenbroschur
€ [D] 18,00 · € [A] 18,50
ISBN 978-3-430-20019-6

Was macht ein junger Soziologe im Ghetto? Er erforscht den Alltag der Armen
und Ausgeschlossenen. Sudhir Venkatesh hat zehn Jahre in einem berüchtigten
sozialen Brennpunkt Chicagos mitten unter Drogendealern gelebt.
Sein Tatsachenbericht ist spannend wie ein Krimi – und bietet erhellende Einblicke
in die sozialen und ökonomischen Gesetze einer Parallelgesellschaft.

»eine Offenbarung«
New York Times

»bahnbrechend«
Frankfurter Rundschau